国家哲学社会科学成果文库

NATIONAL ACHIEVEMENTS LIBRARY
OF PHILOSOPHY AND SOCIAL SCIENCES

中国古代契约
发展简史

乜小红　著

中华书局

卜小红（1969—2016）河北人，武汉大学经济与管理学院教授、博士生导师，曾任武汉大学出土文献与传统经济研究所所长，兼任中国博士后科学基金评审专家、香港大学名誉研究员。在经济史暨出土社会经济文献的整理与研究、中国古代经济与社会史研究、契约研究与契约学等领域成就突出。

西北师范大学历史学学士、硕士，厦门大学历史学博士，武汉大学历史学博士后，武汉大学经济学博士后。2010年被武汉大学以学科带头人引进。获湖北省优秀博士后称号。主持完成国家、省部级社科课题8项，曾任国家社科基金重大项目《丝绸之路出土各族契约文献整理及其与汉文契约的比较研究》首席专家。

先后在中华书局等出版学术专著四部，其中二部分获第七届高等学校科学研究优秀成果奖、武汉市社科成果奖、中国首届畜牧兽医史志鉴优秀成果特等奖。在《历史研究》、《中国史研究》等刊发表学术论文近50篇。

《国家哲学社会科学成果文库》
出版说明

为充分发挥哲学社会科学研究优秀成果和优秀人才的示范带动作用,促进我国哲学社会科学繁荣发展,全国哲学社会科学规划领导小组决定自 2010 年始,设立《国家哲学社会科学成果文库》,每年评审一次。入选成果经过了同行专家严格评审,代表当前相关领域学术研究的前沿水平,体现我国哲学社会科学界的学术创造力,按照"统一标识、统一封面、统一版式、统一标准"的总体要求组织出版。

全国哲学社会科学规划办公室
2011 年 3 月

目　　录

Contents

序

　　在小红同志接到国家社科办规划处通知此书稿已入选国家哲学社会科学成果文库时，也就是她患肠胃病第二次进医院治疗前夕，她希望我为她这部新成果写个序言。我万万没有想到，在我正准备动笔作序之际，她却在腹部疼痛难忍的情况下，第三次住进医院，不得已动手术而不治，悄然地离开了我们，一颗正在升起的学术新星就这样地殒落了。在学术上她硕果累累，事业蒸蒸日上，却突然间撒手人寰，英年早逝，叫人怎不惋惜伤痛！这是经济史学界的不幸，也是社会科学界的不幸！作为她的老师，我为痛失这位精心培养、优秀成才的学生悲痛不已！原许愿之序，也成了对她学术成就的纪念之文。

　　我与小红同志相识在2000年，当时我在兰州大学敦煌学研究所讲授吐鲁番学研究课程，而西北师范大学李并成教授指导的四名硕士生也都到兰大来听课，其中就有乜小红，期间她常提出一些敦煌吐鲁番学的具体问题讨教，在解答交谈中，她总是耳听手记，一丝不苟，给我留下了勤奋好学的印象，感到是一位可塑之才，特别是在从她的导师李并成、李振宇教授那里得知她自幼生活坎坷，仍自强不息、顽强奋斗的经历后，我感到应该更多地扶持帮助这位艰苦奋斗的年轻人，使其在学业上能更好地成长。对她做敦煌文献中的畜牧业研究，我给予了充分的肯定和鼓励。2001年她完成了此课题研究，获得硕士学位。2002年我应聘在台湾政治大学授课，适逢台湾逢甲大学林聪明教授在为台湾新文丰出版公司主编"敦煌丛刊二集"，我向林介绍了小红硕士论文的特点和价值，林聪明教授在看过文稿后，随即将其论著《唐五代宋初敦煌畜牧业研究》列入"丛刊二集"，于2003年3月出版。2001年小红考入厦门大学历史系，师从杨际平教授攻读博士学位，记得她曾在博士论文选题上征询过我，我建议她扬长避短，在硕士论文基础上作新的拓展延伸，于是她选择了"唐五代畜牧经济研究"作为博士论文方向，并如期完成。

2004 年获博士学位后，她来到武汉大学历史学博士后流动站做研究，选冻国栋教授和我做她的合作研究指导老师，表示要在学业上作进一步的提高和新的突破，考虑到她在敦煌吐鲁番文献上有较好的基础，在唐五代社会经济领域已有所历练，建议她通过对博士论文的修改提高，扩大充实隋唐五代史的知识基础，她用了一年多的时间对论文作了全面的深加工，使论文的学术面貌为之一新，我向中国敦煌吐鲁番学会柴剑虹秘书长推荐，深受剑虹先生赏识，于是推荐给了中华书局列入"华林博士文库"，于 2006 年 3 月出版。为了开拓新的学术研究领域，我建议她将敦煌吐鲁番社会契约作为新的研究方向，她敏锐地提出想从俄藏敦煌文献中，辑出契约以做研究，这是一个具有挑战性的学术设想。为了从一万九千余号俄藏敦煌文献中甄别辑出各类契约，她废寝忘餐，日以继夜，克服多重困难，在与我反覆推敲和讨论中，终于完成近百件契约文书的释文、标点、订题和注释，并在此基础上做了六篇专题研究。我认为这是做了一件前人未做过的创新性研究成果，决定以《俄藏敦煌契约文书研究》为名推荐给上海古籍出版社（后于 2009 年 3 月出版）。在此基础上，她结合历史背景将研究方向作了新的拓展，完成了《中国中古契约关系研究》的出站报告。

小红同志在学术研究实践中，感到在对经济类契约进行分析时，自己经济学理论方面的基础薄弱，需要提高，于是她在武大历史学博士后流动站出站后，又于 2007 年进了武大理论经济学博士后流动站，师从严清华教授做二站博士后研究，她的锐意进取和对学术研究的执着追求使得我们很受感动，都给予了积极的支持。她在下一步研究方向上征询我的意见时，我建议她在《中国中古契约关系研究》已有成果的基础上作纵深拓展，从理性层面上加以提升。"纵"需要在时间上从中古上下延伸，上至先秦，下至民国；"横"需要在空间上，既要涉及到社会生活的各个层面，也要涉及各个民族的契约。同时，要从理论上作规律性的归纳，结合中国实际，对相关契约学的理论作出评判和认识，最终形成一部具有中国特色的《中国契约发展史》。此后多年她围绕着这一方向发表了一系列论文，一直在为此目标努力奋斗。2010 年她的二站博士后出站报告，就是以《中国契约发展史》提出的，由于此课题是一个新的学术开创，当时评价很高，旋即她被武汉大学经济与管理学院作为学科带头人引进，获聘为经济学系教授、博士生导师。这更加激励了她的学术热情，除担任多门课程外，又于 2013 年 3 月，由中华书局出版了她的第四部专著《中国中古契约关系研究》，2015 年获第七届高等学校人文社会科学研究优秀成果三等奖。

今天呈现在读者面前近 40 万字的《中国古代契约发展简史》，如果拿来与原 18 万字的出站报告相比较，出站报告只能说是《中国契约发展史》的一个雏形。数年来，她经过反覆的修改和提炼，再加之在领域和内容上的多次拓展和补充，以及在理论上的提升，使得书稿在质和量上都有了很大的发展和变化。即使如此，她却将书名定为《中国古代契约发展简史》，用她的话说："中国几千年来契约发展的内容实在是太丰富了，还有许多方面没有涉及到，或者虽涉及到，还很不深入，要继续做的研究还很多，目前的这个成果，只能称之为简史。"这也反映出了小红同志"学而知不足，思而得远虑"的学术心境。

实事求是而论，小红教授经过十多年来对中国契约的纵横比较钻研，在《中国古代契约发展简史》中，体现出的学术创新闪光之处是多方面的。

首先，她创建了新的中国契约史体例：通常学术界对契约的研究仅限于经济领域，《简史》则突破了这一传统，将古代的邦国约、族际约、人际关系约及经济契约在内的各类契约都涵盖其中，作了全面的研究和系统论述，而且兼及历史上各民族地区的民族文字契约。此前学术界的研究还没有如此综合立论过，这种内容宽泛、全面的体例安排，显然是一个学术新开创，它既丰富和深化了中国史的研究内容，也从经济学和历史学交叉点上推动了契约学的发展。

第二，《简史》提出，研究古典契约思想及契约起源应以中国为宗：中国在三千多年前的《周礼》"经邦治"中，对民间经济交往，规定有"听称责以傅别"、"听取予以书契"、"听卖买以质剂"等，对民间的借贷、取予、买卖等作出须订契约的规范，这些都比西方的希腊、罗马契约法，在时间上要早，在形式和内容上分门别类规定更为具体，这是中国、也是世界上最早的契约法。它为此后几千年中国契约的形制和契约关系的发展作了规范。应该用中国古典契约法的思想脉络来考察中国契约的发展演变，而不应用西方契约法观念来看待中国。

第三,《简史》对中国契约发展演变规律作了归纳:随着历史的前进,契约在内容和形式上,处在不断变化发展中,如一些条款从无到有;有些条款从不完备到逐步完备:预防性条款愈益细化;官方对民间契约从不干预到监护,再到管控等,到了唐五代已走向成熟化。此后由宋元到明清,随着封建商品经济的发展,各种契约关系走向市场化,于是契约又朝着简约化的方向变化。在综观中国契券发展后,指出由秦汉到明清,经历了一个简单—完善—简约的发展过程。

第四,《简史》对于西方契约经济学的契约自由原则、平等精神,作了一分为二的分析:提出契约具有平等、自由的属性,但不等于契约关系是平等、自由的,中国古代一直处于贵贱有等、贫富对立的阶级社会中,在契约自由原则背后,存在着许多的不自由;在契约平等原则下存在着众多契约关系上的不平等。因此,应将契约的属性与契约关系加以区别。同时还有,中国古代是专制主义的国家,国家有权对民间契约进行干预、限制或管控,这些都反映出西方的契约自由原则论,在中国存在着局限性。

第五,《简史》除汉文契约外,对我国古代各民族文字契约给予了相当的关注,提出了多种民族文字契约的发展奠定了共同的中华契约文化基础的见解:在对多种民族文字契约的研究中,既揭示各族契约的特点和个性;也分析了各族契约的共性因素,从契约文化的视角看到汉族与各族长期密切的政治、经济交往中,汉族契约文化对各族社会经济发展的积极影响和促进作用,从而奠定了共同的契约文化基础,这是一种各民族间自然融合形成的结果,是中华民族大家庭得以长期维系和巩固,各族之间得以长期和睦相处、平等相待的根基之一。

第六,《简史》对契约的社会功能及其贯彻作了高度理论性的概括:对于契约的特性,提出诚信是契约的灵魂。对其社会功能,提出契约不仅是维护社会经济生活秩序的手段,也是维护国与国之间关系、人际关系之间正常秩序的手段。对于契约精神的贯彻,既要尊重民间习惯法的道德传承,也需要有国家政权的法令作后盾,只有用德、法共治的办法,才能保证社会各类人群之间在诚信基础上的和谐相处,才能保证正常社会生活秩序的维系。

第七,《简史》在用纵向考察和横向比较的方法研究中国古代契约发展史的过程中,在许多具体历史问题上,也提出了一系列的新见解,如对邦国约由古代取信于天地鬼神的"歃血为盟"的盟誓转化为以自身实力和权益为依托，通过谈判订立条约的论证。对汉代有大量雇佣契存在的论证。"便物历"应起源于 6 世纪的北魏，而不是学界所认为的起于 9 世纪敦煌的论证。租佃契自南北朝以来，定额租制就已占主导，它有利于佃田者劳动积极性发挥的论断。敦煌农业雇工契具有调节劳力盈缺作用、对主客双方带有互利、互惠性质的见解，纠正了学术界的沉重剥削和严格封建束缚说。用中国封建宗法制度中父系家长拥有绝对财产支配权的理性分析，得出遗嘱继承制不仅存在，而且高于法定继承的结论。对家规族约、乡规民约既具封建性、又具民主自治性特点的分析。等等。

小红同志在契约史上这一系列创新性的学术见解，都是从用唯物史观对大量契约实物文献分析的基础上得出的，论之有据，言之成理，开拓了一个学术新领域，被列入"国家哲学社会科学成果文库"是当之无愧的。

回想小红教授所走的学术研究之路，也充满艰辛。她一心献身学术，钻研不倦，心无旁骛，常常是焚膏继晷，昧以达旦地劳作，对生活总是"因陋就简"，无所求取，而对事业则志存高远，追求卓越。2014 年，她申报国家社科基金重大项目《丝绸之路出土各族契约文献整理及其与汉文契约的比较研究》，当年获批成为该项目的首席专家，就在她住进医院动手术的前夕，还在为项目的进展做具体的安排，真正实践了她"生命不息，奋斗不止"的诺言。回顾她走进专业学术道路的这十五年来，她给中国经济史学界和中国敦煌吐鲁番学贡献了五部具有学术开创性的专著、五十余篇学术论文，也因此透支身体，积劳成疾。她是在以自己的生命之火为祖国营建学术新地，为后来人点亮了一条学术新路。

乜小红教授虽然不幸盛年随秋风而仙逝，但她对事业的炽热追求和坚毅顽强的奋斗精神，却激励和感召着生者，她的学术成就，将泽被学术界，特别是代表她最新学术水平的这部著作，被列入"国家哲学社会科学成果文库"，这是对她学术成果最好的肯定和永远的纪念！

陈国灿谨序于武汉大学

2016 年 11 月 25 日

第一章

绪 论

　　契约的产生，是在人类社会出现私有制以后。马克思在论述契约时曾指出：契约的缔结双方"必须彼此承认对方是私有者",① 因为涉及到私有者各自利益的占有或分配，这意味着对双方都有利而又有需要时，才产生契约的缔结。马克思在分析"通过交易获得财物的契约"时说："我在分析商品流通中指出，还在不发达的物物交换情况下，参加交换的个人就已经默认彼此是平等的个人，是他们用来交换财物的所有者；他们还在彼此提供自己的财物、相互进行交易的时候，就已经做到这一点了，这种通过交换和在交换中才产生的实际关系，后来获得了契约这样的法的形式。"② 具体地说，在私有制社会里，人们在劳动生产、经济生活及各种人际交往中，由于彼此的需要，在平等的条件下，经常发生对双方有利的各种交换关系，这种关系后来发展成各种交换协议，进而用条文规定各自的权利、义务、责任、行为及后果，达成文字约定，这就是契约。它在订约人之间具有法的效力，即法律上的约束力，要求彼此始终信守。因此，契约既是一种彼此对诚信的承诺，也是订约双方履约的一种凭据。以双方认同的行为规约为基础，是维护社会经济秩序的一种手段。

---

① 马克思：《资本论》第1卷，北京：人民出版社，1975年，第102页。
② 马克思：《评阿瓦格纳"政治经济学教科书"》，《马克思恩格斯全集》第46卷上册，北京：人民出版社，1979年，第104页。

　　中国是世界上契约发达最早的国家之一，也是契约思想和契约文化产生最早的国家，它比起西方罗马法以及《圣经》来，要早上千年。这与中国属于黄河、长江流域农耕民族有关，农耕依赖土地，须长期固着居住于一地，人与人之间，群体与群体之间，容易发生各种固定的关系，从而产生各种关系的约定。早在三千年前的《周礼》中，对契约就有了各种规定，《周礼·秋官·司约》载："凡大约剂书于宗彝，小约剂书于丹图。"郑玄注："大约剂，邦国约也。书于宗庙之六彝，欲神监焉。小约剂，万民约也。"①可见西周已把契约分为邦国的大约和民间的小约，大约是指邦国之间政治关系上的盟约，小约乃指民间经济关系上的各类契约，即"私契"，又称之为"万民约"，这些都是中国契约发展史研究的内容。

　　在《周礼·小宰》"经邦治"中，对民间各种经济关系上出现的"万民约"，又作了分门别类地归纳，如对借债要"听称责以傅别"；对无息贷给，要求"听取予以书契"；对于买卖交易，要"听卖买以质剂"。对每种契约，又都有具体的规范，如对于卖买，唐人贾公彦解释说："七曰听卖买以质剂者，质剂为券书，有人争市事者，则以质剂听之。"②这种质剂，就是契约，又有大市、小市之分，《周礼·地官·质人》载："质人掌成市之货贿，人民（奴婢）、牛马、兵器、珍异。凡卖儥者质剂焉，大市以质，小市以剂。"郑玄注："大市，人民、马牛之属，用长券；小市，兵器、珍异之物，用短券。"③说明契约在周代已有十分具体的规制，这便为后来中国的契约制度一系列的演变和发展奠定了基础。

　　先秦有关契约的规制，源于当时的伦理思想，它集中体现为和、诚、信的观念，这些在先秦的典籍中多有阐发。《荀子》认为"礼"为"群居和一之道"，"和"即今所谓的和谐，"故义以分则和"，荀子又说："和则一，一则多力，多力则强，强则胜物"。（《荀子·王制》》）由此孔子认为，"礼之用，和为贵"。（《论语·学而》）故古代契约都是以"和"为前提条件的。对于"诚"，《礼记》载："诚者，天之道也；诚之者，人之道也。"④

---

① 《周礼注疏》卷36，《十三经注疏》，北京：中华书局，1980年，第881页。
② 《周礼注疏》卷3，《十三经注疏》，第654页。
③ 《周礼注疏》卷15，《十三经注疏》，第737页。
④ 《礼记正义》卷53《中庸》，《十三经注疏》，北京：中华书局，1980年，第1632页。

这是说，"诚"是天地间运行的一种法则，追求诚是人的法则，是人对天地间这一法则的尊崇、追求和效仿。要求人们都要具有真实、毋欺的品行。"信"是儒家的一种道德规范，要求做人要"言必信，行必果。"①"信"是指遵守承诺，诚实不妄的品德，被儒家列为"五常"，即伦理道德"仁、义、礼、智、信"中的一种。"诚"和"信"具有相同的涵意，即所谓"诚则信矣，信则诚矣。"② 可见在上古时期，我们的祖先就已将"诚"、"信"联在一起教化人，律于己。在礼教思想的支配下，人们对自己的行为要求，都要遵守诚信的原则，对他人也常以诚信来衡量其人品。诚信成为人们待人接物、处事的准则，也成了处理人与人之间关系的基础，成为万民约中遵守的部分，中国古代的各种契约关系，正是建立在这种道德规范和思想基础之上，诚信成为了中国古代契约的灵魂。在这种思想支配下产生的各种规制、约定，已成为规范人们社会经济活动和诸种社会关系的准则，而且一直沿袭下来，对此后中国几千年来的经济生活，产生了深远的影响。可以说，中国古代的契约发展史，也是一部坚持诚信与违背诚信之间的斗争史，从中总结成败得失，对于认识当今社会，指导现实走向正确的方向，具有重要意义。

因此，研究中国契约的发展及演变，应该根植于中国的本土，从中国先秦以来大量存在的券契实物及其内容出发，研究各种券契从内容到形式的演变及其发展特点，结合其历史背景，去总结其发展变化的规律。

有一种见解，认为契约是西方社会的产物。③ 这是将"契约"与西方的"社会契约论"两个不同的概念混同在一起而出现的误解。"契约"并非源自于西方，作为社会经济生活中的现象，在世界各国、各民族中多有存在，如前所论，中国在进入私有制社会后，自商周以来就是契约关系比较发达的国家，在不同领域有不同的体现形式。在邦国之间、民族之间，各个利益集团之间，就有各种盟誓、约定以至于"丹书铁券"的出现；个体家庭通过婚姻而建立，婚姻关系则通过"婚书"而缔结，而"离婚书"、"放妻书"则是解除婚姻的手段。

---

① 《论语注疏》卷 13《子路》，《十三经注疏》，北京：中华书局，1980 年，第 2508 页。
② ［宋］朱熹编：《二程遗书》卷 25《畅潜道本》，文渊阁四库全书本。
③ 袁祖社：《契约关系的基本原则与马克思主义的契约观及其现代意义》中说："近代以来，随着西方世界的兴起和现代化浪潮的全球冲击，契约观随之向世界其他地方扩展，源自西方社会的契约并不会自然成为其他地区经济、政治、社会生活的有机组成部分。"《新疆社会科学》2003 年第 2 期。

在社会经济生活的交往中，人们常用契约来规定彼此的责、权、利，以兹信守，如买卖契、雇佣契、借贷契、租赁契等，其中买卖契约中又有红契、白契、官版契、典卖契、市券、契尾等名称；借贷契中又有典当契等的不同；在人际关系中，也存在着各种社会关系契约，如收养契、家产分书契、遗令、遗嘱、婚书契、放良书，乃至乡规民约、社条社约、行规合同等各种类型。留存至今的中国古代契约实物，将近三千件。

契约维护着一种相对稳定的社会经济秩序，同时又在社会经济的发展、进步中，不断地发展、完善着自身，它由最初的个别领域，发展、渗透到社会生活的各个方面，呈现出一种由简单到复杂、由低级到高级、由不完备到完备的发展过程。因此，研究契约在历史长河中的发展，追溯起源，论其流变，探究其所反映的社会政治、经济生活中，各个集团权益的分配，各阶层社会地位、身份的变化，及其所带来的政治状况和社会生产关系的变动等，都是契约史研究的内容。简言之，中国契约史就是要研究各类契约在中国历史上从内容到形式的演变及其发展规律。

"社会契约论"是西方启蒙思想家们在冲击封建专制主义统治时提出的一套理论和为新社会设计的蓝图。《社会契约论》的作者卢梭曾经说："社会秩序乃是为其他一切权利提供了基础的一项神圣权利。然而这项权利决不是出于自然，而是建立在约定之上的。"[①] 他认为这种约定，是指社会大众全体成员的约定，既包括人们在物质利益上发生经济关系时，也包括社会共同体和它的各个成员之间的关系上，它以社会契约为基础，因而这种约定是公平的，并且有社会力量和国家权力作为保障，因而也是合法的、稳固的，如果人们在生活中没有各种约定，也就不可能有正常的社会秩序。这是资产阶级革命推翻封建统治，建立民主政治时，借用民间行用已久的"契约"概念而提出的政治愿景。社会契约论"是西方民主政治理论的基石，为推翻封建专制统治，建立资产阶级政权和确立民主法治立下了汗马功劳。但它却是以'自然状态'（以启蒙思想家卢梭、洛克等为代表）的理论预设和推导为基础的，因而终将在生动的社会实践面前陷入困境。"[②]

契约及契约关系，基本上属于社会经济领域中的现象，它与"社会契约

---

① ［法］卢梭著，何兆武译：《社会契约论》，北京：商务印书馆，1980年，第4—5页。

② 袁祖社：《契约关系的基本原则与马克思主义的契约观及其现代意义》。

论"设计的政治蓝图范畴不同。不过，西方经济学家们对经济领域的契约及契约关系也作了多方面的理论性探讨，在"社会契约论"思想的支配下，近年甚至形成为一种"契约经济学"，其成果集中反映在科斯、哈特、斯蒂格利茨等著的《契约经济学》①中。译者李凤圣将这些契约经济学归纳为古典契约理论、新古典契约理论、现代契约理论等三个发展阶段，其中古典契约理论提出了契约的自由原则、平等精神以及自然秩序论等。然而，若用这些理论去考察历史实际时，就会发现这些理论与中国的实际有着明显的差距，存在着很大的局限性。

马克思在 19 世纪中期构建自己的经济理论和社会政治理论时，就曾对当时的社会契约论思潮进行过批判。指出其在研究方法上，以个人主义为前提构造出一种非历史性的抽象人类本性概念；其自由也是一种抽象的形式上的自由；脱离社会历史实际提出超历史性的经济法则和政治模式。②

马克思针对西方契约理论的局限，从理论上做了根本性的超越，他认为：契约关系属于社会生产关系的范畴，而且是"派生的、转移来的非原生的生产关系"或者"第二级的和第三级的东西"。③ 如果将契约与契约关系放在生产关系的范畴中加以分析，就能克服这种局限，揭示出契约关系的本质。

对于契约的自由原则，西方经济学家们经常溯源于古代的罗马法。罗马法规定："契约是由双方意愿一致而产生相互间法律关系的一种约定。"这中间体现出了双方自觉自愿、契约自由的原则。法史学家梅因认为：罗马法的契约理论在契约法史上开创了一个新的阶段，所有现在契约观念都是从这个阶段发轫的。④ 在查士丁尼看来，罗马法的契约思想是建立在万民法基础上的，他说："万民法是全民共同的，它包含着各民族根据实际需要和生活必需制定的一些法则……几乎全部契约，如买卖、租赁、合伙、寄存、可以实物偿还的借贷以及其他等等，都起源于万民法。"⑤ 中国在上古时期的民

① ［美］科斯、哈特、斯蒂格利茨等著，［瑞］拉斯·沃因、汉斯·韦坎德编，李凤圣主译：《契约经济学》，北京：经济科学出版社，2003 年。

② 黄炎平：《马克思理论视野中的社会契约论》，《中南大学学报（社科版）》2003 年第 1 期。

③ 马克思：《马克思恩格斯全集》第 46 卷上册，第 47 页。

④ ［英］梅因著，沈景一译：《古代法》，北京：商务印书馆，1984 年，第 177 页。

⑤ ［罗马］查士丁尼著，张企泰译：《法学总论》，北京：商务印书馆，1989 年，第 6—7 页。

间，在人们实际的经济生活中，已经存在着根据实际需要和生活必需的民间约定俗成的自然习俗、惯例，如公平交易、愿买愿卖、欠债还钱、劳有所酬、父死子继等等，这些都是人们普遍遵循的经济生活惯例，它在"尚未出现系统的国家制定法体系的时候，起着调整社会秩序和人们权利义务关系的规范体系，我们也往往将其称为习惯法。"① 这种习惯法代代相因，形成一种被普遍认同的"万民约"，也就是上面所说的"万民法"。民间的各种契约，正是为执行这些惯例的传统原则而订立的，从中国一些契约中的"官有政法，民从私契"② 等语分析，"民间私契在当事人之间的效力与官府律令的效力等同起来的理念，在中国由来已久。"③ 缔约的双方只有出于自愿，且目标一致，才能走到一起达成协议，按民间约定俗成的原则订立契约，并不受官府律令的制约，这应该就是契约的自由原则。

在充分认识契约本身自由原则的同时，并不排斥在契约关系上有不自由因素的存在。马克思论证了社会契约论者所讲的这种自由只是一种形式的自由，而非实质性的自由，只有从人所处的社会和历史的环境中，才能审视其是否有实质性的自由。④ 从生产关系的视角看，在封建社会，人们的经济状况、社会地位的不同，促使其订立契约的背景不同。受雇人由于贫困所迫，靠出卖劳力维生而走上自愿与雇主签订雇佣契的选择，如同无地少地的农民，为了租种土地维生，愿意支付租价，自愿与地主签订租佃契约一样。这中间，受雇人要接受雇主对其剩余价值的剥削，佃农要接受封建地租的剥削，存在着经济上的许多不自由。然而，这种不自由是因其经济上的阶级地位和贫困状况所使然，是属于契约关系所要研究的内容。因此，在探讨契约

---

① 王斐：《大小传统视野下的民间法与习惯法》，谢晖、陈金钊主编：《民间法》第 7 卷，济南：山东人民出版社，2008 年，第 240 页。

② 这类将民间私契与官府律令加以区隔的用语，多见于唐五代各类契约中，买卖契如《唐大历十六年（781）杰谢合川百姓勃门罗济卖野驼契》、《吐蕃未年（827?）敦煌安环清卖地契》；租佃契如《唐永徽四年（653）傅阿欢夏田契》、《唐咸通二年（861）敦煌齐像如租地契》；借贷契如《唐乾封元年（666）高昌郑海石举银钱契》、《唐天宝十三载（754）敦煌道士杨神岳便麦契》；雇佣契如《唐某年高昌张隆伯雇范住落上烽契》等，都写有"官有政法，人从私契"。可见不是偶然的现象。参见张传玺主编：《中国历代契约粹编》，北京：北京大学出版社，2014 年，第 261—372 页。

③ 李显冬：《"民有私约如律令"考》，谢晖、陈金钊主编：《民间法》第 6 卷，济南：山东人民出版社，2007 年，第 324 页。

④ 马克思：《1844 年经济学哲学手稿》，北京：人民出版社，1979 年。

自由原则时，应与契约关系加以区分，不应用契约的自由原则去掩盖各类契约内部存在的剥削或压迫关系。

　　然而，即使是民间法也不是绝对自由的，在国家律令制定以后，民间法就存在一个与国家法既相矛盾、又相一致的客观现实。"从历史上看，国家的典章制度不断吸收在民间广为流传的规则而成为国家正式的法条；另一方面，民间法也不断受立法者的影响，这种影响最明显的表现便是儒家'礼'的思想成为正统后，民间法中越来越多地出现以弘扬道德、维护纲常为出发点和目的的内容。"① 国家法和民间法实乃互动存在，在大多数情况下，国家法基本上维护民间法的传统，而当民间法与国家法相冲突时，民间法往往屈从或顺应于国家法。

　　关于契约的平等精神，这是依据契约的自由原则相伴而生的精神，社会契约论的创始者们，如霍布斯、洛克、卢梭等人特别强调平等是社会契约的首要条件，其理论依据是：作为自然的人，生来就是平等的，其意志也是自由的。因此，在契约中体现出的是双方的平等地位。洛克认为："在人的理性范围内，人们有权按照他们认为合适的方式，有权决定他们的行动和自由处理他们的财产，而不必得到其他任何人的许可或听命于任何人的意志。"② 社会契约论者们对于契约的这一理论，由于脱离了社会发展中生产关系的客观实际，便陷于一种不切实际的状态，因为在阶级社会里，不存在纯粹"自然的人"，人生来不属于这一阶级，就属于那一阶级，即所谓"人以群分"。如中国封建社会，就是一种等级森严的集权的专制主义社会，其中发生各种契约关系的双方，形式上看似平等的，如契券中常写明的"二主先相和可，后为券要"或"二主和同立券"③，表示出契约双方先平等和气协商，同意认可后才订立券约。如果仔细加以观察，即使在形式上，也有许多的不平等，如在契约上署名签字，常出现双方不对等的情形，借贷契中，往往只有债务人署名签字，而无债权人署名签字；租田契中只有佃田人署名画押，而

---

　　① 于语和、戚阳阳：《国家法与民间法互动之反思》，谢晖、陈金钊主编：《民间法》第4卷，济南：山东人民出版社，2005年，第160页。

　　② ［英］洛克著，瞿菊农、叶启芳译：《政府论》（下），北京：商务印书馆，1984年，第77页。

　　③ 高昌国时期租佃契中常写明此语，见于《吐鲁番出土文书》录文本第二册，第302页、326页、328页、337页、359页；第三册，第16、17、191、199页、201页、310页。同见于图版本第1卷。

无田主署名；雇佣契中，只有受雇者署名画押，而无雇主署名签字，这种状况固然是由权利方与义务方的地位所使然，它却反映出中国古代契券中，即使在形式上也表露出了不平等，更何况在契约内容上，还存在着诸多不平等的事实。

契约的平等精神，不等于契约关系上的平等，中国封建社会，是一种阶级对立的社会，社会成员有着贫富、贵贱的差别，经济上的不平等决定着在社会身份上的不平等，也决定着契约关系上的不平等，这种不平等，不仅反映在契券的内容上，有时也反映在契券的文字表达和形态上。在认识契约的平等精神时，应将其与契约关系上的种种不平等实态作出区分。

自然秩序论也是古典契约论的基础理论之一，其内容为，人人都有享受财产所应得的权利，人人也有从事劳动的权利，也有不妨碍他人追求个人利益的义务①，这是一种"和谐的"自然秩序，契约贯彻着这种自然秩序，也维持着整个社会的经济秩序。这是资产阶级处于上升时期，基于"私有财产构成人的自由的基本要素，是人的自由根本保障，自由地拥有私有财产，也是人的基本权利"的构想而提出的冲击封建等级社会秩序的理论，目的在于建立"自由地拥有私有财产"的自然秩序，并用契约作为建立这种秩序的手段。马克思认为：个人也是社会性的存在，把个人设想成同其社会环境相分离的观点是不真实的，也是有害的。② 指出了自然秩序论的虚假性，在阶级社会里的自然秩序，只可能存在着服务于有产者的社会秩序，这对于认识中国契约发展史，具有重要的指导意义。

梅因说：契约关系使我们每个人在不断地"向一种新的社会秩序状态移动，在这种新的社会秩序中，所有这些关系都是因'个人'的自由合意而产生的"。③ 这是说，契约关系的不断调整、变化，都是依据双方的意愿而产生，契约关系的这种变化，都是向新的社会秩序状态的移动。还认为："所有进步社会的运动，到此为止，是一个'从身份到契约的运动。"④ 所谓"身份"，是指经济生活中，按身份等级划分的一种人际关系，而"契约"，

_____

① ［美］约瑟夫·熊彼特著，朱泱等译：《经济分析史》，北京：商务印书馆，2005 年，第 345 页。
② 马克思：《1844 年经济学哲学手稿》。
③ ［英］梅因著，沈景一译：《古代法》，第 96—97 页。
④ ［英］梅因著，沈景一译：《古代法》，第 97 页。

在这里是指人们依据平等自由合意原则建立起来的契约关系。从身份到契约的运动，当然是一种社会的进步。它的标志乃是独立的、自由的和自决的个人作为社会的基本单位而出现。不过，对中国古代社会而言，身份等级制与契约制并不是递相承继出现的，而是长期重叠存在着。在身份等级制社会中，有着契约的长期流行，而在流行的各类契约中，仍可见到一些身份等级制的痕迹存在。这是在研究中国契约发展史时必须重视的。在阶级存在的社会里，这种秩序也并非是一种真正的自然秩序，而是符合于统治阶级意志的社会秩序，它只是一种相对的、暂时的存在，而且往往并不和谐。

当代中国有一些经济学家，在探讨古代契约的起源时，往往只看到希腊、罗马时代契约的起源和规定，忽略了对中国古代契约的产生及契约思想起源的关注。而对契约思想和契约关系的研究，有时又囿于资产阶级上升时期的契约理论而难于突破。只有用历史唯物主义和辩证法的思维，才能实现对西方经济学的理论及其方法的超越，唯有用阶级分析的方法，去认识阶级社会中的契约及契约关系，才能揭示出契约自由原则下的不自由、平等形式下的不平等。这应是我们分析认识中国古代契约的发展与变化时应遵循的原则。

中国是一个以汉族为主体的多民族组成的国家，历史上除了汉族有着发达的契约文化以外，各少数民族地区也有各类民族文字契约的流行，如汉晋时期在鄯善王国流行的佉卢文契；北朝至唐在丝绸之路上流行的粟特文契、于阗文契；唐后期在河西至西域流行的吐蕃文契；宋元时期在西州回鹘王国流行的回鹘文契；西夏王国流行的西夏文契以及蒙古文契；清代至民国在新疆流行的察合台文契等，都是中国宝贵历史文化遗产的重要组成部分。

一部中国契约发展史，如果缺少了对这些民族契约的研究，是不完整的，至多也只能是汉文契约发展史。因此，本研究对这些不同文种的契约，选择了存量较多的五个民族文种的契约作了专题研究，既分析了各民族文种契约在本族中出现的历史背景，也探讨了各文种契与汉文契之间的关系。在与汉文契的比较中，既揭示出各民族契约表现出的个性特点，又从形式到内容方面考察了各族契约与汉文契之间的共通性，这种共通性是在先进的汉契约文化影响下，各民族对汉式契约文化仰慕、学习、引进的结果。

各民族运用汉式契约的平等、诚信原则，规范着本族内部的各种经济关系和人际关系，促进了各民族内部社会经济的发展，稳定了本族内的社会秩序，同时在契约精神的支配下，也密切了与主体民族汉族和其他民族之间的关系，为进一步走向民族大融合奠定了基础。

对契约史的研究，还在于揭示契约赋予的平等自愿、互利互惠、诚实守信、和谐相处的契约精神，以及这种精神在中国历史实践中的功效与得失。总结我们民族这份宝贵的历史遗产，对于当今社会处理国内、外各种关系，具有重要的现实应用价值。

从契约史研究中总结出来的诚实守信的契约精神，有助于人际关系、经济关系的健康发展，有助于和谐社会秩序的建设。可以为当今社会主义市场经济运行中建立各种新型的契约关系提供借鉴。

第二章

对契约研究的学术回顾

第一节　国内外对中国出土契约的整理

对于中国古代契约的具体研究，国内外学术界已有十分丰富的成果，大多着重于经济关系方面的契约。1925 年刘复（半农）在《敦煌掇琐》中刊布了从巴黎抄回的敦煌契约 10 件；其后王重民对法藏汉文敦煌文献作了订题，其中包括大批契约文献。[①] 1937 年许国霖的《敦煌杂录》刊布了北京图书馆藏敦煌文献中契约 13 件。20 世纪 30 年代，日本学者玉井是博氏撰写了《中国西陲出土的契》[②]，对敦煌所出契约作了分门别类的介绍，为以后的研究开阔了视野。其后，又有东洋文库所编契约资料《中国土地契约文书集（金—清）》；东洋文库编，由山本达郎、池田温完成的《敦煌吐鲁番社会经济文献：三（契约）》（A、B，1987）；科大卫等编《许舒博士所集广东宗族契据辑录（上、下）》（1981—1988）等，整理公布了从古代至民国的众多契券。池田温氏的《吐鲁番、敦煌契券概观》[③] 一文，是对中国西部出土的十六国至宋初各种契券带总结性的概括，除分析了中国古代契券之发

---

①　王重民：《伯希和劫经录》，后编入《敦煌遗书总目》，北京：商务印书馆，1962 年。

②　[日]《京城帝国大学创立十周年纪念论文集·史学篇》，1936 年。后收入玉井是博：《支那社会经济史研究》，东京：岩波书店，1942 年。

③　[日]池田温：《吐鲁番敦煌契券概观》，《汉学研究》第 4 卷第 2 期，1986 年，第 9—57 页。

达、契券研究情况外，还对吐鲁番、敦煌、龟兹、于阗等地所出契券作了举例分析，最后具列了 499 件契券的名称目录及契券性质分类，对契券研究具有很大的启发性和指导性。俄罗斯汉学家孟列夫（Л·Н·Меньшикова）主编的《俄藏敦煌汉文写卷叙录》①上、下册，对部分经济类契约作了叙录（有交换契约、债契，买卖契约以及租契等）。

国内学者王国维氏的《流沙坠简》②，对简牍中的少数汉晋契券作了诠释考证。1961 年，中国科学院历史研究所资料室编《敦煌资料》第一辑出版③，收录了敦煌契约资料近 130 件，丰富了古代契约文书的内容。上世纪 80 年代由唐长孺教授主编，国家文物局古文献研究室、新疆维吾尔自治区博物馆、武汉大学历史系编撰的《吐鲁番出土文书》第 1 至 10 册，由文物出版社出版，刊布了吐鲁番新出土的十六国、高昌国至唐代的契约文书近 300 件。与此同时，唐耕耦、陆宏基合编的《敦煌社会经济文献真迹释录》④，也陆续出版，其第二辑收录了唐、五代至宋初敦煌契约 186 件。沙知录校的《敦煌契约文书辑校》⑤，对 300 余件契约文书都作了文字录校和说明。拙著《俄藏敦煌契约文书研究》⑥，又新整理出 80 余件各类敦煌契约，这是以鄂登堡等为代表的俄国考察队在清朝末年从我国敦煌攫取而去未曾公布过的契约文献。以上这些著作，收录刊布了出土契约的内容释文，有的还收录了原件图版。这些千年以前的契约和资料的整理、刊布，为研究契约的发展历史及相关问题提供了极其珍贵的史料证据，丰富了契约文书的研究内容，开拓了研究的视野，极大地推动了本领域的研究。

继吐鲁番、敦煌出土文献的整理和公布以后，至上世纪九十年代，又有大批出土的西夏、元代的契约文书面世，一部分刊载于《俄藏黑水城文

---

① ［俄］Л·Н·缅希科夫编，袁席箴、陈华平译：《俄藏敦煌汉文写卷叙录》（上册，1963 年；下册，1967 年），上海：上海古籍出版社，1999 年。

② 罗振玉、王国维编著：《流沙坠简》，北京：中华书局，1993 年。

③ 中国科学院历史研究所资料室：《敦煌资料》第一辑，北京：中华书局，1961 年。

④ 唐耕耦、陆宏基编：《敦煌社会经济文献真迹释录》（1—5 辑），北京：书目文献出版社，1986—1990 年。

⑤ 沙知编：《敦煌契约文书辑校》，南京：江苏古籍出版社，1998 年。

⑥ 乜小红：《俄藏敦煌契约文书研究》，上海：上海古籍出版社，2009 年。

献》①，其中有多件西夏至元的借贷、买卖、典当等方面的契约。另一部分文书由内蒙古文物考古研究所在黑水城新发掘出土，由李逸友编著成《黑城出土文书》②，其中有元朝至元到宣光间的各类契约 26 件。这些新面世的契约，充实了西夏至元代契约文书的缺环，改变了这一时期契约文献薄弱的状况。

1993 年，中国社会科学院历史研究所收藏的大批徽州地区宋元明清至民国的契约，由王玉欣、周绍泉主编的《徽州千年契约文书》③，第 1 至 20卷收录了安徽省徽州宋、元、明时期的田土买卖、租佃文约、合同文书、宗祠簿、典当文约、借券等各类契约文书；第 21 至 40 卷收录了安徽省徽州清代和民国时期的租佃文约、田土契约、合同文书、卖身契、典当文约、税契凭证、赋税票据等契约文书。此项工作也推动了安徽地方对所储藏古档案文书的整理，2004 年出版的《徽州文书》（第一辑）④，共有 10 卷，其中第1—5 卷影印了安徽大学徽学研究中心"伯山书屋"藏黟县文书 2000 多份；第 6—10 卷影印了祁门县博物馆藏祁门文书 2000 多份，这些文书大多是宋代到民国的田地、山场、房屋等大小买卖文约、招承租约，也有承继文书、立议合同书等，此书的最大特点是，对这些契约及相关文书，以家族为单位，作了按户整理归类，如黟县文书归为 10 户、祁门文书归为 5 户。其中环砂程氏文书是分量最重的一户。此户文书总计 1300 多份，最早的为明朝宣德四年（1429），最晚的一份为中华民国二十年（1931），前后时间跨度达 500 余年。这为认识和研究中国古代封建社会晚期契约的发展变化、契约与一个家族的兴衰演变关系，提供了极为丰富的实物资料。

张传玺氏主编的《中国历代契约会编考释》（上、下册）⑤，于 1995 年出版，集中编入了当时国内外收藏的中国古代契约文书，按朝代和契约的性质分类，收集的契约资料从西周至民国时期者，共有 1402 件，并对契约的来源、背景，契文中的重要或少见的名词、术语作了考释，是国内系统辑录

---

① 俄罗斯科学院东方研究所圣彼得堡分所、中国社会科学院民族研究所、上海古籍出版社编：《俄藏黑水城文献》，上海：上海古籍出版社，1996—2000 年。

② 李逸友编著：《黑城出土文书（汉文文书卷）》，北京：科学出版社，1991 年。

③ 王玉欣、周绍泉主编：《徽州千年契约文书》，石家庄：花山文艺出版社，1993 年。

④ 刘伯山主编：《徽州文书》（第一辑），南京：广西师范大学出版社，2004 年。

⑤ 张传玺主编：《中国历代契约会编考释》（上、下册），北京：北京大学出版社，1995 年。

中国从先秦到明清、民国契约的汇编资料，为学者研究和使用契约文书提供了方便。张传玺先生在他的《会编》中提出了契约学的学术分类和定性问题，文中说："中国契约学"作为一门现代学术，发轫于民国初年，"契约学"不仅已为中国学者所重视，而且在更早的时间已为外国汉学家所重视。当然，"契约学"作为一门独立的学问，它属于经济学的范畴，特别是联系到现代经济生活来考察，具有极其丰富的内容。若从契约的发展历史角度看，它又属于中国经济史中的一个重要方面，应该也是毫无疑义的。2014年3月，张传玺氏又出版了《会编》的增补本，名为《中国历代契约粹编》①，收录了2519件契约。

2001年，契约收藏家田涛，从他收藏的五千余件明清至民国的各类契约中，精选了950件加以刊布，出版为《田藏契约文书粹编》②，上起明永乐六年（1408），下至共和国成立后的1969年，所收契约来自全国24个省、市、自治区，为进行广泛比较研究提供了基础。本书采用前图后文形式，便于直观契约原貌，其中稀见的契约资料不少，如搜自徽州甘塘的《洪氏编年契簿》，登录了洪氏家族自明万历十三年（1585）至清乾隆二十五年（1760）近二百年间田地买卖三百余起的契约文字，对于研究明清封建家族经济的兴衰、地权变动与宗族的关系都是难得的实证材料。

2012年，四川成都市龙泉驿区档案馆，将其馆藏的清代至民国的买卖送讨契、租赁借贷契、分关继承契及官府文契等精选了293件，图文并列，出版了《成都龙泉驿百年契约文书（1754—1949）》③，集中反映了清乾、嘉以来闽、粤客居龙泉移民中各家族的经济活动及置产发家的历史。

除了这些大型的契约资料集以外，各地也都有契约不断发现和公布，陈国灿的《鄯善新发现的一批唐代文书》④，刊布了十余件新整理的武周时期租地、借贷、上烽契。新疆博物馆新入藏的十余件高昌国时期郑凤安契约及

①　张传玺主编：《中国历代契约粹编》（上、中、下册），北京：北京大学出版社，2014年。

②　田涛、［美］宋格文、郑秦主编：《田藏契约文书粹编》（上、中、下册），北京：中华书局，2001年。

③　胡开全主编：《成都龙泉驿百年契约文书（1754—1949）》，成都：巴蜀书社，2012年。

④　陈国灿：《鄯善新发现的一批唐代文书》，《吐鲁番学研究》2005年第2期；后经修订刊于《敦煌吐鲁番研究》第九卷，2006年，第123—141页。

民国时期疏附、库车、乌什等地所出维文与汉文互见的土地买卖契①。党宝海的《一组珍贵的元代社会经济史资料》②，介绍了河北隆化鸽子洞出土的三件元代社会经济文书，其中有《元至正廿二年王清甫典地契》。刘瑛的《清代浙江经济契约文书选辑》③，刊布了浙江省博物馆所藏清道光至咸丰年间卖地契、顶田约、立佃约等 10 余件。杨国桢主编的《闽南契约综录》④、《清代闽北土地文书选编》⑤，也收录了一批从福建民间收集的契约。魏忠的《独特的贵州苗族契约文献》⑥，介绍了唐立、杨有赓、〔日〕武内房司等主编的《贵州苗族林业契约文书汇编（1736—1950）》第一卷《史料编》⑦一书，书中刊布了贵州锦屏地区各个苗寨的山林卖契、山林租佃契、田契、分山、分林、分银合同及乡规民约、调解合同等共有 800 余件，最早者立于乾隆元年（1736），最晚的一件是民国 39 年（1950），这对于深入了解西南民族地区的契约关系发展演变，提供了珍贵的原始资料。

第二节　国内外学者对契约的综合性研究

近几十年来，有关学者围绕各类契约发表的综合性研究和专题研究的成果都不少。日本学者仁井田陞氏早在 1937 年就出版了《唐宋法律文书研究》⑧，对中国西部出土的买卖、借贷、租赁、雇佣、承包、养男诸契及放书、分书、遗书、乡规民约等，从法制史的角度，探讨了诸契中的民法体系及其与国家法之关联；同时还对唐五代的契约形式与元明清时的契约，如新

①　中国文化遗产研究院、新疆维吾尔自治区博物馆编：《新疆博物馆新获文书研究》，北京：中华书局，2013 年。

②　党宝海：《一组珍贵的元代社会经济史资料——读河北隆化鸽子洞出土文书》，《中国社会经济史研究》，2005 年第 2 期，第 29—33 页。

③　刘瑛：《清代浙江经济契约文书选辑》，陈支平编：《货殖——商业与市场研究》（《中国商业史史学会会刊》第四辑），合肥：黄山书社，2008 年，第 395—399 页。

④　杨国桢等编：《闽南契约综录》，《中国社会经济史研究》，1990 年增刊专号。

⑤　杨国桢等编：《清代闽北土地文书选编》，《中国社会经济史研究》，1983 年第 1 期—第 3 期。

⑥　魏忠：《独特的贵州苗族契约文献》，《国学网》中国经济史论坛于 2003 年 1 月 31 日发布。

⑦　唐立、杨有赓、〔日〕武内房司主编：《贵州苗族林业契约文书汇编（1736—1950）》第一卷《史料编》，东京：东京外国语大学国立亚非语言文化研究所，2001 年 3 月。

⑧　〔日〕仁井田陞：《唐宋法律文書の研究》，东京：东方文化学院东京研究所，1937 年。东京大学出版会又于 1983 年影印。

发现的元代《新编事文类要启札青钱》等所收契约书式作出比较，既看到其一贯性，又指出了许多新的变化。这些新见解，后来在他的《中國法制史研究》① 中，又有了进一步的丰富和发挥。

20 世纪后期，日本学术界将契约的研究上升到法制史、社会史层面作出了许多理论性的探讨，如寺田浩明的《明清时期法秩序中"约"的性质》，② 将明清时的契约关系当作法秩序的一部分进行研究。岸本美绪在《明清契约文书》中，屏弃了套用西洋近代法体系，提出了"以生产关系作为发展的基轴，对契约文书进行研究。"对于"支撑着契约关系的秩序"也作了分析，这些都很具有启发性。

中国方面，张传玺氏的《契约史买地券研究》③，则是一部既有综合性、又有专题研究的论著。在契约史部分，认为在原始氏族公社的后期，已有中国古代契约的萌芽。在论证"契约形式的源与流"时，归纳为判书形式、合同形式、单契形式三种，还对契文程式的完善过程作了论述。该《研究》也是对契约史中买地券作出纵向研究的学术论著，很具有学术启发性。不过，其中有些见解，还可以再讨论，如对"红契"的称谓，起源于东晋征收买卖税一说，尚缺契券及史籍作依据，且文券收税也仅限于东晋南朝的买卖交易，既不涉及其他契券，也未推行于北方，而且到隋唐五代也停止了这种买卖税的征收，宋代重新征收买卖交易税，纳钱押印，才真正有"红契"一词的出现。

霍存福的《中国古代契约精神的内涵及其现代价值——敬畏契约、尊重契约与对契约的制度性安排之理解》④ 一文，探讨了古代的契约精神，认为"古代中国社会与国家的结构方式，政治等级、社会等级、家庭内部等级的存在，并没能消灭经济生活中的契约的平等，古代的中国也是一个契约社会，契约本身也是一种生活方式。中国人的契约精神，既是一种法律精神，

---

① ［日］仁井田陞：《中國法制史研究》（法と慣習·法と道德），东京：东京大学东洋文化研究所，1964 年，第 671—683 页。

② ［日］寺田浩明著，王亚新译：《明清时期法秩序中"约"的性质》，王亚新、梁治平编：《明清时期的民事审判与民间契约》，北京：法律出版社，1998 年，第 139—190 页。

③ 张传玺：《契约史买地券研究》，北京：中华书局，2008 年。

④ 霍存福：《中国古代契约精神的内涵及其现代价值——敬畏契约、尊重契约与对契约的制度性安排之理解》，《吉林大学社会科学学报》2008 年第 5 期，第 57—64 页。

也是一种文化精神。它完全可以与西方法律精神相衔接，成为构建新型法治的'中国元素'"，提出了今天的中国社会从古代的契约内涵中继承法治精神的认识。

美国学者韩森著的《传统中国日常生活中的协商：中古契约研究》① 一书，以中古契约为研究对象，揭示了中国中古时代官府、百姓、鬼神三者之间错综复杂的关系以及这三者相互协商、讨价还价并在这种角力中共存的社会过程，并把冥契与现世契约联系起来作了考察，颇有启发，很具有特色。在对冥契与现世契的认识上，反映出作者的观点：冥契使用的渊源可能早于现世契约。译者鲁西奇明确提出这一见解，是韩森氏在为中译本所写前言中所作的表达："最早从墓葬出土的契约，其纪年早至公元 1 世纪，它们看来是用于向冥王购买墓地的买地券，与人们在阳间购买墓地契或地券相对应……人们可能首先在与阴君协商的时候用上了契约，然后才在人世间互相协商时签订契约文书。"韩森氏的这一观点，与法国谢和耐氏说相近似，不过尚有待于再讨论。

日本学者寺田浩明的《中国契约史与西方契约史——契约概念比较史的重新探讨》②，以清代的契约为例，对契约的概念内涵以及执行情况作了中、西方的比较分析，认为"近现代中国的契约社会与西方近代的契约社会是不同的"。

对古代契约作综合性研究，更多地表现在断代的层面上，如于振波在其专著《秦汉法律与社会》③ 中，在论及"秦汉法律与经济发展"时，对秦汉时期的经济契约、内容、形式以及与官府的关系等作了阐释。孙瑞、陈兰兰的《汉代简牍中所见私人契约》④，对各地出土汉代简牍中的衣物买卖券、土地买卖券、借贷券、"中贩共侍约"、"先令券书"等作了论述分析。赵彦龙的《论西夏契约及其制度》⑤，对黑水城等地出土的西夏汉文、西夏文的

---

① ［美］韩森著，鲁西奇译：《传统中国日常生活中的协商》，南京：江苏人民出版社，2008 年，第 4 页。

② ［日］寺田浩明著，郑芙蓉等译：《中国契约史与西方契约史——契约概念比较史的重新探讨》，谢晖、陈金钊主编：《民间法》第 4 卷，第 11—30 页。

③ 于振波：《秦汉法律与社会》，长沙：湖南人民出版社，2000 年。

④ 孙瑞、陈兰兰：《汉代简牍中所见私人契约》，《学习与探索》2006 年第 4 期。

⑤ 赵彦龙：《论西夏契约及其制度》，《宁夏社会科学》2007 年第 4 期。

买卖、典当、借贷等契约，结合西夏的《天盛律令》的规定作比较研究，指出了诸契约的规定与西夏天盛律令的一致性。杨国桢著《明清土地契约文书研究》①，通过明清时期土地方面的契约，如买地契、租田契、永佃契、大小租契、土地的抵押、借贷、典当契等，分析了鲁、皖、江、浙、闽、台及两广地区产生的各种地权关系，从而论证封建土地所有制中的一些新变化，如永佃权的产生及其向"一田两主"的转化；地权的分化与地主阶级的再组成；等等。

2000年，陈永胜氏著有《敦煌吐鲁番——法制文书研究》一书，② 其中辟专章，分类对《敦煌吐鲁番契约文书》进行了论述。认为我国中世纪的契约制度已达到相当高的水平，契约理念也较发达；当时契约中已有"官有政法，人从私契"等惯语，反映出我国古代契约发展至唐时已经把法律划分为国家制定法与民间私约的基本分类；唐政府对民间私约采取了"任依私契，官不为理"的态度，确立了政府不主动干预私契的放任原则；法律承认并保护私人之间订立的契约，在私人活动领域，实行私法自治原则，国家原则上不予干预，只有当事人之间发生纠纷不能通过协商解决时，才由国家政府出面予以解决；对"契外擎夺、违法积利"等明显违犯公法规则的行为，则予以干预，用立法手段保护契约当事人的权利；国家对民间社会采取的契约化形式的规制，从指导思想到具体手段是合理的，应当认可；等等。这些论断都是正确的。

第三节　国内外学者对契约及契约关系的专题性研究

对契约及契约关系研究更多的成果，集中在各类专题的研究上。人类社会自进入私有制以后，不论是奴隶制、还是封建制生产方式，都离不开对生产资料土地的占有，马克思曾指出过："土地是一切生产和一切存在的源泉，并且它又是同农业结合着的，而农业是一切多少固定的社会的最初的生产方

---

① 杨国桢：《明清土地契约文书研究》（修订本），北京：中国人民大学出版社，2009年。
② 陈永胜：《敦煌吐鲁番法制文书研究》，兰州：甘肃人民出版社，2000年。

式。"① 同样与土地联系在一起的是，劳动者开发、经营这些土地和收获物的分配。地权拥有者与无地权或只有部分地权的劳动者之间，在劳动果实的分配上，必然会存在矛盾，由此就出现各种既不违背现行社会制度、又能为矛盾各方所接受的各种约定，来处理这种矛盾，如体现地权所有的土地买卖契约，处理地权拥有者与劳动者对劳动果实分配的租佃契，使用劳动者的雇佣契，体现物权、财产所有的一般买卖契约、借贷契约、继承契约等，进而由这些约定又派生出各式各样的契约。众多的契约维护着社会经济生活秩序的相对稳定，也由于诸契约中各种关系的变化，带动着社会的进步，所以也一直吸引学者们进行着各种类型的专题研究。

一、对邦国盟誓约的研究

对先秦邦国之间会盟誓约，较早进行全面研究的，有上世纪六十年代刘伯骥的《春秋会盟政治》专著，对春秋会盟的源起、作用、盟礼步骤及对后世政治的影响等都作了论说。② 吕静的《春秋时期盟誓研究》一书，将春秋盟誓分为中原霸主之盟、长江流域楚吴越之盟、诸侯国内盟誓等三类进行考察，着重研讨了盟誓中宗教性与政治性的关系。③

对于盟誓礼过程，刘伯骥将春秋盟礼分为"约会"、"登坛"、"发言"、"歃血"、"载书"、"享宴与归饩"、"盟后朝聘"等七个步骤。④ 陈梦家在《东周盟誓与出土载书》中将盟誓仪程分为十个项目。⑤ 吴柱的《关于春秋盟誓礼仪若干问题之研究》一文，围绕春秋时期盟誓活动中的"读书"、"歃血"以及"执牛耳"三个主题进行了论证，对"读书"（宣读盟书）与"歃血"何者在先问题，认为先"读书"后"歃血"是古礼固有的规范。关于歃血的方式应以传统"饮血说"为准，否定了日本汉学家竹添光鸿在

---

① 马克思：《〈政治经济学批判〉导言》，《马克思恩格斯选集》第 2 卷，北京：人民出版社，1973 年，第 109 页。

② 刘伯骥：《春秋会盟政治》，台北：中华丛书编审委员会，1962 年。

③ 吕静：《春秋时期盟誓研究》，上海：上海古籍出版社，2007 年。

④ 刘伯骥：《春秋会盟政治》第 8 章，第 248—266 页。

⑤ 陈梦家：《东周盟誓与出土载书》，《考古》1966 年第 5 期。所分的十项是：（1）载书，书之于策，同辞数本。（2）凿地为坎。（3）用牲，牲用牛豕。（4）盟主执牛耳，取其血。（5）歃血。（6）昭大神，祝号。（7）读书。（8）加书。（9）坎用牲埋书。（10）载书之副藏于盟府。

《左氏会笺》中的牲血"涂唇说"。① 关于"执牛耳",认为由盟主执牛耳并且率先歃血,执牛耳者必然就是主盟方,"目的是以盟主和神灵的权威,对参加盟会的成员起到警告和震慑的作用。"② 对盟誓礼中一些众说纷纭的重要环节作了澄清。

对于盟誓的性质和作用方面,叶修成的《论先秦"誓"体及其契约精神》认为盟誓中的"誓之言说行为中即蕴含着丰富的契约精神。"他从"神灵信仰"、"对等原则"、"信用体系"三个方面,论证了"誓"就是"与神灵约言,与生人约言,犹如订立契约,用来限定制约起誓主体的随意行为,建构和谐的人神关系和人际关系,以达到维持一种相对稳定的秩序的目的。"③ 吕亚奇的《先秦会盟与政治秩序的交互性建构》对先秦各种会盟作出综合分析的基础上,认为"先秦政治秩序变迁历经三个阶段:部落联盟政治秩序、宗法封建政治秩序、君主专制政治秩序。会盟只有在前两者中,具有建构政治秩序的功能。"提出了"中国式会盟以自我生存、内部统一、良善秩序、信守承诺、仁义爱民为基本特征,以政治系统的平衡和谐为最高追求"的见解。④ 田兆元《盟誓——关于中国早期国家制度的思考》将盟誓作为中国历史上一种独特的国家制度来加以认识,认为"盟誓制度作为中国早期国家的基本形式,以及集权国家形成后长期存在的大联盟国家模式和边疆管理模式,充满了管理智慧。"⑤ 颇具有启示性。

在众多的会盟誓约研究中,都指出了盟誓具有信守的契约性质,不过,对于盟誓制度在秦汉以后的历史继承及其演变的研究,则比较薄弱。

二、租佃契约与租佃关系的研究

关于租佃契约方面,其研究成果十分丰富。1962 年,孙达人先生发表了《对唐至五代租佃契约经济内容的分析》⑥ 一文,通过对出土的唐至五代

---

① [日]竹添光鸿:《左氏会笺》隐公第一,台北:新文丰出版社,1978 年,第 75 页。
② 吴柱:《关于春秋盟誓礼仪若干问题之研究》,《中国史研究》2015 年第 4 期。
③ 叶修成:《论先秦"誓"体及其契约精神》,《北京社会科学》2016 年第 8 期。
④ 吕亚奇:《先秦会盟与政治秩序的交互性建构》,《运城学院学报》2015 年第 1 期。
⑤ 田兆元:《盟誓——关于中国早期国家制度的思考》,《中原文化研究》2016 年第 3 期。
⑥ 孙达人:《对唐至五代租佃契约经济内容的分析》,《历史研究》1962 年第 6 期。后收入《敦煌吐鲁番文书研究》,兰州:甘肃人民出版社,1984 年,第 201—216 页。

较完整八件租佃契约归类分析，提出契约性质的不同，所反映的经济关系也不同，这八件契约存在着两种不同的性质。第一种契约的类型不属于真正的封建租佃契约，田主和租田人之间的关系不是封建地主和佃农的关系，是"租田人"（地主）利用租价（高利贷）剥削"田主"（贫苦农民）的关系。在这类契约中，租价都是预付的，表明"租田人"有优越的经济地位。第二种类型是真正的封建租佃契约，在这里，地租是租地人向地主提供的无偿剩余劳动。认为其中第三、四、五、六、七件属于租佃契的第一种类型；田主和租田人完全不是封建地主和佃农的关系。第一、二、八件契约属于第二种类型；田主和租田人的关系是封建地主和佃农之间的关系。孙氏不同意韩国磐先生在《从均田制到庄园经济的变化》[1]一文中的观点，对其第六、七、八件中的契约关系提出了"从契约本身来看，出租人、租地人和见人都要署名，通过契约来租地，这表明租地者的身份比前略有所提高"的意见。认为仁井田陞氏在《吐鲁番发现的唐代租田文书的一种形态》[2]一文中，把租田契约区分为二种形态是正确的，但不同意对第一种形态的租佃性质"是一种均田农民之间没有剥削关系的租田契约"的解释。提出这八件文书有三个特点：租田人是财力雄厚的地主，决不可能是贫苦的佃农；田主经济困难，无资无力耕种，不得不被迫出租；租价的实质并不是地租，而是高利贷。按照孙氏所说，租佃契约存在着两种不同性质，一种是租田人利用预付租价的方式剥削田主。第二种性质是，田主和租田人是封建地主和佃农之间的关系。这里需要指出的是，孙氏同时又说到"租价预付，这又表示着租借人在经济上是贫困的"[3]，这个说法把租价预付和租借人相等同，与孙氏前面的立论又是矛盾的，既然能预付租价，说明租借人经济上并不贫困，如果经济上贫困又怎能预付一笔租价，前后提法不一致。另外在《天复二年樊曹子租地契》[4]中，由于田主刘加兴因"阙乏人力，佃种不得"，将地出租，

①　韩国磐：《从均田制到庄园经济的变化》，《历史研究》1959 年第 5 期。
②　[日]仁井田陞：《吐鲁番发现唐代租佃文书的二种形态》，《东洋文化研究所纪要》第 23 号。
③　沙知、孔祥星编：《敦煌吐鲁番文书研究》，兰州：甘肃人民出版社，1984 年，第 208 页。
④　沙知编：《敦煌契约文书辑校》题作《唐天复二年（902）慈惠乡百姓刘加兴出租地契》，第 324—325 页。

而《天复四年贾员子租地契》①是因为令狐法性"为要物色用度"出租土地，两者不能等同，虽都是由于经济困难，也应有所区别。

1958年周藤吉之氏发表《吐鲁番出土佃人文书的研究——唐代前期的佃人制》，后又加以补正收入他的专著中②，周藤吉之氏以佃人文书为中心，从形式和内容两个方面考察，引用了诸多唐代文献，研究了这一时期的佃人制，认为这批佃人文书从形式上可以分为四种，并且都载有土地所有者和所有额以及自佃和佃人的区别，佃人文书是由堰头呈交官府的，堰头对这些文书负有法律上的责任。说明当时这种堰头所起的作用之大。从佃人文书的内容来看，佃人制当时已在职分田、公廨田等官田，寺田以及一般农民田中广泛地流行。周藤吉之氏通过深入研究后指出：自从唐太宗在贞观十四年消灭高昌国，新设置西州都督府，实行了均田制以后，没有经过多长的时期，佃人制度就开始在吐鲁番盛行起来，后来日益发达。同样的在中国内地也实行过佃人制。这个见解，今天看来需要调整，因为在唐军占领高昌国之前的吐鲁番，租佃关系就已发达，这从吐鲁番出土的高昌国时期的租佃契就不难看到。在分析官田的租佃问题时，周藤吉之氏根据大谷2369号文书所载："司马拾贰亩　佃人范僧"、"都督职田拾壹亩半　佃人焦知昌种粟"等，得出"县公廨田的亩数似乎比寺田或百姓田多得多"③的结论，我们认为，这条材料只对司马和都督职田而言，由这一条材料来证明县公廨田的亩数比百姓田多得多是不妥的，就一个县几千编户来计算，从总量上看，百姓比官员的田要多。

1963年，沙知先生发表《吐鲁番佃人文书里的唐代租佃关系》④一文。对已发现的佃人文书综合起来进行考查，根据日本学者周藤吉之对27件佃

---

① 沙知编：《敦煌契约文书辑校》题作《唐天复四年（904）神沙乡百姓僧令狐法性出租土地契》，第327—328页。

② 日本西域文化研究会编：《西域文化研究》二《敦煌吐鲁番社会经济资料》上册，该文补正后，收入于周藤氏专著《唐宋社会经济史研究》，东京：东京大学出版会，1965年。又收入：《敦煌学译文集——敦煌吐鲁番出土社会经济文书研究》，姜庆镇等译：兰州：甘肃人民出版社，1985年，第2—120页。

③ ［日］周藤吉之等编，姜庆镇等译：《敦煌学译文集——敦煌吐鲁番出土社会经济文书研究》，兰州：甘肃人民出版社，1985年，第53页。

④ 沙知：《吐鲁番佃人文书里的唐代租佃关系》，《历史研究》1963年第1期。收入《敦煌吐鲁番文书研究》，第218—235页。

人文书编排的一个佃种田地分类表，推算得出官私田地出租的真实情况，即私田出租远远多过于官田出租。不同意韩国磐先生"官田出租多于私田出租"的看法，认为是"以偏概全"。在引用周藤氏所作的另一分类统计表时，对租佃文书中官私各自占有田地情况作出分析，27件佃人文书中存在两个特点，一是年代接近，二是代表地区集中，进行综合分析具有相当程度的代表性，结合上百件文书残卷和吐鲁番户籍文书，得知均田制在西州推行，存在着严重的受田不足，授给各户的田地，一般都是分段授给，每段最普遍的是一亩、二亩，三亩、四亩都不多见。并且极其分散，一户人家的两段田地，其分布的最远距离常在四五十里以上，而且是普遍的，给耕种带来了严重的困难，这正是造成私田零星出租的客观条件，成为当地租佃关系发达的一个重要原因，从而说明了私田零星出租和佃人零星租入是受着客观条件的限制，并不是由于田主和佃人之间只具有达成一亩二亩小额租佃关系的能力。

官田能够比较集中地出租，大抵是和官府能够凭借政治权力集中地占有田地分不开的。[①]　就官私田地出租的性质，沙氏认为，佃人文书里所载出租的私田，约有两种情况：一是小土地占有者（基本上是均田民）的交错出租，这是主要的；一是寺田的出租，这是次要的。前者是小私有者之间的自由租佃，多半具有出租者和佃种者的双重身份，这种租佃关系剥削的性质较轻，后者则是寺院地主对佃耕农民的剥削，这种剥削形式在某种程度上反映了当地基本阶级关系的状况。因此，后者和前者不能等同起来。他的论证概括全面，颇具说服力。官田出租的性质，是一种强制性极强的租佃剥削关系。百姓不愿租佃官田的原因，是由于官佃户所受的剥削特别苛重，官佃的性质和佃人文书里的一般私田的出租是两种不同的租佃关系。官田形式上是出租，实质上是抑配乃至变成一种无端的勒索。这种租佃关系的实现和封建官府利用粗暴的超经济强制以及政权的暴力作用相联系的。[②]

官田出租，也得按规定交租，不可能无限加量收租，这也不符合官府的规定。均田令规定：均田民对国家有三种负担，要交租庸调。并规定一百亩田，每丁收租二石（这是敦煌的标准），西州是常田、部田一起，每丁收六

---

① 沙知、孔祥星编：《敦煌吐鲁番文书研究》，第 226 页。
② 沙知、孔祥星编：《敦煌吐鲁番文书研究》，第 232 页。

斗，这是均田制下西州规定的标准，官府出租田收租不能超过均田令的标准太多。这一事实在史籍中多有记载，《册府元龟》卷506《邦计部·俸禄二》开元十九年（731）四月敕："天下诸州、县并府、镇、戍官等职田四至顷亩，造帐申省，仍依元租价对定，六斗已下者依旧定，以上者不得过六斗。"① 这条开元十九年的敕令，已规定每亩租价不得超过六斗。这在《唐会要》卷92《内外官职田》中也有相同的记载，并加了一句："地不毛者，亩给二斗。"② 即根据过去的租价核定每亩租不得超过六斗，不毛之地每亩交租二斗。从以上敕文规定看，官田租要比租庸调的负担重，因为官田只有一项租，而不收庸、调。再看陆贽在其《奏议》所云："今京畿之内，每田一亩，官税五升，而私家收租，殆有亩至一石者，是二十倍于官税也。降及中等，租犹半之，是十倍于官税也。"③ 从此奏透露出，长安京畿附近，私田租价曾经是每亩一石，中等地是每亩五斗。这是德宗贞元十年（794）的记载，比佃人文书的时间晚一些，但反映出私家收租的租价比官田租价要高，唐西州地区大概也是如此。这一事实又在诸多文书中可以看到，如：大谷3471号文书载："户曹符为宴设及公廨田萄等顷亩依旧价▢▢，"④ 这是户曹符为宴设司的田、公廨田、葡萄田等依旧价收租所下的符牒。同文书中又载："仓曹符，为宴设及公廨田萄，不高价抑百姓佃食讫。"⑤ 这又是西州都督府仓曹下的一个符牒，令宴设司掌管的田、公廨田、萄园不能以高价配给百姓佃种，说明官府对官田出租的租价是有严格规定的。从每亩交六斗租、不毛之地租二斗看，这个租额如果真正严格按规定执行应该不是太重。问题在于地方基层是否按朝廷诏令真正执行！

对上述所引文书，"仓曹符，为宴设及公廨萄，不高价抑百姓佃食讫"，沙知先生是根据周藤吉之氏的录文："仓曹符，为宴设及公廨苟不高价抑百

---

① 《册府元龟》卷506《邦计部·俸禄二》，北京：中华书局，1960年，第6071页。

② ［宋］王溥：《唐会要》卷92《内外官职田》，北京：中华书局，1955年，第1669页。

③ ［唐］陆贽：《陆贽集》卷22 "均节赋税恤百姓" 第六条 "论兼并之家私敛重于公税"，北京：中华书局，2006年，第768—769页。

④ ［日］小田义久主编：《大谷文书集成》（二）图版七，京都：龙谷大学善本丛书，法藏馆，1990年，第104页。

⑤ ［日］小田义久主编：《大谷文书集成》（二）图版七，第104页。

姓佃食讫",① 而周藤吉之氏的录文有误，把"蓞"误释读成"苟"，因此，沙知先生根据这件文书的条文得出了相反的结论，② 认为官田出租的性质是一种强制性极强的租佃剥削关系。

上文所引的大谷3471号和另一件3473号文书，均属"西州天山县到来文书"，即开元十九年（731）天山县的来文事目历，这和前引《册府元龟》开元十九年四月敕文在时间上正相吻合，政策精神完全一致，可见大谷3471号文书所载正是唐西州对朝廷政策的贯彻。

前文所涉及的官田问题，严格讲还是有区别的，职田是官员私营的，收归个人使用，官田应该指公廨田（办公用田）、宴设田（招待用田），国家根据不同的官职，配给一定数量的职田，职田归官员个人暂时所有，当然也存在利用职权强令百姓高价佃种，不过对此政府有一定的限制。在大谷3474号文书中记载："镇戍见任官职田、非抑百姓租，并迟由同上事。"③ 文书中的"由"，沙知氏和周藤氏的释文为"田"，对照《大谷文书集成》（二）图版九，应为"由"字。大谷3473号文书也称"职田不得抑令百姓佃食处分讫申事。"④ 意思是说，不要强迫百姓租种或佃种职田。大谷文书的记载是针对职田而言，是禁止职田抑配百姓佃种。《唐会要》卷92《内外官职田》贞观十一年三月敕："内外官职田，恐侵百姓，先令官收。"这也说明唐政府一直在制止这种现象的存在。

池田温氏早在上世纪七十年代就着手写作《中国古代租佃契》，直到九十年代才完成上、中、下篇，⑤ 着重于对敦煌、吐鲁番等地出土租佃契券从内容到形式、多视角的微观分析。

1982年，孔祥星先生发表《唐代前期的土地租佃关系》⑥，此文根据吐鲁番出土的租佃契以及相关的租佃文书、借贷文书对唐代前期西州的土地租

---

① ［日］周藤吉之：《吐鲁番出土佃人文书研究——唐代前期的佃人制度》，《敦煌学译文集——敦煌吐鲁番出土社会经济文书研究》，第55页。

② 沙知、孔祥星编：《敦煌吐鲁番文书研究》，第230页。

③ ［日］小田义久主编：《大谷文书集成》（二）图版（九），第106页。

④ ［日］小田义久主编：《大谷文书集成》（二）图版（八），第105页。

⑤ ［日］池田温：《中國古代的租佃契》（上、中、下），《东洋文化研究所纪要》第60册（1973年）、第65册（1975年）、第117册（1992年）。

⑥ 孔祥星：《唐代前期的土地租佃关系》，《中国历史博物馆馆刊》1982年第4期。收入《敦煌吐鲁番文书研究》，第236—276页。

佃关系进行了比较分析，从各类租佃契约的特征、租田的种类、租田契的租额、主佃双方承担的责任（义务）、租种的时间、租田的位置和数量等六个方面，层层深入地进行了论证，认为唐代流行着以契约形式维系的土地租佃关系，立契的双方都是小土地占有者，租佃的目的是以交错出租土地的方式达到更好地进行农业生产；租田的种类、质量是决定契约支付方式、租额高低的一个重要原因。而支付方式的不同又造成了主佃双方承担义务的差别；预付租价与后付租价契的租额大致相同，预付货币在当时的租佃关系中占有重要地位。后付粮食契中主要流行定额租，分成制极少。契约上出现的差异，不是由于主佃双方经济、政治地位的不同所决定的。指出孙达人氏把预付租价契看成是高利贷者（租田人）与贫苦农民（田主）的关系，后付租价契看成是封建地主（田主）与贫苦农民（租田人）的关系是不妥当的。孔氏的论证又前进深入了一步，应该充分肯定。孔氏在分析租田的种类时说："预付货币和预付实物租田契的主要差别在田种，前者几乎都是常田，后者绝大多数为部田。表明在当时当地质量好的田种租价预付时一般要预付货币——银钱。"此说恐怕不能作为一种标准，因为也有不同事例的存在，《唐龙朔元年（661）孙沙弥子夏田契》[①] 就是一例，契文说，孙沙弥子在李虎祐边租借口分常田贰亩，从"其麦、田即日交相付□"、"到孙佃田之日李……"等语。知其是提前预付了麦，佃下了此田。又如《总章三年（670）左憧熹夏菜园契》[②]，预付"夏价大麦拾陆斛，秋十六斛，若到佃时不得者"等，这也是给实物预付的，由此得知租种质量好的常田，租价预付也可以是实物。此类事例还多见于敦煌出土的租佃契中，孔氏又说："因为田土质量乃是立契的一个关键所在。"[③] 其实立契的关键所在是有出租者和租田人在自愿的前提下，又能达成协议，这才是立契的关键，并非是由田土质量而决定。

孔氏最后指出，唐代前期的吐鲁番租佃状况与均田制的实施有关，就租佃的性质，同意沙知等学者意见，主要是小土地占有者之间的交错出租，而产生这种出租方式的主要原因乃是均田制下所授田地的零星分散，为了保证

---

① 《吐鲁番出土文书》录文本第五册，第87页；图版本第二卷，212页。
② 《吐鲁番出土文书》录文本第六册，第428页；图版本第三卷，222页。
③ 沙知、孔祥星编：《敦煌吐鲁番文书研究》，第254页。

农业生产，尽可能地将土地集中在一、二处或接近的地方。这一见解符合历史实际，因而也是完全能够成立的。

近年陈国灿先生的《唐代的租佃契与租佃关系》一文，① 运用大量的出土文书和文献史籍记载，对唐代租佃契约中反映的各种形态，与各类土地占有状况之间的关系作了研究，认为：国家所有的土地，分配给农民佃种，农民再将收获物的一部分作为租赋交纳国家，由于国家及其君主既是农民的田主，又是政治上的统治者，田租、国税、贡赋，还有力役，往往混在一起，所以这种租佃关系始终带有超经济的强制性。第二种是私家大土地所有制下的租佃关系，这种租佃关系中也或多或少地带有超经济强制的因素，农民对田主的依附性越大，其超经济强制性也就越多。而第三种租佃关系，是一般农民之间的互利互佃，不存在超经济强制的问题。在唐以前的中国农村中，不论其土地形式如何，这三种类型的租佃关系，都已广泛地存在着。

在官田使用租佃契的问题上，陈氏经过考证，提出：在汉代已经存在。高昌王国确实存在着官田采用私租形式的出租契券，契约的模式规格、用语及约定上都与中原地区的契约具有一致性。陈氏认为：租佃关系最初的出现，是发生在私家大土地所有者的土地上，为了维持稳定的租和佃，只有以契约的形式将其确认，才有租佃契的产生。契约是保证租佃实现的一种形式。租佃契在私家土地上的出现，应该远早于官府土地上的租佃契。② 这些认识，把租佃契约的研究又深化了一步。

有关租佃契约的研究也是对古代契约研究中成果最丰富的一类，还有许多重要的研究成果，如西岛定生、堀敏一、池田温及吴震等学者的著作及论文，均对租佃契约都有论说，大多都集中于对敦煌、吐鲁番等地出的十六国至唐五代宋初券契的探讨。在此值得特别一提的是刘永成氏的《中国租佃制度史》③，此书虽未专门论说契约，却对租佃关系作了较全面的分析，将中国古代租佃制分为三个时期，即战国至秦汉魏晋南北朝时期的隶属型租佃制；隋唐宋元时期的依附型租佃制；明清时期的自由租佃制。其体系结构与前论法史学家梅因所说的"社会的进步运动"，是一种"从身份到契约的运

---

① 陈国灿：《唐代的经济社会》，台北：文津出版社，1999 年，第 99—141 页。
② 陈国灿：《唐代的经济社会》，第 108 页。
③ 刘永成：《中国租佃制度史》，台北：文津出版社，1997 年。

动"的理论颇相近似。不过，刘氏的着眼点放在劳动者身份地位的改变上。

三、买卖契约及其性质的研究

在买卖契约方面，法国学者谢和耐氏 1957 年在法国《通报》上发表的《敦煌卖契与专卖制度》一文，[①] 从物品与价款的交换，双方的不平等，文契的作用等方面进行了全面的论述。并说用货币支付物价是中国专卖制度中的固有特点，用实物来代替物价仅仅是原始买卖中的一种灵活作法。认为中国的专卖不会导致财产的转移，仅仅是在各方之间产生了义务，特别是对于要求出售和获得物价的一方更是如此，也就是不干涉买方使用所买物的义务，因此，物价不能看作是卖物简单的经济等价。认为敦煌文书时代专卖制度的主要特点之一是其中包括了双方的义务，专卖是由于导致它产生的背景而独立出现的。在中国的专卖制度中，如果不把一方明确指定为提出要求的一方就无法形成义务，全部事实都促使我们把中国人的专卖制度看作是一种真正的契约。谢和耐氏对于专卖问题的理解，恐怕需要进一步去理解其内涵，专卖是国家依法对某种产品的买卖、生产进行垄断的一种形式，它与民间买卖契约应当加以区分，这也是本研究中将对此进行专门讨论的一个部分。谢和耐氏所谓的"用实物来代替物价仅仅是原始买卖中的一种灵活作法。"[②] 其实也并非如此，政府对于用实物代替物价是有相关规定的，这在敦煌、吐鲁番文书中可以经常见到，同样是一种交换手段。谢和耐氏又提出，从唐代起，使用一种未曾存在过的签字程序和流行的习惯法，即"画指"。这个提法，是没有注意到吐鲁番出土文书中的券契，在十六国时期契约的行文中就有了签字，在十六国到高昌时期，往往是当事人双方在契约行文中签名，即本人亲自写上自己的名字，也就是契文中经常提到的"署名为信"，到了高昌晚期及唐代，是"画指为信"，名字是书契人写的，然后当事人在契书上画一个指节印，这是从十六国、高昌国到唐代的一个变化。总之，谢和耐氏对买卖契约提出了一系列的看法。不过，对于中国民间买卖契约中交易，用"专卖制度"的概念进行分析和认识，确实有许多令人费解

---

① ［法］谢和耐著，耿昇译：《敦煌卖契与专卖制度》，《法国学者敦煌学论文选萃》，北京：中华书局，1993 年，第 1—76 页。

② ［法］谢和耐著，耿昇译：《敦煌卖契与专卖制度》，第 8 页。

之处。

2005 年，岳纯之先生发表《后论隋唐五代买卖活动及其法律控制》一文①，对隋唐五代买卖活动的类型划分、买卖活动的原则和程序、买卖活动的法律控制三个方面作了详论，他从法律的角度论证说，隋、唐、五代各朝曾对买卖活动进行了多方面的法律控制，包括严禁破坏市场秩序、控制买卖活动主体、限制买卖活动标的、约束买卖活动中介、加强买卖程序管理、禁止无端违毁契约、整顿官民买卖活动，这些约束和控制从总体上看对当时买卖活动的正常开展是有积极意义的。但由于种种原因，"这些约束和控制并没有完全得到贯彻和落实，尤其是对和市、和籴等官民买卖的控制更流于形式，这成为隋唐五代时期买卖活动法律控制的一大败笔。"② 作者的立论有相当的广度，应该指出的是，隋唐五代时期，官府对民间一般性的买卖交易，原则上是不干预的，只有民间田宅及马、牛等大牲畜和奴婢的买卖，才受到官府法令的规定和控制。至于和市、和籴则是官府的行为，不属民间买卖，应该把官民买卖分开论述。遗憾的是该文没有结合敦煌文书来进行考察。

买卖契约涉及到土地、房屋、奴婢、大牲畜的买卖，各种具体买卖及其契券的研究成果都有一些，值得一提的是自两汉以来大量墓葬出土的"买地券"，这是一种买墓地时，使用于幽冥世界的契约文字，它不同于人世间真正的土地买卖券。这方面已有许多的研究，早年，日本学者仁井田陞就曾搜集过大量买地券进行了排比研究，将这些汉魏六朝墓中的买地券，全部都看作是现实生活中的土地买卖文书。③ 刘屹氏在所著《敬天与崇道——中古经教道教形成的思想史背景》一书中，在论及"汉魏六朝墓券源流及其意义"时指出："墓券中所有的买地契约都应该是虚构的，都不足以用来作为真实土地买卖的参考资料。"④ 对于买地券的实际作用，他分析说："买地券的使

---

① 岳纯之：《后论隋唐五代买卖活动及其法律控制》，《中国社会经济史研究》2005 年第 2 期，第 1—20 页。

② 岳纯之：《后论隋唐五代买卖活动及其法律控制》，第 19 页。

③ ［日］仁井田陞：《漢魏六朝の土地売買文書》，《东方学报》第八册，1938 年 1 月。后载入同氏《中國法制史研究》（土地法·取引法），东京：东京大学东洋文化研究所，1960 年，第 400—461 页。

④ 刘屹：《敬天与崇道——中古经教道教形成的思想史背景》，北京：中华书局，2003 年，第 46 页。

用主要是为了防止来自两方面的对死者土地所有权的质疑乃至侵害。首先是神灵，因为人们相信：为死者建造地下墓穴，事先要向地下神灵'买地'，要用买地券来证明死者对这块墓地的使用权，已经正式获得地下神灵的许可。而埋入地下的买地券，就是这一桩与神灵交易的凭证……所谓'买地'，从本质上说，不是人与人之间的交易，而是人与神之间的交易。"① 鲁西奇氏的《汉代买地券的实质、渊源与意义》② 一文也指出："买地券所涉及的买卖双方、见证人均为亡人，所买卖的对象——墓地所有权是冥世所有权，其田亩面积、所用之钱亦仅具冥世意义，而没有现世意义，也就无须、亦不可能与现世实际墓地亩数及现世土地价格相对应。"张传玺氏在其专著《契约史买地券研究》中，提出了"买地券文脱胎于人间土地买卖契约"的论点。正因为如此，我们可以从买地券文的变化中，去观察人间土地买卖契约在内容和形式上的一些变化，因为"地券仅仅是对现实中的土地买卖契约的一种象征性模拟"，"地券的存在与发展，与其所依附的墓葬风俗和制度的存在与发展一样，同样有其复杂的演变与发展的过程"。③

围绕着买卖契约的研究，有待探讨的问题还有不少。如买卖契券在中国的起源问题、买卖契约与专卖制度的区分问题、土地和奴婢买卖与国家政策的关系问题以及买卖契约自身的发展演变等，都有待于深入，这也正是本研究课题又一着力的方面。

四、雇佣契约及雇佣关系的研究

在雇佣契券方面，1962 年，日本学者仁井田陞氏所著《中國法制史研究》，是一部影响很大的专著，其中对中国古代雇佣契券涉及较多，在《奴隶·农奴法》部分的论述中，认为唐宋之际雇主与雇佣人的关系和田主与农奴的关系一样，都是存在主仆之分的主仆关系，中国社会正是此时走过奴隶制而形成了农奴制的。④ 这里提出了一个如何看待古代雇佣契券中的雇佣关系问题，我们认为从雇主与被雇者契约的签订，意味着佣作者已走出了农奴

---

① 刘屹：《敬天与崇道——中古经教道教形成的思想史背景》，第 53—54 页。
② 鲁西奇：《汉代买地券的实质、渊源与意义》，《中国史研究》2006 年第 1 期，第 55 页。
③ 李显冬：《"民有私约如律令"考》，谢晖主编：《民间法》第 6 卷，第 313 页。
④ ［日］仁井田陞：《中國法制史研究》（奴隸·農奴法），《中國の農奴、雇傭人の法的身分の形成て変質》，东京：东京大学东洋文化研究所，1962 年。

制状态，即从农奴制中已经解放出来，是在从半人身依附走向自由，是向趋于平等状态的一种过渡。如契约文书中常写有"官有政法，人从私契，两共对面平章，画指为记，用为后凭"等。又如明言"二主和可立契，契成之后，各不得返悔，悔者一罚二，入不悔者"等契约内容所反映出的，是一种双方地位对等的关系。再从对先悔人的处罚来看，先悔人可能是雇主方，也可能是佣作方，这里反映出的同样是一种平等关系，而不是农奴式的主仆关系。

1978 年，黄清连先生发表《唐代的雇佣劳动》一文①，从唐代的政府雇佣、私人的雇佣、雇佣关系三个方面对唐代的雇佣劳动作了论述。认为唐政府对劳动力的需要，主要有农业、手工业、运输、公共工程、杂徭等方面，唐政府雇佣制度有三种形态：（1）政府所定正规的劳役制度，即是一种差役或现役制度；（2）纳资代役制，即被役者出资、由政府雇人代役。（3）政府出钱雇人役作，也称和雇。唐政府雇佣劳动的发展，主要在官府手工业方面。唐代私人雇佣的发展趋势，与唐政府雇佣颇相一致，已相当普遍和兴盛。"佣作坊"的出现，更显示了劳动力的商品化，这些都是社会经济力量逐渐成熟以后，才产生的现象。黄氏在雇佣关系一节里，着重对雇佣契约的订立、工资的给付、佣作者的身份作了讨论分析，提出佣作者和雇主间并非隶属性的人身依附关系，更非所谓封建关系。主张庸作者的身份是自由民，不同意仁井田陞氏的"主仆之分"说。对黄氏的自由民说，恐怕还不能脱离唐代封建制度的大背景，中国古代的雇佣受着封建制度的制约，唐代的雇佣劳动形态比较复杂，情况多种多样，应该加以区别对待。对工资的给付，黄氏提出："安史之乱前多以实物工资支付，安史之乱以后则货币工资较为普遍。"② 这一见解，与近年所见出土契券的实际存在着明显的差距。安史乱前的唐代，社会稳定，全国货币统一流行，故在吐鲁番出土的唐前期雇佣契中，多用货币支付佣值。安史乱后，由于藩镇割据，钱币流通受到阻碍，交易多以实物作交换，这在敦煌所山的雇佣契中都能得到证明。不过，就整个社会而言，仍然是封建的自给自足的自然经济，还没有出现完全脱离封建

① 黄清连：《唐代的雇佣劳动》，台北：《"中研院"历史语言研究所集刊》，第 49 本第三册，1978年，第 394—436 页。

② 黄清连：《唐代的雇佣劳动》，第 429 页。

羁绊的自由民劳动者。

1989年林立平氏发表《试论唐代的私人雇佣关系》一文①，从唐代雇佣劳动的形态，雇佣劳动者的身份地位，唐代雇佣关系的性质等方面论述了唐代的私人雇佣关系。不同意仁井田陞氏提出的雇佣人身份相当于农奴的"主仆关系"之说，也不同意黄清连氏佣作者的身份是自由民的论点，提出"不同的雇佣劳动形态，受雇人的身份地位也是有所不同的"，认为唐代不可能产生资本主义生产方式的萌芽，而此时雇佣劳动的发展是资本主义萌芽诞生前的必要准备。唐代雇佣劳动的发展，表明当时社会上宗法制和依附关系正在减弱。并认为秦汉时期，丧失土地的农民大都沦为奴隶，魏晋南北朝时期则主要沦为依附民。在唐代，有一部分破产农民不再沦为奴隶和依附民，而是成为自由的雇佣劳动者，他们既不代表农奴制，也未产生资本主义萌芽，但它仍然具有积极的历史意义。从通篇看这个立论是有基础的，把唐代雇佣劳动的研究又深化了一步。在唐代以单独出卖劳动力为生的自由劳动者是少数，大多数是从土地上分离出来的农民，离开土地的农民有的是佃农，成为依附于私家庄园的客户，这里还要分两种情况：一种是租一块土地佃种，一种是出卖劳动力当佣耕，对于唐代的雇佣劳动，要看整个的时代背景。它是封建政权统治下产生的各种关系，是在国家法令允许范围内的劳动力买卖关系。

1982年，程喜霖氏发表《试析吐鲁番出土的高昌唐代雇佣契券的性质》一文②，以吐鲁番文书为中心，通过8件雇佣契约，对高昌唐代雇佣契约的内容和性质作了概括。认为唐代前期的雇佣契券是封建性质的，自中唐以降，实行两税法，公开承认了客户的合法地位，雇佣关系与租佃关系得到进一步发展。雇佣契券早在汉代、迟到北朝已出现，到唐代得到发展，是进步因素。其次，契约规定了雇价；再次，契券中的受雇人比魏晋南北朝时期的部曲佃客身份及与之相近的高昌"作人"、唐代的典身人以及类似"僮仆"的雇工身份高，对地主的人身依附关系有所缓和。因此，唐代雇佣契券反映

① 林立平：《试论唐代的私人雇佣关系》，《中国唐史学会论文集》，西安：三秦出版社，1989年，第124—147页。

② 程喜霖：《试析吐鲁番出土的高昌唐代雇佣契券的性质》，《中国古代史论丛》，福州：福建人民出版社，1982年第2辑，第327—328页。

出的雇佣关系意味着人身依附关系的缓和；封建国家直接控制劳动力的权力的削弱，即超经济强制的削弱。程氏在比较高昌契和唐契时说："唐代西州的雇佣契是在高昌契券的基础上发展起来的。高昌契券已具备了雇佣契券的基本内容，契券的形式已经形成，而唐代契券把雇主和受雇人从契文中分立出来，作为契末首位署名，尤其是保人和印指节印的出现，使民约更具有法律效能，由是雇佣券的形式固定化、完善化了。"① 程氏的这段论证是值得肯定的，但就"唐代西州的雇佣契是在高昌契券的基础上发展起来的"这个提法，需要再作讨论。

应该指出的是，高昌契具有内地早期契券的特点，是继承汉魏而来的；唐政权占领高昌、建立西州后，完全是把内地的一套契约模式推行到高昌的，这才是唐灭高昌国后契约形式为之一变的真正历史背景。另外程氏提出："高昌契券已具备了雇佣契券的基本内容，契券的形式已经形成"，这个提法涉及到中国雇佣契的起源问题，有必要再进行讨论，这也是本课题研究中的一个方面。从笔者初步把梳出的十几件汉简佣僦简看，汉代已经具备了雇佣契的基本内容，虽然内容比较简单，但比高昌国要早好几百年。

对受雇人的身份问题，程氏提出有三种类型：一种是编户中的自耕农破产沦为雇工；第二种是有少量土地的半自耕农，需要兼做短工来补充经济；第三种受雇人是浮客流庸，其中一部分是投靠大户荫庇者，并认为受雇人一方面受封建国家控制，另一方面受雇主的剥削，一旦与雇主签订了契约，在受雇期间依附于雇主，丧失了自由。劳作必须尽心做好，如若在外滞留或逃亡也得捉回，唐朝的法律是保护雇主利益的。② 这个分析还可再作研究，至于说"一旦签约，受雇人丧失自由"的说法，恐欠妥当。受雇者既然签约，就应有佣作的义务，完成佣作任务，与身份是否自由，是两种不同的概念，不能混为一谈。不能把受雇都看成是依附于雇主，也不能把一受雇就看成是丧失了自由，受雇人大多数是封建国家管控下的自由民，好多都是来自于农村的编户齐民，他们在身份上仍是自由民。

① 程喜霖：《试析吐鲁番出土的高昌唐代雇佣契券的性质》，第311—312页。
② 程喜霖：《试析吐鲁番出土的高昌唐代雇佣契券的性质》，第321—323页。

1997 年，杨际平先生发表《敦煌吐鲁番出土雇工契研究》一文①，在对敦煌吐鲁番出土雇工契进行分析时说，敦煌吐鲁番出土雇工契反映出雇佣劳动者与雇主的关系是一种契约关系。契约雇工的法律身份是良人，其人身并不隶属于雇主，在身份上无良贱等级之分。雇主生产的主要目的是生产使用价值，而不是交换价值，受雇者的家境一般都很贫寒，衣食不充，但又都不是一贫如洗，又都有一点生产资料，仍有牛畜等，而有牛畜，通常也就有耕地。这些表明雇佣劳动者有其独立的家庭经济。他们充当雇工，都只是为了补充家计，而不是全家都靠出卖劳动力为生，这正是前资本主义劳动的基本特点之一。此论建立在对敦煌、吐鲁番出土大批雇佣契的计量分析基础之上，其立论是有据的。不过就雇佣劳动而言的几种情况，还可以作出补充：有的是有一点家庭经济出来受雇；也有的是没有家庭经济基础，纯粹是靠出卖劳力维生，还有一部分人虽然也没有个体家庭经济，但能靠提供技术受雇维生。总之，关于雇佣劳动的情况，比较复杂，不能简单化。

1986 年，杜文玉氏发表《论唐代雇佣劳动》一文②，对雇佣劳动的类型；雇佣劳动的使用范围和雇佣方式；唐代雇佣劳动者的身份及社会地位作了分析研究。认为唐代雇佣劳动主要分为两大类型：即政府雇佣和私人雇佣，私人雇佣结构比较复杂，雇佣方式有通过城市市场雇佣劳动力，有佣者于雇主处求售；并有通过张贴告示、召纳雇工；还有通过契约雇佣。在"雇佣劳动者身份"一节里，提出有长期雇佣和短期雇佣，长期的农业雇佣封建色彩较浓，短期雇佣较淡一些。对于契约雇工，在契约有效期内，雇工不能随意他去，受着严格的封建束缚。但是，还不能说唐代地主和雇农的关系是完全的人身依附关系。因为雇农在契约期满后，即可自由离去，而部曲放免"皆由家长给手书，长子以下连署，仍经本属申牒除附。"可见雇农和部曲的身份是完全不同的。短期雇工比较自由，雇工和雇主不存在人身依附关系，双方关系主要是货币关系。其实对于签订契约后雇工受着严格的封建束缚这一点，也有待商榷。既然签订了契约，拿了雇价，就要履行义务，也不能都说是严格的封建束缚。

---

① 杨际平：《敦煌吐鲁番出土雇工契研究》，《敦煌吐鲁番研究》第二卷，北京：北京大学出版社 1997 年，第 215—230 页。

② 杜文玉：《论唐代雇佣劳动》，《渭南师专学报》综合版，1986 年第 1 期，第 40—45 页。

总的来看，对雇佣契券的研究，多着重在雇佣关系或受雇者的身份地位方面，而对于雇佣契券的源起，早期的雇佣券形态及特点，雇佣券契在内容和形式上的变化、发展等方面，则很少涉及，这也是本课题研究的着力点之一。

五、借贷契约及其种类的研究

在借贷契约的研究方面，成果也不少。二十世纪初，敦煌和新疆等地相继出土许多唐代借贷契约文书，引起中外学者的注意，如中国的刘复、许国霖及稍后的陶希圣、杨莲生、刘兴唐等，日本的玉井是博、那波利贞、仁井田陞等，纷纷进行了介绍和分析研究，其研究多着重于对借贷契约的分类及借贷双方的法律地位、责任等。上世纪八十年代，围绕吐鲁番新出土的大批古代借贷契券，又出现不少新的研究成果，陈国灿氏的《唐代的民间借贷——吐鲁番敦煌等地所出唐代借贷契券初探》[1]，从吐鲁番出土借贷契约入手，分析了借贷中存在的各种类型及利率的高低，提出了按取利方式的不同，来划分借贷契约的类型。唐耕耦氏的《唐五代时期的高利贷——敦煌吐鲁番出土借贷文书初探》[2]，也是在敦煌吐鲁番出土大批借贷契约的基础上进行的综合性研究。日本的池田温、堀敏一等均对借贷契及其关系发表了研究成果。近年，台湾学者罗彤华出版了《唐代民间借贷之研究》和《唐代官方放贷之研究》两部专著[3]，这是目前对唐代借贷研究较细致、全面的成果，其特点是对前人成果作了较全面的吸纳和融汇，既能注意到对出土唐代借贷契约的分析，也能结合史籍所载作出论证。近年法国学者童丕氏写有《敦煌的借贷》[4]，该书应用经济学、社会学知识系统地对敦煌写本中的借贷契约进行了微观性的研究，将借贷契约的研究推向更加细化。

作为质押借贷的典当，陈国灿氏的《从吐鲁番出土的质库帐看唐代的质

---

① 陈国灿：《唐代的民间借贷——吐鲁番敦煌等地所出唐代借贷契券初探》，唐长孺主编：《敦煌吐鲁番文书初探》，武汉：武汉大学出版社，1983 年，第 217—274 页。

② 唐耕耦：《唐五代时期的高利贷——敦煌吐鲁番出土借贷文书初探》，《敦煌学辑刊》第 8、9 辑，1985、1986 年。

③ 罗彤华：《唐代民间借贷之研究》，台北：商务印书馆，2005 年。《唐代民间借贷之研究》，台北：稻乡出版社，2008 年。

④ ［法］童丕著，余欣、陈建伟译：《敦煌的借贷：中国中古时代的物质生活与社会》，北京：中华书局，2003 年。

库制度》一文①，通过对吐鲁番出土的一批唐代质库帐的考察，展示出了唐代的质押借贷，即典当的运作情况，其"质钱帖子"既是质押的凭据，也是一种契约，这是较早论证典当契约的论文。刘秋根著的《中国典当制度史》是一部全面探讨典当业发展演变的作品，其中也涉及到对典当契约的发展变化。

六、其他一些民间的约定

遗嘱也是契约中的一种，是长辈在临终之前对后人的一种约定，其中最重要的是有关遗产继承的约定。围绕着遗产是否依从遗嘱来继承的问题，学术界有过热烈的讨论。魏道明氏的《中国古代遗嘱继承制度质疑》②，曹旅宁氏的《〈二年律令〉与秦汉继承法》③ 等文认为只存在法定继承，不存在遗嘱继承制度。姜密氏的《中国古代非"户绝"条件下的遗嘱继承制度》，④ 邢铁氏的《唐代的遗嘱继产问题》⑤ 和《宋代的财产遗嘱继承问题》⑥，以及冻国栋氏《麹氏高昌"遗言文书"试析》⑦、《读姚崇〈遗令〉论唐代的"财产预分"与家族形态》⑧ 诸文，用许多历史实例证明遗嘱继承制度是存在的，其依据正是历代留存下来的遗嘱及民间的"遗嘱样文"。遗嘱作为契约，有其发展演变过程，这正是本文要着重探讨的方面。

族规族约和乡规民约，是中国古代民间基层进行自治管理的公约式的契约，早年日本仁井田陞氏从法制史中民间法角度，对"家族村落法"作了专题的研究，并对许多族约和乡规作了引述评论。1937 年，杨开道先生出

---

① 陈国灿：《从吐鲁番出土的"质库帐"看唐代的质库制度》，第 316—343 页。

② 魏道明：《中国古代遗嘱继承制度质疑》，《历史研究》2000 年第 6 期，第 156—165 页。

③ 曹旅宁：《〈二年律令〉与秦汉继承法》，《陕西师范大学学报》（哲学社会科学版）第 37 卷第 1 期，2008 年。

④ 姜密：《中国古代非"户绝"条件下的遗嘱继承制度》，《历史研究》2002 年第 2 期，第 159—163 页。

⑤ 邢铁：《唐代的遗嘱继产问题》，《人文杂志》1994 年 5 期。

⑥ 邢铁：《宋代的财产遗嘱继承问题》，《历史研究》1992 年 6 期，第 54—66 页。

⑦ 冻国栋：《麹氏高昌"遗言文书"试析》，武汉大学中国三至九世纪研究所编：《魏晋南北朝隋唐史资料》第 23 辑，第 192 页。

⑧ 冻国栋：《读姚崇〈遗令〉论唐代的"财产预分"与家族形态》，原刊《唐代的历史与社会》，武汉：武汉大学出版社，1997 年，第 498—511 页；后载同氏《中国中古经济与社会史论稿》，武汉：湖北教育出版社，2005 年，第 203—216 页。

版的《中国乡约制度》①，对乡约的产生、性质、作用及其制度的演变，在考证的基础上作了理性的分析，开启了对中国乡约制度的科学研究。上世纪八十年代以来，对乡规民约的研究显著增多，而且越来越具体化、个案化，其中以 2006 年牛铭实氏发表的专著《中国历代乡约》较为全面②，除对宋代以来的乡约逐代作出分析外，还节选了由宋至现代的乡约十四件。此前的研究，有一些是将族规族约和乡规民约混在一起的研究，不过，从两者的概念及内涵而言，应当有所区别，族规族约是以宗姓为单位、以血缘关系为纽带的宗族共同体的约定，由族长主持制定，维护的是宗族的利益与兴旺。乡规民约则是以基层行政区划为单位，以地域为纽带的全体居民的约定，维护的是乡里的安定正常生活。在多姓共居的村落里，乡规民约可以起着族规所无法起到的作用，包括调节诸姓关系的作用。基于此，本文将二者分别列目讨论。

对于因亲情互助或信仰结成的社邑，其研究较多，早年日本那波利贞氏《关于唐代的社邑》③、竺沙雅章氏《敦煌出土"社"文书研究》④ 等，都是这方面的力作。国内对社邑进行综合研究的，有宁可氏《述"社邑"》⑤，其中也有对社条性质和作用的分析。1997 年宁可、郝春文二先生合作出版《敦煌社邑文书辑校》一书⑥，整理出一批唐五代的社约、社条。又杨际平先生先后发表《唐末五代宋初敦煌社邑的几个问题》⑦ 和《唐末五代宋初社邑几个问题再商榷》⑧，提出了一些新见，有很大的启发性。近年，孟宪实氏的《敦煌民间结社研究》⑨，其中对敦煌社条的结构、内容、地位及作用等作了专题研究。总的来看，对唐五代社邑"社条"、"社约"研究的成果较多，而对社邑这种组织在唐以前的发展源流及其演变的研究甚少，例如两汉时民间存在的"僤"及其所订的"僤约"，魏晋以来民间盛行的"兄弟

---

① 杨开道：《中国乡约制度》，山东省乡村服务人员训练处，1937 年。
② 牛铭实：《中国历代乡约》，北京：中国社会出版社，2006 年。
③ ［日］那波利贞：《关于唐代的社邑》，东京：《史林》第 23 卷 2—4 期。
④ ［日］竺沙雅章：《敦煌出土"社"文书研究》，《东方学报》，第 35 册。
⑤ 宁可：《述"社邑"》，《北京师范学院学报》1985 年第 1 期。
⑥ 宁可、郝春文编：《敦煌社邑文书辑校》，南京：江苏古籍出版社，1997 年。
⑦ 杨际平：《唐末五代宋初敦煌社邑的几个问题》，《中国史研究》2001 年第 4 期。
⑧ 杨际平：《唐末五代宋初社邑几个问题再商榷》，《中国史研究》2005 年第 2 期。
⑨ 孟宪实：《敦煌民间结社研究》，北京：北京大学出版社，2009 年。

社"及其社约等,本文在努力发掘资料的基础上,也作了初步的探讨。

在工商领域里,古代就存在着合伙经营的合约或合同书,由于资料较少,学术界的研究也不多,本文在这方面作了努力的发掘和探讨。不过,对于唐宋以来在工商领域里兴起的行会,中外学术界的研究却不少,最早注意到中国社会经济生活中存在着行会的,是美国传教士玛高温,1883年他在上海英文版《中国评论》上,发表了《中国的行会及其行规》一文①,转载了一份在福建的广州行会的行规25条。1886年他又在上海英文版《亚洲文会杂志》上,发表了《中国的行会》一文②,对清末在宁波、温州、上海等地行会,分商、工两大类作了介绍,其中也包括一些行规的内容。1907—1908年日本东亚同文会出版《支那经济全书》,对清代的会馆、公所,用专篇作了系统的介绍,实际上是将许多商、工帮会的会规综合起来,按近代的学术概念,作了明细分类的描述,如在"入会及退会"这一章中就列出了各行各帮的"公议"条款。③ 二十世纪以来,对行会作出较早研究的,有日本的加藤繁氏,先后发表了《唐宋时代的商人组织——行》及《论唐宋时代的商业组织"行"并及清代的会馆》④,同时根岸信出版了专著《中国行会之研究》⑤,附有一些行约、帮规。1935年全汉昇的《中国行会制度史》,是国内较早的研究著作,对行会的萌芽,从唐宋行会到明清会馆、及到近代的行会组织作了详细的列述,其中对行规的历史也作了考察。⑥ 上世纪八十年代以来,日本的日野开三郎,中国的傅筑夫、张泽咸、杨德泉等先生在行会制度史上,都有专题的研究,但对行规、会约,涉及的并不是很多。1995

---

① D.J.Macgowan:"Chinese Guild and their Rules",*China Review*,vol.Ⅻ,1883。谢杭生汉译文载于彭泽益编:《中国工商业行会史料集》,北京:中华书局,1995年,第51—57页。

② D.J.Macgowan:"Chinese Guild or Chambers of Commerce and Trades Unions",*Journal of North-China Branch of the Royal Asiatic Society*,vol.21 no.3,1886。陈家泽译文载于彭泽益编:《中国工商业行会史料集》,第2—51页。

③ 日本东亚同文会编:《中国经济全书》会馆公所编,载于彭泽益编:《中国工商业行会史料集》,第90—111页。

④ [日]加藤繁:《唐宋时代的商人组织——行》,原载《白鸟(库吉)博士还历纪念东洋史论丛》(东京:岩波书店,1925年)。1935年又增补为《论唐宋时代的商业组织"行"并及清代的会馆》,载《中国经济史考证》(吴杰译)上卷,北京:商务印书馆,1959年,第337—369页。

⑤ [日]根岸信:《支那基尔特之研究》,译作《中国行会之研究》,东京:东亚出版社,1935年。

⑥ 全汉昇:《中国行会制度史》,上海:新生命书局,1934年。台北:食货出版社,第3版,1986年。

年出版、由彭泽益先生主编的《中国工商行会史料集》①，不仅搜集公布了大量明清以来的行规、会约，还转载了早期国外对中国行会的研究，为研究古代的"行规"及近世的"同业公约"的演变，提供了大量历史实物资料。在该书的导论中，彭泽益氏以《中国工商业行会史研究的几个问题》为题，对古代中国行会的存在、行会封建性质及其对中国资本主义萌芽所起的阻碍作用、与西欧行会的差别等作了科学的论证，具有重要的学术启发性和指导意义。

总之，有关中国中古契约方面的研究，海内外学者取得了显著的成绩，除了以上的部分所述外，还有西村元佑、西岛定生、堀敏一、池田温、唐长孺、韩国磐、胡如雷等先生，在古代契约或涉及契约关系研究的方面，都提出了许多很有价值的见解，其研究成果已成为不可短缺的重要参考。

本文正是在上述这些研究成果的基础上，在充分吸收前人正确研究成果的同时，对前人未涉及或缺环处进行了分门别类、综合性的研究和讨论。以马克思主义的基本原理、当代经济学理论为指导，依据中国历史的实际，从微观入手，具体考察各类契约的发展过程；用科学发展的观点，从宏观的视角，联系社会背景，考察其历史演变及其规律性。

---

① 彭泽益编：《中国工商业行会史料集》。

第三章

古代邦国、民族之间的誓约

中国古代的契约制度，溯其源流，远自商周，西周时已有"邦国及万民之约剂"和"盟载之法"。《周礼》在《秋官·司约》中云："司约掌邦国及万民之约剂"，其下列有"治神之约为上，治民之约次之……"等六约。对于治民之约，贾公彦疏：民约谓"征税"、"迁移"、"仇雠既和"之类①，说的是对民间的征税、迁移、和解仇雠等，都要以约为定，当然也包括民间各种交往和约定。

至于邦国诸侯之间的关系，同样也有一定的规范和约定。《秋官·司盟》载："司盟掌盟载之法，凡邦国有疑会同，则掌其盟约之载及其礼仪，北面诏明神，既盟则贰之。……凡民之有约剂者，其贰在司盟。"郑玄注："载，盟辞也。盟者书其辞于策，杀牲取血，坎其牲，加书于上而埋之，谓之载书。"② 唐人孔颖达在注疏《春秋左传正义》中对此盟载之法说得更具体："合诸侯者，必割牛耳，取其血，歃之以盟，敦以盛血，盘以盛耳。将歃，则戎右执其器为众陈其载辞，使心皆开辟，司盟之官乃北面读其载书，以告日月山川之神。既告，乃尊卑以次歃，戎右传敦血，以授当歃者，令含

---

① 《周礼注疏》卷36《周礼·秋官·司约》，《十三经注疏》，第880页。
② 《周礼注疏》卷36《周礼·秋官·司约》，《十三经注疏》，第880页。吴柱氏认为"载书是记载盟誓活动的时间、地点、参与者、盟约条款以及发誓诅咒之辞的书面文本，是盟誓内容和目的的集中反映。"（吴柱：《关于春秋盟誓礼仪若干问题之研究》，《中国史研究》2015年第4期）。

其血。既歃，乃坎其牲，加书于上而埋之。此则天子会诸侯，使诸侯聚盟之礼也。"① 这是说，司盟官掌管盟誓的事，凡是诸侯，卿大夫的邦国对天子或相互有疑不协同者，都要对日月山川神灵申以戮力同心的盟誓。由主盟者执牛耳，杀牲取血，用牲血将盟文书写于策上，由司盟北面读其载书，同时以尊卑为序，同饮牲血，策随牲埋于坎（地坑）中，以取信于天地鬼神，这就是古代的"歃血为盟"的做法。盟誓文另作一副本，藏于司盟府，备"以检其自相违约"。司盟机构的设置，表明西周以来的政治、经济生活中，邦邑盟誓及民间盟誓的推行，目的在于在各利益集团之间保持其利益平衡。用向神灵诅咒的誓辞来相互约束，其实质是一种政治上的契约。盟誓的核心内容就是要对不守信者，由神祇加以惩罚，降下灾难。盟誓的威慑力，正是基于当时人们对于神灵共同的崇拜与敬畏观念，给参与盟誓者造成一种巨大的约束力与心理压力。

第一节　春秋时期邦邑间的盟誓

春秋时期，周天子王室衰微，大小邦邑林立，诸侯与诸侯、大夫与大夫、个人与个人之间为了自身的利益，经常使用战与盟两种手段来处理相互之间的关系。各种承诺和约定的执行，主要是靠盟誓来制约。在此背景下，盟誓也就成为诸侯之间一种非常重要和常用的手段。《春秋左氏传》中记载了各种详略不一的盟约，从鲁隐公元年至哀公二十七年（前722—前468）的二百五十四年中，诸侯国之间的盟誓就有近二百次，与晋国有关的有五十余次。如经常出现矛盾和冲突的晋国和楚国：在成公十二年（前580）夏五月，晋士燮会楚公子罢、许偃；癸亥，盟于宋西门之外，曰：

> 凡晋、楚无相加戎，好恶同之，同恤灾危，备救凶患。若有害楚，则晋伐之；在晋，楚亦如之。交贽往来，道路无壅，谋其不协，而讨不庭。有渝此盟，明神殛之，俾队其师，无克胙国。②

---

① 《春秋左传正义》卷2隐公元年，《十三经注疏》，北京：中华书局，1980年，第1714页。
② 《春秋左传正义》卷27成公十二年，《十三经注疏》，第1910页。

这是晋、楚友好互助的结盟誓辞，类似的盟约还有许多。至于私家和宗族之间的盟誓就更多了。

清乾隆初年在中国陕西省宝鸡市凤翔县出土了一件西周晚期厉王时代（前878—前841）的青铜器。这就是著名的《散氏盘》①。内底铸有铭文19行、357字。因铭文中有"散氏"字样而得名，又因有"矢人"的记载而又称为《矢人盘》。全篇记载西周时，散、矢两国土地纠纷的事，大意是说：矢国侵略散国，后来议和。和议之时，矢国派出官员十五人来交割田地及田器，散国则派官员十人来接收，于是双方聚集一堂，协议订约，并由矢国官员对散人起誓，守约不爽。矢人将交于散人的田地绘制成图，在周王派来的史正仲农监交下，成为矢、散两国的正式券约。铭文前面部分记载了"矢"来到姓散的城邑，对给散氏土地的具体划界，及参与出让这两个封地的"矢"大人随从十五人姓名；另有丈量田地十人姓名。后面刻记了誓约：

> 唯王九月，辰在乙卯。矢卑鲜、且、罴旅誓，曰：我既付散氏田器，有爽，实余有散氏心贼，则爰千罚千，传弃之，鲜、且、罴旅则誓，乃卑西宫襄、武父誓，曰：我既付散氏湿田、牆田，余有爽变，爰千罚千，西宫襄、武父则誓。厥受图，矢王于豆新宫东廷。厥左执缕史正仲农。

这段誓约文，如译成现代白话文是："时在周王乙卯年九月，'矢'大人让鲜、且、罴对大家发誓：'我既交付散氏田地和农具，如果有反悔、掠夺散氏田地的贼心，则受到双倍的惩罚，一千罚一千。'传递给众人观看鲜、且、罴的誓词，于是让西宫襄、武父发誓说：'我既付散氏湿田、牆田，我有反悔，同样受一千罚一千。'西宫襄、武父按协定也发了誓。就这样散氏家族接受了受封田地的地图。'矢'大人宣布把王上的旨意刻于豆器上，放在新宫东廷。"这是近三千年前的盟誓券约实物，是迄今为止最早的誓约文书，它印证了盟誓券约不仅是友好结盟的手段，也是解决利益冲突、平息矛盾纠纷，求得暂时势力平衡的一种手段。

---

① 《散氏盘》现收藏于台北故宫博物院。

1965 年在山西侯马晋国遗址出土了大量盟誓辞文的玉石片，称为"侯马盟书"，又称"载书"，侯马盟书是春秋晚期晋定公十五年到二十三年（前 497—前 489）晋国赵鞅与卿大夫间举行多次盟誓的约信文书。盟书要求参加盟誓的人都效忠盟主，一致诛讨已被驱逐在外的敌对势力，不再扩充奴隶、土地、财产，不与敌人来往。侯马盟书根据不同内容，可分为宗盟、委质、内室、卜筮四类。誓辞是用毛笔书写在玉石片上，字迹一般为朱红色，少数为黑色。在盟誓遗址内共发现坎（埋牲的土坑）400 余个，坎的底部一般都瘗埋有牺牲，大坎埋牛、马、羊，小坎埋羊或盟书。① 这正是"杀牲取血，坎其牲，加书于上而埋之，谓之载书"② 的实际再现。从侯马盟书看到，盟约也是春秋时期诸侯和卿大夫为了巩固内部团结，打击敌对势力，壮大自身力量经常采用的一种手段。

盟誓辞文由早期镌刻于青铜器物上，发展到后来书写于玉石上，埋于地下，体现出盟约制度形式上的一些变化。不过，就其实质而言，信守的精神却始终如一地传承着，所以，信守是盟誓、盟约的基础。

第二节　汉、唐民族间的"歃血为盟"与"丹书铁券"

春秋以后的战国时代，邦邑之间的盟誓明显减少，更多的是诉诸武力进行兼并。秦统一全国后，既有中国与周边民族关系的问题，也有中央朝廷与地方政权之间关系的问题。作为处理与周边民族矛盾和纠纷时，多采用"歃血为盟"方式，而在中央与地方关系，天子与权臣之间，常用赐给"丹书铁券"的方式来加以巩固。

汉刘邦统一全国，"与功臣剖符作誓，丹书铁契，金匮石室，藏之宗庙"③。

这是汉高祖将对建国功臣的信任荣宠优待的誓言，一式二份铸造在铁筒上，填之以丹色，作为赤心相向之示，再从中剖开成二份，每份呈瓦片状，

---

① 山西省文物工作委员会：《"侯马盟书"的发现、发掘与整理情况》，《"侯马盟书"丛考》，载《文物》1975 年第 5 期。
② 《周礼注疏》卷 36《周礼·秋官·司约》，第 880 页。
③ 《汉书》卷 1 下《高帝纪》，北京：中华书局，1962 年，第 81 页。

即"剖符"，将其放在金做的柜子里，再放在石匣中，即所谓"金匮石室"①，后来往往将丹书改为金字。清人凌扬藻在其《蠹酌编》中对此铁契描述说："其制如瓦，外刻履历恩数之详，以记其功；中镌免罪减禄之数，以防其过。字嵌以金，各分左右；左颁功臣，右藏内府，有故则合之以取信。"左份是赐给功臣本人，右份藏于朝廷宗庙。这就是起源于汉初的丹书铁契制度，后来通常将其称为"丹书铁券"或"金书铁券"。《文心雕龙》说："古有铁券，以坚信誓。"② 这是古代君王与臣下建立信任关系的一种手段，它是对古符契制的一种运用。

汉代对周边民族仍用"歃血为盟"方式处理相互关系，汉元帝时，车骑都尉韩昌、光禄大夫张猛，曾与归附于汉的匈奴呼韩邪单于"歃血为盟"，其盟辞曰：

> 自今以来，汉与匈奴合为一家，世世毋得相诈相攻，有窃盗者，相报，行其诛，偿其物；有寇，发兵相助。汉与匈奴敢先背约者，受天不祥，令其世世子孙尽如盟。③

韩昌、张猛与单于及大臣同登匈奴诺真水的东山，"刑白马，单于以径路刀金留犁挠酒，以老上单于所破月氏王头为饮器者，共饮血盟。"④

汉代所用"歃血为盟"和"丹书铁券"这两种方式，也为后代所继承。而且对于边地的民族首领，有时也用"丹书铁券"的方式，来巩固与朝廷的关系。如东晋大兴四年（321）对于活动在辽东的鲜卑大单于慕容廆，拜为"使持节、都督幽州东夷诸军事、车骑将军、平州牧，进封辽东郡公，邑一万户，常侍、单于并如故；丹书铁券，承制海东，命备官司，置平州守宰。"⑤ 北魏延昌末，宣武帝去世后，元昭由于"扶危定倾，安全社稷"有

---

① 唐颜师古对《汉书》"金匮石室"注曰："以金为柜，以石为室，重缄封之，保慎之义。"第 81 页。

② ［梁］刘勰撰，刘永济校释：《文心雕龙校释》卷 5《书记》第二十五"券者"，北京：中华书局，2007 年。

③ 《汉书》卷 94 下《匈奴传》，第 3801 页。

④ 《汉书》卷 94 下《匈奴传》，第 3801 页。

⑤ 《晋书》卷 108《慕容廆传》，北京：中华书局，1974 年，第 2807 页。

功，被赐封"乐城县公，食邑千五百户，丹书铁券，藏之宗庙。"①

唐代对于周边降附的民族首领，也常赐给"丹书铁券"以坚其归附之心。开元二年（714），契丹首领李尽忠从父弟都督李失活原投靠突厥，后"以默啜政衰，率部落与颉利发伊健啜来归，玄宗赐丹书铁券。"② 天宝元年（742），三姓叶护都磨度阙颉斤，归降朝廷，六月丙申赐三姓叶护都磨度阙颉斤铁券，券文中有言："果能率众相与归降，斯尽节于朝廷，且立功于疆场，信义若此，嘉尚良深，是用授卿宠章，荣彼蕃部。今赐卿丹书铁券，传之子孙，永固河山，有如日月，可不慎欤！"③ 赐给丹书铁券的目的，为的是永固河山之一统。

唐朝廷对于与之对立而有纷争的民族，常采用"歃血为盟"的方式，解决相互间的纷争和矛盾。如武德九年八月，唐太宗刚即位，突厥南下寇高陵，李世民至渭水，"与颉利隔津而语，责其负约，颉利……遂请和，诏许焉。……乙酉又幸便桥，与颉利刑白马设盟，突厥引退。"④ 刑白马设盟，就是与颉利举行了"歃血为盟"的和好结盟仪式。

用歃血为盟最多的是在与吐蕃的关系中。唐初，吐蕃尚处于向奴隶制社会发展的阶段。在与汉地多次的接触中，对于发达的汉地文明特别仰慕。在无法获得这些物质文明时，便采取战争掠夺或占领的方式来获取。故自唐高宗朝以后，吐蕃经常骚扰、劫夺唐边境地区，有时侵至唐内地，时战时和的局面一直延续至玄宗朝。为了应对经常性的侵扰，唐也经常遣使与之交涉谈判，与吐蕃会盟订约，如开元十八年（730）"诏御史大夫崔琳充使报聘，仍于赤岭各竖分界之碑，约以更不相扰"⑤。后由于唐失信，越界大举进攻，"毁其分界之碑"，结果遭受到吐蕃连续的反攻。吐蕃为了巩固已取得的军事上的胜利，于肃宗元年（756）遣使请和，朝廷安排在光宅寺与之盟誓，使者云："蕃法盟誓，取三牲血歃之，无向佛寺之事，请明日须于鸿胪寺歃

① 《北魏冀州刺史元昭墓志》（正光五年三月十一日），赵超：《汉魏南北朝墓志汇编》，天津：天津古籍出版社，1992年，第145页。

② 《新唐书》卷219《北狄契丹传》，北京：中华书局，1975年，第6170页。

③ 《册府元龟》卷975《外臣部·褒异三》，第11457页。

④ 《旧唐书》卷2《太宗本纪上》，北京：中华书局，1975年，第30页。

⑤ 《旧唐书》卷196上《吐蕃传上》，第5231页。

血，以申蕃戎之礼。"① 这是又一次的歃血为盟。

安史乱后，吐蕃乘虚进占陇右、锋逼关中，广德元年（763）甚至攻入长安，在唐军组织反击收复长安后，吐蕃将进攻目标转向河西，在夺取凉州后，吐蕃于永泰元年（765）又请和，于是唐派宰相等"于兴唐寺与之盟而罢。"② 这种盟誓已成了吐蕃巩固其胜利成果的惯用手段，三月刚进行盟誓，九月又以二十万众进犯王畿，此次遭唐军奋力反击，损失不小。

吐蕃为了巩固其掠地成果而进行的与唐规模较大的一次盟誓是"清水之盟"。唐德宗新即位，面临地方残破、国力亏竭的形势，希望通过约和休养生息一段时间；吐蕃在被反击损兵折将情势下，也希望将已侵占的土地合法化。双方经过一年多的酝酿，于建中四年（783）正月在陇州清水县进行了各以二千人参加的会盟，吐蕃相尚结赞请出羝羊，唐陇右节度使张镒出犬及羊，"乃于坛北刑之，杂血二器而歃盟"。其盟文曰：

> 唐有天下，恢奄禹迹，舟车所至，莫不率俾。以累圣重光，历年惟永，彰王者之丕业，被四海之声教。与吐蕃赞普，代为婚姻，固结邻好，安危同体，甥舅之国，将二百年。其间或因小忿，弃惠为仇，封疆骚然，靡有宁岁。皇帝践祚，愍兹黎元，俾释俘隶，以归蕃落。蕃国展礼，同兹叶和，行人往复，累布成命。是必诈谋不起，兵车不用矣。彼犹以两国之要，求之永久，古有结盟，今请用之。国家务息边人，外其故地，弃利蹈义，坚盟从约。今国家所守界：泾州西至弹筝峡西口，陇州西至清水县，凤州西至同谷县，暨剑南西山大渡河东，为汉界。蕃国守镇在兰、渭、原、会，西至临洮，又东至成州，抵剑南西界磨些诸蛮，大渡水西南，为蕃界。其兵马镇守之处州县见有居人，彼此两边见属汉诸蛮，以今所分见住处依前为定。其黄河以北，从故新泉军直北至大碛，直南至贺兰山骆驼岭为界，中间悉为闲田。盟文有所不载者，蕃有兵马处蕃守，汉有兵马处汉守，并依见守，不得侵越。其先未有兵马处，不得新置并筑城堡耕种。今二国将相受辞而会，斋戒将事，告天地山川之神，惟神照临，无得愆坠。其盟文藏于宗庙，副在有司，二国之

---

① 《旧唐书》卷196上《吐蕃传上》，第5237页。
② 《旧唐书》卷196上《吐蕃传上》，第5239页。

诚，其永保之。①

以上是唐朝廷一方的盟文，此次"清水之盟"在于承认现实，维持现状。兰、渭、原、会，西至临洮，东至成州这一大片土地，本是唐之故有领土，为了休兵求和，也只有"外其故地，弃利蹈义，坚盟从约"了。严格地说，这是一起屈辱性的盟约，也是唐不得已而作出的对现状的认可，表现出了唐朝廷的软弱可欺，正因如此，吐蕃逾益骄横猖獗达四十年之久，其间还发生过劫盟的事，这就是贞元三年（787）的平凉川之盟。吐蕃背信弃义，假借会盟名义，实则对唐文武官员实行了大劫夺。其后，吐蕃的多次进犯，在遭到唐军的迎头抗击后，才又于长庆元年（821）双方再行会盟。此次会盟分两地进行，长庆元年（821）十月在京师长安兴唐寺；长庆二年（822）五月在逻些（今拉萨）。元年的汉文盟辞要义是：

> 越岁在癸丑②冬十月癸酉，文武孝德皇帝诏丞相臣植、臣播、臣元颖等，与大将和蕃使礼部尚书讷罗论等，会盟于京师，坛于城之西郊，坎于坛北。凡读誓、刑牲、加书、复壤、陟降、周旋之礼，动无违者，盖所以偃兵息人，崇姻继好，懋建远略，规恢长利故也。……自今而后，屏去兵革，宿忿旧恶，廓焉消除，追崇舅甥，曩昔结援。边埸撤警，戍烽韬烟，患难相恤，暴掠不作，亭障瓯脱，绝其交侵。襟带要害，谨守如故，彼无此诈，此无彼虞。

吐蕃文的盟文要节有：

> 蕃、汉二邦，各守见管本界，彼此不得征，不得讨，不得相为寇雠，不得侵谋境土。若有所疑，或要捉生问事，便给衣粮放还。③

长庆二年的汉文盟辞，刻在西藏拉萨所立《长庆会盟碑》上，与元年

---

① 《旧唐书》卷196下《吐蕃传下》，第5247—5248页。
② 癸丑，当为辛丑之误，因长庆元年岁在辛丑。
③ 《旧唐书》卷196下《吐蕃传下》，第5264—5265页。

有所不同：

> 大唐文武孝德皇帝与大蕃圣神赞普舅甥二主商议社稷如一，结立大和盟约，永无沦替，……今蕃汉二国所守见管本界，以东悉为大唐国疆，已西尽是大蕃境土，彼此不为寇敌，不举兵革，不相侵谋。封境或有猜阻捉生，问事讫，给以衣粮放归。今社稷叶同如一，为此大和。然舅甥相好之义善谊，每须通传，彼此驿骑一往一来，悉遵曩昔旧路。蕃汉并于将军谷交马，其绥戎栅已东大唐祇应清水县，已西大蕃，供应须合舅甥亲近之礼，使其两界烟尘不扬，罔闻寇盗之名，复无惊恐之患，……如此盟约，各自契陈，刑牲为盟，设此大约。倘不依此誓，蕃汉君臣任何一方先为祸也，仍须仇报，及为阴谋者，不在破盟之限。蕃汉君臣并稽告立誓，周细为文，二君之验证以官印登坛之臣亲署姓名，如斯誓文藏于玉府焉。①

此次会盟的核心在所守现管本界，彼此不为寇敌，不举兵革，不相侵谋，重修舅甥相好之谊。长庆会盟之后，唐、蕃之间基本上能遵守会盟的约定，长期保持着友好朝贡关系。这不能不说是盟约带来的政治效应。

唐代的会盟，仍遵循上古传承下来的程序和仪式，如"坎于坛北。凡读誓、刑牲、加书、复壤、陟降、周旋之礼"等，不过有一点不同的是盟誓文除了藏于玉府外，还刊刻于碑。

唐以后，在一些民族地区，仍流行着歃血行盟的传统，如大理国地区的各部落之间，常用这种方式来团结、约束各部落，树立在今云南曲靖市的《石城盟誓碑》就生动地体现了这一传统。大理国明政三年（宋太祖开宝四年，971），以白族为主的大理段氏王室，决定派遣"三军都统长皇叔布燮段子琮、都监三军礼乐爽长驸马布燮段彦贞"等率军，对反叛的乌蛮诸部进行征讨，在诸部归顺后，招集卅七部媀伽诺、十二将弄略进行盟誓，其誓文刊刻于碑，现转载于下：

---

① 此据王尧：《唐蕃会盟碑疏释》于拉萨所录，《历史研究》1980 年第 4 期。

明政三年，岁次辛未，宣谕跪奉，承圣旨统率戎行，委服背恩，抚安边塞。是以剪除延众镇长奇宗、求州首领代连弄、兔覆磨乃等三邑，统置延众镇。以二月八日回军，至三月七日到石城，更讨打贼郎羽兮、阿房田洞，合集卅七部娉伽诺、十二将弄略等，于四月九日斫罗沙一遍，兼颁赐职赏。故乃与约盟誓，务存久长，上对众圣之鉴知，下揆一德而呫血。①

呫血，即歃血也。碑文虽然未具体记"与约盟誓"的仪式，从上要让众圣鉴知，下要为一心一德而歃血二语考察，此次会盟仍然采取了歃血为盟的方式。不过其盟誓文没有像春秋埋于地下的做法，而是沿用了唐蕃长庆会盟的方式，将盟文刊刻成石碑，以昭示于天下。

第三节　宋、明民族间的誓书

宋政权建立后，面临着全国需要统一的局面，北有契丹、西夏诸政权的并立，宋地经常受到契丹兵马的侵犯，且原被契丹所占的幽、云十六州尚待收复，宋、辽之间一直存在着尖锐的矛盾和斗争。宋真宗景德元年（1004），契丹在南犯不断受挫的情况下，连续多次对宋放风请和，同时又进兵至开封都城东北的澶州之北，力图通过请和盟誓来获取军事进攻未能达到的目标。十二月，在双方使臣来回谈判后，宋真宗答应了请和，并亲临澶州采取了交换誓书的方式，达成了澶渊之盟②，宋真宗誓书文如下：

维景德元年，岁次甲辰，十二月庚辰朔，七日丙戌，大宋皇帝谨致誓书于大契丹皇帝阙下：共遵诚信，虔奉欢盟，以风土之宜，助军旅之费，每岁以绢二十万匹，银一十万两，更不差使臣专往北朝，只令三司差人搬送至雄州交割。沿边州、军，各守疆界，两地人户，不得交侵。

①　支云华：《民族团结的历史见证——〈大理国段氏与三十七部石城盟誓碑〉考》，《今日民族》2005年第3期，所录碑文有误。此处据秦建文《段氏与三十七部石城会盟碑疑难字考》一文作了订正，载《曲靖师范学院学报》第30卷第1期，2011年。

②　澶州之西有湖泊，故州又名澶渊郡，誓书由于宋真宗在澶渊而订，故名澶渊之盟。

或有盗贼逋逃，彼此无令停匿。至于垅亩稼穑，南北勿纵惊骚。所有两朝城池，并可依旧存守，淘濠完葺，一切如常，即不得创筑城隍，开掘河道。誓书之外，各无所求。必务协同，庶存悠久。自此保安黎献，谨守封陲，质于天地神祇，告于宗庙社稷，子孙共守，传之无穷，有渝此盟，不克享国。昭昭天鉴，当共殛之远具披陈，专俟报复，不宣。①

这是景德元年（1004）十二月七日宋真宗给契丹皇帝发出的盟誓文。十二月十二日契丹皇帝收到来文的当日便作了对和约认可的回复：

> 维统和二十二年，岁次甲辰，十二月庚辰朔，十二日辛卯，大契丹皇帝谨致誓书于大宋皇帝阙下：共议戢兵，复论通好，兼承惠顾，特示誓书云：（照引来文"以风土之宜，……当共殛之。"）孤虽不才，敢遵此约，当告于天地，誓之子孙，苟渝此盟，神明是殛。专具谘述，不宣。②

宋、辽澶渊之盟的订立，给契丹带来了重大的实惠，即每年可获"绢二十万匹，银一十万两"的"助军旅之费"。对宋来说，这是一种带屈辱性的盟约，自己并没有战败，却用大量的银绢去纳币，用以换取契丹的撤军和北境的安宁，这是当时不得已的一种下策。

宋、辽的澶渊之盟，没有设坛作坎和刑牲歃血，也没有像唐代那样，举行双方高官集中于一地会盟的仪式，虽作"誓书"，也只是和议条款的约定和认可。显示出古代传统的盟誓形式，到了宋代已有了新的发展，即用相互交换誓书的形式，彼此认可，达成一种约定。这种新形式一直贯穿于宋辽关系中，如后来《关南誓书》中契丹重熙十年（1041）的《契丹兴宗致书》，宋庆历二年（1042）的《宋朝回契丹书》，契丹重熙十一年（1042）的《契丹回宋誓书》，契丹咸雍十年（1074）的《大辽求地界书》，宋熙宁七年

---

① ［宋］李焘：《续资治通鉴长编》卷58《宋真宗誓书》，北京：中华书局，2004年。
② ［宋］李焘：《续资治通鉴长编》卷58《契丹圣宗誓书》。

（1074）的《宋朝回书》等，都是采用的这种新形式①。

宋代的交换誓书形式，也成为后来一些双方结盟所仿效的形式，如明朝末年后金国汗皇太极与皮岛刘兴治的刘氏家族武装订立的《金国汗黄台吉与海岛刘兴治等告天盟书》即是如此，盟书文如下：

天聪四年七月十一日 一张同盟
一张带去

　　金国汗黄太吉，执政众王歹善、忙吾儿太、阿把太、德革雷、吉儿哈郎、阿吉革阿革、朵儿红、朵朵、都都、岳托、何革、撒哈良等告　天盟誓事：为海岛刘兴治、刘兴基、刘兴良、刘兴沛、刘兴邦等杀其南朝官员，率各岛官民，与我同心，恐后有违，故告

天地。彼岛中之人，或居岛中，或上陆住，我不收纳，令彼自作一国，待以客礼。及我先日走去金人、蒙古，断不问取。若违此言，不令作客国，及问取金人、蒙古，或念刘家旧恶，及来见留住，天地鉴之，罪有所归，夭折死亡。或刘家弟兄行诈，仍行归南朝，及怀二心，居中观望，则　天地归罪刘家弟兄，夭折死亡。若我两家皆不违盟，诚信到底，则

天地保佑，永受无疆之福。谨疏。②

后金天聪四年，即明崇祯三年（1630），此时正是满族在东北建立的后金政权图谋联合各路势力，组成反明统一战线的时期，而居于辽东半岛外皮岛上的刘氏兄弟集团，原是金国的军官，天聪二年（崇祯元年，1628）九、十月间，刘氏兄弟"叛金归明"，长驻皮岛，由于受到明廷猜忌，加之皇太极的劝降，刘兴治几次密遣人往盛京谈判，在得到皇太极对其权益的保证后，于天聪四年七月五日派出兄弟刘兴沛等到盛京，以获得皇太极盟誓保证，这就是上列皇太极等盟誓文产生的背景。③

---

　　①　［宋］叶隆礼撰，贾敬颜、林荣贵点校：《契丹国志》卷20《关南誓书》、《议割地界书》，北京：中华书局，2014年，第215—220页。

　　②　王志强：《〈金国汗黄台吉与海岛刘兴治等告天盟书〉考》，《中国国家博物馆馆刊》2014年第2期。

　　③　王志强：《〈金国汗黄台吉与海岛刘兴治等告天盟书〉考》。

　　本件还有一件内容相同的满文盟誓文，现存北京第一历史档案馆①，据王志强先生将二文本作出对比研究后说："两者除译文表述之不同外，内容所表达之意思，盟誓参与者、时间等记述均完全相同。"② 可见此誓文是用满、汉两种文字书写，而汉文本又写成一式两张，"一张同盟，一张带去"，表明此件是由后金国皇太极一方所写，即留在盛京的"一张同盟"，另"一张带去"，即由刘兴沛等带回皮岛。誓文中"若违此言，不令作客国，及问取金人、蒙古，或念刘家旧恶，及来见留住，天地鉴之，罪有所归，夭折死亡"一段文字的含意，在满档译文中写得更为明确，即："若负盟约，不以友邦相待，索还逃往之诸申、蒙古人，追究刘氏兄弟往来，逮捕来朝者，将必遭天地谴责，夺其计算，使之夭折。"③ 这实是对金方的约束。其下文字是对刘家兄弟的约束。此盟的主要目的在于拉拢刘家兄弟，结成反明联盟。

　　刘兴沛等将皇太极盟誓文带到皮岛后，刘氏兄弟在后金使者齐变龙的监誓下于七月二十三日"对天盟誓"，其誓辞为：

> 　　客国臣刘兴治、刘兴基、刘兴梁、刘兴沛、刘兴邦等致告于冥冥上帝，宥我不赦，敢数过愆，缘官不道，天数将终，我大金国汗，汤武尧舜之君，实有所以收拾人心者也。臣等有先见，戮职官陈继盛等，率众归服金汗黄太吉（皇太极），执政众王歹善（代善）、忙吾儿太（莽古尔泰）、阿把太（阿巴泰）、德革雷（德格类）、吉儿哈郎（济尔哈朗）、阿吉革阿革（阿济格阿哥）、朵儿红（多尔衮）、朵朵（多铎）、都都（杜度）、岳托、何革（豪格）、撒哈良（萨哈廉）等对天盟誓，共图大业。自盟之后，彼此相信，永修和好。内有不轨，各蹈丧亡，天诛其身。皇天后土，共鉴斯言。伏仰汗威，全获畿邦。主客享福，国脉永绵矣。谨盟。
>
> 　　天聪四年七月二十三日。

　　① 北京第一历史档案馆、中国社会科学院历史研究所译注：《满文老档》下册，天聪四年七月十一日，北京：中华书局，1990年，第1065页。

　　② 王志强：《〈金国汗黄台吉与海岛刘兴治等告天盟书〉考》。

　　③ 北京第一历史档案馆、中国社会科学院历史研究所译注：《满文老档》下册，天聪四年七月十一日。

同盟官员参将李登科，游击崔耀祖，都司马良、李世安、郭天盛，守备王才、何成功。①

八月初一，刘氏兄弟遣人与后金使者齐变龙将誓文送至盛京，并以厚礼馈赠后金使者齐变龙。至此，皇太极与刘氏兄弟之间的盟誓才算完成。

这类盟誓是双方为了结盟，各自在对方来使监盟下，焚香对天发誓，形成誓文，然后由使者带回对方，盟誓文的交换意味着结盟的完成，省去了刑牲、歃血等环节。这是对宋、辽誓书形式的一种继承。

第四节　对本章的结语

从上古的会盟、歃血为盟到誓书交换，到近世的条约、协定，从性质上而言，它是一种政治性的契约，它在国与国、民族与民族、集团与集团之间，既是加强相互团结合作、增强自身实力、共同对付敌人的手段，也是解决相互之间矛盾纠纷、避免战争冲突的手段。这种政治性契约的订立，在依托形式上，有一个历史的演化过程。上古时基于人们对神灵共同的崇拜与敬畏观念，于是依托于刑牲歃血、向天地神灵诅咒的誓辞来实现共同信守，相互约束。中世时虽然仍承袭着上古会盟血誓的某些形式，更多的是依托于现实，将盟誓文用刻石立碑昭告天下的方式，求得信守和约束。到了近世，完全屏弃了以往那种取信于天地鬼神的盟誓形式，而以自身实力和权益为依托，通过谈判达成条约的建立。

形式尽管有了很大的变化，但其功能作用都是为了避免冲突和战争，达到和平、和谐的局面，由此逐渐形成了"和为贵"的理念，成为中华民族的一种性格，这正是"中华民族是一个爱好和平的民族"的历史渊源之所在。

作为政治性契约的实际要求就是忠诚、信守，这一点古今如一，始终未变。应该看到，在中华民族的历史文化中，忠诚其誓言、信守其约定，经过几千年的传承，已成为中国传统文化和习俗中的一个部分，弥漫于人民群众

① 《太宗文皇帝招抚皮岛诸将谕帖·附刘兴治等来信一》，罗振玉辑：《史料丛刊初编》，见于浩辑：《明清史料丛书八种》第二册，北京：北京图书馆出版社，2005 年，第 251—252 页。

的日常生活中，成为当今人与人之间，个人与群体之间关系的准则。1951年在云南宁洱县立的"民族团结誓词碑"，就是继承这一准则很好的例证，此碑高1.42米，碑额正中为"民族团结誓词"六个大字，碑正文是：

> 我们二十六种民族的代表，代表全普洱区各族同胞，慎重地于此举行了剽牛，喝了咒水，从此我们一心一德，团结到底，在中国共产党的领导下，誓为建设平等、自由、幸福的大家庭而奋斗，此誓！[1]

碑正文的下部，镌刻着参加云南普洱（现称'宁洱'）区第一届兄弟民族代表会议48名代表的签名，有傣文、拉祜文，也有汉文签名。碑末的落款是"普洱区第一届兄弟民族代表会议，公元一九五一年元旦"。此盟誓由阿佤族头人拉勐在兄弟民族代表会上提出，为了表示各民族团结一心，在中国共产党领导下建设新中国的决心，按阿佤族习俗进行的一次盟誓活动[2]。

剽牛，就是用梭标或刀刺向牛的心脏，类似于古代的刑牲。喝咒水，即将一心一德，团结到底的符咒溶于水中，由参与者每人都喝下，以表示盟誓的决心。这是云南佤族为结盟发誓进行的一种祭天仪式，也是上古习俗在少数民族中的延续，将其运用于民族团结会议中，这既是对云南少数民族传统风俗的尊重，也是古代盟誓形式在现实政治生活中的一种运用。

现代政治生活中也常有使用"同盟"的做法，如1950年"中苏友好同盟条约"的订立；也有"宣誓"的活动，如党员入党的"宣誓"誓词，都是继承了中国古代传承下来的誓约传统。不过，新的时代已赋予了盟誓新的内涵，除了屏弃一些迷信色彩的成分外，凸显的是忠诚执行自己的承诺，信守相互间的约定等优良的道德规范。

---

[1] 支云华：《民族团结三名碑》，《中国文化报》2009年7月12日。此碑2006年6月8日被国务院公布为第六批全国重点文物保护单位。

[2] 郑茜：《民族团结誓词碑》，《中国民族》2009年Z1期。

第四章

经济关系的券契及其发展

　　在中国古代契约的发展中，契约关系更多的发生于进入私有制社会以后的民间经济生活中，因此属于经济关系类型的券契内容特别丰富，诸如有无相贷的借贷契；进行价值交换的买卖契；对物业有限租用的租赁契；有偿使用劳力的雇佣契等，这类契约虽然涉及的都是产权和价值的转移和使用，但其在契约上却有不同的表现形式和要求，有必要分类考察其发展。

第一节　借贷券契的类型及其发展

一、民间的借贷契券

　　"借贷"，属于一种经济活动，是社会生活中人们发生的经济关系中的一项重要内容，它是指出借方将货币或实物交付借用方所有或暂时使用，借用方应按时归还同等数量或更多数量的货币或实物的行为，从而形成一种债务人与债权人的关系。在借与贷双方自愿原则的基础上，将这种关系确定下来，达成对双方具有约束力的文字记录，就是借贷契约。

　　在人类社会从原始社会到私有制社会的过渡中，借贷关系有一个产生、演变、发展、完善的漫长过程，它与私有制的产生和贫富分化的出现是同时的。

借贷的起源及“傅别”、“书契”的出现

借贷作为一种社会经济现象，究竟是如何产生的？学术界关于中世纪借贷的研究比较多，但对于古代借贷的起源以及发展等问题则较少回答，进行专门研究的也不多。近年刘秋根氏《试论中国古代高利贷的起源和发展》①，提出古代借贷经历了一个由原始的有无相济互助、到有借有还的借贷、再到有息借贷、高利贷出现的发展过程，作了一种很有启迪意义的唯物史观的探索。徐祇朋氏《周代借贷性质的演变》一文②，认为借贷活动是生产力水平提高、私有制和贫富分化的必然产物，西周时期的借贷多以实物形式出现，一般无任何附加条件。商业的发展、城市经济的成长、金属货币的广泛流通、消费水平的提高以及统治阶级各种物欲的膨胀，导致在西周时期以救济为主要功能的借贷，途经礼崩乐坏的春秋时代，到战国时代逐渐演变为以攫取高额利息为主要目的的高利贷。魏悦氏的《先秦借贷活动探析》③，则是在综合了上述二文的基础上，结合一些具体史料，从社会结构、政治、经济等方面对先秦时期借贷活动的发展及演变作了探讨，认为先秦的借贷经历了无偿施舍、无息借与高利贷这样三个过程。以上这些逐步深化的探讨与研究，都十分有益于对借贷起源的认识。

借贷一词，在中国很早就已出现，当它初始出现时，尚不具后来在经济学上欠负债务的含意，《说文解字注》云：“贷，施也。谓我施人曰贷也。”④所谓“施人”，即无偿地给与他人之谓，这应是中国上古处于原始农村公社时期贷的概念。汉初燕人韩婴在回顾井田时代时说：“古者八家而井田，方里为一井，……八家相保，出入更守，疾病相忧，患难相救，有无相贷，饮食相召，嫁娶相谋，渔猎分得，仁恩施行，是以其民和亲而相好。”⑤ 所云“患难相救，有无相贷”，说的就是人与人之间的一种互助，物质生活上的相互帮助、互通有无，“贷”在此时是一种无偿的给予、支援。这种平等的互助关系，还体现在周人的大、小宗支的关系上，血缘的亲情观念此时还起

　　① 刘秋根：《试论中国古代高利贷的起源和发展》，《河北学刊》1992 年第 2 期，第 95—100 页。

　　② 徐祇朋：《周代借贷性质的演变》，《松辽学刊》2000 年第 2 期，第 28—32 页。

　　③ 魏悦：《先秦借贷活动探析》，《中国社会经济史研究》2004 年第 2 期，第 52—57 页。

　　④ ［汉］许慎撰，［清］段玉裁注：《说文解字注》，成都：成都古籍书店，据上海世界书局 1936 年版影印，1991 年，第 297 页。

　　⑤ ［汉］韩婴：《韩诗外传》卷 4，文渊阁四库全书本。

着支配的作用，使得"贷"在族人之间，天子、诸侯之间，甚至诸侯、大夫与百姓之间，都是一种帮扶的关系，这是上古公有制时代遗留下来的有关"贷"的概念。

西周以后，随着私有制的发展、农村公社井田制的破坏，社会贫富分化明显，对生活资料的占有或使用出现多与少、有与无的差别时，"贷"的概念也在发生变化，"贷"越来越多地具有了"借"的内涵，甚或连在一起，称之为借贷。这种借贷，是需要归还的，有时甚至要加息归还，形成为一种债务，称之为"责"，即债也。早在商代已有"责"的出现，周武王灭殷商后，"复盘庚之政，发巨桥之粟，赋鹿台之钱，以示民无私，出拘救罪，分财弃责，以振穷困。"① 所谓"分财弃责"，实为分商王之财，弃百姓所负商王之债。

《周礼》记载："凡民之贷者，与其有司辨而授之，以国服为之息。"② 经学家们对此有过明白的解读，汉郑司农说："贷者，谓从官借本贾也，故有息使民弗利，以其所贾之国所出为息也。假令其国出丝絮，则以丝絮偿；其国出绵葛，则以绵葛偿。"郑玄说："以国服为之息，以其于国服事之税为息也。于国事受园廛之田而贷万泉者，则期出息五百。"③ 这是说周朝规定：凡是百姓的借贷，可与官府相关部门商定给与，然后以百姓所生产物作息归还。对于这个"息"字，郑玄是以他所处的汉代生活中的利息概念来解释的，并举例说明利息率为5%。然而，在《周礼》中的息，恐怕主要还是以物作税来归还之意。

由借贷而出现的欠债需要归还，商周已有，而到春秋时期已逐渐盛行起来。鲁昭公三年（前540），齐国使者晏婴往晋国请婚，晋叔向对晏婴问齐之兴衰，晏婴说："此季世也，吾弗知。齐其为陈氏矣。公弃其民而归于陈氏。齐旧四量：豆、区、釜、钟。四升为豆，各自其四，以登于釜，釜十则钟。陈氏三量，皆登一焉，钟乃大矣。以家量贷，而以公量收之。"④ 说的是齐国的卿大夫陈氏不仅富有，而且仁义，出贷时用加一的家量贷出，收还

---

① 《吕氏春秋》卷15《慎大览第三·慎大》，文渊阁四库全书本。
② 《周礼注疏》卷15《地官·泉府》，《十三经注疏》，第738页。
③ 《周礼注疏》卷15《地官·泉府》，《十三经注疏》，第738页。
④ 《春秋左传正义》卷42昭公三年条，《十三经注疏》，第2031页。

时则以量制小一些的普通"公量"归还。采取"厚贷而收薄"方式进行借贷，故齐国的民众终将弃齐公室而归陈氏。这恰好表明春秋时期的"贷"是要收还的。

周朝的礼制中有"凶礼"，其中饥荒救助之策有十二项，第一项就是"散利"，据郑司农的解释就是"散利贷种食也"，即"民无者，从公贷之，或为种子，或为食用，至秋熟还公。据公家为散，据民往取为贷。"① 可见对于一般的百姓，也是出贷之后须如数归还。

至于以借贷生息谋利者，也偶尔有之。昭公三年（前540）叔向对韩宣子语及晋国先世事时，说晋国上卿栾桓子"骄泰奢侈，贪欲无艺，略则行志，假贷居贿，宜及于难，而赖武之德，以没其身。"② 这里的"假贷居贿"是说用借贷去谋私利，实际上就是进行生息借贷。从前后文看，叔向对栾桓子"假贷居贿"的行为是谴责的，可见出贷生息在春秋早期还很不普遍。如果有谁以借贷谋利，属于一种不正常的行径，会被人轻视，或遭到社会的谴责。

到了春秋的中后期，随着农村公社的进一步瓦解、井田的私有化和租佃关系的出现，借贷不仅普遍要归还，而且越来越多地要生息归还了。"息"的概念这时也变成了出贷财物而生利增殖的内容，《周礼》中说："以官府之八成经邦治"，其第四是"听称责以傅别"；第六是"听取予以书契"。对于"称责"与"取予"的区别，宋人王与之解释说："贷而生息谓之称责，贷而不生息谓之取予。"③ 可见，周代的借贷分为有息和无息两种。对于"傅别"，郑司农说："傅，傅著约束于文书；别，别为两，两家各得一也。"④ 即是说：对于生息借贷，要著于文书来加以约束，而且应一式二份，借债家与出贷者两家各持一份，以作为日后生利索债时的凭据。即使是无息借贷的取予，也有个还贷的问题，所以也要"书契"为证，这是中国早期借贷契约的名称和不同性质的分类。

恩格斯对于生息借贷的产生分析说：人类社会第三次的大分工"创造了

---

① ［清］秦蕙田：《五礼通考》卷247《凶礼二荒礼》，文渊阁四库全书本。
② ［三国吴］韦昭：《国语》卷14《晋语》，文渊阁四库全书本。
③ ［宋］王与之：《周礼订义》卷4，文渊阁四库全书本。
④ ［宋］王与之《周礼订义》卷4。

一个不从事生产而只从事产品交换的阶级——商人。……随着它，出现了金属货币即铸币。……在使用货币购买商品之后，出现了货币借贷，随着货币借贷出现了利息和高利贷。"① 我国战国时期的社会状况，证实了恩格斯分析的正确，战国以前，商人和货币虽已产生，但不活跃，然而自战国以后，随着社会生产的发展，商品经济日益活跃，商品交换的频繁，出现了以经营工商为主业的商人，也带来了金属货币的铸造和广泛使用，而货币的借贷，促进了对利益的追求，借贷逐渐变成了官僚贵族、富商大贾们生息取利的一种手段，故时人有云："周人之俗，治产业，力工商，逐什二以为务"。② 此处所云的"周人"，是指战国时期东周京畿一带的人，"逐什二以为务"是指追求以十钱增息二钱的生息借贷业务，由此可见战国时期经商营利、经营生息借贷已成社会普遍现象。正如魏悦氏所分析的："战国以降，商品经济有了很大发展，财产私有进一步深化，贫富分化随之加剧，……在这种前提下放贷取利的现象日益发展并兴盛起来。此时"贷"字遂演变为'举物生利'之义。"③

战国时期，生息的借贷已相当普遍，并成为一种社会常态，而借债还钱或者欠债未还的现象也比比皆是。齐国孟尝君请门客冯谖"收责于薛"，"约车治装载券契而行"，足见其借贷券契不少。冯至薛后"召诸民当偿者，悉来合券，券遍合，起，矫命以责赐诸民，因烧其券，民称万岁"。④ 所谓"合券"，即前论生息借贷中的"傅别"债券，由于烧掉了这些债券，也就解除了诸民的债负，故民欢呼万岁。这是对国君贵族们生息借贷事后特殊处理的一则描写。除国君贵族们外，更多的是富商大贾们的高利贷，《史记·货殖列传》记载一些战国时期迅速致富的巨商，往往是以出贷取利致富的，如鲁人曹邴氏"以铁冶起，富至巨万……贳贷行贾遍郡国。"⑤ 又如关中无盐氏："吴楚七国兵起时，长安中列侯封君行从军旅，赍贷子钱，子钱家以为侯邑国在关东，关东成败未决，莫肯与。唯无盐氏出捐千金贷，其息什

① 恩格斯：《家庭、私有制和国家的起源》第九章《野蛮时代和文明时代》，《马克思恩格斯选集》第 4 卷，北京：人民出版社，1972 年，第 162—163 页。

② 《史记》卷 69《苏秦列传》，北京：中华书局，1959 年，第 2241 页。

③ 魏悦：《先秦借贷活动探析》，《中国社会经济史研究》2004 年第 2 期。

④ 《战国策》卷 11《齐策四》，文渊阁四库全书本。

⑤ 《史记》卷 129《货殖列传》，第 3279 页。

之。三月，吴楚平。一岁之中，则无盐氏之息什倍，用此富埒关中。"① 前一例"赊贷"遍于郡国，说明生息借贷范围之广；后一例既说明以取利借贷的"子钱家"之多；又说明"贷子钱"利息之高，一岁之中，其利息竟高达十倍。高利贷成就了这些富商大贾们对财富的积聚，而他们财富的积聚又反过来推动着高利贷的进一步发展，使得社会贫者愈贫，富者愈富。②

承受高利贷剥削负担的，最主要的是农民，《管子·治国篇》说："上征暴急无时，则民倍贷以给上之征矣！耕耨者有时而泽不必足，则民倍贷以取庸矣！秋籴以五，春籴以束，是又倍贷也。"③ 这是说，当君主对农民急征徭税不以时，农民只有用倍称之息的借贷来应付上征。耕田人在雨泽不足时，民只有用倍称之息的借贷来度凶荒，然后以庸力来还贷。秋收时富人们以半价收籴，春荒时又加息出籴。由此看，农民始终生活在高利贷者的盘剥之中。除了农民以外，其他社会各阶层，当其处于经济窘迫之时，都不得不求助于借贷，战国末年，甚至贵为周天子的周赧王，也免不了债台高筑，史载："周赧王虽居天子之位，为诸侯所侵逼，与家人无异，贳于民无以归之，乃上台以避之，故周人因名其台曰逃债台。"④

战国以来，在社会经济生活中，尽管还存在着个别的无息借贷，但在一般情况下，借贷都是生息的，它与债务欠负的概念紧密相连，在此后的历史长河中，它始终是左右人们经济生活的一种重要手段，而集中体现这种手段的则是发生借贷关系的"傅别"、"书契"。

进入秦汉时期，借贷成为一种债务概念，而借贷、债务都被写进了当时国家的律令，并作出各种具体的限制和处分。在湖北睡虎地出土战国末期的《秦律·金布律》中就规定："有债于公及赀赎者居它县，辄移居县债之。公有债百姓未偿，亦移其县，县偿。"⑤ 这里分两种情况，一是对欠负公家债务及赀钱者，必须赎还，如还者居在它县，就应将债务移送它县追讨。另一种如是公家欠负百姓的债务，而百姓居于它县者，也应由它县负责偿还。

① 《史记》卷 129《货殖列传》，第 3280—3281 页。
② 关于高利贷的界定问题，参看第三章中"对佛寺'便物历'中借贷关系的认识"。
③ 《管子》卷 15《治国第四十八》，文渊阁四库全书本。
④ 《太平御览》卷 177 引《帝王世纪》，北京：中华书局，1960 年，第 864 页。
⑤ 王辉：《秦出土文献编年》，《秦律十八种金布律》，台北：新文丰出版公司，2000 年，第 145 页。

《金布律》还规定："百姓假公器及有债未偿，其日促以收责之。……其入赢者，亦官与辨券，入之。其债毋敢逾岁，逾岁而弗入及不如令者，皆以律论之。"① 说的是百姓借了公物或有债未还，至其时限应促其及时归还。如归还有赢剩，应办券给以证明。所欠债务不得逾岁，如果逾岁而不入或不按令办者，都要以刑律论处。可见到了秦朝，对于欠债及其归还的规定已经很严格。

到了汉代，人们常以出贷作为谋利的手段，新出土的西汉初年《二年律令》规定："吏六百石以上及宦皇帝，而敢字贷钱财者，免之。"② 这是规定凡六百石以上的官吏及朝廷中的官员，敢以高利贷谋取钱财者，给予免官。由此看到，到了秦汉时期，借贷谋利已成为国家律令不得不加以限制的内容。

汉魏以后信用借贷券契的流行及其完善

民间的借贷，有无息借贷、有息借贷、质押借贷之分，有的学者将前两种称之为信用借贷。③ 所谓"信用借贷"应该是以诚信为约束力来规范双方行为的借贷，体现出诚信的效力，即因彼此的诚信而产生的法律效力，不按时归还意味着对信用的欺诈行为。对于后一种用物质作抵押进行的借贷，其目的是以抵押物作返还借本的保障，以最大可能的实现返还，这是对潜在的违约风险作出的最有力的保障。无论是哪一种，一般多通过订立文契而成立。但在无息借贷中，也有不立文契者，如唐长安的化度寺，有无尽藏院："贞观之后，钱、帛、金、绣，积聚不可胜计，……或有举便，亦不作文约，但往至期还送而已。"④ 这种不立文契的无息借贷，实际上也是建立在一种信用的基础上，不过这是基于对佛寺的崇信，是较特殊的借贷。

民间的一般信用借贷，有钱、粮、绢、物之分，不论那一种，都是财产所有权的临时转移使用，不过这种临时转移使用是有条件的：第一要定期归还；第二要付给利息。这可以说是民间信用借贷的基本原则。而贯彻这些原则，靠的是双方当事人订立的契约，即具有债效力的合意契约——借贷契。

① 王辉：《秦出土文献编年》，《秦律十八种金布律》，第 145 页。
② 张家山二四七号汉墓竹简整理小组：《张家山汉墓竹简（二四七号墓）》，北京：文物出版社，2006 年，第 33 页。
③ 罗彤华：《唐代民间借贷之研究》，台北：商务印书馆，2005 年，第 19 页。
④ ［唐］韦述：《两京新记》，丛书集成初编本，上海：商务印书馆，1936 年，第 27—28 页。

通常的借贷，都是要生息立文契的，如前所论，这是先秦已来民间的惯例。《后汉书·樊宏传》载：宏父樊重"世善农稼，好货殖。……年八十余终。其素所假贷人间数百万，遗令焚削文契。债家闻者皆惭，争往偿之，诸子从敕，竟不肯受。"①樊重是南阳地区"赀至巨万"的财主，故可以给周围百姓先后贷出数百万，都是立有借贷文契的，临终时，他遗令将这些文契焚毁，免除所欠债务。北魏末，河南太守李元忠"家素富，多出贷求利，元忠悉焚券免责，乡人甚敬之"②。所焚之券，都是借贷时双方订立的一种契约，在隋唐以前，这类契约多称之为"券"或"约"，到了唐代，依据"诸公私以财物出举者，任依私契，官不为理"③ 的令文规定，就通称为契了。

民间一般性的借贷都是通过文契建立一种诚信关系，这类不用实物作抵押的信用借贷，是古代借贷关系中最普遍的一种形式。现存早期借贷文券，是汉代书写于简牍上的贷钱券，这就是1993年在江苏连云港市东海县尹湾汉墓第6号墓出土的《西汉元延元年（前12）师君兄给师子夏贷钱券》，券文为：

元延元年三月十六日（立夏），师君兄贷师子夏钱八万，约五月尽所，子夏若□卿奴□□□□□□□丞□，时见者师大孟、季子叔。④

此券有残缺，意思是元延元年三月十六日立夏，师君兄贷给师子夏钱八万，约定五月底归还，子夏若违约，据文意推测可能由卿奴等人代还。丞□，或为写约在场者，最后列有"时见者师大孟、季子叔"。滕昭宗氏在《尹湾汉墓简牍概述》一文中解释为"师君兄之两子'师大孟、季子叔'具

---

① ［清］王先谦集解：《后汉书集解》卷32《樊宏传》，北京：中华书局，1984年影印本，第395页。

② ［宋］司马光等：《资治通鉴》卷155，北京：中华书局，1955年，第4803页。又《北史》卷33《李灵曾孙元忠传》，北京：中华书局，1974年，第1202页。

③ 天一阁博物馆、中国社会科学院历史研究所天圣令整理课题组校证：《天一阁藏明钞本天圣令校证》下册，《杂令卷第三十》，北京：中华书局，2006年，第430页。《宋刑统》卷26《杂律》引唐杂令条，北京：中华书局，1984年，第412页。

④ 连云港市博物馆、东海县博物馆、中国文物研究所、中国社会科学院简帛中心等编：《尹湾汉墓简牍》，北京：中华书局，1997年，第127页。

结"。① 具结，乃向官府发誓保证之意，券中债权人为师君兄，何以会让自己的两子来作发誓保证？显然说不通。孙瑞等在《汉代简牍中所见私人契约》中认为"他们是契约的中人"，② 也不尽贴切，依据"时见者"一词看，师大孟、季子叔是立券时在场的见证人。

另有一件出土于江苏扬州市仪征县胥浦乡 101 号西汉墓第 10 号竹简的反面，简上写有：

[女]（?）徒何贺山钱三千六百，元始五年十月□日，何敬君，何苍莒，书存 [文] 君明 [白]③

对此简文字，孙瑞等认为是"债权人借贷何贺三千六百钱以支付雇山钱，中人为何敬君、何苍莒，契约由文君收存，文君的身份或为墓主之母，或为墓主之妻。"④ 由此看来，这是一件西汉元始五年（5）的借钱券。

以上二件西汉的借贷券，均书写于简牍上，可以看作是中国古代借贷券契早期的代表。从内容看极为简约，仅写有债权人与债务人姓名、借钱数、还钱时间和见证人，没有计息规定，也没有违约受罚事项。比之于后来纸质借贷券的内容，还很不完备，只能看作是古代借贷券发育时期的一种形态。

目前所能见到的早期纸质借贷文契实物，是吐鲁番出土的《北凉承平五年（447）道人法安弟阿奴举锦券》，券文如下：

1　承平五年岁次丙戌正月八日道人法安_{弟阿奴}
2　从翟绍远举高昌所作黄地丘慈中
3　锦一张，绵经绵纬，长九五寸，广四尺五寸，
4　要到前年二月卅日，偿锦一张半，
5　若过期不偿，月生行布三张。民有私
6　要，々行二主，各自署名为信。沽各半，

---

① 滕昭宗：《尹湾汉墓简牍概述》，《文物》1996 年第 8 期，第 34—35 页。
② 孙瑞、陈兰兰：《汉代简牍中所见私人契约》，《学习与探索》2006 年第 4 期，第 166—170 页。
③ 扬州博物馆：《江苏仪征胥浦 101 号西汉墓》，《文物》1987 年第 1 期，第 12 页。
④ 孙瑞、陈兰兰：《汉代简牍中所见私人契约》。

7　共员马一匹，各○了，倩书道人知骏
8　时见　道（人）智惠　永安①

　　本券表现出中古时期较早阶段借贷券契的特征，即围绕着双方约定的诚信执行而书，首先写明双方订约时间、姓名；次写所借物品品名、规格、生利时间和数额；再写明违约受罚数额；最后强调信用保证，包括"各自署名为信"；还包括对倩书、时见等在场见证人的酬劳，即"沽各半，共员马一匹"②。这些都是为了强调各自在券约上署名的责任承诺，最后还列写出当时在场见证人的姓名。据券文约定，借锦一张，过了将近十四个月后，还锦一张半，年息不到50%。若过期不偿，违约所罚是"月生行布三张"③，此数虽不好换算，看来所罚是较重的。

　　上列《北凉法安举锦券》代表了魏晋已来纸质借贷券的券文模式，它比之于前列的汉代借券，内容丰富多了，这是一个时代的进步。在此后数百年信用借贷券契的发展中，基本上是在此模式的基础上，对各个环节的更完善或细化，再就是防范措施的加强。如吐鲁番出上的《唐总章三年（670）白怀洛举钱契》，契文转录于下：

1　总章三年三月廿一日，顺义乡白怀洛于
2　崇化乡左僮熹边举取银钱
3　拾文，月别生利钱壹文。到月满日，
4　白即须送利。左须钱之日，白即须子本
5　酬还，若延引不还，听牵取白家财
6　及口分平为钱直，仍将口分蒲桃用作
7　钱质。身东西不在，一仰妻儿酬还

---

　　①　《吐鲁番出土文书》录文本第一册，第181页；图版本第一卷，第88页。本件所署"承平五年"（447），与所记"岁次丙戌"在干支上差错一年，文书整理者认为：亦有可能为高昌王国的"承平五年"（506）。

　　②　此处的"沽各半"，原意为酬谢订约时在场的见证人，由借贷双方对沽酒钱各出一半。然而此处所酬非沽酒，而是"共员马一匹"，即拿出一匹辕马作酬。

　　③　"行布"，王启涛释作粗劣之布，见氏著《吐鲁番出土文书词语考释》，成都：巴蜀书社，2004年，第632页。然从所罚"月生行布三张"来看，此行布应是民间流行使用的流通手段布。

8　钱直。两和立契，获指为验。

9　　　　　　　钱主左

10　　　　　取钱人白怀洛｜　　｜　　｜

11　　　　　保人严士洛｜　　｜　　｜

12　　　　　知见人张轨端｜　　｜　　｜

13　　　　　知见人索文达｜　　｜　　｜

14　白怀洛负左僮熹枣树壹根，好者。①

本契若与二百年前的借券比较，又可以看到一些变化，首先是借贷双方注明了籍贯；其次是计利不是以年，而是以月为单位，月息 10%；第三是对"延引不还"的处罚，变为"听牵取白家财及口分（田）平为钱直"，即将白怀洛的口分蒲桃园用作钱质；如果白怀洛本人不在，就要"仰妻儿酬还钱直"，这种处罚比之于北凉借券更为严厉。第四，是契尾原有的"倩书"、"时见"，变成了保人、知见人，而且增加了人数，少则三人，多则五人。不过，早期的用"沽各半"的方式酬劳诸见证人的习俗消失了，再也不见于唐代的契约行文中。第五，原来的"署名为信"，变为了各自画指为信，即契文中的"获指为验"，也就是在契收尾处，各当事人都在各人姓名上画上自己的中指指节痕。表明信用度有了进一步的加强，这些变化都意味着借贷契约文书的成熟和完善。

唐借契中"举取银钱拾文，月别生利钱壹文"，是月息 10%，这一利率，在吐鲁番出土的唐前期民间借贷契中，十分普遍，有的甚至还高于此率。② 这一现实情况，距唐政府的法令规定有相当的差距，唐开元十六年二月十六日，玄宗下诏说："比来公私举放，取利颇深，有损贫下，事须厘革。自今已后，天下负举，只宜四分收利，官本五分取利。"③ 又唐《杂令》载："诸以财物出举者，任依私契，官不为理。每月取利不得过六分。积日虽多，

①《吐鲁番出土文书》录文本第六册，第432—433页；图版本第三卷，第224页。

② 陈国灿：《唐代的民间借贷——吐鲁番敦煌等地所出唐借贷契券初探》，唐长孺主编：《敦煌吐鲁番文书初探》，1983年，第231页。

③［宋］王溥《唐会要》卷88《杂录》，第1618页。

不得过一倍，亦不得回利为本。"① 然而民间的借贷取利，却仍未降下来。试看在新疆出土的八世纪末《唐建中三年（782）七月健儿马令庄举钱契》，文转录于下：

```
1    建中三年七月十二日，健儿马令庄为急
2    要钱用，交无得处，遂于护国寺僧虔
3    英边举钱壹阡文，其钱每月头分生利
4    佰文。如虔英自要钱用，即仰马令庄本
5    利并还。如不得，一任虔英牵掣令庄家
6    资牛畜，将充钱直，有剩不追，恐人无（信），故
7    立私契，两共平章，画指为记。
8                    钱主
9                    举钱人马令庄年廿│    │      │
10                   同取人母范二娘年五十│   │     │
11                   同取人妹马二娘年十二│   │    │②
```

本契举钱一千文，每月生利一百文，月息仍是 10%，尽管此后朝廷还在继续重申"不得五分以上生利，"③ 然而，月息 10% 已成了民间信用借贷中通行的惯例，历五代至宋，直到元朝都是如此。④ 黑水城新出土的《元皇庆元年（1312）正月任黑子借大麦契》，也证明了这一点。

```
1    立文字人任黑子今为大麦使用，别
2    无借处，今问到别尚拜边处借讫，得
```

---

① 天一阁博物馆、中国社会科学院历史研究所天圣令整理课题组校证：《天一阁藏明钞本天圣令校证》下册，《杂令卷第三十》，第 430 页。

② 陈国灿：《斯坦因所获吐鲁番文书研究》，武汉：武汉大学出版社，1994 年，第 564—566 页。

③ 《宋刑统》卷 26《杂律》引唐"唐开成二年（837）八月二日敕节文"云："今后应有举放又将产业等上契取钱，并勒依官法，不得五分以上生利。"第 414 页。

④ 在中央法令难以控制的地区或时段里，也有贷粮或贷绢不以月计息，如敦煌地区春贷一石，秋还一石五斗有的甚至借一还二，如《癸未年（923？）敦煌彭顺子便麦粟文书》（北图殷字 41 号）"五月十六……便麦两硕，至秋肆硕，便粟两硕，至秋肆硕"（《敦煌资料》第一辑第 367 页）。这些取利都高于 10%，若按全国较普遍的惯例看，月息 10% 是官府所能容忍的"乡原惯例"。

3　□大斗内四石，每月每石上行息

4　一斗，按月计算交还数□，不令

5　拖欠，如本人见在不办，闪趱失

6　走，一面同取代保人替还，无词。

7　立此文字为凭照用。

8　　皇庆元年正月初一日立文字人任黑子（押）

9　　　　　　　同取人敢的（押）

10　　　　　　代保人安通（押）

11　　　　　　知见人猪乃（押）

12　　　　　　知见人景直（押）

13　　　　立用行者①

　　这件元代的借大麦契，代表了十四世纪信用借贷契的一般型式，契文写明借"得麦大斗内四石，每月每石上行息一斗，按月计算交还数足，不令拖欠"。计息也是以每月息10%计算。本契省去了"民有私要，要行二主，各自署名为信。"或"恐人无信，故立私契，两共平章"等契约套语，也省去了违约受罚条款，但特别强调了借物本、利的按时归还，如本人不办或不在，要由同取人或代保人等"替还"。过去契首署年月日的习惯，在元代契中改成了在契文尾署年月日；过去券契上的"画指为信"，也变成为各当事人的画押。除了这些细节性的变化外，基本上仍遵循了魏晋至隋唐纸质借贷券契的模式。赵彦龙氏在《论西夏契约及其制度》一文中说："西周时期民间借贷就已出现了契约，历经秦汉隋唐的发展和演变，到了宋、西夏时已经相当完善了。"② 宋、西夏及元代的借贷契约，不论就内容和形式看，除了更加务实外，都没有超出唐代借贷契约所列，所以将中国借贷契约的成熟完善期，还是定在唐代为宜。

　　尽管唐令规定"以财物出举者，任依私契，官不为理"。然而，当借贷出现纠纷、或拖欠不返还时，只有诉官来给以评断了。在《俄藏敦煌文献》中有一件上面铃有官方朱印的《西夏直多昌磨彩代还钱契》，此处将本件原

---

① 李逸友编著：《黑城出土文书（汉文文书卷）》F95：W1号，第187页。

② 赵彦龙：《论西夏契约及其制度》，《宁夏社会科学》2007年第4期，第87页。

文转录如下:

（前缺）

1 房亲及叔争论米登多昌磨彩
2 代尝，培送本钱，更无本要，後寻出钱
3 交与钱主受用，已定一信，仰无悔番，
4 如先悔者，罚钱伍贯文与不悔者受，
5 不词。
6 　　　　　立文人直多昌磨彩（押）
7 　　　　　同责人迺来贵没米（押）
8 　　　　　同责人净尖桑栗昌（押）
9 书契知见人王智多
10 据契收钱柒佰陆文。
11 梅托处　　　（押）
12 　　　　　　　　廿七日①

　　此件前面有缺文，纪年亦缺，《俄藏敦煌文献》未作订名。1—5行间钤有官方朱印，印文不清，但证实本件为正面。其另面约有5行类似西夏文的草书文字，说明本件属西夏文字流行时期的汉文契约。第5行中的"不词"及第6行"立文人"等书式，属西夏地区契约文书中之特有的书写模式。据此，本件应为西夏时期的契约，很有可能也是出土于黑水城的文书。

　　本件是一件经官府钤印的代还钱契，按唐宋的法律规定："在法，债负违契不偿，官为追理，罪止杖一百。"② 依据契文残存内容推测，当事人为欠钱不返还而引起纠纷，在不得解决后，才经官方调解，确定为直多昌磨彩等人代为赏还，并立了此"培送本钱，更无本要"字据的代还钱契，盖上了官印，表示这是经官方调解了断的结果。"培"字，疑为加倍送还本钱之

---

　　① 俄藏 Дx03110 号，图版见俄罗斯科学院东方研究所彼得堡分所、俄罗斯科学出版社东方文学部、上海古籍出版社编：《俄藏敦煌文献》第十七册，第336页。录文及注释见乜小红著：《俄藏敦煌契约文书研究》，上海：上海古籍出版社，2009年，第175页。

　　② 中国社会科学院历史研究所宋辽金元史研究室点校：《名公书判清明集》卷9《争财》：胡石壁对"欠负人实无从出合免监理"判文，北京：中华书局，1987年，第338—339页。

"倍"字。在加倍送还本钱后，再不存在本约的问题了。这里充分体现出国家法对民间法的干预，实际也是对民间契约精神的维护。有关借钱未如期归还后，需加倍偿还的事例，在黑水城新出的元代还钱契中也能见到，如F20：W45号文书载：

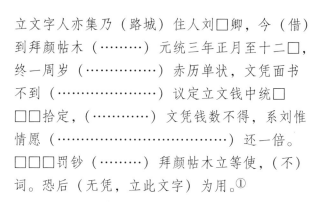

立文字人亦集乃（路城）住人刘□卿，今（借）
到拜颜帖木（………）元统三年正月至十二□，
终一周岁（…………）赤历单状，文凭面书
不到（………………）议定立文钱中统□
□□拾定，（…………）文凭钱数不得，系刘惟
情愿（………………………）还一倍。
□□□罚钞（………）拜颜帖木立等使，（不）
词。恐后（无凭，立此文字）为用。①

这是元统三年（1335）的文书，亦集乃路城的住户刘□卿，向拜颜帖木借钱若干，从元统三年正月至十二月，终一周岁还钱中统钞□拾锭，至期不得，于是找到原保人刘惟，情愿替还一倍。由此看，借钱逾期不还，加倍偿还，是西夏至元，黑水城地区的惯例，这也是依据唐《杂令》载："诸以财物出举者，任依私契，官不为理。每月取利不得过六分。积日虽多，不得过一倍，亦不得回利为本"②的精神来做的。所谓的"积日虽多，不得过一倍。"也包含着像本契超过一年的欠债在内，计利还本时也不得超过本钱的一倍。故才有本契中直多昌磨彩替还一倍之举，这已是最大限度的欠债还钱，既然直多昌磨彩已加倍代为送回本钱，也就不必再要本钱了。由此也反映出，西夏至元民间的债权法习惯，完全是沿袭唐代令文规定的习惯而来。

在《西夏直多昌磨彩代还钱契》中，契尾除立文人直多昌磨彩外，还有"同责人逦来贵没米"、"同责人净尖桑栗昌"。同责人，即共同承担债务的人。值得注意的是第8—9行有"书契、知见人王智多，据契收钱柒佰陆

① 李逸友编：《黑城出土文书（汉文文书卷）》，第186页。（）内文字系作者所加。
② 天一阁博物馆、中国社会科学院历史研究所天圣令整理课题组校证：《天一阁藏明钞本天圣令校证》下册，《杂令卷第三十》，第430页。

文，梅托处 （押）"。此王智多作为债务纠纷的知见人，显然不是债务欠负的任何一方，何以会"据契收钱柒佰陆文"？或许正是由他从中调解、促成代还钱契的达成、书写，并经王智多努力取得官方出面调解、钤盖官印，增加了契约的有效性。契尾注明王智多"收钱柒百陆文"，也是"据契"而收，表明这类收钱是按比例规定而收。由此推想，此王智多有可能属于中介牙人一类的角色，专门提供各类交易中介、纠纷调解、书契代办等服务。王智多是"知见人"，又是"书契"者，可是"据契收钱柒佰陆文"并未交给王智多，而是交到了梅托处，其下押记即表明了这一流程。此"梅托处"有可能是中介牙行的代号，而王智多是其中的牙人，经中介调解服务后，由牙行按比例收取一定的酬金。这是民间信用借贷发展到元代出现的一种新现象。

两种性质不同的质押借贷及其契约

在借贷关系中，民间除了借助于券契建立的信用借贷关系外，还有一类是以物作抵押进行的借贷，这就是质押借贷。用作借贷的抵押物都是借贷者的个人财产，有不动产，如房舍、园田、土地；也有动产，如牲畜、车牛、农具、生活用品等；甚至还有以人身为质进行的借贷。在生息借贷普遍出现于人们的生活中以后，质押借贷也随之而产生，现在能见到的记载是西汉董永贷钱的故事，据《太平御览》载：

> 前汉董永，千乘人，少失母，独养父。父亡，无以葬，乃从人贷钱一万。永谓钱主曰："后若无钱还君，当以身作奴。"主甚愍之，永得钱，葬父毕，将往为奴。①

这是西汉的千乘人董永以自身作质进行的借贷，说明至迟到西汉时已存在着民间的质押借贷了。

在已经发现的古代早期借贷券契里，极少见到以实物作质的借贷券，绝大部分都是强调见证人担保的信用借贷契。不过，也有部分信用借贷契在列出见证人担保的同时，还写明如至期不还，可攫夺家资杂物或田园充作钱

---

① 《太平御览》卷411引刘向《孝子图》，第1899页。

值，这是一种变相的物质担保借贷，所以，在质押借贷与信用借贷之间，也并非是绝对对立的两种概念。

质押借贷是预防信用借贷发生返还风险时才会出现，在公元六世纪前后的高昌国借贷券中，其违约受罚的条款常常出现了若"××身东西不在，仰妇儿偿使毕。若前却不偿，听曳家财，平为麦直"① 一类的文字，这类契文的出现，使得原来合意、自由的契约，转化而为对违约者用掣夺家资充债做未来风险的保证，这类威胁性条款的意图，促使契约当事人遵守约定，强化诚实信守的责任。它的出现，可看作是信用借贷契向质押借贷契的一种过渡。当然，质押借贷契的出现，不等于信用借贷契的终结，两种形式的借贷契仍然长时期并存于现实生活中。

在唐末五代的敦煌借贷契文中，除了普遍写有"如违限不还，其麦请倍，仍任掣夺家资牛畜，用充麦直"一类的文字外，还出现了不少的质押借贷契，如敦煌所出 P.3422 号背《吐蕃卯年（823?）正月十九日曷骨萨部落百姓武光儿典车便麦契》，转录契文于下：

1　卯年正月十九日，曷骨萨部落百姓武光儿
2　为少年粮种子，于灵图寺便佛帐麦壹
3　拾伍硕，其车壹乘为典。限至秋八月
4　十五日已前送纳足。如违限不纳，其车
5　请不著领六，任寺收将。其麦壹斗，
6　陪为贰斗。如身东西，一仰保人男
7　五娘等代还。恐人无信，故立此契，
8　画指为记。
9　　　　　　　便麦人武光儿
10　　　　　　保人男五娘年十三
11　　　　　　保人男张三年八岁

① 《高昌延和元年（602）□□宗从左舍子边举大麦券》，《吐鲁番出土文书》录文本第三册，第5页：图版本第一卷，第303页。类似的文字，还见于第三册中第14—15页、图版本第一卷，第308页《高昌延和五年（606）隗簸箕等五人分举大麦合券》；第16—17页、图版本第一卷，第309页《高昌延和五年（606）隗簸箕严申祐等六人分举大麦合券》；第19页、图版本第一卷，第310页《高昌延和五年（606）某人举钱残券》。

12　　　　　　　　　　　见人李①

第5行中的"领六"，当是"令律"二字的别写。此语前后文的意思是：如违背限期不交纳，所典的车，将不受令律的限制，而由寺收走。这里显示出质押借贷契的特点是，在借贷实现之前，便贷者先以物作押，如果逾期不还，其抵押物——即典物便抵债了。

在质押借贷中，人的保证让位给了用典物做保障，有了典物作押，见证人、保人等的保证就居于次要地位了，甚至在有的质押借贷契里不见保人、见证人，如敦煌所出 P.3666 号中的《张他没赞典驴便粟麦契》，全文转录于后：

1　同月日，张他没赞为少粮，便粟肆硕，便麦伍硕，典驴壹头。
2　其麦粟自限至秋八月内纳，如若不者，其典物没，其麦
3　粟请倍。仍任掣夺家资什物，用充麦粟直。恐后无
4　凭，立契为验。②

此契不见旁证人，也完全不提见证人等的作用及其责任。关键在于有了"典驴壹头"在对债务作保障，就如前一契中有"车壹乘为典"作保障一样。

从上列二契看，所借粮如至期不还，除了典物罚没以外，原借粮还要加倍偿还，否则，就要掣夺家资什物来充债，这类质押借贷条款看似比较苛刻。不过，应该看到，这是在限期内无息的质押借贷，如果便贷人按期如数还粮，其所典之车或驴是可以领回的。从这一视角看，这类无息质押借贷，也可看作是双方使用价值的一种交换，如前一契是灵图寺用出借十五硕粮换取武光儿车使用八个月，反过来，也是武光儿用出借车八个月换取借十五硕粮。这种使用价值的交换，对于借贷双方来说，基本上是平等的，也是两利的。

另有一种不平等的计息质押借贷，其不平等就在于所贷之钱物要计利，

---

① 唐耕耦、陆宏基编：《敦煌社会经济文献真迹释录》第二辑，第93页。

② 唐耕耦、陆宏基编：《敦煌社会经济文献真迹释录》第二辑，第131页。

而所押之物不增值，如吐鲁番所出来自洛阳的《唐贞观廿二年（648）洛州河南县桓德琮典舍契》就反映出这种情形，现转录于下：

> 贞观廿二年八月十六日，河南县张（元隆）索法惠等二人，向县诉桓德琮□宅价钱三月未得，今奉明府付坊正追向县。坊正坊民令遣两人和同，别立私契，其利钱限至八月卅日付了，其赎宅价钱限至九月卅日还了，如其违限不还，任元隆与卖宅取钱还足，余剩任还桓琮，两共和可，画指为验。

负钱人　桓德琮｜　｜琮｜

男大义　　｜　｜义｜

同坊人　成敬嗣｜　｜嗣｜

坊正　李差经①

严格讲这是桓德琮典舍贷钱的一份赎契，事情缘起于桓德琮以宅作押向张元隆、索法惠二人贷了一笔钱，至期过了三个月，仍未还钱，于是钱主向县诉，经调解约定至八月卅日将利钱付了，其赎宅价钱限至九月卅日还了。否则，钱主要将宅出卖以抵债。在这里，宅是有居住价值的，却完全不计，而所贷之钱却要加利偿还，这就是不平等之所在。

在黑水城出土的一批西夏典当契就是如此。这是被斯坦因拿走的十余件西夏天庆十一年残典当契，经过陈国灿氏考证、整理复原，现可见其全貌，② 此处将其整理复原后的第 1 件内容，转录于下：

> 1　天庆十一年五月初三日，立文人兀女浪粟今将
> 2　自己□丝袄子裘一领，于裴处典到大麦
> 3　五斗加三利，小麦五斗加四利，共本利大麦一石
> 4　三斗五升。其典不充，限至来八月一日不赎来叶，　-
> 5　任出卖，不词。

① 《吐鲁番出土文书》录文本第四册，第269—270页；图版本第二卷，第152页。
② 陈国灿：《西夏天庆间典当残契的复原》，《中国史研究》1980年第1期，收入氏著：《敦煌学史事新证》，兰州：甘肃教育出版社，2002年，第345—359页。

6	立文人兀女浪粟（押）
7	知见人讹静□□（押）

西夏天庆十一年，即公元 1204 年，此时的契文虽遵循着唐以来的格式，但也有一些变化，如将此种借贷称之为"典"，质押物称之为"典物"；附加条款没有了，见证人也简化为一人；等等。因此这类契也可称为"典当契"。从十多件契文看，出贷大小麦的商人名裴松寿，而携物来质押典粮者，从其姓名分析，全是党项羌族的平民百姓，其质押之物，都是裘皮制品或生活用品。五月初质典，限至八月一日来赎，为时三个月，按"典到大麦五斗加三利"计算，月息率为 10%；如是借小麦，还大麦，则须加四利。"其典不充"，是指所典物不能充抵加利后的大麦一石三斗五升价，这是一种高利率的质押借贷。如果贷粮人到期不本利俱还，其典物就由裴松寿"一任出卖"了，在这里裴松寿一方面压低典物的估价；另一方面对出贷粮按月计利，抬高粮的价值，这实际上是假借典物借粮的形式，进行的一种不平等、不等价的物物交换。由此看，生息的质押借贷，也是一种剥削营利的手段。

明清借贷法规的细化与契约的简约化

宋代以来，随着封建商品经济的活跃，货币流通的加速，人们对货币的使用和需求增加，必然促使生息借贷的兴盛。以致在各地形成许多商人专营高利贷的网络①。商人们发放的借贷，还是要订立契约的。元朝沧州长芦镇商人任可，为了回报母病痊安之愿，"愿将诸人所负债券悉焚毁之"，可是，当他"取券欲焚之"时，"又念诸负债者多商贾在外，恐不及知，则终疑畏而莫敢速返，于是榜姓于通衢以示之。凡毁六十余券，计楮币五万三千余贯"。② 楮币，乃指钞票，即纸币③，任可所毁的债券，平均每券八百余贯，其贷额都不小，足见其出贷之频繁。

类似的借贷活动，充斥于宋元的社会经济生活中。乔幼梅先生的《宋元

---

① 乔幼梅：《宋元时期高利贷资本的发展》认为"高利贷网络的形成，是宋代私人高利贷发展超过前代的一个重要标志。"《中国社会科学》1988 年第 3 期。

② ［元］王旭：《兰轩集》卷 16《任义士传》，文渊阁四库全书本。

③ 楮币，乃宋代用桑树皮纸发行之纸币的别称。［宋］周必大：《二老堂杂志》卷 4 载《辨楮币二字》云："近岁用会子，盖四川交子法，特官券耳。不知何人目为楮币，自以为雅通，上下皆效之，遂入殿试御题。……俗人创楮币二字，已而通上下皆用之，若正言之，犹纸钱也。"文渊阁四库全书本。

时期高利贷资本的发展》一文，① 已作过深刻的揭示。此处想补充一点的是，契约在宋元的借贷中不止是双方信守的凭证，而且发展成了出贷者对借贷者施以残酷剥削、榨取利润的手段，特别是到了元代，这种情况已经泛滥成灾。如元朝至元十九年（1282）四月中书省奏："随路权豪势要之家举放钱债，逐急用度，添答利息，每两至于伍分或壹倍之上。若无钱归还，除已纳利钱外，再行倒换文契，累算利钱，准折人口头匹事产。"② 至元二十九年（1292）十月中书省御史台呈报："比年以来，水旱相仍，五谷薄收。缺食之家，必于豪富举借糇粮，自春至秋，每石利息，重至一石，轻至五斗，有当年不能归还，将息通行作本，续倒文契，次年无还，亦如之。有一石还数倍不能已者，致使无告贫民准折田宅，典雇儿女。良为可惜。"③ 所谓"续倒文契"，就是当年本息未还时，又将原本息作本，继续倒作新文契，如再不还，再作新契。几年下来，利上加利，越滚越多，不断更换膨胀起来的新文契，便成了债务人身上越勒越紧的绳索，最后只有以田宅作抵押，或是典卖儿女为奴婢而后已，借贷文契发展到这一步，不再是维护社会正常经济秩序的手段，而是破坏社会生产力发展、摧残社会经济发展的杀手锏。所以在元代，朝廷对这类借贷均视作"违利取息"，一再下令禁止，如违治罪。然而有禁不止，这种恶性无序的高利贷，成为了元代社会经济出现局部倒退的因素之一④。

明朝在推翻元王朝统治后，鉴于元朝灭亡的教训，为了保护百姓的利益，恢复正常的社会经济秩序，特别重视对借贷行为的规范和立法，《大明律》对于"违禁取利"作了一系列的规定：如对取利的限制有："凡私放钱债及典当财物，每月取利并不得过三分。年月虽多，不过一本一利。违者，笞四十，以余利计赃，重者坐赃论，罪止杖一百。"⑤ 对于"监临官吏于所部内举放钱债典当财物者"，要给以杖刑处罚；对于"负欠私债，违约不还

---

① 乔幼梅：《宋元时期高利贷资本的发展》，《中国社会科学》1988 年第 3 期。
② 《通制条格》卷 28《违例取息》条，杭州：浙江古籍出版社，1984 年，第 307 页。
③ 《通制条格》卷 28《违例取息》条，第 308 页。
④ 乔幼梅：《宋元时期高利贷资本的发展》分析指出："在元代，社会经济呈现了局部的倒退。之所以如此，蒙古贵族所代表的奴隶占有制之向北中国的渗透，是一个重要原因。而高利贷是促使残存奴隶制得以扩大的有力杠杆，这是它对社会经济产生的第一个影响和作用。"
⑤ 《明会典》卷 135《钱债·明律·违禁取利》，文渊阁四库全书本。

者"，要计其数额、时日，给以不同的笞刑处分；对于"豪势之人不告官司，以私债强夺去人孳畜产业者"，规定"杖八十，若估价过本利者，计多余之物坐赃论，依数追还"；"若准折人妻妾子女者，杖一百，强夺者加二等，因而奸占妇女者，绞。人口给亲，私债免追"。① 这些立法对于宋元以来高利贷的恶性膨胀，起到了一定的扼制作用，但是，"在暴利的驱使下，权贵势要纷纷参与典当和高利贷的放债经营，上自京师朝廷官员，下至地方王府、布政司、按察司、卫所、府、州、县等地方官员，或亲自参与放债，或指派亲属经营、或蓄养奴仆家丁放债，种种非法放债之例，不胜枚举"。② 针对这类情况，明弘治年间，制定出《问刑条例》，万历间又对之调整修订，即对各类官员及豪势之家放债所引起的诸多弊端及不法行为的刑罚处分，作了更详细具体的规定。

明代对"违禁取利"的问刑政策一直延续到清代，《大清律》全盘继承了《大明律》有关"违禁取利"的律文，并进一步针对时弊，制定了一些具体的条例，因为富豪之家、市井牟利之徒在不断用新法谋取暴利。例如对于急须用钱者，用折扣的办法，即"以八当十"出贷，甚至还有"三扣四扣"者。针对这种重扣挟制者，《大清律例》规定："放债之徒，用短票折扣、违例巧取重利者，严拿治罪，其银照例入官。受害之人，许其自首免罪，并免追息。"③ 另外，如禁止军官和民人放债及与八旗兵丁相关的条例；禁止内地汉人向少数民族如苗、黎等放债的条例；对势豪之家举放私债，交通运粮官，挟势将官粮还私债者治罪的条例等，总共有八条之多。④ 与此同时，清廷还鼓励、支持各地方官衙制订禁止非法放债、违禁取利的地方性行政法规，如河南巡抚田文镜在雍正三年《禁重利放债》的告示中规定："律载私放钱债，每月取利不得过三分，年月虽多，不过一本一利。访得豫民违禁取利，竟有每月加五六分至大加一五不等。穷民任其盘剥，凡有势力之人，官亦听从指使，代为追比，殃民殊甚。除从前借欠者照律还本利外，嗣后，不许再犯，如违，重究。"⑤

---

① 《明会典》卷135《钱债·明律·违禁取利》。
② 卞利：《明清典当和借贷法律规范的调整与乡村社会的稳定》，《中国农史》2005年第4期。
③ 《大清律例》卷14《户律·钱债·违禁取利》，文渊阁四库全书本。
④ 《大清律例》卷14《户律·钱债·违禁取利》。
⑤ ［清］田文镜：《抚豫宣化录》卷4《告示·条禁事》。

经过明清两代对非法放债取利的再三打击和制裁，违禁取利的现象也得到了许多抑制，民间借贷的秩序也走向规范化，这也促使了民间借贷契约的简约化。如《世事通考》所载的借贷契约格式，转录于下：

> 立揆约人某郡某人，今欠银引，自愿凭中揆到某郡某人名下纹银若干，归身使用。其银议作某货若干，其货约至某时交完，不敢违误。凭此为照。①

此约看似文字简单，但内容清晰明确，虽无立约时间，但有交货约定期限；虽未写明利息，但其利已计在所交货的数量中。《明万历五年（1577）安宁州张瑚借银约》是出自云南的借契，转载如下：

> 立借银约人张瑚，系安宁州民，□新化州吏。为因缺用，情愿凭中立约，借到本州民赵　名下松纹银壹两伍钱，每月共行利贮　伍索，其银限至本年三月终一并归还。如若短少分纹，将约赴官理取。今恐人信难凭，立此借约存照。（押）
> 　　实计借纹银壹两伍钱，每月共巴　五索，将号票壹张作当。
> 万历五年贰月拾伍日立
> 　　　　　　　　借□约人　张　瑚（押）
> 信　　行　　　　中证代保人　戴　（押）②

本契约借银一两五钱，每月利"贮五索"，张传玺先生对本契注云："贮（音同巴），明末清初以前云南通行的一种贝币"，贮八十枚称为一索，每百索值银一两。③ 据此推算，月利三分多，接近于《大明律》中"每月取利并不得过三分"的规定。从契后"将号票壹张作当"一语判断，这是以号票作当，即作抵押的借贷。

---

①　［明］徐三省：《世事通考·外卷·文约类》揆客木约。转引自张传玺主编：《中国历代契约粹编》中册，第937页。

②　李家瑞：《古代云南用贝币的大概情形》，《历史研究》1956年第9期，第95页。

③　张传玺主编：《中国历代契约粹编》中册，第936页。

清代的借契模式，也因袭着明代简约的传统，如《清乾隆四十七年（1782）永安县邓成孙借钱限批》载：

今　　得

冯木升表叔边限得铜钱二千一百四十文正，其钱贴纳利二文算。其钱匀至二月，本利一足付还，不敢欠少。立限批为照。

乾隆四十七年十二月　　　日立限批人　邓成孙（押）法生（押）

　　　　　　　　　　　　代字人　　法光（押）①

本契名为"限批"，即限借批给之意，实指借契，但带有立契人向钱主请求的倾向，可能与钱主冯木升是借钱人邓成孙的表叔有关。对于"其钱贴纳利二文算"一语，张传玺先生认为"此句谓每月每百文贴纳利二文"。②从其"算"字看，是指利率，可以确认其利率为2%，即每月二分取利。比之于《大清律》中规定的"每月取利并不得过三分"，这是一种低利率的借贷。

上列明清的借贷契约，比之于中古时期的借贷券契简单了许多，既没有违约受罚的条款，也没有至期不还，听曳家财平为钱值的预防性内容，同时也省去了许多的见证人。之所以如此，是由于各种情况在明清的律令及其条例中都有界定，无需私契多言。借贷契约的简约化，是民间借贷全面受到国家律令监管的反映，也是中国民间借贷契约制度更加完善成熟的表现。

二、古代佛教寺院的借贷

佛教自汉代传入中国后，其势力迅速扩大到黄河流域及大江南北，佛教寺院作为社会中的一个特殊群体，在参与社会经济生活时，常采取一些特殊形式，如对社会上的穷苦贫民，也常用借贷的方式施以援助，这与佛教济世活人、普渡众生的宗旨是相一致的。佛寺的借贷，也有计息和不计息两种，早期的质押计息借贷集中反映在佛寺营运的"质库"上。

---

① 傅衣凌：《明清农村社会经济》，北京：生活·读书·新知三联书店，1980年，第39页。
② 张传玺主编：《中国历代契约粹编》下册，第1735页。

中国典当业源起于佛寺的"质库"

对于中国典当业起于何时？刘秋根氏说："中国典当业在汉代即已产生，因为典当业的功能——'以物质钱'式的动产抵押借贷在社会上已经相当普遍，这种借贷在南北朝时期得到了继承和发展。"[1] 如果说质押借贷在汉代已经存在，是没有疑问的，然而，由此而认为典当业在汉代即已产生就不一定了。典当业毕竟是一种行业，它与民间出现的零星质押借贷不能简单地画等号。典当业属于质押借贷，但又不同于民间偶尔发生的以物作抵押的借贷，它是以经营计息质押借贷为主业、常年营运、有固定地点的专业借贷场所。特别是中国早期的"质库"，其产生和发展是与佛教寺院的无尽藏、长生库联系在一起的。

《维摩诘所说经》云："国师及大臣以佑利众生，诸有贫穷者，现作无尽藏。"[2] 所谓无尽藏，即无穷无尽的库藏，或称作"无尽财"、"长生钱"。《释氏要览》卷下"寺院长生钱"条有云："律云无尽财，盖子母展转无尽故，……《十诵律》云：'以佛塔物出息，佛听之。'"[3] 子母展转无尽，就是以母钱出贷生子钱，才能维持无尽，维持无尽的目的就在于佑利众生，济施贫穷。如果涉及佛寺无尽藏的一般便贷，通常都是要生息的，特殊情况下，也可以无息。

随着佛教势力的发展壮大，在南北朝时期的一些寺院中，就设置了长生库，史籍上有关佛寺长生库经营较早的记载，见于南朝，《南史·褚澄传》载：

> （褚）彦回薨，澄以钱一万一千就招提寺赎（齐）高帝所赐彦回白貂坐褥，坏作裘及缨，又赎彦回介帻犀导及彦回常所乘黄牛。[4]

褚彦回在南齐官至录尚书事，但一身清正，"家无余财，负责数十

---

① 刘秋根：《中国典当制度史》，上海：上海古籍出版社，1995 年，第 6—7 页。
② 《维摩诘所说经》卷中《佛道品第八》，《大正新修大藏经》第 14 册，台北：新文丰出版有限公司，1983 年，第 550 页。
③ 《释氏要览》卷下《寺院长生钱》，《大正新修大藏经》第 54 册，第 304 页。
④ 《南史》卷 28《褚裕之传》附《褚澄传》，北京：中华书局，1975 年，第 756 页。

万"，① 其债务之一就是欠招提寺长生库的质典钱，褚彦回死后，由其弟褚澄多次用钱向招提寺库赎回他生前的质典物。说明南朝已存在佛寺长生库，且经营规模不小，其质典物除生活用品外，还可质典黄牛之类的牲畜。又《册府元龟》载：

> 梁甄彬，有行业，乡党称善，尝以一束苎就州长沙寺库质钱，后赎苎还，于苎束中得五两金，以手巾裹之。彬得，送还寺库。道人惊云：'近有人以此金质钱，时有事不得举而失，檀越乃能见还，辄以金半仰酬。'往复十余，彬坚然不受。"②

长沙寺，是南朝荆州的著名佛寺，文中所云"道人"，乃指出家的僧人，说明长沙寺的质库，是由寺僧直接经营的，且规模也不小。由此看，中国典当业最早兴起于佛教寺院，很可能就在东晋南朝时期。

佛寺为了维持常年的营运，其质库出贷肯定是要计息的，上述两例中没有说计息多少，推测应是一种低息借贷。在《吐鲁番出土文书》中，发现了一批唐"质库帐"，③ 在尚存的帐历 33 件残片中，记有物品、人名的质押借贷帐有 30 起，经陈国灿氏研究考证，确定这是唐高宗朝后期（662—689）长安城新昌坊一带某质库的帐历。④ 从内容看，都是平民百姓用一些生活用品作质进行的小额借贷，但都是要计利的，不过利息不高。如第九片帐历中记有：

故绯罗巾一　　故白练二尺
崔基正月十九日取壹伯文
　　六月七日入本册文，利九文付帛去
　　七月十八日赎付了

---

① 《南史》卷 28《褚裕之传》附《褚彦回传》，第 753 页。
② 《南史》卷 70《甄法崇孙彬传》，第 1705 页。又载《册府元龟》卷 787，第 9354 页。
③ 《吐鲁番出土文书》录文本第五册，第 314—340 页；图版本第二卷，第 328—341 页。
④ 陈国灿：《从吐鲁番出土的"质库帐"看唐代的质库制度》，唐长孺主编：《敦煌吐鲁番文书初探》，第 316—343 页。

東頭住年廿①

崔基以两件丝织品质押，于正月十九日借取了一百文钱，至六月七日，即四个半月后，还本四十文后再付利九文，这是按月息2%的标准累计算出的。② 其他帐的计利率也是如此，如第十片帐历中记有：

故破白绢衫子一　破缦青单裙替衫去
王爽正月廿日取肆拾文
　　四月十日入本十五文利二文却将去
　　四月十一日赎付了
　　　　北曲住年③

王爽正月廿日拿了一件旧破白绢衫子当取了四十文，过了两月二十天后，即四月十日拿一破缦青单裙来换回原押的旧破白绢衫子，同时还本十五文，另暂付利二文，又过了一天全部交清本利，将物赎回。表明此质库所收利，没有超过《唐六典》规定的"凡质举之利，收子不得逾五分"。陈氏的研究没有确定此质库是寺库、官库或私库，若从其所在长安新昌坊位置及面向附近平民这一特点推测，有可能是位于新昌坊的观音寺开设的质库，因为帐历中有一起典押户就住在"观音寺后曲"，如

（前缺）
何七娘正月十八日取陆拾伍文
　　二月一日赎付母米去
　　　　观音寺后曲年十三④

---

① 《吐鲁番出土文书》录文本第五册，第324—325页；图版本第二卷，第334页。
② 陈国灿：《从吐鲁番出土的"质库帐"看唐代的质库制度》，唐长孺主编：《敦煌吐鲁番文书初探》，第333页。
③ 《吐鲁番出土文书》录文本第五册，第326页；图版本第二卷，第335页。
④ 《吐鲁番出土文书》录文本第五册，第318页；图版本第二卷，第330页。

观音寺，据《长安志》载：隋时名灵感寺，唐龙朔二年（662）因城阳公主奏请改名观音寺，景云以后改名青龙寺①。如果此推论成立，表明寺院经营质库的传统到唐代仍在延续。广大平民百姓在急困之时，能有这类质库进行质押低息借贷，作周转调剂，其积极性的社会功能还是应该肯定的。

北魏僧祇粟的出贷

魏晋以后，佛教在中国的发展进入到一个高峰期。北魏在经历了太武帝短暂的毁佛活动之后，到文成帝时，沙门统昙曜，为了振兴佛教，曾奏请建立僧祇户、佛图户制度，并得到允许，《魏书·释老志》载：

> 和平初，师贤卒。昙曜代之，更名沙门统。初昙曜以复佛法之明年，……昙曜奏：平齐户及诸民，有能岁输谷六十斛入僧曹者，即为'僧祇户'，粟为'僧祇粟'，至于俭岁，赈给饥民。又请民犯重罪及官奴以为'佛图户'，以供诸寺扫洒，岁兼营田输粟。高宗并许之。于是僧祇户、粟及寺户，偏于州镇矣。②

对于平齐户的设置，《资治通鉴》卷132宋明帝泰始五年（469）条载："五月，魏徙青、齐民于平城，置升城、历城民望于桑乾，立平齐郡以居之。"③宋明帝泰始五年即北魏的皇兴三年（469），平齐郡就是这一年在北魏首都平城附近建置的，据昙曜的表奏，在平齐郡建置后，设置了"僧祇户"制度。僧祇户每年负有交纳六十斛粟给僧曹的任务，此种粟称为僧祇粟，由僧曹管理支配，以备灾年赈济或出贷给贫民，同时供给寺院僧徒使用。佛图户，也称寺户，由民犯重罪者与官奴充当，是从事于寺院扫洒、耕种寺有土地等劳役的人。即是说，"重罪犯人，承佛教之荫，免除死刑，而

---

① 陈国灿：《从吐鲁番出土的"质库帐"看唐代的质库制度》，唐长孺主编：《敦煌吐鲁番文书初探》，第328—329页。

② 《魏书》卷114《释老志》，第3037页。同一纪事参见《资治通鉴》卷132，"高宗许之"在此处称"魏主许之"。第4149页。冢本善隆在《北魏之僧祇户与佛图户》一文中说："对于'高宗并许之'，我把它看作'高祖并许之'之误。"说见日本《东洋史研究》，第2卷第3期，1937年，周乾溁汉译文载《食货半月刊》第5卷12期，第19页。

③ ［宋］司马光等：《资治通鉴》卷132宋明帝泰始五年（469）条，第4148页。

改为佛图户"。① 僧祇户、佛图户在佛教教团的统管下，有的贡献劳力，耕种土地；有的负担年纳六十斛之义务的谷物，开创了佛教为社会救济事业服务的新途径，它既为佛教僧团开辟了财源，巩固了僧曹的经济基础和实力，为佛教的振兴提供了空间；又为国家排忧解难，分担了"至于俭岁，赈给饥民"的赈灾压力。如此一来，佛教僧团与国家和社会紧密地联系在一起，正如冢本善隆氏所分析的："佛教也代行了国家所应该设施的最关紧要的社会政策，因此，佛教与国家或社会，结成了越发密切的关系。"② 这项制度实质上是变社会消极因素为积极因素的举措，其实施的结果，缓和了社会矛盾，带来了农民生活的安定，不仅促使整个社会的稳定，也加强了北魏政权的统治，而且带来了佛教的兴盛，加大了民众对佛教僧团的向心力。

昙曜创建的僧祇户、僧祇粟制度，使佛教教团有了经济基础，也同时具备了赈济饥民的职能。在此后的发展中，这一制度，由平城逐步扩大到了北中国，北魏宣武帝永平四年（511），尚书令高肇奏言："谨案：故沙门统昙曜，昔于承明元年（476），奏凉州军户赵苟子等二百家为僧祇户，立课积粟，拟济饥年，不限道俗，皆以拯施。"③ 透露出朝廷同意昙曜将僧祇户的设置推行到凉州，此后又逐步推向北魏全境。寺户即佛图户的范围也扩大了，不再限于民犯重罪者与官奴。

僧祇户，佛图户设置的扩大，意味着僧曹控制的劳动力在增加，蓄积的谷物也在增多，随着僧曹收入的增多，佛寺、僧尼的数量也在不断扩大。当"僧祇户，粟及寺户，徧于州镇"时，僧曹的设置也相应地跟着普设于州镇，于是，由僧曹掌管的济施饥贫的职能，也就成了佛教僧团代代相传的一种传统。

对僧祇粟如何济施饥贫？通过永平四年（511）宣武帝的一则诏令，可以得到一些了解，其令云：

---

① ［日］冢本善隆：《北魏之僧祇户与佛图户》，日本《东洋史研究》，1937 年 3 月号，周乾漭汉译文载《食货半月刊》第 5 卷 12 期，第 29 页。

② ［日］冢本善隆：《北魏之僧祇户与佛图户》，周乾漭汉译文载《食货半月刊》第 5 卷 12 期，第 15 页。

③ 《魏书》卷 114《释老志》，第 3042 页。

僧祇之粟，本期济施，俭年出贷，丰则收入。山林僧尼，随以给施，民有窘弊，亦即赈之。但主司冒利，规取二了息，及其征责，不计水旱，或偿利过本，或翻改券契，侵蠹贫下，莫知纪极。……自今已后，不得专委维那、都尉，可令刺史共加监括。尚书检诸有僧祇谷之处，州别列其元数，出入赢息，赈给多少，并贷偿岁月，见在、未收，上台录记。若收利过本，及翻改初券，依律免之，勿复征责。……后有出贷，先尽贫穷，征债之科，一准旧格，富有之家，不听辄贷，脱仍冒滥，依法治罪。①

从此令知僧祇粟的济施，分为两类，一是不用回收的赈施类，如"山林僧尼，随以给施"；或者"民有窘弊，亦即赈之"等。另一种是需要归还的"出贷"类，原则是"俭年出贷，丰则收入"，出贷对象为贫穷户，不许富户介入，从"若收利过本"一语知出贷要适当收取一定利息，从"翻改初券"一语又透露出僧祇粟的出贷是要立下券契的。

此令是在重申僧祇粟制度设置的基本原则，制止某些僧官从中渔利的不法行为。推测在此令之前，僧祇粟的收支尚无严格的制度管理，以致出现"主司冒利，规取赢息"等"侵蠹贫下"的现象。为此，诏令提出僧祇粟"不得专委维那、都尉，可令刺史共加监括"，对于粮食的进出收支，要求"出入赢息，赈给多少，并贷偿岁月，见在、未收"等项，都要一一上台录记。即使是不回收的赈给，也要录记帐历，那么，这类记帐也应包含着后来称之为"出便历"的帐历在内。所以，从历史的发展源流看，北魏已经有了谷物"出便历"的存在，只不过现在已经看不到北魏时期的"出便历"实物而已。

谢和耐氏认为："僧祇粟要入藏于常平仓。"② 此说不妥，常平仓属国家政权掌管的仓库，是为调节粮食价格而设。始自汉宣帝五凤四年（前54）耿寿昌的奏请设置，《汉书·食货志》载："时大司农中丞耿寿昌以善为算、能商功利得幸于上，……遂白令边郡皆筑仓，以谷贱时增其贾而籴，以利

① 《魏书》卷114《释老志》，第3041—3042页。
② ［法］谢和耐著，耿昇译：《中国五——十世纪的寺院经济》，兰州：甘肃人民出版社，1987年，第129页。

农，谷贵时减贾而粜，名曰'常平仓'，民便之。"① 常平仓起始时，以谷贱时增价收进，贵时减价卖出。西晋泰始四年（268）也置常平仓，隋唐均置常平仓。但都由国家财政拨付本钱设置，其功能主要在平抑物价，与寺院用于社会救济的僧祇粟不可混为一谈。

僧祇粟在制度上属于佛教僧团的公物，由僧曹负责管理。僧曹是僧官系统中的机构，僧官制源于十六国时期的后秦，乃由皇帝姚兴任命释僧䂮为国内僧主，统领全国佛教事务，《高僧传·释僧䂮》云：

> （姚兴皇帝）因下书曰'大法东迁，于今为盛，僧尼已多，应须纲领，宜授远规，以济颓绪。僧䂮法师，学优早年，德芳暮齿，可为国内僧主；僧迁法师禅慧兼修，即为悦众；法钦、慧斌共掌僧录……至弘始七年（405），敕加亲信、伏身、白从各三十人。僧正之兴，䂮之始也。②

这里说的僧正，就是指由僧主、悦众、僧录等设置在中央的一整套僧官系统，从此，僧官制存在于国家的政治机构中。到了北魏，朝廷"立监福曹，又改为昭玄，备有官属，以断僧务"，③ 其最高长官为沙门统，地方上州郡设置分署，称之为僧曹。各州的僧祇粟入各州的僧曹所设之仓，也当然由僧曹、僧统等负责管理，从上引诏令中"不得专委维那、都尉"一语，即可明了。僧祇粟和常平仓是不同的系统，所以它也不可能入常平仓。

北魏高僧昙曜将佛经经义中"无尽藏"或"长生钱"等思想结合北魏社会现实创设的僧祇粟、佛图户制度，尽管后来在名称上有各种变化，但它仍是后来中国历代佛寺出贷便粮、扶贫济困的一种传统。

唐五代敦煌佛寺的请便粮制是对北魏僧祇粟制的承袭

前已论及，从历史的发展源流看，北魏为了要实现对赈济或出贷谷物都有明白的记帐，已经有了谷物"出便历"的存在。推测登录在出便历上的谷物，通常属于无息出贷，按时归还，所以才称之为"出便"。至于不归还

---

① 《汉书》卷24《食货志上》，第1141页。
② ［梁］释慧皎：《高僧传》卷6《释僧䂮》，北京：中华书局，1992年，第240页。
③ 《魏书》卷114《释老志》，第3040页。

的济施物，虽不属于"出便"，但也应另作登录，这是为了交待所管财物的去向。

上述状况，到了唐代，仍然在承袭着。敦煌所出的《辛丑年（821）诸寺户请贷便种子年粮牒六件》，就反映出它与前代的僧祇粟、佛图户（寺户）制度有着一脉相承的关系。下面先看北图碱字 59 号背面的六件寺户所递交的要求借粮食、种子的请状，此处将前三件移录于下：

（一）《龙兴寺李庭秀等牒及处分》：

1　龙兴寺户团头李庭秀、段君子、曹昌晟、张金刚等状上。

2　　右庭秀等并头下人户，家无着积，种莳当

3　　时。春无下子之功，秋乃凭何依讬。今人户等各请

4　　贷便，用济时难。伏望　商量，免失年计。每头请

5　　种子伍拾驮，至秋输纳，不敢违迟。乞请处分。

6　牒件状如前，谨牒

7　　　　辛丑年二月　日团头李庭秀等牒（手印）

8　　　　　　　团头段君子

9　　　　　　　团头曹　晟（手印）

10　　　　　　团头张金刚（手印）

11　　　准状支给，至秋征纳。十

12　　　三日。正勤。

13　　　依上处分，付仓所由

14　　　付

（二）《开元寺张僧奴等牒及处分》：

1　开元寺　状上

2　　人户请便都司麦肆拾驮

3　　右僧奴等户，今为无种子年粮，请便上

4　　件斛斗。自限至秋，依时输纳。如违限，请陪（倍）。

5　　伏望　商量，请乞处分。

6　牒件状如前，谨牒

7　　　　辛丑年二月　日寺户张僧奴等谨状

8		户石奴子
9	付所由，晟奴已上五户各便	户石胜奴
10	五驮，已下三户各与壹驮	户石什一
11	半，至秋收纳，十四日，	户张晟奴
12	正勤。	户张弟弟
13		户石再再
14		户石曲落

（三）《安国寺氾奉世等牒及处分》：

1　安国寺　状上

2　　请便都司仓麦叁拾驮

3　　右奉世等人户，为种逼苘校，阙乏种子年粮，

4　　今请便上件斛斗。自限至秋输纳。如违限

5　　请陪（倍）。伏望　商量，请乞处分。

6　牒件状如前，谨牒

7　　　　五年二月　日　寺户氾奉世等谨状。

8　　　　　　　户氾担奴

9　　　　　　　户氾弟弟

10　　　　　　户康娇奴

11　　　　　　户赵小君

12　　　　　　户张胜朝

13　　　　　　户孙大平

14　　康娇奴等四人，各伍

15　驮，以下各一驮半，十四

16　日，正勤。①

余下的三件，除所请寺名及寺户名不同外，其内容与格式，与前三件大体相似。这总共六件的请便粮牒，是唐代吐蕃统治敦煌时期，敦煌龙兴寺、开元寺、安国寺、灵修寺、金光明寺、报恩寺等六所寺院的寺户，以寺户之

---

①　唐耕耦、陆宏基编：《敦煌社会经济文献真迹释录》第二辑，第97、98、99页。

团头或头下人户为代表，以团为单位，集体向都司仓请便种子和年粮，经"正勤"批示后，由所由付给的牒状。在六件请便粮牒中，其第六件在正勤批示文后，写有"依教授处分，任支给。即日"，表明正勤是掌管都司的教授。① 正勤，据 S.2729 号《辰年三月五日算使论悉诺罗按谟勘牌子历》② 所载，原为灵图寺僧人，全名宋正勤，吐蕃占领敦煌期间，曾任僧官教授，亦即僧统。

上列牒状第（二）件事由中写的是"人户请便都司麦肆拾驮"；第（三）件事由中则写为"请便都司仓麦叁拾驮"。此"都司"或"都司仓"是什么机构？姜伯勤氏曾指出都司是都僧统的衙门或办事机构。③ 在此，需要补充指出的是，此"都司"就是北魏僧官系统的地方机构——僧曹的一种变称。前已论及，北魏在中央设昭玄曹，最高长官沙门统，在地方设僧曹，长官为僧统。规定僧祇粟要入僧曹，故僧曹设有粮仓，支配僧祇粟的用途，由僧曹的长官僧统掌管，同样，唐代的"都司"统管地方各佛寺之事务，所设之都司仓，当然由都司的长官来统管，从请便粮牒状上可以看到，出借种子年粮要由教授（僧统）批准。可见，"都司"、"僧曹"两者只是名称上的不同而已。它反映出唐代僧寺的贷便粮制，承袭了北魏僧官制、僧祇粟制的传统。

这些寺的寺户为什么要去都司仓集体请便？有关敦煌寺户制度问题，姜伯勤氏已有专论，④ 敦煌的寺户，从 S.0542 号《戌年诸寺丁壮车牛役部》⑤ 看，其身份、地位与北魏的"佛图户"一样，都是"供诸寺扫洒，岁兼营田输粟"的寺院依附人户，他们劳作、生活在各寺，但其籍隶于都司，需对都司及诸寺土地进行劳作。据敦煌所出寺户丁壮车牛役薄，寺户不只限于耕作，还有守囚，送粳米等役。寺户妻则多要"放（纺）毛"。正因为如此，所以这些寺户在春荒之时，年粮将尽，春耕乏种，故才集体向都司仓请便粮食，并经教授（僧统）批给。由此看，唐代吐蕃的寺户制，也是承袭北魏的"佛图户"制而来。

---

① 吐蕃统治敦煌时期，将原僧官中"僧统"名改称为"教授"；"都僧统"名改称为"都教授"。
② 唐耕耦、陆宏基编：《敦煌社会经济文献真迹释录》第四辑，第 194、195 页。
③ 姜伯勤：《唐五代敦煌寺户制度》，北京：中华书局，1987 年，第 49 页。
④ 姜伯勤：《唐五代敦煌寺户制度》。
⑤ 唐耕耦、陆宏基编：《敦煌社会经济文献真迹释录》第二辑，第 381—393 页。

　　从六件"请便粮牒状"的内容看，寺户们请便都司仓粮都是无息的。都司是管理寺户的，寺户们每年耕种劳作的收获物，都要按一定的比例交付给都司仓。当寺户们年粮不足、春播无种时，都司仓有义务来帮助他们渡过春荒，提供维持再生产的种子。在此前提下，故所贷便之粮均是无息出便、定时还纳。"请便粮牒状"也反映出，并非寺户们请便多少，就给多少。龙兴寺团头4人，"每头请种子伍拾驮"，计200驮，实付200驮；开元寺"人户请请便都司麦40驮"，实际只批准付给29.5驮；安国寺"请便都司仓麦叁拾驮"。实付24.5驮；灵修寺户团头刘进国等4户，"各请便种子麦伍驮"，计请便20驮，实付15驮；金光明寺户团头史太平等5户，"请便麦贰拾驮"，实付20驮；报恩寺团头刘沙沙头下约5户，"都司仓请便麦贰拾伍驮"，实付25驮。① 以上六所寺的寺户总共请便都司种子年粮的实际数量是314驮，请便的时间都是当年二月，偿还时间是秋天，前五件写的是"至秋输纳"，或"自限至秋，依时输纳"，所谓"依时"，据第六件上所写"今请便前件麦，限至秋八月末填纳"，表明具体归还的时限在八月末。其中还有三件保证"如违限，请倍"。这是说，如超过预定的时间，就以加倍的数量去填还。说明以上六件无息的便粮，只是一种对寺户限期内的无息便贷。

　　据姜伯勤氏推论，"敦煌寺户分种的地段为每户四十亩或四十亩以上"，② 这与北魏颁布的均田令制度规定："诸男夫十五以上，受露田四十亩"③ 的田亩数基本相近，寺户除耕种一份耕地外，还有"随寺科役"④ 和当寺以外的供役等。他们的身份世袭制十分严格，如"常住百姓亲伍礼"规定："……收入常住，永为人户驱驰，世代不容出限。"⑤ 寺户是寺院的依附人口，隶属都司，经营的是都司属下的地段，故都司为其提供无息的便贷是其义务。都司仓储备粮本来就带有济施赈给的性质，荒年赈给饥民，或济施给一般的贫户，更何况是依附寺院的寺户，所以都司对他们的请便种子年

　　① 唐耕耦、陆宏基编：《敦煌社会经济文献真迹释录》第二辑，第97—103页。
　　② 姜伯勤：《唐五代敦煌寺户制度》，第75页。
　　③ 《魏书》卷110《食货志》，第2853页。
　　④ P.2187号《保护寺院常住物常住户不受侵犯帖》，唐耕耦、陆宏基编：《敦煌社会经济文献真迹释录》第四辑，第158页。按："随寺科役"，原文作"随寺料役"，当是误写，此处加以订正。
　　⑤ P.2187号《保护寺院常住物常住户不受侵犯帖》，唐耕耦、陆宏基编：《敦煌社会经济文献真迹释录》第四辑，第158页。

粮，不计利息是很自然的事。

敦煌的寺户是否就是北魏的佛图户？对此，学者谢和耐、竺沙雅章、姜伯勤氏等都认为敦煌的寺户与昙曜所设僧祇户相仿。① 对于此说实有澄清的必要。北魏昙曜对文成帝所作的奏请是两类设置，一是"平齐户及诸民，有能岁输谷六十斛入僧曹者，即为'僧祇户'、粟为'僧祇粟'，至于俭岁，赈给饥民"；另一类是"又请民犯重罪及官奴以为'佛图户'，以供诸寺扫洒，岁兼营田输粟。"② 前者指的是民户，任务是向僧曹输谷，称为僧祇户；后者是犯重罪的罪犯及官奴，任务是供诸寺扫洒，岁兼营田输粟。二者身份地位不同，任务也不一样，是不容混淆的，因此，不能说僧祇户就是寺户，《魏书·释老志》对此也是分开叙述的，如"于是僧祇户、粟及寺户，徧于州镇矣"，明白无误地表明寺户仅指佛图户，而不含僧祇户在内。

姜伯勤氏对寺户一词的源流追寻说，北魏佛图户（寺户）与僧祇户的名称以"使人"的名目保存了下来，在六至九世纪中土佛寺"使人"一词又被"净人"、"家人"所代替。③ 吐蕃统治时期，弘扬佛教，又复兴起了寺户制度，归义军时期寺户以"常住百姓"相称。④ 此说如仅指佛图户而言是对的，如将僧祇户也混在一起来追述则欠妥。寺户或常住百姓不是奴婢，他们有微薄的家产，姜伯勤氏也认为：常住百姓是一种依附人口，小有资产，有分种地，是以一家一户为单位经营分种地段，保存着团的编制，收获物由都司或寺方按规定提取，他们以直接力役的形态给寺院提供剩余劳动。⑤ 如与北魏的佛图户相比较，敦煌的寺户或归义军时期的常住百姓，其身份地位多少也有了一些改善。他们可以与寺方直接签约进行无息借贷或质押借贷，如《某年（823?）索满奴便麦契》载：

① ［法］谢和耐认为"敦煌的寺户代表着一种处于奴婢地位的居民，与昙曜所创设僧祇户相类似。"载：谢和耐著，耿昇译：《中国五——十世纪的寺院经济》，兰州：甘肃人民出版社，1987 年 5 月，第 139 页。姜伯勤氏得出："敦煌寺户虽然采取了北魏佛图户采用过的名称'寺户'，但其性质相近于'僧坊使人'，即北魏僧祇户"。载姜伯勤：《唐五代敦煌寺户制度》，第 8 页。

② 《魏书》卷 114《释老志》，第 3037 页。

③ 姜伯勤：《唐五代敦煌寺户制度》，第 6 页。

④ P.2187 号《保护寺院常住物常住户不受侵犯帖》，唐耕耦、陆宏基编：《敦煌社会经济文献真迹释录》第四辑，第 158 页。

⑤ 姜伯勤：《唐五代敦煌寺户制度》，第 160—162 页。

　　□年四月二十二日，当寺人户索满奴，为无斛斗驱使，今于灵图寺
佛帐物内，便麦贰硕，并汉斗。其麦请限至秋八月末还足。如违时限，
其麦请陪，仍任掣夺家资杂物，用充麦直。如身东西，一仰保人等代
还。恐人无信，故立此契，书纸为记。

　　　　便麦人索满奴年□□□

　　　　保人解沙年二十

　　　　见人僧惠眼

　　同日僧惠眼便麦两硕，如依前不纳，其麦请还肆硕。

　　　　　　见人索周兴

　　　　　　见人僧神宝

　　　　　　见人僧道珍①

　　灵图寺的寺户索满奴，为了缺粮，直接立契向当寺借贷，限至八月末还
足，在限期内是无息的。本契尾还附有见人僧惠眼便麦两硕的附契，表明本
寺的寺户或者僧人，向本寺佛帐所贷便，都要订立契约。僧惠眼既是寺户的
同借粮者，又是寺户借粮契的见证人，说明此时寺户的地位与僧人已相差无
几。又如《巳年（825）普光寺人户李和和便粮契》载：

　　巳年二月六日普光寺人户李和和为少种子及粮用，遂于灵图寺常住
处便麦肆汉硕，粟捌汉硕，典贰斗铛壹口，其麦粟并限至秋八月内送纳
足。如违限不还，其麦粟请倍，仍任掣夺家资等物，用充麦粟直。如身
不在，一仰保人等代还。恐人无信，故立此契，用为后验。

　　　　　　便麦粟人李和和（押）

　　　　　　保氏男屯屯②

　　这是普光寺的寺户李和和为了种子及粮用，隔寺向灵图寺常住处便麦粟

---

　　① S.1475 号背《灵图寺人户索满奴便麦契》，唐耕耦、陆宏基编：《敦煌社会经济文献真迹释录》
第二辑，第 87 页。

　　② P.2686 号《巳年（837）普光寺人户李和和便粮契》，唐耕耦、陆宏基编：《敦煌社会经济文献
真迹释录》，第 96 页。

订立的契约，这是一起无息的质押借贷契。与前论质押借贷契中《武光儿典车便麦契》、《張他没赞典驴便麦粟契》具有同样的性质。所有这些都表明敦煌寺户的社会地位，比之于北魏的佛图户有了很大的提高。

上列的"请便粮牒"与"便粮契"都是寺户进行无息便粮的一种手续，二者的区别乃在于"请便粮牒"是寺户集体向都司请便粮的报告，须经教授批给。"便粮契"则是寺户或百姓个人向具体佛寺的佛帐所请便粮的契约，不论本寺或外寺的寺户或百姓，向具体佛寺便粮均需立契。说明这是两种不同性质的文献，两者所涉的单位也不尽相同，但都是为了"便粮"。都司具有统领各寺的权力，又具有赈给的职能，所以寺户去都司请便粮只需都司的长官教授批给即可；而寺户或百姓去某个寺院佛帐所便粮，必须凭双方同意订立的契约才行。简言之，前者是以长官批复为凭，后者则以立契为凭。"契"和"牒"在这里虽在性质上有所不同，但其作用却是相同的，那就是对寺户或百姓进行粮食贷便。

三、官府的借贷

官府借贷是指由朝廷或地方官府、或在任官员的出贷，其形式也有多种，有带施予性的赈济；有无息借贷；还有生息借贷等。这类借贷，一般并不通过契约的形式出现，但它与民间契约借贷，与借贷契约发展的历史有着密切的联系，故专列本节加以论述。

官府的赈贷与计利出贷

带施予性的赈济多发生于自然灾害产生后对百姓的济施上，西汉昭帝始元二年（前85）"三月，遣使者赈贷贫民毋种、食者"，秋八月下诏曰："往年灾害多，今年蚕麦伤，所赈贷种、食毋收责，毋令民出今年田租。"① 由于天灾，许多贫民没有种子、口粮，故朝廷于三月春荒时派使者发放赈贷，到八月秋收时还特别下令原贷之种、食"勿收责"，即不用归还。可见赈贷原本是要归还的，但由于灾害多，故特别诏令不必归还。类似的赈济或赈贷，两汉时期还有很多。

西晋太康中，"蜀土荒馑"，官府"开仓赈贷"。地方名士王长文"居

---

① 《汉书》卷7《昭帝纪》，第220页。

贫，贷多，后无以偿。郡县切责，送长文到州，刺史徐干舍之，不谢而去"。① 这是地方人士贷仓粮以救饥荒，无法还贷的一例。也有地方官为赈贷而免官者，如东晋时，王蕴"补吴兴太守，甚有德政。属郡人饥，辄开仓赡恤，主簿执谏，请先列表上待报，蕴曰：'今百姓嗷然，路有饥馑，若表上须报，何以救将死之命乎！专辄之愆，罪在太守，且行仁义而败，无所恨也。'于是大赈贷之，赖蕴全者十七八焉。朝廷以违科免蕴官"。② 北魏政权面对地方灾荒，也多次进行了"开仓赈恤"③。唐贞元末，杨於陵为浙东观察使时"越人饥，请出米三十万石拯赡贫民，政声流闻"。④ 元和年间，"江淮旱，浙东西尤甚，有司不为请，（李）吉甫白以时救恤，帝惊，驰遣使分道赈贷"。⑤ 穆宗长庆年间，"上以浙西灾寇，询求良帅，命（丁公著）检校户部尚书领之，诏赐米七万石以赈给，浙民赖之"。⑥ 五代后唐明宗长兴三年（932）下诏："诸州府遭水人户，各支借麦种及等第赈贷。"⑦

秦汉以来的这种赈济，历朝历代都有，大多属于施给性的，常称之为"赈恤"、"赈给"，不必归还。但有些属于对义仓粮的调拨，待灾情过后，仍须归还，故称之为"赈贷"。

由官府面对百姓进行的无息借贷也常有之，前揭《秦律》中《金布律》中说，百姓还贷，"其入赢者，亦官与辨券，入之"，由此可知，百姓的假借是不计利息的，但其欠债归还不能逾岁，否则要受刑律制裁。前论中的"赈贷"，实质上也是一种要归还的官府无息借贷。

官府借贷也有收息者，最早的记载见于战国孟尝君在薛地放贷，请食客冯谖往薛收息，"至薛，召取孟尝君钱者皆会，得息钱十万。乃多酿酒、买

①　《晋书》卷 82《王长文传》，第 2139 页。

②　《晋书》卷 93《王蕴传》，第 2420 页。

③　《魏书》卷 7《孝文帝本纪》：延兴三年（473）"是岁，州镇十一水旱，丐民田租，开仓赈恤"，第 140 页。延兴四年（474）"是岁，州镇十三大饥，丐民田租，开仓赈之"，同上书，第 141 页。太和元年（477）正月，"云中饥，开仓赈恤"，同上书，第 143 页。同年十二月"丁未，诏以州郡八水旱蝗，民饥，开仓赈恤"，同上书，第 145 页。二年（478）"是岁州镇二十余水旱，民饥，开仓赈恤"，同上书，第 146 页。三年（479）"六月辛未，以雍州民饥，开仓赈恤"，同上书，第 147 页。四年（480）"是岁，诏以州镇十八水旱，民饥，开仓赈恤"，同上书，第 149 页。

④　《新唐书》卷 163《杨於陵传》，第 5032 页。

⑤　《新唐书》卷 146《李吉甫传》，第 4741 页。

⑥　《旧唐书》卷 188《丁公著传》，第 4936—4937 页。

⑦　《旧五代史》卷 43《明宗纪》，北京：中华书局，1976 年，第 593 页。

肥牛，召诸取钱者，能与息者皆来，不能与息者亦来，皆持取钱之券书合之。……酒酣，乃持券如前合之，能与息者，与为期；贫不能与息者，取其券而烧之。曰：'孟尝君所以贷钱者，为民之无者以为本业也；所以求息者，为无以奉客也。今富给者以要期，贫穷者燔券书以捐之。'"① 孟尝君是齐国相，封地在薛，在薛地放贷，用冯谖的话说，拿钱来贷给百姓，是为了扶助民之本业；之所以求息，是为了解决自己养客的开支，他道出了孟尝君出贷的初衷，但毕竟是利用行政权力作出的生息借贷。同时也反映出了薛国国君放贷立券书的特点。

前凉张骏"境内尝大饥，谷价踊贵，市长谭详请出仓谷与百姓，秋收三倍征之"。② 此事虽遭从事们的反对而未行，却反映了官府及官员们持权出贷营利的心态。南朝的王公贵族们与府州郡官府开设以出贷生息为目的的邸舍一度十分兴旺。刘宋孝武帝时，"子尚诸皇子皆置邸舍，逐什一之利，为患遍天下"。③ 明帝朝，会稽太守蔡兴宗对"王公妃主，邸舍相望，桡乱所在，大为民患，子息滋长，督责无穷"④ 作了启奏，为此，王公妃主私人所置邸舍也曾一度被禁止。南齐豫章文献王嶷上启云："伏见以诸王举货，屡降严旨，少拙营生，已应上简。府州郡邸舍，非臣私有，今巨细所资，皆是公润。"⑤ 表明地方政府也常置邸舍，地方政府邸舍的经营所得，用作地方官府开销之资，称为"公润"，其存在是合法的。南齐湘州刺史柳世隆"在州立邸治生，为中丞庾杲之所奏，诏原不问"，⑥ 立邸治生，就是由州刺史开设邸店，进行营利的作业，反映出了南朝普遍存在着地方官府经营高利贷的事实。

隋唐的"公廨钱"

对于隋唐公廨钱的经营，陈仲安氏认为：在性质上与南朝"公邸的经营性质完全相同，可以认为，隋唐公廨钱是在南朝公邸的基础上形成的"。⑦

① 《史记》卷75《孟尝君列传》，第2360页。
② 《晋书》卷86《张轨附张骏传》，第2238页。
③ 《宋书》卷82《沈怀文传》，北京：中华书局，1974年，第2104页。
④ 《宋书》卷57《蔡廓附子兴宗传》，第1583页。
⑤ 《南齐书》卷22《豫章文献王嶷传》，北京：中华书局，1974年，第412页。
⑥ 《南齐书》卷24《柳世隆传》，第452页。
⑦ 陈仲安、王素：《汉唐职官制度研究》，北京：中华书局，1993年，第380页。

然而，应该补充一点的是：南朝公廨仅限于地方，是在朝廷禁止王公妃主私置邸舍形势下的一种容忍；而隋唐公廨钱则是国家出台的一项公开的营利政策。

"公廨"一词最早见于北魏，宣武帝时，高聪托附宠臣茹皓"启请青州镇下治中公廨，以为私宅"，① 此处"公廨"乃指官员办公之廨舍，尚无营利之含意。公廨与营利联在一起之事，出现于北周建德年间，杨坚为定州总管，"文献皇后（独孤氏）自京师诣高祖（杨坚），路经（周）摇所，主礼甚薄，既而白后曰：'公廨甚富于财，限法不敢辄费，又王臣无得效私，'其质直如此"。② 此事经陈仲安氏等考证在建德六年（577），③ 其时周摇为北周时的晋州总管，说明北周在晋州富于财的公廨是有经营活动的。杨坚代周称帝后，改革旧制，京官、外官均给职分田，"又给公廨田，以供公用"。④ 对于公廨钱的制度化，《隋书·食货志》载：

> 先是京官及诸州，并给公廨钱，回易生利，以给公用。至（开皇）十四年（594）六月，工部尚书、安平郡公苏孝慈等，以为所在官司，因循往昔，以公廨钱物，出举兴生，唯利是求，烦扰百姓，败损风俗，莫斯之甚。于是奏皆给地以营农。回易取利，一皆禁止。十七年十一月，诏在京及在外诸司公廨，在市回易，及诸处兴生，并听之。唯禁出举收利云。⑤

从所记"先是"一词看，隋初已继承了北周给公廨钱、回易生利的传统，故才有"因循往昔"之论。开皇十四年，由于苏孝慈的建议，公廨钱改为公廨田，以公廨田的收入作为政府的官用，禁止地方政府设公廨钱以回易取利。开皇十七年，又允许内外诸司公廨在市回易，及诸处兴生，但不能出举收利。

唐政权建立后，立即宣布建置公廨本钱，并专门下达了诏令，《唐会

---

① 《魏书》卷68《高聪传》，第1522页。
② 《隋书》卷55《周摇传》，北京：中华书局，1974年，第1376页。
③ 陈仲安、王素撰：《汉唐职官制度研究》，第382页。
④ 《隋书》卷24《食货志》，第681页。
⑤ 《隋书》卷24《食货志》，第685—686页。

要》载：

> 武德元年十二月置公廨本钱，以诸州令史主之，号捉钱令史，每司九人，补于吏部。所主才五万钱以下，市肆贩易，月纳息钱四千文，岁满授官。[1]

"诸州令史"，罗彤华以为是"诸司令史"之误，因为武德元年十二月置公廨本钱还止始于京司诸官，尚未及州县，[2] 其说甚是。这是以国家的名义颁布由中央政府机关设公廨本钱，并设捉钱令史，专门进行营利活动的开始。领取本钱五万，月纳息钱四千，年息接近于100%，这是典型的官营高利贷。

唐代的公廨本钱，中外学术界有关的研究已经十分丰富，[3] 这里仅就其基本状况作些简略的归纳。

公廨本钱，自初唐建置以后，虽时置时停，然而到了晚唐的文宗、武宗朝，还存在着，[4] 初置时，是为了设本钱以生息，以给京司官员补助一些月料，还只限于京城诸司，约至高宗朝，已发展到州县地方也有设置，[5] 继而到诸军、诸使，甚至一些具体职能部门如宴设、驿传、病坊等，均有设置。其办法是国家出一笔本钱，由各部门的吏、史作为"捉钱令史"主持其事，将本钱派发给所谓"高户"，对他们不仅"给牒免徭役"，而且规定"送利

---

① ［宋］王溥：《唐会要》卷93《诸司本色钱上》，第1675页。

② 罗彤华：《唐代官方放贷之研究》，台北：柏乡出版社，2008年，第23页。

③ 半个多世纪以来，对唐公廨钱研究的成果不少，如曾我部静雄：《孟子の称贷と日唐の出举》，《日本历史》第87号，1955年。横山裕男：《唐代の捉钱户について》，《东洋史研究》第17卷第2期，1958年。薛英群：《略谈敦煌地志文书中的公廨本钱》，《敦煌学辑刊》1980年第1期。马世长：《地志中的"本"和唐代公廨本钱》，《敦煌吐鲁番文献研究论集》，北京：中华书局，1982年。李春润：《唐代的捉钱制》，《中南民族学院学报》1982年第4期。李锦绣：《唐前期公廨本钱的管理制度》，《文献》第50号，1991年。刘秋根：《唐宋高利贷资本的发展》，《史学月刊》1992年第4期。陈明光：《唐朝的食堂与"食本"》；《略论唐代官私借贷的不同特点》，收入同氏《汉唐财政史论》，长沙：岳麓书社，2003年。罗彤华：《唐代官方放贷之研究》，台北：柏乡出版社，2008年。

④ ［宋］王溥：《唐会要》卷93《诸司诸色本钱下》载：会昌元年六月："是月，户部奏：准正月九日敕文，放免诸司食利钱"，第1686页。说明唐武宗朝还存在着食利钱。

⑤ 《旧唐书》卷4《高宗本纪》载：永徽六年七月"乙酉，均天下州县公廨"，第4420页。表明在此前州县已置公廨本钱。

不违，年满授职"，然后以 8% 的月利率逐月收利。所捉之利钱，也由原用于补充官员俸料，演变发展为供给官员厨食、办公纸笔等公廨杂费开支，甚至还有修造廨宇之用。随着时间推移，公廨本钱的称谓也有变化，如捉利钱、息利本钱、食利本钱等，后又改称为堂厨食利钱、本钱等。尽管生息之利的用途有所变化，名目有了改动，但其设本钱生息的官营高利贷性质却没有变化，基本上仍遵循初唐年息 100% 左右的标准在取利。

隋唐的公廨本钱制，是以国家权力推行的一种官营高利贷，带有一种超经济强制的性质，其推行的结果，虽然能给各级官府补充一些财政上的不足，但却给广大百姓增加了沉重的经济负担，承捉此钱者，往往终身难清其债，并累及子孙亲友，或倾家荡产，或逃死他乡。唐宪宗元和十一年（816）东都御史台的一道奏文说：

> 当台食利本钱，从贞元十一年至元和十一年，息利十倍以上者，二十五户；从贞元十六年至元和十一年息利七倍以上者，一百五十六户；从贞元二十年至元和十一年，息利四倍以上者，一百六十八户。伏见去年京畿诸司本钱，并条流甄免，其东都未蒙该及者，窃以淮寇未平，供馈尚切，人力少疲，衣食屡空，及纳息利年深，正身既没，子孙又尽，移征亲族旁支，无支族，散征诸保人，保人逃死，或所由代纳，纵倪孀孤独，仰无所依，立限逾年，虚系钱数，公食屡缺，民户不堪。[1]

从此奏文揭示出，贞元十一年（795）至元和十一年（816），长达二十年，捉钱积欠的息利增至十倍以上者，有 25 户；七倍以上者，156 户；四倍以上者，168 户。如此众多的人户都是还不清利息的人户，本人至死还不清时，必然债延子孙，子孙又尽时，只有移征于亲族旁支，在旁支也没有了时，只有征诸保人，保人逃死了，只有由"所由"来代纳。此处所言的"所由"，并非指官府，而是指负责放贷的人，即捉钱令史。据罗彤华的估算："前期的捉钱人数全国达百万人之谱，后期京司的捉钱户亦有四万家之多。"[2] 由此看，食利钱牵动民户面之广、持续时间之长、为害民户之烈，

---

① ［宋］王溥《唐会要》卷 93《诸司诸色本钱下》，第 1682—1683 页。
② 罗彤华：《唐代官方放贷之研究》，第 548 页。

可见一斑。

唐宪宗朝五坊使所放息利钱的追索状况，即是对此弊的一段极生动的记载："贾人张陟负五坊使杨朝汶息利钱潜匿，朝汶于陟家得私簿记，有负钱人卢载初，云是故西川节度使卢坦大夫书迹，朝汶即捕坦家人拘之。坦男不敢申理，即以私钱偿之。及征验书迹，乃故郑滑节度卢群手书也。坦男理其事，朝汶曰：'钱已进过，不可复得'。"① 这是朝廷五坊使倚仗权势放"息利钱"，向债主强行索要，债主逃亡，祸及无辜的横暴之状。

唐文宗《太和八年疾愈德音》说："在京诸司诸使食利钱，其元举人已纳利，计数五倍已上者，本利并放，其有人户逃死，摊征保人，其保人纳利计两倍已上者，其本利亦并放免。其纳利未满此数者，待纳利数足，征本停利。"② 这项本利并放措施，比之于元和年间息利十倍、七倍以上者，是稍有让步。然而，毕竟还是要纳利满五倍已上者，才能本利并放，保人代人纳利也须达到两倍已上，才可放免本利。至于纳利两倍以下者，还是要等到纳利数足，才能停利，但仍要回收本钱。

食利本钱的息利回收积欠到五倍、十倍以上，反映出官府息利钱制度已经维持不下去了，这也迫使官府只有改弦更张，在财源上寻找其他的出路，如用盐利、茶酒的专卖取利等来代替食利本钱。唐武宗会昌元年六月，"户部奏，准正月九日敕文，放免诸司食利本钱，每年别赐钱二万贯文，充诸司公用"，③ 不过，这并不意味着官府高利贷的停止，会昌二年正月又下敕说："去年敕书所放食利，只是外百司食钱，令户部共赐钱讫。若先假以食利为先，将充公用者，并不在放免。如闻内诸司息利钱，皆以食利为名，百姓因此，亦求蠲免，宜各委所司，不在放免之限。"这是重申放免者仅限于外百司食料钱，至于充公用者，以及内诸司息利钱，还不在放免之列。尽管对官府来说，对放弃息利钱制依依不舍，然而终究是一个死胡同，故宣宗朝以后，官府的息利钱逐渐退出了历史舞台。

官府对百姓的借贷，具有强制性，而百姓向官府的借贷，又往往带有依附性，双方有时也有文契，但却是不平等的，如《唐广德三年（765）交河

---

① 《旧唐书》卷 170《裴度传》，第 4420 页。
② 《文苑英华》卷 441，北京：中华书局，1966 年，第 2230 页。
③ ［宋］王溥：《唐会要》卷 39《诸司诸色本钱下》，第 1686 页。

县民连保贷常平仓栗牒》，共有5件，实际是县民贷常平仓栗的契约，采用了以官府牒问的形式书写而成。现选其中第5件录文如下：

> 保头苏大方请粟叁硕　付大方领「光」｜　　｜　　｜
> 保内康虔质请粟壹硕　付妻王领「光」｜　　｜　　｜
> 保内曹景尚请粟两硕　付身领「光」｜　　｜　　｜
> 保内杨虔保请粟两硕　付身领「光」｜　　｜　　｜
> 保内卫草束请粟两硕　付身草束「光」｜　　｜　　｜
> 　　问得状称：上件粟至十月加叁分纳利者。仰答：如
> 保内有人东西逃避，不办输纳，连保之人，能代输
> 纳否者？但大方等，保知上件人所请常平仓粟，
> 如至（征收日，保内有不办输纳，连保人并请）均摊代纳，被问
> （依实，谨牒）。
> 　　　　　　　　　　　　　　　广德三年　二月　日①

牒文写明了贷粟者姓名、请粟数量，收领人画指领押，对于到十月加三分纳利归还，如保内有人不还，须连保户均摊代纳等项，并非官民平等商定，而是由官府单方规定，用官对民牒问、民对官保证的方式进行，明显表现出平民对官府借贷上的依附性质，不是一种双方平等的借贷，也体现不出契约的自由、平等的精神。尽管如此，这类牒文在实质上仍具有契约的性质。②

除官府以国家的名义放高利贷外，各级官员利用自己的权势地位，以个人名义放高利贷者也是花样百出。唐文宗开成五年刑部奏："今请监临主守将官物私自贷用，并借贷人，及百端欺诈等，不在赦限。"③ 由此条反映出各级官吏将官物私贷、借以谋利并百端欺诈者，大有人在。以致刑部将其列于罪在不赦中。然而，常常是禁而不止，如唐僖宗乾符二年南郊赦中所云：

---

① 张传玺主编：《中国历代契约粹编》上册，第320页。

② 正是由于它具有契约的性质，故日本日野开三郎、池田温在编纂《敦煌吐鲁番社会经济资料集（契约编）》时将其全文收入。其后，张传玺编《中国历代契约会编考释》及《中国历代契约粹编》时也都将其收入在"借贷契约"类中。

③ ［宋］王溥：《唐会要》卷93《议刑轻重》，第714页。

"又近年以来，节度观察使，或初到任，或欲除移，是正二月百姓饥饿之时，公遣二日条先抽征见钱，每一千文令纳三四百，此时无不两倍三倍，生生举债，至有卖男女以充纳官。"① 这种置百姓于死亡线上的官府高利贷，终唐之世，亦无大的变化。

五代后周的常思，"广顺三年，徙镇归德，居三年来朝，又徙平卢，思因启曰：'臣居宋，宋民负臣丝息十万两，愿以券上进。'太祖额之，即焚其券，诏宋州悉蠲除之。"② 常思作为宋州的最高长官，在镇三年，就能积聚"丝息十万两"，当然是靠高利贷所得，而且有借券为证，当他将借券上进给周太祖时，太祖只是点头，可见官员、将领放高利贷已是常见之事。

宋元官府的强制性出贷

"公廨钱"制开创了国家用借贷手段向百姓索取钱财的先例，到了宋代，虽然没有了唐代的"公廨钱"，却出现了"公债"式的官府借贷，即官府缺钱时就从民间借，此事起于宋仁宗时宋祁的建议，他奏请"自京师及天下应有物力人户，计直及钱一万以上者，官司明谕诏旨，使令百姓各指实自言，有多少见钱及他物，实若干数目，先作簿抄上，然后官司普令十分中官借二分助军钱，许于所在送纳，仍各逐家给付州县帖，开坐敕命，候将来边鄙罢兵日，并支还象牙、香药、茶盐，许百姓任便于京师外州清算"。③ 这是运用皇权强制性地找百姓赊贷，凡百姓家产万钱以上者，官府要强行借1/5，由地方官府"逐家给付州县帖"，此帖也可看作是官府借钱的凭据，待日后国家有钱了，再以实物在各地任便折还。这种用国家公权力强行摊派的赊贷，在宋代不止中央朝廷，就是地方官府也层出不穷，知制诰韩琦治陕西时，"过邠、乾、泾、渭等州，所至人户，经臣有状，称为不任科率，乞行减放。内潘原县郭下丝绢行人十余家，每家配借钱七十贯文，哀诉求免"。④ 反映出这种摊派赊贷之弊，很不利于社会经济发展，类似的事件，

---

① ［宋］宋敏求编：《唐大诏令集》卷72《乾符二年南郊赦》，北京：商务印书馆，1959年，第404页。

② ［宋］欧阳修《新五代史》卷49《常思传》，北京：中华书局，1975年，第559—560页。按：据《新五代史》校勘记，此处"广顺三年"的记载有误，见第561页。

③ ［宋］宋祁：《景平集》卷28《乞损豪强优力农劄子》，文渊阁四库全书本。

④ ［宋］李焘：《续资治通鉴长编》卷131，庆历元年二月丙戌条。

在程民生的《宋代的"公债"》① 一文中，已有许多揭示。

宋神宗推行市易法，此法始行于陕西沿边贸易，由官府赊贷官钱给商人，商人购得蕃货，转卖后加息归还官本。熙宁五年（1072）此法扩展至京师，这年三月，神宗下诏："宜出内藏库钱帛，选官于京师置市易务。商旅物货滞于民而不售者，官为收买，随抵当物多少，均分赊请，立限纳钱出息。"② 依据此令，市易务代购的物货，赊给各行户，行户以金银田宅作抵押，视抵押质多少，赊给物货，半年付息10%，另纳10%的市例钱，如果逾期不还本付息，一月加罚息2%，这是另一种形式的官营高利贷。③

元朝统治时，朝廷既承继了唐公廨钱式的借贷，又接受了宋市易务式的借贷，前一种如元世祖至元十四年（1277）二月丙寅"立永昌路山丹城等驿，仍给钞千锭为本，俾取息以给驿传之需"④，这是官立本钱千锭出贷，取其息钱来养山丹城等驿之举，类似的以官本取利的事例还有很多，正如乔幼梅氏研究所云："实际上，地方官府不论有无诏令的许可，都普遍经营高利贷，而且往往采取行政强制的手段，赋民以钱，使以子本相生，谓之'规画'。这一'规画'不要紧，把老百姓的财物都'规画'到官府手中去了。"⑤ 后一种是元朝使用色目商人"为国假贷"，称为斡脱商人，元世祖至元四年（1267）设"诸位斡脱总管府"，⑥ 支持斡脱商人经营高利贷，它与宋市易务不同的是，斡脱们从帝王手中领一笔银两，直接向商贾或百姓放贷，由于他们是蒙古皇室贵族的御用商人，政治上拥有特权，所以其放贷近乎巧取豪夺，常常是一本千利。

宋元时期高利贷流行，远盛于唐、五代，往往花样翻新，最常见的一种是翻利为本。如元代至元廿九年十月中书省御史台所呈文中说："自春至秋，每石利息，重至一石，轻至五斗，有当年不能归还，将息通行作本，续倒文契，次年无还亦如之，有一石还数倍不得已者，致使无告贫民准折田宅，典

① 程民生：《宋代的"公债"》，《中国史研究》2006 年第 3 期，第 111—116 页。
② ［清］徐松辑：《宋会要辑稿》食货三七之一四，北京：中华书局，1987 年，第 5455 页。
③ 魏天安：《宋代市易法的经营模式》，《中国社会经济史研究》2007 年第 2 期，第 20—29 页。
④ 《元史》卷 9《世祖纪六》，北京：中华书局，1976 年，第 188 页。
⑤ 乔幼梅：《宋元时期高利贷资本的发展》，《中国社会科学》1988 年第 3 期，第 213 页。
⑥ 《元史》卷 6《世祖纪三》，第 117 页。

雇儿女，良为可惜。"① 在这里，文契变成了豪富高利贷者手中巧取豪夺的工具。

四、宋元至明清的典当业

宋元至明清官私典当业的兴盛

质库既有利可图，到了宋代，地方官府、官僚、富户也纷纷开办。《庆元条法事类》卷八中载有"甲出钱一百贯，雇请乙开张质库营运所收息钱"，表明雇人开办质库都是合法的。《景定严州续志》载："郡捐帑五万缗，就城抵质库，月收其息，以助养士。"② 能够以质库的月息来养士，可见其收息是可观的。宋代质库的利息，据刘志刚引用《袁氏世范》卷三《假贷取息贵得中》云："今以中制论之，质库月息二分至四分，贷钱月息三分至五分……取之亦不为虐。"③ 所言今，乃指淳熙年间（1174—1189）事，正常情况下，质库的月息在二分至四分之间，比之于一般性借贷月息三分至五分略低一点。南宋的杭州，"有府第富豪之家质库，城内外不下数十处，收解以千万计。"④ 质库数量和经营规模，在宋代都得到了空前的发展。

在私家质库大发展的形势下，宋代官府也开办了"抵当所"，由此开创了由国家经营的典当业，《宋史》载："抵当所：掌以官钱听民质取，而济其缓急。"⑤ 宋代仅限于在京城设置了四个抵当所，它的开设是要营利的，元丰五年（1082）十一月湖州长官邱孝直建议说："伏见在京置四抵当所，许以金帛质当见钱，月息一分，欲望推行于诸路州县，其无市易官处，就委场务官兼监，以岁终得息多寡为赏格。"⑥ 此建议是要在全国州县遍设官府当铺，虽未立即施行，但到徽宗崇宁二年（1103）便诏令："府界诸县，除万户及虽非万户而路居要紧去处，市易抵当已自设官置局外，其不及万户处、非冲要并诸镇有监官却系商贩要会处，依元丰条例，并置市易抵当，就

---

① 《通制条格》卷 28《违例取息》条，第 308 页。
② 方仁荣、郑瑶撰：《景定严州续志》卷 3《钓台书院》，文渊阁四库全书本。
③ 刘志刚：《论宋代担保质权体制的转型》，《河北学刊》2008 年第 5 期。查今三卷本《袁氏世范》，未见此条，姑附此存疑。
④ ［宋］吴自牧撰：《梦粱录》卷 13《铺席》，文渊阁四库全书本。
⑤ 《宋史》卷 165《职官志五》，北京：中华书局，1977 年，第 3908 页。
⑥ ［宋］李焘撰：《续资治通鉴长编》卷 331 元丰五年十一月壬辰条，第 7974 页。

委监当官兼领。"① 自此以后，全国城乡集镇，遍布官当。"由于官府的推动，典当业在宋代形成了行业，标志着它在社会经济中已经确立起了牢固的地位。"②

金朝大定十三年（1173），世宗皇帝说："闻民间质典，利息重者至五七分，或以利为本，小民苦之。若官为设库务，十中取一为息，以助官吏禀给之费，似可便民。"朝廷经过商议，决定设置流泉务：

> 有司奏于中都、南京、东平、真定等处并置质典库，以流泉为名，各设使、副一员。凡典质物，使、副亲评价直，许典七分，月利一分，不及一月者以日计之。经二周年外，又逾月不赎，即听下架出卖。出帖子时，写质物人姓名，物之名色，金银等第分两，及所典年月日钱贯，下架年月之类。③

这是继宋之后，国家设置质典库经营操作的具体规定。依此规定，质押取利的利率又提高了，典七分，月利一分，高于金世宗原设想的"十中取一为息"，实为月利 14%—15% 之间。如此高的月息，何以谈得上"便民"？恐怕只会带来质典小民百姓的痛苦和继续破产。

元代质库称为"解库"或"解典库"④，大德八年（1304）"在京典库有每两二分者"⑤，这是质典利率月息 2%。也有高至 10% 者，如大德六年（1302）河南省淮安路"孔胜将元典衣服说称被盗，不肯放赎。虽于被盗卷内照有上项衣服名件，却缘孔胜不系出名解典正库，系违例加一取息，暗解诸人衣服"。⑥ 元朝还对"解库"下架处理质押物的时限作了规定，"元贞三年（1295）二月，中书省江浙省咨：姚起告，将珠翠银器衣服于费朝奉家典当钞，两周年后不肯放赎。都省议得：今后诸人解典金银，贰周岁不赎，

---

① ［清］徐松辑：《宋会要辑稿》食货三七之二五，第 5460 页。

② 刘志刚：《论宋代担保质权体制的转型》，《河北学刊》2008 年第 5 期。

③ 《金史》卷 57 百官三"中都流泉务"，北京：中华书局，1975 年，第 1320 页。

④ 《通制条格》卷 27《解典》条，第 282 页。

⑤ 陈高华、张帆、刘晓、党宝海点校：《元典章》卷 27《解典》，北京：中华书局，天津：天津古籍出版社，2011 年。

⑥ 《通制条格》卷 27《解典》条，第 283 页。

许令下架。"①

明代已较普遍将质库称为"典当铺"或"当铺",朝廷为了整顿借贷秩序,规定"凡私放钱债及典当财物,每月取利并不得过三分。年月虽多,不过一本一利。"然而,"奸顽之徒,倚财为势……凡遇当物……每银一钱自起利息二、三文者有之,备还不敷,未及二、三月被算本利对合"。② 月利20%—30%,反映了民间典当趁人之危,获取暴利的一面。对于《大明律》中有关"典买田宅"的条款,弘治年的《问刑条例》又作出具体解释说:"典当田地器物等项,不许违律起利。若限满备价赎取,或计所收花利,已勾一本一利者,交还原主。损坏者陪〔赔〕还。其田地无力赎取,听便再种二年交还。"对于出典田宅收利已达到出借本钱时,应主动将田地器物交还原主,若田地出典人期满仍无力赎取时,典田者可再种二年后归还原主。这仍然在维护典当总收利不得过本的原则。

清代沿袭明代的律令,仍坚持典当月息不过三分,雍正七年八月朝廷赐古北提标兵丁补助银六千两,要求"营运生息,以济各兵喜丧等事",古北口提督魏经国筹画"开设典当,可以永久生息。今择于古北城外河西,开设当铺一处,招殷实铺民二人经管,……于八月初三日开张,照例以三分行息。"对此雍正谕旨云:"如此营运,可以永久济兵,料理甚好。"③ 表明朝廷对官府开设典当铺取利的支持。由于全国普遍开设当铺,竞争激烈,公私典当的月息,据《中国典当制度史》的统计,大体都在3%左右或以下④,对于民间开设的典当,实行榷税制,道光年间大体每一典当铺征税银五两⑤。

除当铺以外,民间也经常发生私家之间质押借贷,《清朝咸丰三年陈如莲、陈如芙、陈自勇借银契》反映的就是这类借贷,转录契文于下:

> 立借银文约人大昌钱铺陈如莲、陈如芙、陈自勇,今借到兴集槢足

① 《通制条格》卷27《解典》条,第283页。

② 〔明〕戴金编:《皇明条法事类纂》卷20,台北:文海出版社,1985年。

③ 〔清〕《世宗宪皇帝硃批谕旨》,文渊阁四库全书本。

④ 刘秋根:《中国典当制度史》,第222—235页。

⑤ 道光《广西通志》卷28《榷税·各府州县小税》载:"典当二铺征税银一十两";"全州原报典当一铺征税银五两";"苍梧县原额典当一铺征税银五两"。

色银三百两整，言明每月一分二厘行息。如银不到，陈如莲、陈如芙情愿将自己房院一所，计房八间，西至如萱，东至业，北至业，南至道。如莲地管家墓地六亩，尖角地四亩。如芙官道地四亩，管家墓地六亩。自勇情愿将自己牛院一所，计房七间。东至刨儿，西至道，北至三水，南至赵孟娃，又高家墓地十亩。三人情愿将业立与银主，如利银不上，房院银主居占，地亩银主耕种。恐口无凭。立字存照。

<blockquote>
咸丰三年二月二十五日　　　立字人陈^{如莲（押）}_{如芙（押）}自勇（押）

中人　焦全昇（押）①
</blockquote>

从契文看，这是经营大昌钱铺的陈氏家族，以陈如莲、陈如芙、陈自勇三人名义出面立的借银三百两契，以三人原有的房院地产作质押，只写了月息一分二厘，这种1.2%的月息，比之前列典当3%的月息是很低的，但未写明还银期限，似乎是一种长时间的借贷，并且写明：如果利、银不偿还时，银主可以居占质押者的房院，耕种其地亩。应该说这种低息的质押借贷，对于经营钱铺的陈家而言是十分有利的。在这里似乎看到了原来的田宅业主向金融业转化的影子。

从唐宋"质钱帖子"到明清"当票"的演变

金代流泉务经营过程中有"出帖子"这一环节，此帖子是由质典库出具给来典物者的凭证，要写明质物人姓名，来典物的名色，金银等第分两，及所典年月日、钱贯，下架年月，等等。既然要写明质物人姓名，也就是确立来典者与当铺之间的质押借贷关系，因此，当票应该看作是建立这种关系的契约，是由主权方当铺所立的契约。

作为契约的当票，早期称作"质钱帖子"，它之所以重要，就在于它是赎取押物的凭据，如果质钱帖子没有了，所典之物也就无法赎取，通常质库典当是认帖不认人的。关于质钱帖了的出现，应该与质库产生以后进行经营大体同时，南齐萧翼宗被人诬陷，帝"遣收之，检家赤贫，唯有质钱帖子数百"，② 表明南朝人质典后即保留有质钱帖子。唐代的质库也应出具此物，

---

① 田涛、［美］宋格文、郑秦主编《田藏契约文书粹编》149号，图第77页，释文第74页。
② 《南齐书》卷42《萧坦之传》，第749页。

只是迄今尚未见。宋代有质钱帖子是有明确记载的，如《名公书判清明集》中，载有郡守莆阳的《典卖园屋既无契据难以取赎》判，判文中说："今人持衣物就质库，解百十钱，犹凭帖子收赎，设若丢失，衣物尚无可赎之理。"① 可见在宋代，凭帖子收赎典物，已是公认的普遍规则。

随着明代普遍将质库称为"典当铺"，原来的质钱帖子，也改而称为"当票"，虽然目前尚未见到明代的当票实物，但清代的当票还是可以见到的。收藏家田涛在山西绛州收得一件《清乾隆二十九年（1764）绛州天顺号当小水缸票》②，此票全为手书，天头为"绛州天顺号当票"，下列 4 行，首行为"亨二十七号"，2 行小字："当期半年，过期本息相抵"。3 行大字："小水缸钱柒仟文整"。4 行署有"乾隆二十九年四月二十六日"。此当以半年为期，"过期本息相抵"，可是并未写明月息多少。这可能意味着半年以后，就无权赎回此水缸了。

上世纪初，日本大谷探险队在吐鲁番搜集到一批蓝色印制、其空白处用墨笔填写的票据，③ 这就是曾被仁井田陞氏误认为是唐代"质札"（即质钱帖子）的文书。④ 经陈国灿氏考证，确认为清咸丰十年（1860）至祺祥元年（1862）吐鲁番某当铺的当票，⑤ 每票顶部印出当铺名号，其下分为五栏，首栏填写按千字文分列的编号；第二栏填写质典物品名色；第三栏填写领取钱×弔；第四栏是已印好的典当须知；第五栏填写年、月、日等来当时间。这五栏中，值得研究的是第四栏的典当须知，由于蓝色印文模糊，内容不明。好在现存的同治十一年（1872）台南当铺"泰裕饷典"发行的当票，其形制相类似，其上所印的典当须知清楚，可以作为参考：

宪令颁式，每月每 两／佰 行利 贰分半／贰文半 、限至叁拾个月为满，至

期不取赎、不入利，听本铺发卖抵本，鼠咬虫蛀，系物

---

① 中国社会科学院历史研究所宋辽金元史研究室点校：《名公书判清明集》卷 5《典卖园屋既无契据难以取赎》条，第 149 页。

② 田涛、［美］宋格文、郑秦主编：《田藏契约文书粹编》70 号，图第 37 页，释文第 34 页。

③ 大谷 3202—3216 号，载小田义久主编：《大谷文书集成》（二），第 43—46 页，图版 95—96。

④ ［日］仁井田陞：《中國法制史研究》（土地法、取引法），第 790—795 页。

⑤ 陈国灿：《从吐鲁番出土的"质库帐"看唐代的质库制度》文中《关于"质钱帖子"问题》，唐长孺主编：《敦煌吐鲁番文书初探》，第 336—339 页。

主造化，与本铺无干。赎时认票不认人，此照。

初五内，不收利。①
贰拾起，后月利。

这段文字展示出本当铺的规定，月息为 2.5%，典当以 30 个月为满期，如果至期不赎物，又不交付利息，其抵押物便由当铺发卖用以抵本，这应该就是前列乾隆天顺号当票中"过期本息相抵"的意思。如果抵押物被鼠咬虫蛀，与本当铺无关。还有一点是"赎时认票不认人"，反映出在典当发展史上，曾经有过既认票、又认人的时代，如前论唐代"质库帐"中写明来典者姓名、年龄及住址等，反映出当时是重视认人的，所以才有此特别申明。清代当票不记来典当者名年住址，完全以当票为据，这是典当发展史上的一个重要变化，这意味着当票已由原来的契约性质向可流通的票据性质过渡。

"初五内，不收利"是指赎时在初五日之前，这几天就不计利了。"贰拾起，后月利"是指来典时间在当月二十日以后者，也不计当月之利了。这是典当业长期形成的一套行规，也可看作是典当者与当铺之间共同遵守的一种约定。民间各当铺当票在总的格式上都是相近似的，但在具体规定上又有所差别，如山西太平县出的《清光绪三十一年（1905）太平县全兴当当票》② 上写的是：

按例二分行息，二十四个月为满，凭票取赎。如过限期任铺拆卖。倘有虫蛀鼠咬，上漏下湿，以及来路不明，与铺无干。赎时论月不论日，认票不认人。

这是月息二分，以二年为期的当票，同为山西省，各县当铺的行息及限期都有差异，有一些自己特殊的规定和要求。但对该铺而言，前后的标准应是如一的。故清代的当票，由于格式的固定化而加以印制，有人来典当时，按需要填写即可。但是吐鲁番所出的清代当票上，都有当铺的朱印，钤在取

---

① 本件转引自仁井田陞：《中國法制史研究》（土地法、取引法），第 793 页。
② 田涛、[美] 宋格文、郑秦主编：《田藏契约文书粹编》291 号，图第 139 页，释文第 145 页。

钱数额的位置上。前列乾隆天顺号当票和光绪"全兴当"的当票均是如此。可见，只有盖了当铺朱印的当票，方始有效。

随着社会经济活动的日益繁盛，典当铺也由原来单纯的抵押借贷机构，逐步演变成一种综合性的金融机关。[1] 明清时，一些典当铺除了经营抵押借贷业务外，还经营存款、信用放款、发行钱票、货币兑换等业务活动，当票也随之扩大发展成为各种专项的票据。无论是当票还是各项专门票据，都是遵循自愿的原则，以信用为基础形成的一种契约关系。而这些票据，就其实质而言，也是一种契约。

五、对本节的小结

借贷，作为一种社会经济现象，起源于私有制。在私有制出现之前的原始社会，人们之间只存在相济互助的关系，即"有无相贷"，那时的贷，仅是一种施给、帮扶的概念，尚不存在有借有还的借贷问题。当人类发展进入私有制社会以后，财富个人私有，社会出现贫富分化后，贷才与借联在一起，意味着对财物的有借有还，才出现借贷契约。中国西周时期已是如此，这时的借贷契约多是无息的借贷。春秋以后，农村公社的进一步瓦解，井田私有化和租佃关系出现后，借贷不仅要归还，而且多是要生息归还，战国时期，随着货币的流行，商人的出现，借贷由此发展成为谋利的行业，而书写记录这种借贷关系的"傅别"、"书契"，也成了谋利者掌握的一种凭据。秦汉时期，借贷成为一种债务概念，而借贷、债务都被写进了当时的国家律令。

借贷就其实质而言，是财产所有权的临时转移使用。以借贷方式而论，有信用借贷和质押借贷之分，信用借贷的原则首先是要定期归还，其次要付给利息。贯彻这些原则，靠的是双方当事人的诚信，订立的契约，即具有债效力的合意契约——借贷契。这类不用实物作抵押的信用借贷，是古代借贷关系中最普遍的一种形式。信用借贷又可分计息借和有限期的无息借两种。计息有高低之分，据唐代国家律令规定，月息在 5% 以下者为低息，月息在 6% 以上者为高利贷。

---

[1]　刘秋根：《中国典当制度史》，第26页。

质押借贷是预防信用借贷发生返还风险时出现的，旁人的保证，让位给了用典物作保障，是一种以物（动产、不动产）为质作抵押实行的借贷，在特殊情况下，也有以劳力或人身为质作抵押的借贷。这类借贷通常是定期计息，期满本利俱还后可取回抵押物。

质押借贷逐渐发展成一种专门的营利机构——质库，至迟到南朝，已有佛寺经营质库，它源于佛教佑利众生，济施贫穷，设无尽藏的观念，取息甚微。质押借贷契约由质库所立者，名为"质钱帖子"。隋唐时质库已由佛寺发展到民间，到两宋时，已成为官私逐利的热门行业，遍布于全国郡县城镇，明清时多改称为典当铺，其契约称之为"当票"。月息保持在2%—3%。

若以出贷方状况划分，有民间、寺院、官府之分。三者均有无息或低息借贷，也有高利出贷。民间、寺院的出贷以短期为多，且受到官府规定"诸以财物出举者，任依私契，官不为理。每月取利不得过六分。积日虽多，不得过一倍，亦不得回利为本"（唐《杂令》）的制约，除了强权豪富之家，一般普通民间高利出贷者少。寺院出贷的"便物历"，源于北魏"僧祇粟"的出贷记帐，春贷秋还的利息在30%—50%。不过唐官府自身出手的"公廨钱"借贷，却未遵守法令条规，而是以年息100%左右的标准在取利。这是一种以国家权力推行的官营高利贷，带有超经济强制性质的借贷，承捉此钱者，往往终身难清其债，并累及子孙亲友，或倾家荡产，或逃死他乡。

借贷作为一种经济行为，对于社会经济发展而言，具有正反两个方面的功能和作用。无息或低息借贷，对于社会底层贫苦百姓而言，能起到济贫解困、救荒活民的作用，特别是在青黄不接之时，这类借贷能使农耕生产得以维持，如佛教寺院"便物历"中之低息或无息便贷，有助于百姓发展社会生产，缓解社会矛盾，具有积极作用。然而，高利借贷对于借贷者来说，却是套在身上的经济枷锁，时日越久，其枷锁越重，最后导致破产，到了卖儿鬻女不足以抵债的地步，唐朝官府的"公廨钱"借贷，元朝民间权势豪富之家利上滚利、以利转本、恶性膨胀的高利贷，即是如此，实是对社会生产发展的一种破坏。

鉴于宋元高利贷的泛滥无序，明朝加强了对社会借贷秩序的整顿，特别重视对借贷方面的行为规范和立法，推行对"违禁取利"的问刑政策一直延续到清代，规定"凡私放钱债及典当财物，每月取利并不得过三分"。国家政权对借贷法规的细化，也相应促进了民间借贷契约的简化。

无论那一种内容的借贷，都是通过写立借贷契约，由本人画押签字，有保人到场担保完成的。即使不专门写立契约，借贷者也须在出贷方的帐历上签字画押为凭。这期间，债权人与债务者的关系，是一种天然的不平等的关系，它反映在借贷契约上也是不平等的。

第二节　买卖券契的分类与演化

买卖券契的实质，是指买卖活动主体，将标的物通过货币职能的交换手段，使所有权得到转移，由此而达成的有文字记录的协议。马克思主义经典作家对此有极为精辟的分析，认为："买和卖不仅把剩余的产品纳入自己的范围，而且也把生活所必需的东西纳入了自己的范围，并且各种不同的生产条件本身全部作为商品通过买和卖进入生活过程本身。"① 指出了买卖对象的广泛性。通常买卖交易是通过交换手段货币来完成的，在中国古代，既有金属货币，也有实物货币，如绢练、粮食，都是交换中可流通的货币手段。"货币身上看不出它是由什么东西变成的，那么，一切东西，不论是不是商品，都可以变成货币，一切东西都可以买卖。"② 而买卖的双方可以是陌生的，各自具有相对的独立性，在货币面前，"两者职能相同，地位平等……他们之间的一切差别都消失了。"③ 而这些具有相对独立性的人群，"要进行交换就必须以一定的人伦纽带为基础，而契约就是这样一种基础。……然而，相对于传统实践中的血缘纽带来说，契约无疑是一种特殊纽带，它形成的是一种'一般关系'，是一种'迄今为止最为发达的社会关系'"。④ 买卖券契之所以是一种最为发达的社会关系，就在于它摆脱了各种局限，如血缘的、身份的、民族的、地域的局限。它"只取决于自己的自由意志，……任何一方都不使用暴力"。⑤ 公平、等价进行交易，体现出一种自然的权力。

---

① 《马克思恩格斯全集》第 47 卷，北京：人民出版社，1979 年，第 353 页。

② 《马克思恩格斯全集》第 23 卷，北京：人民出版社，1972 年，第 151—152 页。

③ 《马克思恩格斯全集》第 46 卷上册，第 199 页。

④ 许斌龙著：《从血缘走向契约——马克思实践观视野下的经济学、伦理学与法学分析》，北京：法律出版社，2009 年，第 113—114 页。

⑤ 《马克思恩格斯全集》第 23 卷，第 199 页，第 46 卷（上），第 196 页。

"在市场中本来不具有任何关系的交往主体，由于利益的需要又必须与其他市场主体建立关系，因而选择了契约这一人伦纽带形式，……契约的过程就是一个通过契约纽带的寻求而建立人伦关系的过程"。[1] 用这些经济学原理来指导对中国买卖券契史的研究，将会有更深层的认识。

在中国，对于买卖券契的关注很早就有，不过，都是集中于墓葬中出土的"买地券"，如南宋周密在其《癸辛杂识·别集》中，就专门谈到"买地券"，[2] 直到清末民初，一直有人搜集研究这类买地券，如端方的《陶斋藏石记》、罗振玉的《蒿里遗珍》等。不过，这些都是属于冥间世界的东西，虽然它是对人间生活的仿效，但它毕竟不是现实经济生活中的土地买卖券。

一、中国早期的买卖券契——"质剂"与"傅别"

中国很早就存在着买卖的券约，见于《周礼》记载的"质剂"与"傅别"，就是古人进行买卖交易的约定书。买卖的实质，乃是对使用价值的一种交换。在更早的原始社会时代，人们由于生活上的各种需要，常出现物物交换，这类交换有等值的，也有不等值的，既具有偶然性，也没有对交换物价值提出衡量的共同标准，还不能将这类交换称之为买卖。

当生产有了发展，人们生产生活中出现剩余产品、社会出现贫富分化时，在经常的社会交换中，就产生了一种公认的、具有通行的社会价值的物，作为交换媒介或手段，它可以是粮、绢，也可以是贝、布、刀，形成为凝聚着通行社会价值的货币。只有通过货币的衡量进行的交换行为，才能称之为买卖。买卖基本上是一种等价的交换行为。

对买卖契约起源的认识

人们在进行买卖交换中，为了保证在交换中等值等价，交易公平，随之就会出现对买卖交换的各种约定，这就是买卖契约。所以买卖契约产生于人们社会经济实践的活动之中。

法国学者谢和耐氏在论及"文契的作用"时说："由于一批考古文献和

---

① 许斌龙：《从血缘走向契约——马克思实践视野下的经济学、伦理学与法学分析》，2009 年，第117 页。

② ［宋］周密：《癸辛杂识》，北京：中华书局，1988 年，第277 页。

其他文书，我们已获知了西周和春秋时代的赏赐文契和各诸侯国之间的条约。它们证明在契约领域中使用文契的办法已相当古老。但我们不认为从最为古老的时代起，文契的证明作用就能够表现为摆脱了其他的所有因素，也并不认为这种很合理的证据观念在很早之前就形成了。"① 谢和耐氏所说的"其他的所有因素"，所提供的论据是公元前 1 世纪至公元 4 世纪间的一些"向神灵购地的木简文契"，其中有"民有私约如律令"等与神灵签约的语言，由此他结论说："因此，我们觉得义务最早是从作为与彼岸相联系的程序的文契中汲取其约束力的。但我们同时也看到，这种把契约看作是涉及到神的文书和同时赋予文契一种巫教效力的古老思想不能没有阻力地消失，因为我们发现这种思想在那些具有世俗特点的文契中持续到了公元 2 世纪。"② 这是说买卖契约源起于与神灵的签约，受到古老巫教效力的支配。

美国学者韩森氏基本上吸收了谢和耐氏的观点，并作了更鲜明的论说："最早从墓葬出土的契约，其纪年早至公元 1 世纪，它们看来是用于向冥王购买墓地的买地券，与人们在阳间购买墓地契或地券相对应……人们可能首先在与阴君协商的时候用上了契约，然后才在人世间互相协商时签订契约文书。"③ "也就是说，买卖契约可能起源于人与神之间所订立的契约，而不是起源于经济发展所引发的人与人之间的经济协商。"④

对于西方学者的这些见解，有必要作进一步讨论和认识。我们认为：人世间买地是为了要生存，先有现世经济生活中的买地券，然后才有给阴间买地券的出现，现世的土地券远早于冥世的买地券，置于墓中的阴间冥世契是模仿现世契的形式而出现的。两者之间是一种本与末的关系，谢和耐氏和韩森氏将这种本末加以倒置，故才出现上述的论说。这里拟就谢和耐氏的论证作以下讨论。

谢和耐氏列举的东汉以来买墓地券中体现出的向神灵购地的巫教古老思

---

① ［法］谢和耐著，耿昇译：《敦煌卖契与专卖制度》，《法国学者敦煌学论文选萃》（耿昇译），北京：中华书局，1993 年，第 24 页。

② ［法］谢和耐著，耿昇译：《敦煌卖契与专卖制度》，第 26—27 页。

③ ［美］韩森著，鲁西奇译：《传统中国日常生活中的协商·中古契约研究》，南京：江苏人民出版社，2008 年，第 4 页。

④ ［美］韩森著，鲁西奇译：《传统中国日常生活中的协商：中古契约研究》，第 5 页，"译者的话"。

想都是事实，但是，它却不能作为买卖契券起源的依据。

首先，应该看到，东汉以来出现"买地券"存在着两种不同的性质。现实经济生活中的买田券则是人们基于生产或生活的实际需要，拿出实际的财物购得具有实际面积的田亩，经买卖双方协商订立的、须双方共同遵守的制约性契约，如居延所出的《汉长乐里乐奴卖田券》。通常既有买地一方的券，也有卖地一方的券。而向神灵购地的买地券，是基于人们认为人去世后购墓地入黄泉，为了向神灵证明逝者用墓地的合法性以及不许受侵占而制造的冥世契，仅有生者为死者虚拟的买地券，如同后来的随葬衣物疏一样，带有向阴曹地府禀告的性质，在精神上是对生者的一种慰藉，是徒具形式的虚幻系统，是意识形态的产物。两套系统虽然形式上有某些相似，实质上是两种性质不同的买地券，不可混同而论。

其次，最早买卖契券的发生，应起始于对一些对动产的买卖交易，而土地、房产等不动产的交易，要晚于动产的交易。宋人王昭禹在解释《周礼》中"听卖买以质剂"时说：

> 商贾之阜通财贿，则不能无买卖。先王以日中为市，致天下之民，聚天下之货，使之交易，而退各得其所，防其有争心焉。故大市所以致信也，质其事者，若令市契立见也。剂则为要书而已，正之以质，则其人足以验也；正之以剂，则其书足以验也。①

此处所言"以日中为市"的"先王"，指的是上古时代，那时的交易，"聚天下之货"都是指生活日用品或生产所需物，均属于动产之列，即使这类交易买卖，为了"防其有争心"，都要立以质剂，可见早期的买卖契产生于各类动产的交易之中，根本不存在"与神灵签约"的问题。

再次，向神灵购地的文契，并非是古老观念延存的反映。世俗的土地买卖契券也并非是从向神灵购地文契脱胎而来。相反地，向神灵购地的文契，却是从世俗买卖契的形式模仿而来的。只能是人们在现实的经济生活中有了买卖契约的存在与长足的发展，在实际经济生活中出现土地买卖书契之后，

---

① ［宋］王昭禹：《周礼详解》卷3，文渊阁四库全书本。

才会在虚幻的神灵世界中有向神灵购地文契的反映。公元前 1 世纪至公元 2、3 世纪间的一些买墓地券，便是如此，其中的一些语言如"民有私约如律令"、"有私约者当律令"等，也都是汉代才兴起的词语，王国维氏在分析"敦煌汉简"中"言到如律令"时有过精辟的分析：

> 律令者，《史记·酷吏传》云："前主所是著为律，后主所是疏为令"。《汉书·朱博传》云："三尺律令"是也。汉时行下诏书，或曰"如诏书"，或曰"如律令"，苟一事为律令所未具而以诏书定之者，则曰如诏书，如孔庙置百石卒史碑、无极山碑及前二简是也。苟为律令所已定而但以诏书督促之者，则曰"如律令"，《三王世家》所载元狩六年诏书是也。"如"者，谓如诏令行事也。"如律令"一语，不独诏书，凡上告下之文，皆得用之。……其后民间契约、道家符咒，亦皆用之。①

可见，"如律令"之类的语词，兴起于汉代的政事，而后为道家或巫术家所沿用。因此，不能将"如律令"等语词看作是古老观念的延存。同时，我们也看不到现实的买卖券契有从"与彼岸相联系的程序的文契中汲取其约束力"的迹象。可以说，现实生活中的早期买卖券契，包括土地买卖券契在内，与彼岸的神灵世界没有任何关系，相反，却是与现实生活中对生产的需求汲汲相关。

对买卖券契起源的正确认识，应从人们现实的物质生活中去寻找，而不应从虚幻的精神世界中去追求。

竹木本"质剂"与"傅别"是中国早期买卖券的形态

买卖是对物权的转换，也是对人们财产所有权的一种认定。原有的物资所有权，转移给他人，即产权转移，在通常情况下，是通过买卖这种方式来完成的。所以，买卖行为又是建立在个人对物资私人占有基础上的。

买卖契券是伴随买卖行为发展到一定程度时而出现的产物，它也是对买卖行为或买卖关系加以确定的一种文字记录。在中国，早在西周时代，就已

---

① 王国维：《观堂集林》卷 17《敦煌汉简跋四》，北京：中华书局，1959 年，845—846 页。

有了这种规范，《周礼》在记载"周官·小宰"职务时，有"以官府之八成，经邦治"的规范，其第七项是"听卖买以质剂"。对于此条，唐人贾公彦疏云：

> 七曰听卖买以质剂者，质剂谓券书。有人争市事者，则以质剂听之。①

这是说大凡买卖，均以券书为凭，一旦有人起争议时，可出示券书来听评断。在古代，常将这种券书称为"质剂"。对于"质剂"，陆德明归纳前人所论，作了较全面的解释：

> 云质剂，谓两书一札，同而别之，长曰质，短曰剂者。案《地官·质人》云："大市曰质，小市曰剂。"郑《注》："大市，人民马牛之属，用长券；小市，兵器珍异之物，用短券。"言两书一札，同而别之者，谓前后作二券，中央破之，两家各得其一，皆无手书字，异于傅别，故郑云：傅别、质剂，皆今之券书也。②

由此得知，在古代的买卖交易中，所立的券书，可称为质剂，也可称之为傅别，当时以竹木片作书写材料，都是将交易内容写成二份：一份以买方为主体；另一份以卖方为主体，书写在同一竹木简牍上，然后从中间破开，买卖双方各持一份，买方持卖方写的一份；卖方持买方写的一份作为凭据。所不同的是有的还在简牍上由当事人在中间亲手书字，或者在其竹木简牍的旁侧作出刻齿，李均明氏在列举了汉简债券十七例后指出："上引简例旁侧多有刻齿，通常有三道。"③ 一剖两半写有约定文字的竹木简片，只有当两片相合时，其手书字才能完整显现，或刻齿相符合，这一种加手书字或刻齿

---

① 《周礼注疏》卷3，第654页。
② 《周礼注疏》卷3，第654页。
③ 李均明：《秦汉简牍文书分类辑解》，北京：文物出版社，2009年，第437页。

的质剂，又称之为傅别，或写作为符别，或称之为莂。① 这也是为了增加券书可信度和防伪性而采取的一种措施。当买卖双方写了券书后，又发生争执时，双方均须拿出券书来评断，如果原写的字符契相合了，证明双方拿出的是原有的真券，方为有效。

从郑玄所注的"大市，人民马牛之属，用长券；小市，兵器珍异之物，用短券"来看，都是在用券书来证明买卖的合法性，这是古代人们经济生活中的一种普遍行为。如是奴婢马牛一类的买卖，称为"大市"，就要书写长券；如是属于兵器、珍奇异物一类小件物品的买卖，称为"小市"，就书写短券，总之，凡有相当交易价值的买卖，都要书写券契为证。

当人类进入到私有制社会以后，拥有私有财产被当作一种神圣的权利，买卖既然是属于财产所有权的转移行为，那么，买卖券契也就成为维护这种权利的一种证物。《周礼》在记载"周官·小宰"之职时，其中"以官府之八成，经邦治"的第六项是"六曰听取予以书契"，对于此语，宋人王昭禹解释说：

> 民之通财，不能无取予，取予者谓彼有所取而此有所予也。利之所在而争心存，则取予者不可以无书契，载于简牍谓之书，合而验之谓之契。取予，天下之所不能免；则书契天下之所不能违，以其所不能违要其所不能免，则书契不可废也。故取予有治，则以书契也。②

这是在进一步阐明"书契"的作用，在于使"取予有治"，即在财产所有权的转换、交易、买卖中有合法的保证和天下不能违的规范。这是因"利之所在而争心存"，而为了预防在利益驱动面前出现争执，故而在取予或买

---

① 《释名》卷六《释书契第十九》："莂，别也。大书中央，中破别之也。"〔汉〕刘熙撰，〔清〕毕沅疏证、〔清〕王先谦补：《释名疏证补》，上海：上海古籍出版社，1984 年。近年长沙走马楼出土的三国时期吴简中出有大量"嘉禾吏民田家莂"，"莂券顶端有合'同'符号，有的明显地为剖开的'同'字的左侧，该券应为左券，如 4·251、4·266 简。有的为'同'字的右侧，该券应为右券，如 4·271、4·293 简。有的只有若干横线，可能是对合'同'字作了符号式的简化，也有可能是汉简中累次提到的'叁辨券'（一式三份的券书）中的中券（中间的一份），如 4·20、4·23 简。"见走马楼简牍整理组编：《长沙走马楼三国吴简·嘉禾吏民田家莂》上册，《嘉禾四年吏民田家莂解题》，北京：文物出版社，1999 年，第 71 页。

② 《周礼详解》卷 3，文渊阁四库全书本。

卖的同时都要立下书契，这种书契，指的就是"质剂"或"傅别"，它是中国古老的买卖券契形态。

汉晋简牍中所见的买卖券

从《周礼》的记载中可以看到，早在商周时，人们进行买卖交易就需立质剂、傅别。然而，由于年代的久远，这些质剂、傅别，今天已经见不到了。所幸的是现代的考古发掘，从一些汉代遗址中，发现了不少的汉简，从这些简牍中，我们仍可追寻到古代质剂、傅别的一些踪迹。张传玺氏《中国历代契约粹编》，录有两汉买卖契约 32 件①，其中一半属贳买券，但有几件尚有待补入，例如敦煌马圈湾新出的几件汉买卖券，就未见收入。

一件是《西汉元寿元年（前 2）李子功卖枸券》，转录其 A、B 面文于下：

> A 面：元寿元年八月廿五日，使枸□□县□□里李子功枸一令，贾钱千，约馈至廿日钱毕以，即不毕以，约□
>
> □□王巨叔千钱，王巨叔予子功，往至郭府田舍。钱不具，罚酒四、五斗，肉五斤，
>
> B 面：责卌。故入七十钱，辄食旁□人□长孙、张买驼子食□酒旁二斗。②

本简契文多残缺模糊，难以通读。"枸"应是指农产品枸杞而言，"一令"似指某种单位，如一袋之类。文意大概是：李子功有一袋枸杞以价一千钱卖给王巨叔，约至二十日后付钱完毕，约到期之时，王巨叔应将千钱送至郭府田舍给李子功。若钱不具备，罚酒四、五斗，肉五斤，债四十。另入沽钱七十酬旁人□长孙、张买驼子酒食二斗。这是价值千钱的小买卖，如是现钱现货交易，本可不必订立券约，由于"约馈至廿日钱毕已"，故才订立此买卖欠负契。如果至期违约，责罚并不轻，这些都有二旁人为证。

---

① 张传玺主编：《中国历代契约粹编》上册，第 27—43 页。
② 吴礽骧、李永良、马建华释校：《敦煌汉简释文》，兰州：甘肃人民出版社，1991 年，第 87 页。此处录文，据饶宗颐、李均明：《敦煌汉简编年考证》（台北：新文丰出版公司，1995 年，第 80—81 页）重新校定。

第二件未收入者，为《新莽敦煌诸燧卒卖布、练券》，转录其文于下：

> 当欲燧卒宾德成卖布一匹，直钱三百五十，临要燧长当责尽四月奉。
> 察适燧卒王未央卖绨一匹，三百七十，当责察适燧长尽四月奉。
> 恿敢燧卒狐卖练一匹，贾钱四百九十，又布钱百卅四，凡直六百廿四，当责造史诛子病□尽四月。①

这三起买卖都是长官（燧长、造史）买燧卒布、练等物，以四月俸禄还债款的内容。三起买卖写在一简上，具有记帐备忘的特点，就其性质而言，实是买卖欠负券。本件和上件都看不出"前后作二券，中央破之，两家各得其一"的质剂或傅别的特点。不过，在汉简中，我们注意到敦煌汉简第1708号：《西汉神爵二年（前60）广汉县节宽惪卖布袍券》② 与1601号：《西汉神爵二年（前60）陵胡燧长张仲孙买布袍卷》③ 则是属于这类券约一分为二的两个部分，现将二简录文于下：

> 敦煌汉简第1708号：
> 神爵二年十月廿六日广汉县廿郑里男子节宽惪卖布袍一，陵胡隧长张仲孙用贾钱千三百，约至正月□□任者□□□ □□□（简面）
> 正月书符，用钱十。时在旁候史张子卿，戍卒杜忠知卷约。沽旁二斗（简背）
> 敦煌汉简第1601号：
> 神爵二年十月廿六日陵胡隧长张仲孙，买卒宽惪布袍一领，价□千
> □□（简面）
> （简背不能识读）

以上二简实属同一件买卖布袍交易，一为卖契；一为买契，原本写在一面简

---

① 吴礽骧、李永良、马建华释校《敦煌汉简释文》，第86页。
② 敦煌汉简第1708号，《流沙坠简》，第47页；《敦煌汉简释文》，第178页。
③ 敦煌汉简第1601号，《敦煌汉简释文》，第166页。

片上，写好后从中剖别开来，写有节宽惠卖布袍的卖契交给买方张仲孙持有；写有张仲孙买布袍的买契交给卖方节宽惠持有。这应该就是《周礼》中说的"两书一札，同而别之"的"质剂"，买卖双方各自持为凭据。西汉神爵二年这一对买卖券的发现，为我们提供了早期买卖质剂、傅别的实物证据，同时也反映出直到汉代，仍保留着西周时期的古老传统。

从这对质剂的内容看，一件布袍，价值一千三百文，买方陵胡隧长张仲孙并未立即交钱，而是"约至正月"交付，实际上是一种"赊买"，即赊买，正因如此，须立下质剂，以为日后索回一千三百文的凭据，从这层意思看，所立之券又可称之为"责券"，即债券，反映出了质剂的另一实际作用。在《粹编》所列买卖券契里，绝大部分都如同前列的《李子功卖枸券》一样，属于生活用品的"赊买"约定，正是由于这类买卖具有非当场现金交易的特点，所以才须订立赊买券，以备作为日后追讨的凭证。

如果涉及田宅、奴婢或大型物品，即使是现金交易，钱、货两清了，也是要订立券契的，因为这关系到对产权的认定。关于土地买卖，可见于《汉长乐里乐奴卖田券》：

　　□置长乐里乐奴田卅五畒，贾钱九百，钱毕已，丈田即不足，计畒数环钱。旁人淳于次孺、王充、郑少卿。古酒旁二斗，皆饮之。[1]

"畒"，为古时一种田地计算单位。简文中长乐里乐奴为卖田方，买田方人名在其上的缺文中。买主以钱九百文从乐奴处买得田卅五畒，如果田经丈量数不够，则按不够的畒数还钱。这是对田土所有权转移的买卖约定，券文文字虽然简约，却是拥有所买土地的所有权证据。

对奴婢买卖的券契，有西汉神爵三年（前59）资中县王褒《僮约》，约文对"奴从百役使"的"百役"描写文字很长，仅录其涉及券契部分内容如下：

　　①　本件出土于居延瓦因托尼，《居延汉简甲乙编》将其编为557·4号，对其释文，诸家多有歧异，此处释文转录于谢桂华、李均明、朱国炤：《居延汉简释文合校》下册，北京：文物出版社，1987年，第653页。

神爵三年正月十五日，资中男子王子渊，从成都安志里女子杨惠买
夫时户下髯奴便了，决卖万五千，奴从百役使，不得有二言。……奴不
听教，当笞一百。①

买主王子渊，用钱一万五千，从杨惠手中买下一名髯奴，于是对这名髯
奴的所有权，也就转移到了王子渊的手中。奴须听从主人王子渊的百役使
唤，"不得有二言"，如果"奴不听教，当笞一百"，这是主人对奴行使其绝
对占有权的结果。

吐鲁番所出《西晋泰始九年（273）二月翟姜女买棺约》为大型物的买
卖券约，转录文于下：

司泰始九年二月九日，大女翟姜女，从男子栾奴（简面）
买棺一口，贾练廿匹。练即毕，棺即过，若有人名棺
者，约当召栾奴共了。旁人马男，共知本约。（简背）②

此约简面在年号"泰始"之前，画有一符号，实为一"同"字的右半。
这意味着本约还存在着同一买卖内容的另一份，即画有"同"字左半的那
一份。此"同"字应是大写手书字，它的存在及其一分为二，表明此约有
相同买卖内容的另一份，一旦发生纠纷时，将两半"同"字合在一起检验
后，再来凭券论断，这就是所谓的"合同"，它证实了古代称之为"傅别"
的买卖券契形态。用练廿匹买棺一口，既然"练即毕，棺即过"了，何以
还要立此傅别约？从"若有人名棺者，约当召栾奴共了"一语便知，其实
际意义在于防止他人的追夺，即如果有人认为棺是他的，就当找栾奴来了断
此事。这反映了买卖券契的另一种功能，即预防追夺的功能。本券开头留有
"同"字右半，表明这是右券，或称之为"右契"。谢和耐氏也注意到左、
右契的问题，他说："宋代的鲍彪写道：'左契，待合而已；右契可以责

① 《艺文类聚》卷35，上海：上海古籍出版社，1998年；日人宇都宫清吉对王褒《僮约》有专文
研究，目前尚未见其文。
② 《文物》1972年第1期第22页图28。新疆维吾尔自治区博物馆：《新疆出土文物》，北京：文物
出版社，1978年，第24页图10，吐鲁番出土。

取.' 因此很清楚, 义务就是在承担义务的一方交出了木简或把亲手签署的一支交给对方时产生的."① 这里没有将左、右契问题阐述清楚。所举鲍彪的话, 是在他注《战国策》中 "安成君东重于魏, 而西重于秦, 操右契而为公"② 时说的, 至于为何 "右契可以责取", 而 "左契, 待合而已"? 未作解释。宋人黄震在《黄氏日抄》中说:"契, 合同之物, 以右为上, 左契无用."③ 古代的书写方式, 都是由右到左, 故而以右为主, 左为次。在买卖交易中, 都是以买方、即钱主方为主, 应执右券; 以卖方为次, 故执左券。④ 出土的《翟姜女买棺约》, 属于右券, 当为买棺人翟姜女所执有, 这也是翟姜女对所买棺拥有所有权的证明。

综上所列可以看到, 不论是一般生活物品的买卖, 还是奴婢、田土的买卖, 都是所有权的转移, 买卖交易完成后, 买主即拥有了所买物 (或奴、或田) 的绝对占有权、支配权, 而券契则是这种占有权、支配权的证明, 这是毫无疑义的。除此以外, 古代买卖质剂、傅别还具有两种功能, 一种是在赊买交易中, 可持以追讨未付款债务; 二是预防他人对所买物的追夺。这两种功能, 也是为维护对所买物绝对占有权、支配权服务的。

谢和耐氏在其研究结论中说:"出卖的直接目的不在于使买主最终和绝对占有出售物。出售不会导致所有权的转移."⑤ 这个结论完全不符合前揭买卖券契的实际, 买卖行为, 就其核心点说来, 就是所有权的转移, 即将出售物的所有权由卖方转移到买方, 如同前揭西汉买主以钱九百文从乐奴处买得田卅五佊; 王子渊用钱一万五千从杨惠手中买髯奴; 卖方节宽惠将布袍所有权卖给买方张仲孙; 西晋栾奴将棺一口的所有权卖给翟姜女一样, 他们对所买田、奴、物拥有最终和绝对的占有权。

中国早期的买卖券契, 从其形式看, 文字均较简略, 但有几项必不可少, 如立券时间 (年、月、日); 买卖双方的姓名、籍贯; 所买物品名称、

① 　[法] 谢和耐著, 耿昇译:《敦煌卖契与专卖制度》, 第 27 页。
② 　[宋] 鲍彪:《战国策校注》卷 8, 文渊阁四库全书本。
③ 　[宋] 黄震:《黄氏日抄》卷 14 释 "右契", 文渊阁四库全书本。
④ 　《佩文韵府》卷 67 上八霁部 "契";《御定骈字类编》卷 130 方隅门 18 "右契" 均对此解释说:"契券, 要也。右为尊, 以先书为尊, 故也。" 文渊阁四库全书本。
⑤ 　[法] 谢和耐著, 耿昇译:《敦煌卖契与专卖制度》, 第 30 页。此说具有明显的错误, 似不应出自谢和耐之口, 疑译文存在出入。

数量；买物价格、交钱方式及数额；立契时在旁人姓名、身份等。

对于"沽各半"一类的"沽"字，有时被人误解，如刘瑞明氏说："'沽'应该是'占'字之误。'占各半'是说同一契约文本，在同一纸上写成一式两份，买方卖方从中间骑缝处裁开，各持一半（即一人一份）为据。"①照刘氏的说法对于"沽旁二斗"或"沽酒各半"也就无法解释了，因而其说不能成立。王国维氏在对《神爵二年节宽憙卖布袍券》中"时在旁候史张子卿，戍卒杜忠知卷约。沽旁二斗"一语考释说：

> "在旁某某知卷"，即今卖券中之中人。《吴黄武四年浩宗买地券》云："知卷者雒阳金□子"，罗君以"卷"为"券"之别构字，引《庄子·庚桑楚》释文为证，其说甚是。汉时又谓之旁人，黄县丁氏藏《汉孙成买地券》末云：时旁人樊永、张义孙、孙龙、异姓樊元祖皆知卷约。"沽酒各半"，又浭阳端氏藏《汉建初玉买地券》云："时知券约赵满、何非，沽酒各二斗"。此简末亦云"沽□二斗"，是一袍之买卖亦有中费矣！②

据王氏的解释，旁人就是中人，不过还应该有旁证人的意思。对"沽旁二斗"，王氏解作"沽□二斗"，认为是中费，即作为对旁人的一种酬劳。"沽酒各半"是否还可理解为：买酒酬谢证人时，不论沽酒数量多少，其负担由买、卖双方各承担一半。古代券契中常列有"旁人"某某，并且要沽酒酬谢，其意在写明交易时有旁证人在场，一旦事后发生争议纠纷，好请旁证人出面评断，这恐怕才是要买酒酬谢旁证人的真正原因之所在。

王国维氏所引举之《吴黄武四年浩宗买地券》、《汉孙成买地券》、《汉建初玉买地券》③虽然均属于向神灵买墓地的买地券，但它涉及到早期的土地买卖券契模式，也应引起关注。仁井田陞氏在论及"不动产买卖"时，列举了一件收藏在中村不折氏书道博物馆的最早买地券《西汉建元元年

---

① 刘瑞明：《吐鲁番出土文书释词》，《西域研究》1999 年第 4 期，第 56 页。
② 《屯戍丛残考释》杂事类，罗振玉、王国维编著：《流沙坠简》，第 193—194 页。
③ 均见于罗振玉：《地券征存》。张传玺主编《中国历代契约粹编》上册，第 104 页、46 页、44 页。

（前140）荣阳邑王兴圭买田铅券》①，张传玺氏在编制《中国历代契约粹编》时，将其列在"疑伪买地券"类，这是因为券文中不仅地名不实，而且时间干支也不对，还有行文用语疑点太多，故在此暂不以该券为例。下面以清末出土于山西忻州的《东汉建初六年（81）武孟靡婴买地玉券》为例来作一些认识，券文转录于下：

1　建初六年十一月十六日乙
2　酉，武孟子男靡婴买
3　马起发、朱大弟少卿冢
4　田。南广九十四步，西长六
5　十八步，北广六十五，东长
6　七十九步。为田廿三亩
7　奇百六十四步，直钱十万
8　二千。东：陈田比分，北、西、南：
9　朱少比分。时知券约赵
10　满、何非。沽酒各二千。②

此券刻于玉石上，文字亦较简约，与一些汉代买物券比较，除署年月日、买卖双方姓名、买田钱数等项相同者外，专列有买地面积、亩数、田亩的四邻，所谓"比分"，乃指比邻分界之意。"时知券"，与"旁人"一样，指立券时在场知其事者。"沽酒各二千"，是指买卖双方各出二千钱买酒酬谢知券人，张传玺氏注释谓："二千，或释作'二半'，即'一斗'，或释作'二斗'。"此券属买冢田人刻于玉石、埋于墓冢的买地券，虽不存在一式二份问题，属于冥世券，但其立券形式、用语都是模仿社会现实交易中的券契而来，从侧面也能反映出汉代土地买卖交易立券的实态。

在中国早期契约中，"沽各半"制不仅用于买卖券，也见于其他契约中，如借贷券等，吐鲁番出土的高昌王国前期的券契仍在继续沿用，后期则消失了。

---

①　［日］仁井田陞：《中國法制史研究》（土地法、取引法），第329—399页。
②　罗振玉：《地券征存》，张传玺主编《中国历代契约粹编》上册，第44—45页。

二、汉魏以后不动产买卖券契的演变发展

中国古代的书写用材，在魏晋时期，经历了一个划时代的变化，即由原来主要用简牍的书写，转变为主要用纸的书写，自魏晋以后，契券的普遍形态，也由简牍文契变成为纸质券契。这是研究古代买卖券契演变时须注意的特点。

魏晋至唐不动产买卖券变化的比较

魏晋以后的买卖券契，呈现出一种"短券"减少，以"长券"为主的趋向。即在买卖交易中，属于一般生活用品、消费品的买卖，不再订立文契，因为这类交易越来越频繁，而券契仅行用于大型的买卖交易，如土地、房宅、奴婢、马牛和大型物品的买卖。

在两汉至明清的两千年间，买卖契约的模式，从内容到形式都发生了许多的变化，然而法国学者谢和耐氏却说："敦煌文契和最早由汉族居民定居的地区（黄河和长江流域）发掘到的某些简牍契约具有明显的相似性，例如我们在敦煌发现的9—10世纪契约中的主要条款，就已经出现在时间为公元507年的一份简牍专卖中了，……这种普遍的相似性，一方面会促使大家承认中国的专卖一直忠于传统的模式，另一方面也承认我们面对的是所有汉族居地的共有制度，尽管也有一些地区性差异。"[①] 在这里，谢和耐氏认为：敦煌文契和最早的简牍契约具有明显的相似性，可是，他说的最早简牍专卖契却是一份507年的买墓地券。用中世纪同一历史时期的文契来作比较，是无可比性的，因而也缺乏科学性。如果说要认真分析中国古代的买卖券契是否存在着"普遍的相似性"或"一直忠于传统的模式"，就须拿出各个历史时段如汉代、十六国北朝、唐五代三个时段的买卖券契来相互比较，考察其异同。

以土地买卖契约为例，汉代土地买卖券已如前有《汉长乐里乐奴卖田券》，十六国北朝时期可以《高昌章和十一年（541）某人从左佛得边买田券》作比：

---

① ［法］谢和耐著，耿昇译：《敦煌卖契与专卖制度》，第2页。

1　章和十一年辛酉 ☐☐☐

2　从左佛得买孔进渠薄田五亩，☐☐☐

3　度。北诣渠，东与氾寺共畔，南与白参 ☐☐☐

4　西与共曹令寺田分畔。交与叠 ☐☐☐

5　☐☐☐毕。四畔之内，长不 [还，短]

6　[不与，二主先和后券，券成] 之后，各不 [得返]

7　[悔，悔者壹罚贰入不] 悔者。民 [有私要，]

8　[要行二主，各自署名] 为信，沽各 [半。]

9　　　　　　　倩书☐☐☐

10　　　　　　[临] 坐将阿顺

11　　　　　　[时见] 顺①

这件公元 6 世纪高昌王国的田地买卖券，虽缺文较多，通过对同时期各种买卖券文的通例加以校补，契文全貌基本清楚。高昌王国是公元 5 世纪中期至 7 世纪中期在吐鲁番地区建立的地方政权，"就其性质来说，完全是一个偏居一隅的、封建割据式的汉人政权"，"在法理上，它仍认为自己是中原魏朝的属国，是中国的一部分。所用年号、干支，官称及文字，均保持着中原汉文化的制度和传统"。② 因而在民间的买卖交易及契券内容、形式等方面，也均与内地保持着一致性。据此，可作为中国 5、6 世纪土地买卖契的代表形态。

谢和耐氏引举的《后周显德四年（957）吴盈顺卖田契》，可以作为公元 9、10 世纪唐五代土地买卖契券的代表来比较，先列契文于下：

1　南沙灌进渠中界，有地柒畦，共叁拾亩，东至官园，西至吴盈住，南至沙，北

2　至大河。于时显德肆年丁巳岁正月二十五日立契，敦煌乡百姓吴盈顺，伏缘

---

① 《吐鲁番出土文书》录文本第三册，第 71—72 页；图版本第一卷，第 377 页。[ ] 内文字乃是日本东洋文库《敦煌吐鲁番文书Ⅲ》据同时期其他买卖契行文所补。

② 陈国灿：《从吐鲁番出土文书看高昌王国》，《兰州大学学报（社会科学版）》2003 年第 4 期。

　　3 上件地水，佃种往来，施功不便，出卖与神沙乡百姓琛义深。断作地价，每尺

　　4 两硕，干湿中亭，生绢伍匹，麦粟伍拾贰硕。当日交相分付讫，并无升合

　　5 玄欠。自卖已后，永世琛家子孙男女称为主记为准，有吴家兄弟及

　　6 别人侵射此地来者，一仰地主面上并畔觅好地充替。中间或有恩赦流

　　7 行，亦不在论理之限。两共对面，平［章］为定，准法不许休悔，如

　　8 若先悔者，罚上马壹匹，充入不悔人。恐人无信，故立斯

　　9 契，用为后验。①

　　本件由于是抄件，契尾的买卖方及保人署名及押记均被抄录者省去。然行文本身完整，仍可拿来与前两件作出比较：

　　前列三件不同时期的土地买卖契中，有一些共有的内容，如买卖交易的年月日，买卖双方姓名，出卖田数额、价格，交易时在旁的证人等。在具有这些相似性的同时，三契间还存在着许多差异性，这正是由于时代的不同带来的变化。

　　第一，对所卖田的地点、位置及地亩四至情况，早期简单，后期详细。如在《乐奴卖田券》（以下简称汉券）中就没有记载，在汉代的买墓地券中，有载与不载者参半。但在《高昌章和十一年（541）某人从左佛得边买田券》（以下简称高昌券）和《吴盈顺卖田契》（以下简称五代契）中，记载则是具体的，而且在高昌券里还申明所卖地"四畔之内，长不还，短不与"，说的是在四至范围内，土地多出来不用还，少了也不用补给。这既是对出卖土地面积的明确，也是对土地面积争议的一种预防。在五代契中还写明了吴盈顺卖田的原因，这在前两券中都没有。

　　第二，早期无悔约受罚的条款，十六国券已后才出现，如"二主先和后

---

　　① P.3649号文书，唐耕耦、陆宏基编：《敦煌社会经济文献真迹释录》第二辑，第11页。

券，券成之后，各不得返悔，悔者壹罚贰入不悔者"，五代契中的"两共对面，平〔章〕为定，准法不许休悔，如若先悔者，罚上马壹匹，充入不悔人"等。这是对诚信相守新增的预防性条款。

第三，对卖后预防追夺的条款，汉券与高昌券均无，只是到五代才出现，如"自卖已后，永世琛家子孙男女称为主记为准，有吴家兄弟及别人侵射此地来者，一仰地主面上并畔觅好地充替"。按契约规定，买卖完成后，此地即为琛家子孙永世所有，如有吴家兄弟或他人要来侵占此地时，应由吴顺盈另觅好地充替。这既是对田地所有权彻底转移的申明，也是对可能出现别人追夺情况的预防。然而这类申明和预防在早期的券契中则完全没有。

第四，在五代契中还出现预防国家特殊干预的条款，如"中间或有恩赦流行，亦不在论理之限"，这在此前均不见。所云"恩赦"，乃是指在新帝即位或大乱初复之后，由皇帝下发的赦免文中的规定。国家的这类赦令，通常很少涉及到私人间的土地买卖。但是有时也偶而触及，如后晋开运元年闰十二月乙酉所下制文中，对于曾协从杨光远叛乱而又逃窜的乡村百姓，"其庄田物业，亦许力及人户请射佃"。[①] 五代契对诸如此类涉及土地所有权的恩赦，也预作了申明：不在"论理"之限。

第五，在高昌契和五代契中，均有强调立契当事人署名为信的条款，如高昌契中说："民有私要，要行二主，各自署名为信"。"要"字，与"约"相通，所写文字是说，民间以私约作约束，契约在买卖双方施行时，以双方的署名作为凭信。高昌后期到唐五代多改为"画指为信"，即在当事人姓名上画上三道中指指节。这都是为了预防不讲诚信事端的发生，在汉券中并未见有此类内容。

第六，券尾所列旁证人也有很大的变化。汉券中，券尾写有"旁人淳于次孺、王充、郑少卿。沽酒旁二斗，皆饮之。"这类"旁人"，即在旁的见证人，或写作"临知者"，对这类在旁临知其事者，在不同时期，其称谓也不同。十六国时称为"时人"、"书券"[②] 等。高昌王国时演化为"倩书"、

① 《册府元龟》卷94《帝王部·赦宥十三》，第1129页。

② 《前凉升平十一年（367）王念卖驼券》（《吐鲁番出土文书》录文本第一册，第5页）中有"时人"、"书券"。《前秦建元十三年（377）赵伯郎买婢契》（Dx.11414V+Dx.02947号，见《俄藏敦煌文书》第十五册）中有"书券"；《北凉玄始十年（421）五月四日马雒赁舍券》（王素《略谈香港新见吐鲁番契券的意义》，载《文物》2003年第10期）中有"时人"、"书"。书即指"书券"。

"时见"、"临坐"。如《高昌永康十二年（477）张祖买胡奴券》券尾所列为："倩朱忠书信，时见祖强、迦奴、阿养、苏高昌、唐胡"，① 倩，即倩书，指契文书写人。章和年间以后的高昌券里，又增加了"临坐"。到了唐代，变成了"知见人"、"保人"，在五代的契约中，这类人数，也有增加，如 S.2385 号《阴国政卖地契》②，其后面的见证人，至少有五人。又如《后唐清泰三年（936）百姓杨忽律哺卖舍契》③ 中，列有"见人"四，"邻见人"三，其下均画有押记。在《阴国政卖地契》的最后，还署有"节度押衙"和"河西管内都指挥使兼御史"，此二人虽具官员身份，在此也是作为见证人出现的。这些举措既加重了券契的权威性、有效性，也增强了见证人的可信度。这些契约上的新环节或新现象，在汉代、高昌卖地券中均未见。

汉券中的"古酒旁二斗，皆饮之"一类的话，在十六国及高昌早期的券契中还有存在，即"沽各半"。但在唐五代的契约中则是完全没有了。

通过对三个历史时期买卖券契的比较分析，可以清楚看到：唐五代的土地买卖券契，比之于汉代的买卖券，有了很大的差异，出现了很多新条款。这些条款都是为了贯彻券契诚信原则、排除外来干扰所作的增设，可见，即使是像田土买卖一类的券契，随着时间的推移，都在不断的变化发展中，并不是像谢和耐氏所说的那样，一直固守着一种"传统的模式"。

土地买卖券契经过一千多年的发展，何以会有这许多的变化？这应该从券契内部双方关系的发展变化中来寻找答案。契约文字内容的丰富或复杂化，是随着人们在买卖交易关系中的变化而出现的。土地的买卖，属于生产资料的买卖，和其他不动产买卖一样，都是属于私有财产产权的转移，土地虽属不动产，但通过耕作可不断再生财富，正如马克思所云："劳动并不是它所产生的使用价值即物质财富的唯一源泉。正如威廉·配第所说劳动是财富之父，土地是财富之母。"④ 特别是进入封建时代后，土地更加成为人们赖以生存的基础，也是人们拥有财富的重要组成部分。因此，土地所有权的转移，更加受到人们的重视，可能随时会受到各种类型的干预和争夺。人们

---

① 柳方：《吐鲁番新出的一件奴隶买卖文书》，载《吐鲁番学研究》2005 年第 1 期。
② 唐耕耦、陆宏基编：《敦煌社会经济文献真迹释录》第二辑，第 16 页。
③ 唐耕耦、陆宏基编：《敦煌社会经济文献真迹释录》第二辑，第 9 页。
④ 马克思：《资本论》第 1 卷，第 56 页。

在长时期的土地买卖交易实践活动中，逐渐感到，必须排除各式各样的干预和侵夺，才能使交易顺利完成。即使这些干预和侵夺没有发生，也应积极给以预防。这正是土地和其他不动产买卖券契中预防性条款由无到有、由少到多的原因。

券契中的各种预防性条款，并非一开始都被人们自觉地意识到了，只是在长时间的交易实践中才逐步认识到其作用。如对田土面积争议的预防，已较早地被人们预计到，故在早期的文契中注意到要写明土地面积及四至，以至到 6 世纪的契文中甚至写明"四畔之内，长不还，短不与"。对于悔约受罚的预防和不讲诚信的预防，则始见于高昌国时期及其以后的券契，显然是由于现实交易中不讲诚信的事件增多，才出现"民有私要，要行二主，各自署名为信"及"恐人无信，故立斯契，用为后验"一类强调信用的词语。

对于来自契外人追夺性的预防，也初见于高昌国时期的券契，券中事先写明：如果出现此类情况，均由卖者负责。对国家特殊干预如"恩赦流行"预防的条款，主要出现在唐五代的文契中，故在唐后期以致五代时的土地买卖契中总要提到"官有政法，人从私契"，或"有恩赦流行，亦不在论理（之限）"①。尽量强调私契不受官府干预。仁井田陞氏特别注意到预防恩赦流行的词语，将其称之为"恩赦担保文言"，②他引举了晚唐五代至宋初朝廷的一些恩赦诏敕文后，表列了 15 件载有类似预防恩赦词语的晚唐至宋初的敦煌契约，在相比较后，指出这类词语正是为了"排除"恩赦令适用的一种担保。这个分析是完全正确的，它再次表明契约内容的不断丰富，正是为了适应客观形势的变化。不过，在实际生活中，买地契约中的这种恩赦担保词语能否有效排斥公权力的行政干预，因未见具体实例，尚有待进一步证实。

由以上的分析中看到，中国的不动产买卖券契，在一千多年的自身发展中，经历了一个由简单到复杂，由没有预防性词语到有多方面预防性词语，由条款不完备到条款完备，由低级到高级的逐步完善过程。到了 9、10 世纪

---

① 唐耕耦、陆宏基编：《敦煌社会经济文献真迹释录》第二辑，第 13 页。沙知编：《敦煌契约文书辑校》，第 35 页。

② ［日］仁井田陞：《中國法制史研究》（土地法、取引法）第十章第七节《中國古代の"恩赦"と日本の"德政"》，该书第 750—761 页。

晚唐五代时期，其土地买卖契约的面貌，比之于公元前后汉代土地买卖券的面貌，已经大不相同了。两相比较，其差异性远大于相似性，无论从券契的内容上，还是形式上，唐五代的买卖契约，已远远突破了汉代的那种券契模式。时代的不同，必然要在内容和形式上赋予契约新的面貌。通过对土地买卖券契的考察，可以这样认为：到了唐五代时期，买卖契约已经成熟化、定型化。

唐代国家政策法令与民间买卖契约的关系

对于民间一般的买卖契券，在唐及其以前，国家政权并不介入其中，即唐《杂令》中所云的"任依私契，官不为理"。在契约关系问题上，官与私有明确界限。然而，从唐代国家的政策法令层面看，对于民间的各类买卖活动则有各种具体规定。概括起来，大体可分为禁止、限制、不限三个方面。

在禁止方面，又有完全禁止和有限禁止的差别。完全禁止者，如兵器一类，是不容许民间拥有的物品，《唐律·擅兴律》载：

> 诸私有禁兵器者，徒一年半（谓非弓、箭、刀、楯、短矛者）。①

对此律，《疏议》曰：

> "私有禁兵器"，谓甲、弩、矛、矟、具装等，依令私家不合有。若有矛、矟者，各徒一年半。……其旌旗、幡帜及仪仗，并私家不得辄有，违者从"不应为重"，杖八十。

这是属于绝对禁止私家拥有之物，更不容买卖。

属于有限禁止的物品很多，据唐《关市令》载：

> 诸锦、绫、罗、縠、绣、织成、䌷、丝绢、丝布、牦牛尾、真珠、金、银、铁，并不得与诸蕃互市及将入蕃，所禁之物，亦不得将度西边、北边诸关及至缘边诸州兴易，其锦、绣、织成，亦不得将过岭外，

---

① 《唐律疏议》卷16《擅兴》。北京：中华书局，1983年，第314页。

金银不得将过越、巂道。①

这是对各类丝织物及金、银、铁等限地流通的规定，恐怕也是唐初继承前朝而来的禁令。随着形势的变化，实际上后来已有许多物品也开禁了，如唐西州交河郡，属"沿边诸州"之列，而在其地出土的《唐天宝二年交河郡市估案》中，所列出的"䌽帛行"内的商品有"紫熟绵绫"、"绯熟绵绫"、"夹绿绫"、"细绵䌷"等；在某行内列有"钢"、"铁末"等商品。②这些原本是禁止在沿边诸州流通的物品，到天宝年间已能在交河郡的市上自由买卖，表明此条禁令并非一成不变。

土地的买卖在大多数情况下，也属于有限禁止的内容。土地属于不动产，直接关系到国家的赋税徭役增损，故对其转换所有权的管理特别严格。西晋施行占田课田制，旨在恢复社会生产，允许土地买卖，此制一直延续到东晋南朝。高昌王国继承了西晋占田制，③故土地买卖流行，其出土的田亩买卖券契也多。北方自北魏推行均田制以后，田土的买卖受到限制，《魏书·食货志》载：

> 诸桑田皆为世业，身终不还，恒从见口。有盈者无受无还，不足者受种如法。盈者得卖其盈，不足者得买所不足。不得卖其分，亦不得买过所足。④

对拥有世业田的盈者与不足者之间，通过买卖的手段进行调节，都是在官府的控制下进行的。这种做法一直延续到唐代前期，并有所发展。如前所引唐开元《田令》中所载，不论是永业田或口分田的买卖，都不能超过国

---

① 天一阁博物馆、中国社会科学院历史研究所天圣令整理课题组校证：《天一阁藏明钞本天圣令校证》下册，第405页。

② ［日］池田温：《中国古代物价初探——关于天宝二年交河郡市估案断片》，译文载同氏《唐研究论文选集》，北京：中国社会科学出版社，1999年，第122—189页。

③ 此据陈国灿氏观点，参见同氏《高昌国的占田制度》一文，载《魏晋南北朝隋唐史资料》第11辑，武汉：武汉大学出版社，1991年，第226—238页。后收入《陈国灿吐鲁番敦煌出土文献史事论集》，上海：上海古籍出版社，2012年，第70—92页。

④ 《魏书》卷110《食货志》，第2854页。

家规定个人的标准；其买卖都须经向官府申报，得到批准给以文牒后，才算合法。否则，财没不追，地还本主。唐代开元、天宝以后，均田制趋于瓦解，土地买卖的自由度扩大，但仍须"入官措案为定"①。即使订了私契，还须以官府定案的文牒为准。

除田土外，对奴婢、马牛驼骡驴的买卖都要求立市券。奴婢买卖将在下节详论，至于马牛驼骡驴等大牲畜的买卖，也置于国家监控之下。因为大牲畜既是为农耕生产提供畜力的生产资料，也是国家用于军事、交通、运输的工具，民间买卖，即使立有私契，也须经官府批准给券，方为合法。

此外，还有一些属于国家专卖的物品，如唐代中期以后盐、铁、酒、茶等的买卖，虽然不存在契约关系，但国家也不准私煮、私酤、私家贩卖。

属于不限制的商品买卖，如一般生产资料、生活用品之类的交易。到了唐五代，一般不立契券。只是当交易双方不能立即钱、物两清，有所欠负时，才订立契约，实际上是一种赊买欠负契约。如《唐大中五年（851）僧光镜赊买车小头钏契》，文转录于下：

1　大中五年二月十三日，当寺僧光镜，缘阙车小头钏壹交停事，

2　遂于僧神捷边买钏壹救（枚），断作价直布壹伯尺。其

3　布限十月已后（前）于僦司填纳。如过十月已后，至十二月勿填，

4　更加贰拾尺。立契后，不许休悔，如先悔，罚布壹匹入不

5　悔人。恐后无凭，答项印为验。（朱印）

6　　　　　　　　　负僦布人僧光镜（朱印）

7　　　　　　　　　见人僧龙心

8　　　　　　　　　见人僧智昄（朱印）

9　　　　　　　　　见人僧智恒字达②

---

① 敦煌文书 P.3394 号《唐大中六年（852）僧张月光、吕智通易地契》，唐耕耦、陆宏基编：《敦煌社会经济文献真迹释录》第二辑，第 2 页；沙知编：《敦煌契约文书辑校》，第 4—6 页。

② 敦煌文书 S.1350 号，唐耕耦、陆宏基编：《敦煌社会经济文献真迹释录》第二辑，第 43 页；沙知编：《敦煌契约文书辑校》，第 62 页。

钏，本为金属环圈，清钮树玉《说文新附考》云："钏，疑'釧'之俗字。"车小头钏，疑是指车辐中心的钢铁环圈。价值较贵，故在断作布一百尺后，买主拿不出布，只有约定在十月以前填还，如拖延到十二月，尚须加二十尺。这是一种赊买契约，由于存在着欠负，故需立契为凭，实际上也是一种欠负契。

从以上的分析可以看到，民间的卖买交易及其契约，只要不违背国家政策法令的规定，完全可以任意进行，"官不为理"。谢和耐氏说："中国契约法的主要特征之一是它的独立性。官府不协助订立义务，也没有强制执行的权力。执行文契的本身是严格的私人性事务。"① 应当首先指出的是，中国古代并没有一个专门的"契约法"，但是在国家律令中有对契约的某些相关规定。对于民间的契约，虽然官府没有协助订立的义务，但对其执行与否，却有监控、强制执行的权力。国家承认民间契约，而且对民间契约的一些内容和条款均基本上予以保护，这主要表现为对民间违契行为的干预上。如《唐律疏议》中规定有：

> 诸负债违契不偿，一匹以上，违二十日笞二十，二十日加一等，罪止杖六十；三十匹，加二等；百匹，又加三等。各令备偿。②

此条是对债务人违背契约的规定，对于不偿还债务者，官府给以处罚，旨在维护债权人的权益。又规定有：

> 诸负债不告官司，而强牵财物，过本契者，坐赃论。③

此条乃针对债权人，《疏议》解释说："谓公私债负，违契不偿，应牵掣者，皆告官司听断。若不告官司而强牵掣财物，若奴婢、畜产过本契者，坐赃论。"对违契不偿，应告官司听断，如果既不告官司，又强行牵掣财物，超过本契规定者，以坐赃论罪。这是国家以律令的形式对违契行为的法律

---

① ［法］谢和耐著，耿昇译：《敦煌卖契与专卖制度》，《法国学者敦煌学论文选萃》，第3页。
② 《唐律疏议》卷26《杂律》，第485页。
③ 《唐律疏议》卷26《杂律》，第485页。

控制。

从出土的十六国至唐五代的契券文书中，我们还注意到，在高昌国时期及其以前的契券行文中，均将契约称为"券"。而自唐代以后的契券行文中，又都将契约称之为"契"。何以会有此种变化？从字的本意讲，券、约、契三字的意思是相通的。然而，到了唐代，将契约分成了公（经官的）与私（不经官的）两类而载入令式，《唐杂令》中有"诸以财物出举者，任依私契，官不为理"①。《唐律》中又有"诸负债违契不偿"条、"诸负债不告官司，而强牵财物，过本契者，坐赃论"，这里的"契"，都是指的私契。另外有一些买卖必须经过官府才能订立契约，如土地须经向官申牒，获批准后才可买卖；奴婢、马牛买卖须经官立市券，方为合法，这都属于官契一类。在经官立券时，官府并不管原来私自订立的契约内容如何，故有"令无私契之文，不准私券之限"的界定②。唐敬宗宝历元年（825）正月南郊赦文中说："应天下典人庄园田店，便合袛承户税，本主赎日，不得更引令式，云依私契征理组织贫人。"③ 为了区分于一般民间私契，故在唐律令将官契特名之为"市券"，而将一般民间契约通称之为"契"，这也为吐鲁番、敦煌所出的大批契券所证实。

总的说来，封建国家对于民间的买卖券契，是用政策和律令来加以宏观控制、管理的。国家对契券具体内容不作干预，同时国家也要靠契券来维持民间正常的买卖交易秩序，有时还把契券作为贯彻政策的手段；而民间买卖契券的运行，也依靠国家的律令来加以保护。

宋元地契税对不动产买卖契的制约

唐五代立市券时，是否也要向官府交纳券税？仁井田陞氏在研究"卖买法"中的"契税手续（红契制度）"时说："唐代不动产卖买制度，到10世纪五代以后还是相同的。在官府给以公验（文牒）之前立的契约，并不完全当作目的物所有权转移时附加的解除条件。然而，唐代的契税制度则不甚明了。"④ 的确，有关唐代的律、令均未提及券税或立券时纳钱的事；在

---

① 天一阁博物馆、中国社会科学院历史研究所天圣令整理课题组校证：《天一阁藏明钞本天圣令校证》下册，第430页。《宋刑统》卷26《受寄财物辄费用》引《唐杂令》，第412页。

② 《唐律疏议》卷26《杂律》，第501页。

③ ［宋］宋敏求编《唐大诏令集》卷70，第394页。

④ ［日］仁井田陞：《中國法制史研究》（土地法、取引法），第345页。

出土的唐代前期的市券上，也未见有关交立券钱的记载；唐《通典》、《唐会要》及两《唐书·食货志》也未涉及此方面内容。据此，可以认为唐代、至少在唐前期，不存在立券钱或契税。然而，《文献通考》的作者马端临却说：

> 税契始于东晋，历代相承，史文简略，不能尽考。宋太祖开宝二年，始收民印契钱，令民典卖田宅输钱印契，税契限两月。①

"税契始于东晋"，乃沿《隋书·食货志》中"晋自过江，凡货卖奴婢、马牛、田宅，有文券，率钱一万，输估四百入官"的记载。从唐初魏征等人所撰《隋书·食货志》中所言"虽以此为辞，其实利在侵削"的语调看，进入隋唐，似乎取消了这种输估。只是到了安史之乱后，国家府库空虚，"诸道节度使、观察使多率税商贾，以充军资杂用，或于津济要路及市肆间交易之处，计钱至一千以上，皆以分数税之"。② 唐德宗朝，行两税法，规定"商贾税三十之一"，③ 立券钱或许就包含在其中了。所以马端临说出了税契自东晋以后，"历代相承"的话，然并未见明确的记载。而有确凿记载的是五代后唐，后唐明宗天成四年（929）七月兵部员外郎赵燕奏："切见京城人买卖庄宅，官中印契，每贯抽税契钱二十文；其市牙人每贯收钱一百文，甚苦贫民，请行条理。"④ 这是赵燕看到京城买卖庄宅，"官中印契"按2%标准收税契钱，而市牙人却按10%收钱，请求立条治理的报告，表明后唐已经官定收印契钱。此后至北宋初年，便明确在全国建立了"收印契钱"的名目，自此以后，输钱印契就成了买卖交易中的一种固定税目——契税。

自北宋契税出现后，买卖契才有白契、红契之分。白契即传统的私契，即买卖双方私家在白纸上写的契约；红契是指经过官府加盖红印认可的契约，北宋官员范西堂判"高七一诈占田"案时写道："（高七一）又于（契）内即无号数亩步，别具单帐于前，且无缝印。乡原体例：凡立契交

---

① ［宋］马端临：《文献通考》卷19《牙契》，第186—187页，北京：中华书局，1986年。
② ［唐］杜佑：《通典》卷11《食货·杂税》，第262页，北京：中华书局，1988年。
③ 《新唐书》卷52，《食货二》，第1351页。
④ 《册府元龟》卷504《邦计部·关市》，第6052页。

易，必书号数亩步于契内，以凭投印。"① 说的是土地买卖立契，必须在契内写明土地编号、几亩几步，然后以此白契向官府投税盖官印，而且在单帐联纸上要有"缝印"，方始有效。元人陶宗仪说："又有曰红契，买到者则其原主转卖于人，立券投税者是也。"② 即出卖时经过向官府投税立券加盖红印的券契。

北宋初年，令民典卖田宅者输钱印契。然而，所收之钱额，并非不变，而是在逐年增加。宋人李心传说：

> 田契钱者，亦隶经总制司，旧民间典卖田宅，则输之为州用。嘉祐末始定令："每千输四十钱（五年二月）。"宣和经制增为六十（四年六月）。靖康初罢。建炎三年复之。绍兴总制遂增为百钱（五年四月）。③

税契钱北宋初收 4%，宣和间加为 6%，到南宋绍兴初再加到 10%。当税契钱成为国家财源时，官吏们也随之从中渔利。于是朝廷又制定对策：

> （绍兴）五年三月，初令诸州通判印卖田宅契纸，自今民间争田，执白契者勿用。④

《文献通考》在记载南宋的这一"初令"时，还指出这是"从两浙运副吴革请也"。当时吴革的建议是：

> 在法田宅契书，县以厚契印造，遇人户有典卖，纳纸墨本钱，买契书填，缘县典自掌印板，往往多印私卖，致有论诉。今欲委逐州通判立千字文号印造，每月给付诸县，遇民买契，当官给付。⑤

---

① 中国社会科学院历史研究所宋辽金元史研究室点校：《名公书判清明集》卷4"高七一状诉陈庆占田"案判文，第103页。
② ［元］陶宗仪：《辍耕录》卷17《奴婢》，文渊阁四库全书本。
③ ［宋］李心传：《建炎以来朝野杂记》甲集卷15《田契钱》，文渊阁四库全书本。
④ 《宋史》卷174《食货志上》，第4222页。
⑤ ［宋］马端临：《文献通考》卷19《牙契》，第187页。

从吴革的奏文得知：按原规定，各地收印契钱，均由县主持，通过买官印契纸、交纳纸墨本钱的方式来完成。由于县典自掌印板，弊端太多，故吴革的建议由州通判按千字文号顺序，编号印造并掌管契纸，每月交付给县发卖，以断其弊，其最终目的在于保证契税制度的贯彻执行和健康发展。

到了元代，税契变得更为规范，《元典章》载：

> 凡有诸人典卖田地，开具典卖情由，赴本管官司陈告，勘当得委是梯己民田，别无规避，已委正官监视，附写元告并勘当到情由，出给半印勘合公据，许令交易。典卖讫，仰买主、卖主一同赍契赴官，销附某人典卖合该税粮，就取、（卖）〔买〕典之人承管，行下乡都，依数推收。若契到务，别无官给公据，或契到官，却无官降契本，即同匿税法科断。如不经官给据，或不赴务税契，私下违而成交者，许诸人首告。是实，买主、卖主俱各断罪，价分田地一半没官；没官物内一半付告人充赏。①

按《元典章》规定，凡典卖田地，均须向官府呈报，经官府调查核实后，发给半印的勘合公据，允许交易。买卖成交后，双方再一同赴官凭"公据"及经官勘的"契本"纳税，才算买卖的完成。

官府据契成交收税之后，还给以一纸凭证，名之为"税给"，或称为"契尾"，宋代时则称之为"印梢"②。现在所能见到最早的税给，是元代后至元六年（1340）的一件，它是元至元年间徽州婺源长田朱伯亮等《批田入祠契》后附的"契尾"，契文说有众存祖坟山地一片，为虑日后子孙不能久远保守，故将山地归于朱文公庙宅掌管，"量立价钱中统宝钞三十贯文，以凭印契受税管业"云云。此处将契文省略，仅录契尾于下：

契尾

皇帝圣旨里，徽州路婺源州据朱文公庙宅用中统宝钞三十贯文，据朱伯

---

① 陈高华、张帆、刘晓、党宝海点校：《元典章》卷19《典卖》，第701页。

② 中国社会科学院历史研究所宋辽金元史研究室点校：《名公书判清明集》卷4"章明与袁安互诉田产"案判文云："章明乃赍出乾道八年契书，欲行占护，且契后即无印梢，莫知投印是何年月，契要不明，已更五十年以上，何可照使？"第111页。

亮兄弟批舍到坟山：

一都下练坞（？）柴葆山二亩二角，茶山三角，荒草地一亩，下旱田一角三十步，山内安葬朱五上舍坟八所。

至元六年十二月　日

右付本庙收执，准此。

税课司　印押、押、押①

这件契尾是在文公庙宅付给朱伯亮兄弟等中统宝钞三十贯文，又向税课司交完过户契税后，由税课司盖官印发给庙宅收执的凭证。通常都附贴在正契之后。为了防止作伪，同时也为了防止官吏从中舞弊，契尾在颁发时分为两联，一是作为正式收据，发给税主，贴在契后，通常称之为"大尾"；另一联是相同内容的存根，上交官府以备随时核查，称之为"坐尾"。故宋元以后，田宅交易，即使有契文，而无契尾，也属非法交易，这种做法一直延续至近代都是如此。

从上看到，在田宅典卖交易中，经历由向官府交印契钱，发展到官府印卖田契纸，到编号印卖契纸，再到经官给据，禁止"私下违而成交者"，最后到"契尾"的出现，这一演化过程，意味着契税制度的逐步完善化。它表明田宅买卖契约由原来向官府申牒、以私契为主的阶段，变化为以官契为主、私契无效的阶段，最终完成了国家政权对民间土地买卖的全面管控。

然而，私契并未因此而绝迹。对南宋绍兴以后的情形，《建炎以来朝野杂记》载：

大率民间市田百千，输于官者十千七百有奇，而请买契纸、贿赂吏胥之费不与。由是人都惮费，隐不告官，谓之白契。绍兴三十一年军兴，王赡叔为四川总领，乃括民间白契税钱以赡军。②

契税由最初的4%发展到后来高达17%还多，税率的不断增加，促使民

① 本契及契尾原载明刻本《婺源茶院朱氏家谱》，此处据赵华富《元代契尾翻印件的发现》一文所载转录，《安徽大学学报》2003年第4期。
② ［宋］李心传：《建炎以来朝野杂记》甲集卷15《田契钱》，文渊阁四库全书本。

间田宅典卖交易出现"隐不告官"的现象，不得不在私下行用白契，即私契。此时再行用白契，虽已属非法，如买卖双方合意，此白契对双方仍有约束力，行之不绝。故才有绍兴三十一年（1161）王赡叔在四川括民间白契税钱以赡军之举。

契税的出现，虽然具有增加国库收入的作用，同时也反映出国家用经济手段对不动产买卖契约的全面控制。契税的定型化，也使买卖契券从源流到演变的历史进入了一个新的发展阶段。

明清田面权与田骨权分割的买卖契

从唐后期到宋，国家政权承认了民间土地私有及土地买卖的合法存在后，土地可以自由买卖，地权的流动明显加速，这一方面带来买卖契约的大量增多；另一方面也促使了国家对地权交易的管控。这里只想指出在宋元以后的地权买卖中呈现出的一些新现象，正如张传玺先生所概括的："江南地区的土地关系比北方复杂，田地分为田骨（田地所有权）、田皮（耕种权）等，有所谓一田二主、一田三主之说。田地买卖关系分杜卖（绝卖）、活卖（类似典当）、卖田骨、卖田皮等，活卖主还可向买主一再'找价'，直到卖绝为止。拥有耕种权的佃户不像北方的佃户，他们可以出卖田皮。田皮可以一卖再卖，谁种田皮谁给田主（田骨所有者）纳租。"① 这些新现象反映出地权的分割，地主对土地支配力的削弱。从而导致在地权买卖契约上内容的异化。《明弘治十六年（1503）休宁县叶思和等卖田和田面文契》，是一件既卖佃面权、又卖本产的契约，转摘于下：

> 十都柒保住人叶思和同弟思琳、思杰，今将承父户下原佃到本图汪子寿户田壹号，坐落本都柒保周字伍百叁拾伍号内田陆分捌厘捌毫，土名冷水坑，其田东至……西……南…北……又将同号内思杰已买田肆分壹厘陆毫，土名同处，东至……西……南……北……今来本家管业不便，自情愿将前项同号佃与买四至内田，尽行立契出卖与同都住人胡澄名下，三面议时值价白文（纹）银拾两正。……所有上手来脚与别产相连，缴付不便，日后要用，本家索出参照无词。今恐人心无凭，立此出卖文

---

① 张传玺：《中国契约资料的蕴藏及其史料价值》，《契约史买地契研究》，北京：中华书局，2008年，第135—136页。

契为照。

弘治十六年十一月廿一日　　　　立契出卖人　　叶思和（押）契

　　　　　　　　　　　　　　　同卖产弟　　　叶思琳（押）

　　　　　　　　　　　　　　　　　　　　　　叶思杰（押）

　　　　　　　　　　　　　　　中见人　　　　张孟威（押）

　　　　　　　　　　　　　　　代笔星源　　　汪洪承（押）

今就契内领去价银并收足讫。同年月日再批（押）领①

契中是两起出卖，一起是承父户原来佃到的汪子寿户的佃田权；另一起是叶思杰已买得的本业田。两块田面积不同，但四至相同，同在冷水坑，两田性质不同，却可以同时出卖，一块卖的是佃田权，即田面权；另一块卖的是所有权，故契中明白写为"佃与买四至内田"。在这里，汪子寿户的田被分为了田骨和田皮两部分，田皮的部分长期被叶家所佃，以致成为了此田皮主，并有权将此佃田权加以出卖，而田骨部分仍为原主汪子寿所有，具体反映出了一田二主的状况。

《明崇祯十三年（1640）三月徐良谦卖田租契》，也是属于二地主出卖田面收租权的契约。

　　　立卖契弟徐良谦，今将承父买受民水田一号南岸团丘，早租十一斤二两；二号金乞庄傍，早租九斤九两；三号枣树下，早租十四斤；四号五都下坞岑，早租一秤零六斤十两；五号榨坞，早租十五斤十三两；六号旭里丘，晚租十五斤；七号官深丘，晚租七斤八两；八号汪家畔，晚租十六斤十一两；九号界下，小租十五斤。今将前九号共计早晚租六秤十一斤五两，②自情愿托中出卖与谟兄名下为业。面议时值价文银四两正，其价并契当日两相交付明白。所有税粮系在本户推扒，与兄供解无关。来历不明，尽是卖人之承当，不涉买人之事。今恐无凭，立此卖契为照。塘并坞随田行。

　　　崇祯十三年三月十八日，

---

① 张传玺主编：《中国历代契约粹编》中册，第 705 页。

② "一秤"，根据九号水田早晚租额相加总数为六秤十一斤五两折算，知此处一秤为二十斤。

立卖契人弟徐良谦，中见兄徐良宰。①

此契中九块地未列每块田的面积及四至，却特别强调了每块地上的租额，同时契中未言交易报官投税给印等事，也无契尾，只能是一纸白契。九块地共计早晚租六秤十一斤五两，本契出卖的只是此项田租，从所言"承父买受民水田"分析，这九块水田租也是其父从他人手中买得的，也有契为凭，可以认为这只是出卖田租，即田皮或田面权的契约。

这类出卖田租的契约，也有进行活卖的。《清康熙六十年（1721）武进县刘文龙卖田租契》中，刘文龙"平田一丘，计一亩八分，央中卖与陈名下收租，得受价银七两。每年完租麦五斗四升，冬米一石八斗。"② 可是到了雍正七年八月，刘文龙又提出"因原价轻浅"，要求"找得银一两整"，于是又补订了一份《卖田租找契》。③ 这就是所谓的"活卖契"，甚至有的还一找再找。

与"活卖契"相对立的是"绝卖契"，如《清乾隆元年（1736）休宁县潘禹安绝卖田契》，④ 其特点是契文开头即写明"立绝卖文契潘禹安"，文中申明"自卖之后，任凭过户收花"，尾署"立绝卖文契潘禹安（押）"，在本契的最后，还单列写了四个大字："绝卖文契。"此类契以一次彻底出卖完毕为特征。

也有的契约，直接写明出卖田骨，如《明万历三十九年（1611）祁门县吴士瑾卖田骨红契》，转录于下：

十一都吴士瑾，今有承父摽分田乙备，坐落五保，土名　，汤字九百六十壹号，计硬租玖秤，税捌分三厘捌毛。其田新立四至：东　，西　，南　，北　，自有经理开载，不及详写。今将前项四至内田骨，自情愿凭中出卖与族人

① 方行等：《中国经济通史——清代经济卷（下）》，北京：中国社会科学出版社，2007年，第1778页。
② 张传玺主编：《中国历代契约粹编》中册，第1062页。
③ 张传玺主编：《中国历代契约粹编》中册，《清雍正七年（1729）武进县刘文龙卖田租找契》，第1078页。
④ 张传玺主编：《中国历代契约粹编》中册，第1099页。

名下为业。三面议时价纹银陆两叁钱正。其价、契当日交付，契后再不立领。未卖之先，并无重复交易。如有一切不明等情，尽是卖人承当，不及买人之事。所有税粮，候大造之年听自起割入伊户供解无词。存照。

其田系碣头江家门前。

万历三十九年正月二十五日　　　　　立契人　吴士瑾（押）

中见叔　自　慊（押）①

本契上多处钤有官府的朱印，属于"红契"，表明田骨与田皮相分离的买卖是官方认可的。

田骨与田皮的分离，必然带来田骨租与田皮租的区别，这在《清咸丰八年胡家桢、胡家梧出俵田皮契》中有充分的表达，现转录契文于下：

立出俵田皮约人胡家桢、胡家梧，原承有祖遗有晚租田皮二垱，一垱土名詹坑坞，一垱土名詹坑郑家坞。两垱田内骨租黄宅大众，原额十二秤，今降实八秤。胡经正祠原额三秤，今降实一秤半。田皮租原额租八秤，今降实六秤。今因正用。自情愿央中将此田皮二垱，出俵与本祠元旦众名下为业，当三面议作时值价洋银十六元二钱整。其洋银当日是身兄弟亲手收领足讫。其田皮自今出俵之后，任听买众前去管业耕种无阻。未俵之先与本家内外人等，并无重张交易不明等情，如有是身兄弟自理，不干买众之事。其来祖业票与别相连不在，缴付要用，捡出无辞。今欲有凭，立此出俵田皮约为据。再批（押）

咸丰八年三月初二日　立出俵田皮约人　胡家桢（押）

同弟　家梧（押）

书见伯父　庆油（押）

上项契价当日是身同弟收领足讫。　　　　再批（押）　契尾②

"出俵"，具有分出散给之意。胡氏兄弟这两块田皮权原承祖辈遗留而

---

① 张传玺主编：《中国历代契约粹编》中册，第 809 页。

② 田涛、[美] 宋格文、郑秦主编：《田藏契约文书粹编》153 号，图第 78 页，释文第 75—76 页。

来，其田骨权一块在黄宅大众，原需交纳十二秤，今降实为八秤。另一块田骨权在胡经正祠，原需交纳三秤，今降实为一秤半。两块田的田皮，胡氏原可收租八秤，今降实为六秤。现将每年可收六秤租的田皮权以价洋银十六元二钱出佚与"本祠元旦众名下"。从本件看到这两块地被田骨权、田皮权、佃种权一再分割，每一部分权利均可出卖，由是而产生买卖契约的异化。

土地买卖契约的这种异化，是一田二主、一田三主现象普遍存在必然带来的结果，是在封建商品经济发达形势下，地权的分散及其迅速的转换、流动的反映，它比之于中古时期的田土买卖契约来，在内容上已有了很大的变化，商品经济对土地买卖的渗透，带来的是地权的不断分割，必然会带来封建土地所有制根基的动摇。

三、动产买卖券契的发展演化

买卖契约除了田宅等不动产买卖外，还有动产的买卖，大型的动产如奴婢和牛马驴骡的买卖，按规定也必须要订立契约。这里以奴婢买卖券契为代表，对大型动产的买卖券契的发展演变作出探讨。

中国自周秦以来，就是一个等级身份制的社会，荀子所云"贵贱有等，长幼有差。贫富轻重。皆有称者也"（《荀子·礼论》），是对当时社会的写照。所谓贱者，乃指社会最低层的人，即奴婢，或称之为贱民。他们是社会上没有任何权利的人群，历来被统治阶级当作会说话的工具，当作可转让、出卖的商品，甚至在市上，与马、牛同列于一行，即"口马行"出卖，[1] 这也印证了唐代律文中"奴婢贱人，律比畜产"[2] 的传统认定。然而，奴婢又不是普通的商品，因为他（她）们毕竟是人，是一种没有任何财产和社会地位、身份十分卑微的贱人。故在他们被买卖时，必须要有券契相随，对于奴婢买卖交易而言，券契具有双重的作用，一是对奴婢身份的认定；二是对奴婢拥有占有权的证据。因此，历来的奴婢买卖，券契是不可缺少的。

---

① 朱雷：《敦煌所出"唐沙州某市时价簿口马行时沽"考》，唐长孺主编：《敦煌吐鲁番文书初探》，第500—518页；同氏《朱雷敦煌吐鲁番文书论丛》，上海：上海古籍出版社，2012年，第230—246页。

② 《唐律疏议》卷6"诸官户、部曲、官私奴婢有犯"条疏议文，第132页。

唐以前的奴婢买卖券约

史籍对于奴婢活动的记载很多，但有关唐以前的汉文奴婢买卖券约，留存至今的却很少，仅见有《西汉神爵三年（前59）资中县王褒僮约》① 和《西晋元康间（291—299）石崇买奴券》②，现存的奴婢买卖券契，多是吐鲁番、敦煌出土的十六国至唐五代的券契。从其比对中，仍可看到一些早期奴隶买卖券契的变化。

前揭的《西汉神爵三年（前59）资中县王褒僮约》是古代很著名的一件买奴券，多为文人雅士们所赞赏。故刘勰在《文心雕龙》中说："券者，束也。明白约束，以备情伪，字形半分，故周称判书。古有铁券，以坚信誓。王褒髯奴，则券之楷也。"③ 刘勰认为这是一件带有约束性的契券，而且是"券之楷"者，是说属券契中典型的代表作。所云"字形半分"，是说此券一式二份，即周代所称的"判书"，为的是以坚信守。约文由于对"奴从百役使"的"百役"作了各项具体列述，文字很长，且具浓厚的文学色彩，这大概也是刘勰赞称为"券之楷"的原因。在买奴券中，王褒何以会在"奴从百役使"上写如此长文？据《艺文类聚》记载，有一段买奴的特殊背景：

> 蜀郡王子渊以事到湔上寡妇杨惠舍，惠有夫时奴名便了，子渊倩奴行酤酒，便了拽大杖（上）夫冢巅曰："大夫买便了时，但要守冢，不要为它家男子酤酒。"子渊大怒曰："奴宁欲卖邪？"惠曰："奴父讶人，人无欲者。"子渊即决券买之。奴复曰："欲使，皆上券。不上券，便了不能为也。"子渊曰："诺。"券文曰：……④

王褒字子渊，当他因事造访湔上寡妇杨惠家时，令髯奴便了去买酒，便了不愿去，却拖着大杖爬到杨惠夫冢顶上说：大夫买我时，只约定守冢，没有约定让我替别人家男子买酒！王褒大怒之下，决定买下此奴。在买奴时，

---

① 《艺文类聚》卷35王褒《僮约》。
② 《太平御览》卷598，第2694页。
③ ［梁］刘勰：《文心雕龙》卷5《书记第二十五》。
④ 《艺文类聚》卷35王褒《僮约》。

髯奴又提出：要求将使唤他做的事，都写上券契，没有写入券中的事，他是不做的。于是，王褒便在券中列举了上百项的劳作名目，最后规定"奴不听教，当笞一百"。从这段文字看，髯奴便了可以表达自己意愿，其身份类若家僮，并非典型的奴隶。因为真正的奴隶是无权也不敢对主人提出异辞的。

《西晋元康间石崇买奴券》，也具有与王褒买奴时相类似的情形。据《石崇奴券》载：

> 余元康之际，出在荥阳东住，闻主人公言声太粗，须臾，出趣吾车曰："公府当怪吾家哓哓邪！中买得一恶羝奴，名宜勤，身长九尺余，力举五千斤，挽五石力弓，百步射钱孔，言读书，欲使便病，日食三斗米，不能奈何。"吾问公卖不。公喜，便下绢百匹。闻谓吾曰："吾胡王子，性好读书，公府事一不上券，则不为公府作。"券文曰：……①

券文接着列写了数十件劳作名目。这也是由于奴在转卖时申言：公府的事如不写在券上，就不为公府劳作。这名称为"闻"的羝奴，原为"胡王子"，性好读书，推测由于作战被俘而被转卖为奴，这种在自身买卖过程中，可以表达自己意见的被卖者，也只能算作家僮，而且非常关注券文上的各项文字规定。

上述两例券文，虽带有文学戏谑的色彩，不具有典型人口买卖券契的特征，但至少也表明，在人口的买卖中，尽管被卖者不是缔约方，也无权提任何要求，但写进契约的文字对被卖者本身是完全有约束力的，买卖券契既是对奴婢所有权转移的一种约定，也是对奴婢行使奴役权的凭证。这是奴婢买卖券契不同于其他买卖券契的地方。关于这一特点，在同时期邻近的少数民族的奴婢买卖契约中，也有类似的反映。如在新疆尼雅出土的公元4世纪佉卢文文书中的《安归迦王17年4月28日男子僧凯卖妇女莱钵给罗没索磋契》② 中就写有：

---

① 《太平御览》卷598《文部》"石崇奴券"，第2694页。《太平御览》所收，个别文字有误，此处据《全上古三代秦汉三国六朝文·全晋文》卷33石崇《奴券》文。

② Kh.590号文书，王广智译：《新疆出土佉卢文残卷译文集》，载韩翔主编：《尼雅考古资料》，乌鲁木齐：新疆文化厅文物处编印，1988年，第254页。按：鄯善国安归迦王17年，相当于西晋泰始十年（274）左右。

男子僧凯愿将名叫莱钵的妇人，卖给罗没索蹉，僧凯已收到罗没索蹉所出之卖价，共计为九十八目厘。双方在此公平之条件上达成协议，自今以后，司书罗没索蹉对该妇人有所有权，可以打他，弄瞎他的眼睛，出卖，作为礼物赠送他人，交换，抵押，为所欲为。

这里同样写明了买主对所买女奴的规定和主权行使。类似的文字，在佉卢文奴婢买卖契约中，出现过多起，可以理解成是对被卖者人身行使奴役权的一种申明。西晋时期西域地区民族契约里的这类规定，大概也是来源于中原地区券契的影响，或可折射出一些早期中原奴隶买卖契约的内容。

如果说汉晋时期史籍所载的买奴契尚不够完整，那么，十六国以来出土的契约，则可反映出奴隶买卖契约的全貌。在吐鲁番出土的早期纸质文献中，有《前秦建元十三年（377）赵伯郎买婢券》①；《北凉承平八年（450）翟绍远买婢券》②；《高昌永康十二年（477）张祖买胡奴券》③。这里先将《赵伯郎买婢券》券文转录于下：

（建）元十三年七月廿五日，赵伯龙从王念买小幼婢一人，年八，顾贾中行赤毯七张，毯即（毕），婢即过，二主先相和可，乃为券书，成券后，有人仍名及反悔者，罚中毯十四张入不悔者，民有私约，约当（二主），（倩）书券侯买奴，共知本约，沽半。④

本件年号开头一字全缺，第二字也仅存"元"字最后一笔，故《俄藏

---

① 《俄藏敦煌文献》第 15 册 Dx.11414V 号，释文见于徐俊：《俄藏 Dx.11414V+Dx.02947 前秦拟古诗残本研究——兼论背面券契文书的地域和时代》，《敦煌吐鲁番研究》第 6 卷，北京：北京大学出版社，2002 年，第 211 页。"买主赵伯郎"，王素在《略谈香港新见吐鲁番契券的意义》文中释作赵伯龙。关尾史郎在《トウルファン将来'五胡'時代契約文書簡介》（《西北出土文献研究》创刊号，2004）中录作赵伯郎。

② 《吐鲁番出土文书》录文本第一册，第 187 页；图版本第一卷，第 92 页。

③ 柳方：《吐鲁番新出的一件奴隶买卖文书》，《吐鲁番学研究》2005 年第 1 期，122—126 页。

④ 《俄藏敦煌文献》第 15 册 Dx.11414V 号，徐俊：《俄藏 Dx.11414V+Dx.02947 前秦拟古诗残本研究——兼论背面券契文书的地域和时代》（《敦煌吐鲁番研究》第 6 卷第 211 页）释文，与关尾史郎在《トウルファン将来'五胡'時代契約文書簡介》（《西北出土文献研究》创刊号，2004）中的释文互有出入，此处综合二者而录之。

敦煌文献》编者，将其误订为"开元"，此点已由徐俊、关尾史郎、陈国灿诸氏考订正为前秦"建元"年号。[①] 建元十三年即公元 377 年，此券可作为公元 4 世纪十六国时期奴婢买卖券契的代表。出卖小幼婢的王念，又见于吐鲁番阿斯塔那 39 号墓出土的《前凉升平十一年（367）王念卖驼券》[②]，卖驼券比本买婢券早十年。由此推知，王念是在高昌地区专门从事口马交易的商人。与汉券比较，本券可分解为若干要点，有些要点是对汉券的承继，有些则是新增的内容。例如：

第一，开始署年月日，买、卖双方姓名，买奴（婢）名、年，卖价数额等，这在汉券和十六国券中基本上均有。

第二，十六国券中有"成券后，有人仍名及反悔者，罚中毯十四张入不悔者，"仍名"，当正作"认名"，即有人认为此婢属自己名下者；还有如有反悔者，都应"罚中毯十四张入不悔者"，此罚数是原买价的一倍，体现出如要反悔加倍受罚的精神，这是新增的违约受罚条款，在汉券中是没有的。

第三，"民有私约，约当□□"，后缺二字，根据券契通例，补为"二主"。强调了所订券约为两人间的私约，既是对双方的约定，也带有不受官府干预的含意。这也是不见于汉券的申明，也应是新增的。

由以上几点看到，奴婢买卖券契在进入魏晋以后，在继承汉代券契基本要点的基础上，出现了一些新的变化。这种变化了的形态，直到公元 5、6 世纪时仍然基本上保持着。近年在吐鲁番新出土的一件《高昌永康十二年（477）张祖买胡奴券》，从其内容和形式看，均与《赵伯龙买婢券》大体相似。现将券文转录于下：

> 永康十二年闰十四日，张祖从康阿丑买胡奴益富一人，年卅，交与贾行縷百叁拾柒匹，贾即毕，奴即付，奴若有人认名，仰丑了理，祖不能知，二主和合共成券，券之后，各不得返悔，々者罚行縷贰百柒拾肆匹，入不悔者，民有私要，要行，沽各半。　　　　　请宋忠书信

---

① 陈国灿：《〈俄藏敦煌文献〉中吐鲁番出土的唐代文书》，《敦煌吐鲁番研究》第八辑，北京：中华书局，2005 年，105—114 页。

② 《吐鲁番出土文书》录文本第一册，第 5 页；图版本第一卷，第 2 页。

时见：祖疆、迦奴、阿养、苏高昌、唐胡①

本券属 5 世纪后期的券契，从行文看是对《赵伯龙买婢券》模式的承袭，但也有一些自己的特点：

首先，在本券的背面，有"随葬衣物疏"内容的四行字，反映出是对券纸背面的二次再利用书写。我们还注意到，在书写此四行字之前，券背已留有"合同文"三字的左半即后半边。显示出此买奴券在立券时是书写的一式二份，券成后，将两份背面合在一起，从中写下"合同文"三字，然后买卖双方各执一份。这应是迄今为止，纸质券契中，背面半书"合同文"最早的一件。乃源于早期的"傅别"传统。从纸背留存"合同文"三字后半边观察，如前所论，应是左券。

其次，从对本券图版的观察，券契行文中，张祖和康阿丑的名字书法有异，正如柳方文中所言："此件文书采用的是'各自署名为信'，张祖和康阿丑分别在契约中提到自己姓名处亲笔书写。"② 除买卖双方当事人在文中各自署名外，后面"时见"下列的四人书法笔体也各异，推测也是本人的签名。这种买卖当事人及见证人均由本人亲自签署的做法，也是奴婢买卖契由早期向中期转化的一个发展。由于在一张券契上既有买卖双方的签名，又有见证人的签名画字，也就可以代替原有的一式二份的"傅别"形态了。不过，就本券而言，两种形态兼而有之，正体现出券契过渡期的特征。

下面列举的《翟绍远买婢券》与上列《张祖买胡奴券》相似，但又不全同，兹移录券文如下：

承平八年岁次己丑九月廿二日，翟绍远从石阿奴买婢壹人，字绍女，年廿五，交与丘慈锦三张半。贾则毕，人即付。若后有呵盗认名，仰本主了，不了，部还本贾，二主先和后券，々成之后，各不得返悔，悔者罚丘慈锦七张，入不悔者。民有私要，々行二主，各自署名为信。

　　券唯一支，在绍远边。　　　　倩书道护

①　柳方：《吐鲁番新出的一件奴隶买卖文书》，《吐鲁番学研究》2005 年第 1 期。此处录文依据券文图片有所调整。

②　柳方：《吐鲁番新出的一件奴隶买卖文书》。

关于本券的年代，《吐鲁番出土文书》编者定为"北凉承平八年（450）"，同时也指出："北凉承平八年（450）应为庚寅，本件干支不符，……因此，本件的'承平'也有可能不是北凉年号，而是高昌王麴嘉的年号，而'己丑'应为公元509年。"[①] 由此看，定为六世纪初的券契较为妥当。

本券与上券不同的是：（一）券尾只有"倩书"一人，未列"时见"人；（二）第1行中的买主"翟绍远"名，是其本人亲笔签写名，而卖主石阿奴三字却非本人签写，表现较为特殊。即使如此，还是写上了"要行二主，各自署名为信"的话，说明此话虽是订契约中的套语，也是民间订约时形成的习惯和准则。另外还特别写明"券唯一支，在绍远边"，而不像上券既有当事人及见证人的亲签，又有一式二份的"合同文"，各执一份。反映出用当事人签名的方式以代替原有的一式二份"傅别"形态的一种变化。

十六国到高昌国的奴婢买卖券中，都写有"民有私要，々行二主"的文字，反映出这种买卖是在二主之间自由进行的，没有受到官府的干预和管理，至少在高昌地区是如此。当进入隋唐统一时代以后，奴婢买卖受到官府的干预，其券契也发生了变化。

唐奴婢"市券"的产生——国家对奴婢买卖限制性的契约

唐代政府对奴婢买卖趋向于严格管理，因而在契券的面貌上也发生了变化。买卖双方在订立契约之后，还必须具有由官府立的市券方才合法。《唐律》规定：

> 诸买奴婢、马、牛、驼、骡、驴，已过价，不立市券，过三日笞三十；卖者减一等。立券之后，有旧病者三日内听悔，无病欺者市如法，违者笞四十。[②]
>
> 【疏】议曰：买奴婢、马、牛、驼、骡、驴、等，依令并立市券。两和巿卖，已过价讫，若不立市券，过三日，买者笞三十，卖者减一等。若立券之后，有旧病，而买时不知，立券后始知者，三日内听悔，

---

① 《吐鲁番出土文书》录文本第一册，第187—188页；图版本第一卷，第93页。东洋文库《敦煌吐鲁番社会经济史文献Ⅲ——契券篇》第3页录作"高昌承平八年（509）九月廿二日翟绍远买婢券"。

② 《唐律疏议》卷26《杂律》，第500页。

三日外无疾病，故相欺罔而欲悔者，市如法，违者笞四十，若有病欺，不受悔者，亦笞四十。令无私契之文，不准私券之限。

《唐律疏议》中，两次提到的"令"，当是指唐的"关市令"。近年在宁波天一阁发现的《宋天圣令》中，既附有部分唐"关市令"原文，又有北宋天圣年间"因旧文，以新制参定"的关市令文。根据孟彦弘先生对唐"关市令"复原的研究，这条令文的原文应该是：

诸买卖奴婢牛马驼骡驴等，皆经本部本司过价立券，朱印给付。①

此令规定的是，凡属奴婢牛马驼骡驴等类的买卖交易，均须经当地官府过价、立市券，并在市券上盖上朱印，才算交易合法。如果不立市券，就要受到上述刑律的处罚。所以《疏议》最后还补充说："令无私契之文，不准私券之限。"即国家的法令不涉及私契中的词语，也不依私券中的各项约定。由此知，唐代奴婢的买卖，除了民间买卖双方订立私契外，还必须要经过官府颁给市券这道程序方始有效。私契时只起一个"过价"认定的作用，无需再强调私契拥有所有权，即使强调了也不起作用。在唐代，决定对奴婢占有权的，不是私契，而是公券。《旧唐书·罗让传》载：

累迁至福建观察使兼御史中丞，甚著仁惠。有以女奴遗让者，让问其所因，曰："本某等家人，兄姊九人，皆为官所卖，其留者唯老母耳。"让惨然，焚其券书，以女奴归其母。②

罗让在知其女奴"兄姊九人，皆为官所卖"的身世后，将女奴的"券书"烧掉，以女奴归还其母亲，说明"券书"才具有对奴婢占有权的性质。

唐代成立市券的过程，通常是由出卖奴婢者向官府呈辞，提出申请，由官府经过"过贱"调查后，才发给文券。唐昭宗《改元天复赦》对于买卖

① 孟彦弘：《唐关市令复原研究》宋13复原21条，天一阁博物馆、中国社会科学院历史研究所天圣令整理课题组校证：《天一阁藏明钞本天圣令校证》下册，第535—536页。
② 《旧唐书》卷188《罗让传》，第4937页。

奴婢"过贱"的程序有一段说明：

> 旧格：买卖奴婢，皆须两市署出公券，仍经本县长吏，引验正身，谓之过贱。及问父母见在处分，明立文券，并关牒太府寺。①

昭宗改元天复，已是唐朝末年，赦文所云"旧格"，据朱雷先生推断："应指开元格或删定开元格。"② 格文说的就是"过贱"程序，即当县接到申请后，派出县内的长吏，对奴或婢"引验正身"，即对奴婢的身份作出调查了解，包括对其父母情况的调查，情况清楚后，才给立文券。朱雷先生曾引用敦煌文卷《庐山远公话》中的故事指出："这里表明'过贱'的一个很重要的手续是：卖主必须出示旧有契券，以证明其'合法'占有，而非掳掠、拐骗得来，方能在市上出卖。"③ 指明了"过贱"立券的实质，在于证明其奴隶贱民身份的是否合法。

从迄今为止的出土文献看，唐代官府对奴婢买卖，给以立券者，大体有两种，一种是出示旧券，改给新券；另一种是无旧券者，也可据保给券。属于前一种者，如《唐开元二十年（732）薛十五娘买婢市券》，其文转录如下：

1　开元贰拾年捌月日，得田元瑜牒称："今将胡婢绿珠年拾叁岁，
2　于西州市出卖与女妇薛十五娘，得大练肆拾匹。今保见集，
3　谨连元券如前，请改给买人市券者。"准状勘责状同，问
3　口承贱不虚。又责得保人陈希演等伍人款：保上件人婢不
4　是寒良衒诱等色，如后虚妄，主、保当罪。勘责既同，依给
5　买人市券。　　　　　　　练主
6　用州印　　　　　　　　婢主田元瑜
7　　　　　　　　　　　　胡婢绿珠年十三

---

① ［宋］宋敏求编：《唐大诏令集》卷5，第33页。
② 朱雷：《敦煌所出"唐沙州某市时价簿口马行时沽"考》，唐长孺主编：《敦煌吐鲁番文书初探》，第509页；同氏《朱雷敦煌吐鲁番文书论丛》，第238页。
③ 朱雷：《朱雷敦煌吐鲁番文书论丛》，第238页。

8		保人瀚海军别奏上柱国陈希演年卌三
9		保人行客赵九思年卌八
10		保人行客许文简年卌二
11		保人王义温年廿五
12	同元	保人行客张义贞年卌六
13		史
14	丞上柱国玄亮	券
		史康登①

　　卖婢人田元瑜原已向西州呈牒提出申请，找来五名保人，并连同元（原）有的旧券一起呈交官府，要求改给买人薛十五娘以新的市券。于是官府一方面"准状勘责状同"，即检查情况属实，并问婢本人，承认自己是属贱口不虚；另一方面五保人也保证此婢"不是寒良詃诱等色"，② 即不是掠良人拐骗而来的。最后将这些均写入券中，并结论为"勘责既同，依给买人市券"。本件第 7 行上"用州印"即"用西州都督府印"，13 行上部"同元"，也是官府所注，乃指本券内容与元（原）券相同；14—16 行还有西州市丞、史、券等佐吏的签署；这就是市券的形制。此券的原件，当时已发给了薛十五娘，此处见到的是官府归档的复抄件，无朱印和当事人签押，也就是所谓的"录白案记"。

　　属于据保给券者，有敦煌出土的一件《唐天宝三载——至德三载（744—758）间敦煌行客王修智卖胡奴市券》，文录于下：

　　　1 ⬚⬚⬚行客王修智牒称："今将胡奴多宝载拾叁⬚⬚

　　　2 ⬚⬚⬚惠温，得大生绢贰拾壹匹，请给买人市券者。"依

---

① 《吐鲁番出土文书》录文本第九册，第29—30页；图版本第四卷，第266页。

② 关于"寒良"之寒字，同见于其他契券，如用"寒盗"者甚多。学术界也多有解释，谢和耐说："'寒'字也似乎是说过去作盗而受害者又不知晓。"（《法国学者敦煌学论文选萃》，第34页）。黑维强在《吐鲁番出土文书词语例释（三）》中说："寒良，贫寒善良之人"（《敦煌学辑刊》2006年第4期112页），理解有误。王启涛《吐鲁番出土文书词语考释》对"寒"字作了细密考证，指出："从以上诸家的疏证和训释可以看出，寒、掠、略同义，均为强抢之义。"（成都：巴蜀书社，2004年，第176页），"寒良詃诱"，指诱骗抢掠良人为奴。

```
3  ⬚⬚⬚安神庆等，款保前件人奴，是贱不虚。又胡奴多宝甘心
4  ⬚⬚⬚修智，其价领足者。行客王修智出卖胡奴多宝与□□
5  ⬚⬚⬚绢贰拾壹匹，勘责状同，据保给券，仍请郡印。□□□
6  ⬚⬚⬚罪。
7                 绢主
8  ⬚⬚⬚郡印         奴主行客王修智载陆拾壹
9                 胡奴多宝载拾叁
10                保［人敦煌郡］百姓安神庆载伍拾玖
11                保人行客张思禄载肆拾捌
12                保人敦煌郡百姓左怀节载伍拾柒
13                保人健儿王奉祥载叁拾陆
14                保人健儿高千丈载叁拾叁
15      市令秀昂给券       史（下残）①
（后  缺）
```

此券有缺文，从形式规格看，与《唐开元二十年（732）薛十五娘买婢市券》基本一致，也是一件官府给券后的"录白案记"。所不同的是，在王修智的申请牒中，没有"谨连元券如前"，在第 5 名保人的上部，也无"同元"字样，说明此胡奴原无旧券，在此情况下，只有依据对奴隶本人和保人的调查。市券文中"胡奴多宝甘心……"应是对胡奴多宝的调查，是甘心自愿为奴者。加之保人们"保前件人奴，是贱不虚"来"勘责状同"，因此，在市券文中特别注明："据保给券，仍请郡印。"

以上不论是据旧券改给新券；还是据保给券，都是唐令中规定的"朱印给付"的奴婢买卖市券，这是与以往私券的根本不同之处。此外，五名保人都要写明身份、年龄、承担责任，即"如后虚妄，主、保当罪"。市券还有一点不同的是：奴婢的年龄、姓名也列写于券尾，与卖主名并列。

岳纯之比说："隋唐五代时期，奴婢作为处于社会最低层的贱民，对他

① 施萍婷：《从一件奴婢买卖文书看唐代的阶级压迫》，《文物》1972 年第 12 期，第 69 页。

们的买卖是受到法律保护的。在唐朝后期，奴婢买卖竟成为相当红火的生意。"① 这是认为隋唐五代的奴婢买卖，由于"受到法律保护"，才导致生意"红火"。应该说，这是基于一些表象产生的误解，需要深入加以分析。

首先，法律对于奴婢买卖的干预，并不始于唐代，自魏晋以来，封建官府为了使封建土地所有制及其个体小农经济得到发展，从而增加封建国家赋税收入和征役需要，就在不断地对役使奴婢进行限制、打击。三国时魏文帝在即位之前，着手改旧律，"去捕亡、亡没为官奴婢之制"② 魏齐王芳即位大赦诏中就有"官奴婢六十已上免为良人"；③ 正始七年（246）八月齐王"到市观见所斥卖官奴婢"，便诏令"悉遣为良民"。④ 东晋元帝于太兴四年（321）五月下诏说："昔汉二祖及魏武皆免良人，武帝时，凉州覆败，诸为奴婢亦皆复籍，此累代成规也。其免中州良人遭难为扬州诸郡僮客者，以备征役。"⑤ 在这种放奴为良的大趋势下，官府对民间的奴婢买卖，是严格加以限制和管控的。

其次，在唐代的律文中，对奴婢买卖，与其说是受保护，倒不如说是给以制约、管控。早在北魏已有刑律规定"掠人、掠卖人为奴婢者，皆死"。⑥ 到了唐代，法律更加细密，如规定"诸略人、略卖人为奴婢者，绞。为部曲者，流三千里：为妻妾子孙者，徒三年。和诱者各减一等。若和同相卖为奴婢者，皆流二千里；卖未售者，减一等"。又有"诸略奴婢者，以强盗论；和诱者，以窃盗论。"还有"诸略卖期亲以下卑幼为奴婢者，并同斗殴杀法"等条款。⑦ 所有这些刑律规定，都在于防止压良为贱，堵塞一些产生奴婢的源头，尽可能将奴婢的买卖限制在一个狭窄的范围之内。而买卖奴婢市券的严格执行，就是对这些律令的贯彻。唐宪宗元和四年（809）闰三月敕文说：

---

① 岳纯之：《后论隋唐五代买卖活动及其法律控制》，《中国社会经济史研究》，2005 年第 2 期，第 4 页。

② 《晋书》卷 30《刑法志》，第 927 页。

③ 《三国志》卷 4《魏书》四《齐王芳纪》景初三年正月即位大赦诏，北京：中华书局，1959 年，第 117 页。

④ 《三国志》卷 4《魏书》四《齐王芳纪》景初七年八月戊申诏，第 121 页。

⑤ 《晋书》卷 6《元帝纪》，第 154 页。

⑥ 《魏书》卷 111《刑罚志》，第 2881 页。

⑦ 《唐律疏议》卷 20《贼盗律》，第 369 页。

　　缘公私掠卖奴婢，宜令所在长吏切加捉搦，并审细勘责，委知非良
人百姓，乃许交关。有违犯者，准法处分。①

　　所云"交关"，就是交易。敕文十分明显地把"交关"与"准法"有机
地联系在一起，表明"法"不在于保护买卖，而主要在于制裁非法买卖。
到了五代，仍在不断重申这类法令，《五代会要》又载：

　　周显德五年七月，新定《刑统》：眩诱良口，勾引逃亡奴婢，与货
卖所资衣装者，其眩诱勾引之人，伏请处死。②

　　后周新定的《刑统》对眩诱良口为奴，勾引逃亡奴婢之人，均以死刑
论处，可见打击之严励。
　　再次，关于唐代后期，奴婢买卖是否成为相当红火生意的问题，回答也
是否定的，因为缺乏历史事实依据。在敦煌所出唐后期至五代宋初的众多契
约文书中，仅见有三件卖儿、卖奴契，根本不存在奴婢买卖红火的现象。相
反，却明显地反映出奴婢买卖交易的萎缩。对于这时的社会发展趋向，学术
界有些学者已作过很精辟的分析。如李天石氏说："唐中期以后，除了部分
官僚、富商为满足奢侈生活的需要，曾较多购买奴婢、特别是从周边少数民
族地区掠买奴婢外，总体来看，大量占有和役使奴婢的现象并没有真正发展
起来。这是因为，雇佣关系的发展，已使役使雇佣劳动者较占有奴婢更为有
利。到了宋代，人们已认为'奴婢贱口，本是雇佣良人'。中古的良贱身份
制度已趋于瓦解。"③ 戴建国氏也指出："唐末五代以来，社会经历了剧烈的
动荡，门阀士族彻底瓦解，良贱制度受到强烈冲击，从而为贱口奴婢的解放
开辟道路。大动荡之后，社会各阶级被重新组合，形成新的阶级结构，大量
奴婢成为自由人。奴婢来源逐渐枯竭，导致奴婢市场萎缩。相反，雇佣市场
却随之扩大。许多失去生产资料的贫困良人出卖劳动力，与雇主结成契约关

---

① 《唐会要》卷86《奴婢》，第1571页。
② ［宋］王溥：《五代会要》卷25《奴婢》，第312页，北京：中华书局，1985年。
③ 李天石：《从判文看唐代的良贱制度》，《中国史研究》1999年第4期。

系，从事原来贱民所从事的职业。"① 唐宋之际历史发展的大趋势的确是如此，而奴婢来源的枯竭，奴婢市场的萎缩，也正是封建国家律令不断打击压良为贱、打击非法奴婢买卖、严格市券制度的结果。从这一视角看，唐代的奴婢买卖市券，已是古代奴婢买卖契约中较为定型化的形态，也可以说是中国奴婢买卖契券发展中的一种终极形态。

宋元明清奴婢买卖向仆役转让方向的移动

唐代以后的奴婢买卖，基本上遵循着唐代的模式。在《俄藏敦煌文献》里，有一件在黑水城出土的元代《买婢契》，原文转录于下：

1 □立□文□□□

2 乏用，别无得处，欠少钱□□□

3 家生验女子不要姐，年壹拾贰岁，情愿立契□□

4 不老山地面住人□□，永远为主，两家议□□

5 牙人唱作价钱中统宝钞伍拾锭整，当日□□

6 两相交付了当，如有验女子不要姐来处不明□□

7 家□□②

（後缺）

本件前、后及下部均有缺，纪年亦缺损，书写文字潦草，从第5行"作价钱中统宝钞伍拾锭"一语判断，本买婢契当在元朝。其出土地应在今内蒙古西部的黑水城。《元史·食货志》载：元世祖中统元年（1260）"十月，又造中统元宝钞"，③ 则本契应是该年以后之物。又据《元史》卷35《文宗纪》："银每锭为五十两"，此后钞银比例常变，不要姐"作价"中统宝钞伍拾锭"，不一定折合银二千五百两，但价格还是不低的。买婢人名缺，只写为"不老山地面住人"，不老山，不知在何地，推测或在元代亦集乃城（今黑水城）附近的地域。

---

① 戴建国：《"主仆名分"与宋代奴婢的法律地位》，《历史研究》2004年第4期，第72页。

② 俄藏 Дx01348 号，图版见《俄藏敦煌文献》第八册，第109页。本件文书释文及注释见乜小红著：《俄藏敦煌契约文书研究》，第117—118页。

③ 《元史》卷93《食货一·钞法》，第2369页。

　　本契的内容从残缺的文字看，是立文字人某某，为家中久缺用度，也无从找到钱用，只有将家生的经过检验的十二岁女子、名叫不要姐者，立契卖与不老山地面住人某某。两家商议，经牙人唱作价钱中统宝钞五十锭整，当日即两相交付了当。如发生"不要姐来处不明……"等情况，下文所缺至少还有违约受罚条款及各方在场人的署名画押等项内容。

　　唐代的奴婢买卖是要经过官府检验，取得合法身份后，由官府给与"市券"①，其买卖才是合法的。那么，元代是否也是如此呢？据元《通制条格》载：

> 　　至元十年八月，中书省断事官呈：大都等路诸买卖人口头匹房屋一切物货交易，其官私牙人傀偎图利，不令买主卖主相见，先于物主处扑定价直，却于买主处高抬物价，多有克落，深为未便。今后凡买卖人口头匹房屋一切物货，须要牙保人等与卖主买主明白书写籍贯住坐去处，仍召知识卖主人或正牙保人等保管，画完押字，许令成交，然后赴务投税。仍令所在税务，亦仰验契完备，收税明白，附历出榜，遍行禁治相应。都省准呈。②

　　根据以上条格规定：对奴婢买卖的交易，必须卖主、买主双方经牙保人介绍后，双方当面确定价值，书写成文字，由双方以及牙人、保人签字画押，然后向相关官府部门投税，税务负责验证契文内容，明白收税若干，然后将官验情况附入，最后钤官印发还此契，即"出榜"，只有经过这种程序，才能达到符合"禁治相应"的要求。在甘肃永昌县发现的《元延祐三年（1316）也的迷失买婢税给》，是一件对上述"出榜"最好的说明，转录文于下：

　　1　永昌　　税吏司
　　2　今据也的迷失用价钱中统钞壹拾陆

---

　　① 《吐鲁番出土文书》录文本第九册，第26页有《唐开元十九年（公元731年）唐荣买婢市券》，第29页有《唐开元二十年（公元732年）薛十五娘买婢市券》，可以参考。
　　② 《通制条格》卷18《关市牙保欺蔽》，第226—227页。

3　定，买到四维场无（?）县女一名，唤（?）女女，年一十
七岁。

4　望准官牙人赴务投税，凡合行出给。

5　　　　　　　右付也的迷失准此

6　　　　延祐三年七月　　　　日给

7　　　　　　　　　　（押）

8　　　司①

本件 1—4 行的上部盖有三个红指印，第 6 行年月上盖有税吏司的大红
印。第 7 行所画押，应是也的迷失收执此"税给"时所画押。第 8 行存有
"同"字的右半，意味着左半在留存的存根上。这是永昌县税吏司发给买婢
人也的迷失的"税给"，也就是《通制条格》中说的"所在税务，亦仰验契
完备，收税明白，附历出榜"的榜。遗憾的是，"税给"之前由牙保人和买
卖双方押字经官验证的契约缺失了，不过，前列的《元买婢契》则可补充
此缺，虽只是契文的一个部分，也可看出元代奴婢买卖的基本流程。元代是
用办理"税给"代替了原立市券的功能。

本契中还值得注意的是第 5 行提到的"牙人"或"税给"中说的"官
牙人"，这当是指行铺交易中的经纪人。此种经纪人在唐前期不多见，唐后
期至五代，随着社会商品经济的发展，牙人成了市易中经常出现的中介者，
而且从中得利。《五代会要》卷 26《市》，载有后唐天成元年（926）十一
月廿一日敕：

> 在京市肆，凡是丝绢、斛斗、柴炭一物已上，皆有牙人。百姓将财
> 物货卖，致时物腾贵，百姓穷困。今后宜令河南府一切禁断。如是产
> 业、人口、畜乘，须凭牙保，此外并不得辄置。②

由此知人口的买卖，实即奴婢的买卖，"须凭牙保"，即必须要有保人，

---

① 段文杰、施萍婷编：《甘肃敦煌文献》第二卷，兰州：甘肃人民出版社，1999 年，图 227 页，
文 317 页。

② 《五代会要》卷 26《市》，第 318 页。

并充作中介人的介绍才能合法。本件中之牙人，即是此类牙保之人。宋人彭百川撰《太平治迹统类》卷22《熙宁元祐议论市易》条载：

> 召在京诸行铺牙人，充本（市易）务行人牙人，遇客货不愿卖入官者，许务中投卖，勾行人与客平价，据行人所要物数，先支官钱买之。①

此处"牙人唱作价"，乃是经牙人从中说合唱定的价格，表明了牙人在宋元奴婢买卖中的"与客平价"的作用。当然，也有不少牙人为了从中渔利，不让卖主与买主直接见面，从而抬高售价以中饱，故在至元十年（1273），政府颁布条格，对奴婢、大牲畜、房屋的交易加以规范。通常由为官府服务的牙人，即官牙人主持作保完成交易。

明清时期，像中古时期那样的奴婢买卖已经很少，然而，对"家人"、"仆人"的买卖仍然存在着，徽州所出的《明嘉靖三十年（1551）徽州胡音十卖儿婚契》②即是一例，转录于下：

> 立卖婚书十二都住人胡音十，今因缺食，夫妇商议，自情愿将男胡懒团，乳名昭法，命系辛丑年三月十五日申时，凭媒浼中出卖与家主汪名下为仆，三面议作财礼银叁两伍钱整，其银当日收足。其男成人，日后听从家主婚配，永远子孙听家主呼唤使用，不得生心异变。如有等情，听从家主呈公理治。恐后无凭，立此卖男婚书存照。
>
> 　　长命富贵
> 　　婚书大吉
> 嘉靖三十年二月三十日　　　　　　立婚书人胡音十（押）书
> 　　　　　　　　　　　　　　　　媒人胡永道（押）
> 　　　　　　　　　　　　　　　　中见人汪玄寿（押）

本契名义上是立婚书，实际是买胡音十的男儿作仆，而且为其婚配后，

---

① ［宋］彭百川撰：《太平治迹统类》卷22《熙宁元祐议论市易》条，文渊阁四库全书本。
② 本件现藏安徽省博物馆，本契文字转录自张传玺主编：《中国历代契约粹编》中册，第726页。

胡懒囝"永远子孙听家主呼唤使用",即永世作汪家仆人。就性质而言,与唐代买奴契中的奴隶不同,胡懒囝是以立婚书的形式进入汪家的,虽为仆役,却当作家人看待。类似的仆役转让买卖契较多,如《明万历十七年(1589)徽州曹至定兄弟卖义男及其妻儿白契》也是相近似的一种:

> 立卖契人曹至定兄弟□□因缺少使用,自愿将义男伯和□妻并幼男社林出卖与曹□□□名下,接受财礼文艮(纹银)陆两肆钱正。其艮当即收足。其伯和夫妻并男随即过门使唤,即无异说。今恐无凭,立此卖契为用。
>
> 万历十七年正月初六　日立卖契　　　　　曹至定(押)
>
> 　　　　　　　　　　　　　同弟　曹至静(押)
>
> 　　　　　　　　　　　　　　　　曹岩老(押)
>
> 　　　　　　　　　　　　　　　　曹富老(押)
>
> 　　　　　　　　　　　主盟母　洪　氏(押)
>
> 万历三十三年十一月二十七日
>
> 　　　外祖洪钟□□用财礼银文(纹)银陆两肆钱赎回母子二人,着令山根看守洪思南□□□坟墓及坟前祠屋并祠右□库屋、山塘田地等业。自进屋看守之后,务宜小心谨慎,待后□□□□□子孙永远听用。
>
> 　　　　　　　　　　　　曹□□(押)①

此契分两部分,前一部分写于万历十七年,由曹至定将义男伯和一家卖给曹□□;后一部分写于十六年之后的万历三十三年(1605),由外祖洪钟□用原价将其赎回。本契出卖的是"义男"一家,不是奴婢,接受的不是卖价,而是"财礼纹银陆两肆钱",其值并不多,卖过之后,"伯和夫妻并男随即过门使唤"。所以本契与其说是奴婢买卖契,倒不如说是仆役使用权的转让契。正因为具有这种转让性质,所以十六年后又被转让回来("赎回"),回来后的任务也只是看守坟园、祠屋、山塘田地等业,属于家人管家性的事务。

---

① 张传玺主编:《中国历代契约粹编》中册,第780—781页。

由以上诸契看到，古代的奴婢买卖契，发展到明清，已演变为仆役的买卖契，这类家人、仆役主要从事家内劳动，他们的身份地位及劳动生存权利，受到国家法令的保护，主人对他们并不具生杀予夺之权，比之于唐宋及其以前的奴婢，他们的身份地位已经有了很大的提高，尽管他们仍依附于主人，参与家内劳动和主人家庭事务，但他们已是被当作家庭成员看待了。其买卖契约带有过户或转让的性质，甚或以婚约形式出现，明清时期出现的这种历史性的变化，固然与封建国家不断严厉打击买卖奴婢、惩治残暴人身奴役行为有关，更重要的是社会商品经济的活跃，带来了社会生产力的大发展，带来整个社会劳动者身份地位改善的结果。在唐代以前，奴婢的法律地位和身份是"贱口"，"律比畜产"。自宋代以后，法律上的良贱之分基本取消，奴婢不再是贱口。其地位与待遇，与唐代以前也就自然大不相同了。

不动产买卖契约，除了奴婢买卖市券外，还有大型牲畜的买卖契。从出土的唐券契文献看，牛马驼骡驴之类买卖的私契较多，如吐鲁番出《唐咸亨四年（673）西州前庭府杜队正买驼契》载：

1　咸亨四年十二月十二日，西州前庭府队正杜□□
2　交用练拾肆匹，于康国兴生胡康乌破延边
3　买取黄敦（辚）驼壹头，年十岁。其驼及练即
4　交想（相）付了。若驼有人寒盗恕侩
5　者，一仰本主及保人酬当，杜悉不知。叁日
6　不食水草，得还本主。待保未集，且立
7　私契；保人集，别市契。两和立契，获指
8　□验。
9　　　　　　　驼主康乌破延
10　　　　　　买驼人杜
11　　　　　　保人都护人毅
12　　　　　　保人同乡人康莫遮
13　　　　　　知见人张轨端①

---

① 《吐鲁番出土文书》录文本第七册，第389—390页，图版本第三卷，第485页。

此买驼契本身是一件私契，文中写明"待保未集，且立私契；保人集，别市契"。说的是所需保人尚未全部找到前，先且立此私契，等到保人集齐后，再另立市券。由此知大牲畜的买卖，也是要立市券的。马、牛、驼、驴是军事、交通、运输等方面的重要工具，故官府需要加以管控。不过，从现在所存的大牲畜买卖券契看，只见有私契，尚未见到类似奴婢买卖市券那样的马牛市券。这或许与唐后期放松对大牲畜买卖的管控有关。中唐以后，唐朝廷通过与游牧民族的绢马交易、茶马交易可以获得大批马牛，是故才有马、牛、驼、驴私契的存在。契文中有若驼"叁日不食水草，得还本主"。这显然是唐律中"立券之后，有旧病者三日内听悔"精神的体现，契文不见"官有政法，人从私契"以及"成券后，各不得反悔，如有悔者，一罚二人不悔人，民有私要，要行二主"一类的附加词语，恐怕都是受国家"令无私契之文，不准私券之限"影响的结果。

不动产买卖的涵盖面相当宽广，大至金、玉、珠宝，小至一般生产、生活资料，这类交易在国家律令里并无需立券契的规定，故也不见这些内容的契券，当然也不排除交易中应买方要求立契的特殊现象，如前揭《西晋泰始九年（273）二月翟姜女买棺约》；敦煌所出《丁酉年（937？）莫高乡百姓阴贤子买车具契》；①《丙辰年（956）莫高乡百姓兵马使氾流□卖铛契》②等类契，这类契的订立，旨在预防对所买物品的后续纠纷，只对买卖双方具有约束力，其性质纯属于私契。

四、对本节的小结

买卖，是指使用价值的一种交换。只有通过货币这种通行社会价值衡量的交换行为，才能称之为买卖。买卖契约是指在现实经济生活中，基于生产或生活的实际需要，双方平等、自愿进行买卖交换而订立的、须双方共同遵守的文字约定。

西方有的学者认为买卖契约起源于与神灵的签约，受到古老巫教效力的

---

① 敦煌文书 P.4638v 号，唐耕耦、陆宏基编：《敦煌社会经济文献真迹释录》第二辑，第45页；沙知编：《敦煌契约文书辑校》，第64页。
② 敦煌文书北图周字14号，唐耕耦、陆宏基编：《敦煌社会经济文献真迹释录》第二辑，第46页；沙知编：《敦煌契约文书辑校》，第68页。

支配，这是将事物发展本末倒置的见解。因为人世间买地是为了要生存，先有现世实际经济生活中的买地券，形成一种购买土地为自身所有的意识观念，然后才有给亡者丧葬向阴间买块葬身之地券的行为，现世的土地买卖券远早于冥世的买地券，置于墓中的阴间冥世契是模仿现世契的形式而出现的。两者之间是一种源与流、本与末的关系，在认识论上，不能视流为源，本末倒置。对买卖券契起源的正确认识，应从人们现实的物质生活中去寻找，而不应从虚幻的精神世界中去追求。

买卖契券是伴随买卖行为发展到一定程度时出现的产物，它也是对买卖行为或买卖关系加以确定的一种文字记录。在中国，早在西周时代，就已有了"质剂"、"傅别"的规范，"质剂"是指将买卖交易内容在同一竹木简牍上写成二份，然后从中间破开，买卖双方各持一份的凭据。如在此凭据上加本人书写字或刻齿痕为记者，称为"傅别"。"质剂"或"傅别"是中国古老的买卖券契形态。

在汉晋的简牍中，仍可追寻到古代质剂、傅别的一些踪迹。从众多汉晋简牍券约中看到，不论是一般生活物品的买卖，还是奴婢、田土的买卖，都是所有权的转移，买卖交易完成后，买主即拥有了对所买物（或奴、或田、或物）的绝对占有权、支配权，而券契则是这种占有权、支配权的证明。此外，古代买卖质剂、傅别还具有两种功能，一种是在赊买交易中，可持以追讨未付款债务；二是预防他人对所买物的追夺。这两种功能，也是为维护对所买物绝对占有权、支配权服务的。

魏晋以后，契券的普遍形态也由简牍文契变成为纸质券契。买卖券契呈现"短券"减少，以"长券"为主的趋向。生活用品、消费品的买卖频繁，不再订立文契，券契仅行用于大型的交易，如不动产中的土地、房宅，动产中的奴婢、马牛买卖。

不动产买卖主要是田宅买卖，特别是作为生产资料的土地买卖券契为主，自汉代以后，随着社会经济的发展，土地买卖券契内容条款在逐步丰富中，到了唐五代，已经走向完善，在内容上出现了很多为贯彻券契诚信原则、排除外来干扰增设的新条款；在形式上，其契约的规格和面貌也更加丰富。由此证明，土地买卖券契，并非如个别国外学者所云的固守着一种"传统的模式"。这种变化乃是源于人们对土地私有权更加珍视的结果。

唐代国家政权对于民间的买卖券契，用政策和律令来加以宏观控制，基本上不作具体干预，但是，对于土地、奴婢买卖券契的订立，则需要向官府申报认可后备案方为合法。

对于田宅买卖，在中唐以前基本上是不纳税的。但是，唐代后期就开始纳税了。自五代时，个别地方已出现买卖庄宅，官中印契。自北宋开始，在全国范围内，开始了收契税的历史，卖田宅者输钱印契后之契约，由于其上盖有官府红印，故称为"红契"，无红印者为白契，从此田宅买卖契才有白契、红契之分。税契钱北宋4%，南宋则增至10%以上。元朝对契税制作了规范，收契税后给以凭证，名为"税给"，或称为"契尾"。宋元对契税制度的逐步完善化，表明田宅买卖契约由原来向官府申牒、以私契为主的阶段，过渡到了以官契为主、私契不行的阶段，最终完成了国家政权对民间土地买卖行为的全面管控。

宋元以后，由于地权流动的加速，带来了地权的分割，明清时土地买卖出现了田骨和田皮分别出卖的契约，出现一田二主、一田三主的现象，甚至一块土地出现多次出卖的活卖契。地权的分散及其迅速的转换，商品经济对土地买卖的渗透，必然会带来封建土地所有制根基的动摇。

动产买卖契约中，以奴婢和大牲畜买卖契为主体。在等级身份制社会里，作为社会贱民身份的奴婢，也是买卖的对象。奴婢买卖契约，既是对奴婢所有权转移的一种约定，也是对奴婢具有奴役权的凭证。唐以前奴婢买卖订立的的契约，基本上是自由的，唐代以后，国家律令要求奴婢买卖必须报官查验，或出示旧券，改给新券；或五人作保、据保给券，只有发给了"市券"后，其买卖方为合法，这是对奴婢买卖交易限制性的管控。元代由官牙人作保，经查验立契、赴务纳税，发给"税给"才算完成交易手续。元代是用"税给"代替了唐立市券的功能。

宋元以后，社会不再有良贱之分。家人、使女的买卖，已不同于人身占有的奴婢买卖，实是对仆役使用权的转让。明清时的家人、使女买卖契约中，多以家人相称，其转卖价多以礼金出现，他们的身份地位及劳动生存权利，受到国家法令的保护，主人对他们并不具生杀予夺之权。其买卖契约带有过户或转让的性质，甚或以婚约形式出现，形成的契约文字，比之于唐奴婢买卖市券，简单了许多，已开始了向雇佣性质的过渡，这也是商品经济进一步发展带来的新趋势。

对动产的买卖中，大牲畜即马、牛、驴、骡、驼的买卖契约，也是要立市券的，但目前所见均为私契，推测在唐后期其要求有所放宽。

第三节　租赁契约的发展变化

租佃，主要是指人类在进入私有制社会以后，人们对土地经营的一种方式，它是一种经济行为。土地，是古代人们赖以生产、生活的物质基础。马克思曾在《资本论》中说："劳动并不是它所生产的使用价值即物质财富的唯一源泉。正像威廉·配第所说，劳动是财富之父，土地是财富之母。"① 这是说土地是最为重要的，人的劳动只有作用于土地时，才能产生出财富。在不同的历史时期，人们对于土地的占有状况和经营方式是不同的。

马克思在研究了人类早期发展历史的过程时，提出了在人类由公有制向私有制社会过渡中，存在着一种"农村公社"的过渡形态。他分析说："农村公社有公有因素又有私有因素，是原生的社会形态的最后阶段，所以同时又是向次生形态过渡的阶段，即从公有制为基础的社会向私有制为基础的社会的过渡。"② 指出了在这种农村公社内，既存在私有制，又存在着公社所有制，即生产资料所有制二重性的特点，具体来说，在"公社范围内的天然资源如森林、荒地、牧场、草场、鱼塘、水源等，在首领组织下由社员共同利用。耕地分配给社员耕种，实行自然调剂或定期重新分配，收获物归耕者所有。牲畜、生产工具、住宅、宅旁园地属社员私有。"③ 对于这种历史现象，恩格斯曾总结性地指出："一切文明民族都是从这种公社或带着它的非常显著的残余进入历史的。"④ 这是说，关于农村公社形态，是所有民族从野蛮走向文明过程中必经的一个阶段。中国虽然地处东方，同样也经历过这一历史形态。

---

① 马克思：《资本论》第 1 卷，第 56 页。
② 马克思：《给维·伊·查苏利奇的复信草稿》，《马克思恩格斯全集》第 19 卷，北京：人民出版社，1963 年，第 450 页。
③ 李埏：《试论中国古代农村公社的延续和解体》，《思想战线》1973 年第 3 期。
④ 恩格斯：《反杜林论》第二编《政治经济学》，《马克思恩格斯选集》第 3 卷，北京：人民出版社，1972 年，第 187 页。

李埏先生在研究中国上古时期时，依据我国大量的考古发现和研究，论证了夏、商、周诸朝，都存在着农村公社，并认为是中国古代社会的一个发展阶段，他说："联系我国的历史实际，灼然可见，我国古代也存在过农村公社，那就是井田制。西周时期有井田，这已是史家们的共识了。郭沫若先生据甲骨文指出：商代已有井田。那么夏代有没有呢？有的。徐喜辰先生著《井田制度研究》一书，认为'井田起于夏初。'其说甚备，可以依据。这样，夏商周三代的二千余年就形成一个'井田制时代'，即农村公社时代。"① 这一见解，基本上已成为我国学术界的共识，并且大多认为：中国古代以井田制为基础的村社组织，一直延续到春秋战国时期。

在实行专制主义集权统治的周王朝，也残存着古代农村公社形态，即山林川泽与土地等自然资源均属公有，然而，在"溥天之下，莫非王土；率土之滨，莫非王臣"思想的支配下，土地也逐渐由原来的"公田制"变成了"王田制"，最为典型的是体现在"井田制"上。何兹全先生对此作了十分精辟的归纳："井田在最早最原始阶段，就是一种氏族把公有土地分给各个家族耕种的制度。……灭商以后，周人氏族制社会加速解体，氏族或大家族在族长或家长率领下在公有土地上集体耕作的形式除籍田外已不会很多。起于原始社会的把土地划分为长条或方块分给氏族耕种的原始井田制，也已经变质。先秦文献中所讲井田制，已经是王公贵族使用井田旧形式对农民收取租税的组织，完全丧失了氏族成员在公有份地上劳动的性质。但《诗经》中所描述的在家族长率领下的集体耕作和方块田井田制的份地形式，可以看作周代有过土地公有制的史影。"② 同样是推行的"井田制度"，而在周王朝内部，原来的"公田制"逐渐演变成为"王田制"，使得对土地的经营，发生了一种质的变化。

一、中国土地租佃的起源

在中国农业生产中，对于土地采用租佃的方式进行经营起源于何时，学术界存在着不同的见解。刘永成先生认为："从战国到清代，农业租佃制的

---

① 李埏：《夏、商、周——中国古代的一个历史发展阶段》，《思想战线》1997 年第 6 期。

② 何兹全：《由部落到国家》，《何兹全文集》第 3 卷，北京：中华书局，2006 年，第 1195—1197 页。

经营方式，一直是中国封建社会农业生产的基本关系。"① 这是以战国时期
进入封建社会，因而产生封建租佃制为前提立论的。下面拟依据历史实际再
作出探讨。

"王田制"下租佃的出现

对于井田制度，先秦的史籍文献记载较多，其中以《孟子》对其经营
的记载较为具体：

> 方里而井，井九百亩，其中为公田，八家皆私百亩，同养公田。公
> 事毕，然后敢治私事，所以别野人也，此其大略也。②

《汉书·食货志》用另一种方式记载了古代的井田：

> 六尺为步，步百为亩，亩百为夫，夫三为屋，屋三为井。井方一
> 里，是为九夫，八家共之，各受私田百亩，公田十亩，是为八百八十
> 亩。余二十亩以为庐舍。③

据以上记载，古代的井田制是将每块九百亩的地，划分为井字形的九大
块，每块百亩，中间的一块百亩作为公田，其余八块分给每户一百亩作私
田。"同养公田"，是指这一百亩公田由八家共同经营养护。这里明确有私
与公的区分，在公有制时代，这种区分是指公社集体与氏族家庭个体之间的
关系，"同养公田"是公社家庭成员对农村公社集体所尽的义务；然而，在
进入私有制时代，即由"公田制"转化为"王田制"以后，"同养公田"便
成了百姓对国家王田的一种义务服役劳动了。金景芳先生对此制曾解释说：
"私田是分给农户的田，也得称为民田。公田则是一井九百亩田中，除去八
家各分百亩之外的那一百亩。这一百亩公田由八家共耕，收获的农产品全部
交给公家。古人把这种办法叫做"助"，或叫做"籍"。用今日经济学的概

---

① 刘永成：《中国租佃制度史》，台北：文津出版社，1997 年，第 1 页。
② 《孟子注疏》卷 5 上《滕文公上》，《十三经注疏》，北京：中华书局，1980 年，第 2703 页。
③ 《汉书》卷 24《食货志》，第 1119 页。

念来表达，就是劳役地租。"① 另外八家所种的各百亩，在收获之后，也要上贡，"贡"是指献物，实际就是向国王交的实物地租。即是说，当原来的"公田"变为"王田"后，百姓既要对王田服劳役地租；还要交实物地租，百姓与王田之间形成为一种租佃关系。

井田的私有化和租佃关系的出现，开始于周代，如东周庄王十一年（前686）齐国就有管仲提出"相地而衰征"的措施，② 即分别土地质量的好坏，按亩征税。春秋时期的鲁国，在宣公十五年（前595）秋七月推行了"初税亩"制度，即"履亩而税"，③ 按田亩征税，不分公田、私田，凡占有土地者均按土地面积纳税，税率为产量的10%。这样便正式废除了井田制，也是承认私有土地合法化的开始，百姓所纳之税，实质上就是向国王所交之租。楚国在康王十二年（前548），楚令尹屈建，开始田制赋税的改革，即实行的"书土田"和"量入修赋"制①，主体内容是：对全国境内的各种土地，包括山林，沼泽、丘陵、平原、耕地、瘠地、低洼地、江河中的滩地等等，一一加以区分，视土地高下肥瘠，"量入修赋"，分别计算其多少不等的收入，确定不同的赋税等级和赋税量，这是对鲁国初税亩的仿效，也为其他各国进行类似改革提供了经验。秦国的改制，稍为晚一点，在秦简公七年（前408）施行了"初租禾"，⑤ 按照土地占有者实际占有的土地面积，征收农作物的实物税，在法律上确立了土地私有制的合法地位。后来到秦孝公十二年（前350），商鞅变法，提出"坏井田，开阡陌"，⑥ 即废除原井田的制度，将土地重新稳定地配给百姓，至此井田制也就彻底崩溃了。商鞅对开阡陌提出的措施是"訾（赀）粟而税，则上壹而民平"。⑦ 即对民田"结合产量，按照一定租率，校定出一个常数，作为固定租额"。⑧

① 金景芳：《论井田制度》，《吉林大学社会科学学报》1981年第1期。
② 《国语》卷6《齐语》载："相地而衰征，则民不移"。文渊阁四库全书本。
③ 《春秋公羊传注疏》卷16《宣公十五年》："初税亩，初者何？始也。税亩者何？履亩而税也。"《十三经注疏》下册，第2286页。
④ 《春秋左传正义》卷36《襄公二十五年》："芟掩书土田，度山林，鸠薮泽……牧隰皋，井衍沃，量入修赋。"《十三经注疏》下册，第1985—1986页。
⑤ 《史记》卷15《六国年表》，第708页。
⑥ 《汉书》卷24《食货志上》，第1126页。
⑦ 《商君书》卷1《垦令》。文渊阁四库全书本。
⑧ 张金光：《秦自商鞅变法后的租赋徭役制度》，《文史哲》1983年第1期。

春秋战国时期经历了三百年的变革，社会生产得到了很大的发展，终于使原具有农村公社性质的井田制度退出了历史舞台，"王田"制也演化为国有土地所有制，随之而发展起来的是国有土地下的自耕农小土地占有制，同时也派生出各种类型的地主土地私有制。

国有土地下的自耕农小土地占有制，是个体农民占有国家配给的土地，进行佃种，承担着向国家交纳租赋和出力役的义务，这是由原农村公社成员与公社之间关系蜕变而来的。长时期已来，国家仍保持着公社的躯壳，实质上已变成了君主统治者的工具。原来公社成员对公社所作的"助"和"贡"，已变成了向国家君王交纳的劳役地租和实物地租，就其实质而言，仍是农民与国家之间发生的一种租佃关系。然而，这种地租却被一种义务形式、即国家的赋税和徭役所掩盖，并且受到国家法令的约束和强制。

租佃契券产生于农民对国家土地的租佃

租佃契约，也可称之为租佃合同，"佃农与地主之间的租佃合同，即是劳动力所有者与土地所有者之间的合同"。① 这种合同有口头的约定，也有形成文字的租佃契约。对于中国早期形成文字的租佃契约研究，学术界较少涉及，比较多的研究都集中于吐鲁番出土的十六国时期，② 在此以前究竟有没有土地租佃契？如果有，会在什么样的情况下产生？

周代以来，土地所有制既然已变为王田制，农民耕种王田虽然采用了租佃方式，但不会订立租佃契约，因为有国家法令的约束和强制来维护王田租赋徭役的收入。然而，既然土地所有权由公有转化为私有制，那么，在各种等级的封建贵族中间，自然会出现发展的不平衡，出现土地所有权和使用权上的各种调整，如土地的转让、典租等等。这也就存在着建立租佃契约的可能性。

对于租佃契约何时出现的问题，学术界的各种见解很多，但以出土文献资料作为依据进行论证者甚少。张传玺氏主编的《中国历代契约粹编》收入了《周恭王三年（前919）裘卫典田契约资料》、《周恭王五年（前913）

---

① ［美］Y·巴泽尔著，费方域等译：《产权的经济分析》，上海：上海三联书店，2006年，第38页。

② 胡如雷：《几件新疆出土文书中反映的十六国时期租佃契约关系》，《文物》1978年第6期。新疆社科院考古研究所编：《新疆考古三十年》第261—266页转载，乌鲁木齐：新疆人民出版社，1983年。

裘卫租田契约》①，这是 1975 年在陕西岐山县西周周原铜器窖穴中出土的"卫盉"和"五祀卫鼎"上的铭文②。

对这些青铜器上的铭文，唐兰氏均有译文释读，关于"卫盉"上的铭文，其核心文字是：

> 三年三月既生魄壬寅，王在丰邑举行建旗的礼，矩伯庶人在裘卫那里取了朝觐用的玉璋，作价贝八十串。这租田，可以给田一千亩。矩又取了两个赤玉的琥，两件鹿皮披肩，一件杂色的椭圆围裙，作价贝二十串，可以给田三百亩。裘卫详细地告知……等执政大臣，大臣们就命令三个职官……到场付给田。③

对本件，张传玺氏订名为"典田契资料"，但看不出典田的特征。从"作价八十串"，"这租田"，"给田一千亩"，"作价贝二十串"，"又给田三百亩"等内容看，应是租田契，就是铭文本身，也写明了这是"租田"。关于"五祀卫鼎"上的铭文，唐兰氏也作了译文，现摘录其核心部分：

> 正月上旬庚戌，卫把邦君厉的话告知……厉说："我确实要租给人田五百亩"，……办成了，要厉立了誓。于是命令三个职官……带领着踏勘给裘卫的厉的田四百亩，于是给在这个邑里定下四界，……邦君厉到场付给裘卫田。④

文中也提到了邦君厉愿出租五百亩田给人，最后是给了裘卫四百亩，但是没有写明出租的价格。

这两起铭刻在青铜器上的租田约，距今近三千年，可以看作是迄今所见

① 张传玺主编：《中国历代契约粹编》上册，第 10—12 页。
② 岐山县文化馆、陕西省文管会：《陕西省岐山县董家村西周铜器窖穴发掘简报》，《文物》1976 年第 5 期。
③ 唐兰：《陕西省岐山县董家村西周重要铜器铭辞的译文和注释》，《文物》1976 年第 5 期，第 55 页。张传玺主编：《中国历代契约粹编》上册，第 11 页对本译文有转引。
④ 唐兰：《陕西省岐山县董家村西周重要铜器铭辞的译文和注释》，《文物》1976 年第 5 期，第 56 页。张传玺主编：《中国历代契约粹编》上册，第 13 页对本译文有转引。

到的中国最早发生租田关系的契约性文字。然而，在两起铭文中，虽然都写明了"租"，但并无佃种方面的文字，还没有具备后来租佃关系的内容。因为此二契并非发生在地主与农民之间，而是发生在王或邦君与普通贵族之间有关土地所有权的调整转移。但是，对于土地所有权或使用权的变动，用文字来加以确认的这种方式，被后来所继承，并不断加以发展、丰富、完善，而形成为后来的租佃契约，则是可以肯定的。

湖北云梦睡虎地出土的秦简《法律答问》中，记有一答问：

> 部佐匿诸民田，诸民弗知，当论不当？部佐为匿田，且何为？已租诸民，弗言，为匿田；未租，不论○○为匿田。①

这是问：管理国家土地的部佐隐瞒了诸民的田，该如何论处？回答是：如已租给诸民而不上言，以匿田论。由此看，秦代已有官田租给民种，存在着租佃关系，是否有租佃券约尚不得而知。

秦汉时期能从史籍上看到一些有关租契的记载，如《汉书·沟洫志》中记载元鼎六年（前111）汉武帝的一番谈话说：

> 农，天下之本也，泉流灌寖，所以育五谷也。左、右内史地，名山川原甚众，细民未知其利，故为通沟渎，畜（蓄）陂泽，所以备旱也。今内史稻田租挈重，不与郡同，其议减，令吏民勉农，尽地利，平繇行水，勿使失时。②

此处提到了内史管下的稻田"租挈重，不与郡同"，应考虑减轻的问题。"挈"字，按东汉《说文解字》的解释，"挈，悬持也，从手，韧声"。挈就是拿之意。唐人颜师古的注释是"租挈，收田租之约令也。郡谓四方诸郡也。挈音苦计反"。段玉裁《说文解字注》说："挈，古假借为契。"挈即

---

① 云梦睡虎地秦墓竹简整理小组：《云梦睡虎地秦墓竹简》：《法律答问》第157号简，北京：文物出版社，1981年。

② 《汉书》卷29《沟洫志》，第1685页。

是契。对于此处提到的"租契",尽管学术界有不同的理解,[1] 但还是能说明汉初已经存在着对田租作出约令的这一事实,而这一约令的形式,称为"租契"。汉武帝在这里说的"租挈重",是指内史管辖的稻田,在出租契上的租率,与一般的郡不一样,租额重了,应该加以调整减少。这应该是早期有租田契的记载之一。

汉武帝说的"内史稻田",并非内史个人私有的土地,而是指内史管辖的国有土地,表明汉代的官田,有用直接出租给农民耕种而收租的方式经营。这种经营方式,在居延、敦煌所出汉简中也能见到,如:

> 右第二长官二处田六十五亩,租廿六石。[2]
> 右家五田六十五亩一租大石　廿一石八斗。[3]
> 北地泥阳长宁里任慎　二年田一顷廿亩,租廿四石。[4]

这三支简反映的应是个体农民租种官田交租的记录,每简的亩租率都不同。如第三例明确写有佃种人为"北地泥阳长宁里任慎",连续租种二年,一顷廿亩的年租是廿四石,平均每亩交租二斗。第二简所交租标明是"大石"廿一石八斗,汉代的量制有大、小石两种计量,据学者们研究,"大石与小石间的比值为5:3,小石为大石的六斗。"[5] 如折合小石是三十六石三斗三,亩租为五斗六升。第一简六十五亩,租廿六石,平均每亩交租四斗。

---

① 柳春藩在《论汉代"公田"的"假税"》一文中认为:"这可作为中国租佃契约较早的一个记载。"(刊《中国史研究》1983 年第 2 期);杨际平在《麴氏高昌与唐代西州沙州租佃制研究》一文中认为:"'挈'字,可作持取意解,不能释为租契,若是租契,就不存在重与轻和"议减"的问题。"(载韩国磐主编:《敦煌吐鲁番出土经济文书研究》,第 243—244 页,厦门:厦门大学出版社,1986 年);然而,高敏氏提出:"这种'租挈',是不是我国古代萌芽状态的土地租佃契约呢?无人敢如此提出问题。"(《论〈吏民田家莂〉的契约与凭证二重性及其意义》,《郑州大学学报》2000 年第 4 期)。蒋福亚氏在《略谈汉唐间的租佃关系》一文中认为"汉武帝元鼎六年(前 111)诏令表明,左右内史管辖的稻田,也是采用租佃方式,而且地租相当重。"(《中国经济史研究》1999 年增刊)

② 居延简 303·7 号,谢桂华、李均明、朱国炤:《居延汉简释文合校》下册,北京:文物出版社,1987 年,第 496 页。

③ 居延简 303·25 号,《居延汉简释文合校》下册,北京:文物出版社,1987 年,第 498 页。

④ 《居延新简·破城子探方五一》,第 119 条。甘肃省文物考古研究所编:《居延新简》,北京:文物出版社,1990 年,第 180 页。

⑤ 甘肃省文物考古研究所编:《居延新简释粹》,兰州:兰州大学出版社,1988 年,第 10 页。

陈直先生在研究居延屯田时曾指出："居延、敦煌两处屯田，在西汉中晚期，均采用包租制"①，并以此处所引第一简的亩租四斗作为包租制的一种普遍亩租田率标准。此处所引三简，虽然还不具备双方平等约定的契约形式，但各户的租率并不一致，有亩租高至五斗六升者，也有亩租二斗者，具有很大的差别。这种差异，恐怕也是经过租、佃双方商议，基于因地、因时、因人而形成的。这一特征，至少反映出了官田民租的租佃关系，或者也可看作是百姓或屯田民租种官田的一种简易租佃契约的萌芽形态，因为租佃契约最核心的内容在于写明所需交纳的租额。将官田租与民佃种，在东汉的内地也有，如黄香出守魏郡后，便将该郡的公田"与人分种，收谷岁数千斛"，②表明官田民租的情况一直存在。

官田民租在两汉时期并不普遍，正如李清凌先生所分析的："从管理的角度看，封建国家将土地直接交给农民而向他们征收赋役，比直接经营要方便得多，有利得多。所以当时封建政府处置土地的政策多是徙民置县，将土地划拨给广大贫民耕种，用以出租的只是官田中的一小部分。"③

在官田民租的同时，私家大土地所有制，即贵族、官僚土地私有制也有很大的发展，其经营方式，相当多的是采用出租方式给农民佃种。蒋福亚先生说："如果说，在地主土地所有制确立以前，租佃关系尚不明朗的话，那么西汉中期地主土地所有制确立，富者田连阡陌，贫者无立锥之地时，租佃关系就相当明朗了。"④ 董仲舒说："或耕豪民之田，见税什伍。"颜师古对此诠释："言下户贫人，自无田而耕垦豪富家田，十分之中，以五输本田主也。"⑤ 王莽也说："豪民侵凌，分田劫假，厥名三十，实什税伍。"颜师古诠释："分田，谓贫者无田而取富人田耕种，共分其所收也。假亦谓贫人赁富人之田也。劫者，富人劫夺其税，侵欺之也。"⑥ 反映出汉代私家大土地所有者在其发展过程中，用租佃的方式，侵占贫民佃户劳动成果一半的事

① 陈直：《居延汉简研究》，天津：天津古籍出版社，1986 年，第 8 页。
② ［清］王先谦集解：《后汉书集解》卷 80 上《黄香传》，第 2615 页。
③ 李清凌：《战国秦汉西北地区的土地所有制与经营方式》，西北师范大学历史系、甘肃省文物考古研究所编：《简牍学研究》第一辑，兰州：甘肃人民出版社，1996 年，第 170 页。
④ 蒋福亚：《略谈汉唐间的租佃关系》，《中国经济史研究》1999 年增刊。
⑤ 《汉书》卷 24《食货志》，第 1137—1138 页。
⑥ 《汉书》卷 24《食货志》，第 1143—1144 页。

实。由这些事例说明，两汉时期，不仅在官田的经营上，已有固定租额租田券约的萌芽形态，而在私有大土地所有者的土地上，也有分成租田的存在。至于这种租佃是否有租佃契约的存在，尚有待地下出土文献的进一步证实。

二、魏晋以来的民间土地租佃契约

租佃制的出现，并不等于就存在着租佃契约，租佃契约只有在租佃关系有了长足发展的基础上才会产生。在上一节中，从史载的"租契"和简牍中的"租额"等推测，两汉已有固定租额的租田券约的萌芽形态，但毕竟未见到租佃双方对等署名订立契约的实物。由租佃制的出现，到租田券契的初现，再到租佃券契普行于民间，需经历一个相当长的渐进过程。两汉时期虽有租田券契的初现，但大量产生租佃契约的条件尚未完全成熟。

曹魏和孙吴政权都推行屯田，都是国家拥有土地所有权、给农民以土地使用权的制度，将土地租给民户屯佃。1996 年在长沙走马楼出土的吴国嘉禾四年、五年（235—236）《吏民田家莂》二千多件，每件莂上均写有佃田者住址、身份、姓名，"佃××町××亩"，土地类别（"旱田"若干、"熟田"若干），"二年常限"的数量，等等，[1] 具备了一些租佃土地契约的内容，对此，高敏先生认为：它"是官府收受田家输纳的凭证或收据。但是，它却反映了当时田家租佃官府土地时的契约内容和书写形式。通过《吏民田家莂》，我们至少可以窥见当时的土地租佃契约需要和必须具备的内容要点。"经具体分析后，认定"它是我国古代最早的也是最完整的土地租佃契约，这是《吏民田家莂》最重要的和最根本的史料价值所在"。[2] 对此见解，也有不同看法，认为"《嘉禾吏民田家莂》简牍是官府的库吏或仓吏将当年佃户缴纳米布钱等租税的分散帐目汇总后上交给田户曹史进行核校结算的总帐目，即年度户别税钞总计，而不是经济契约合同文书"。[3] 的确，从大批嘉禾年间《吏民田家莂》来看，尚缺乏契约所具备的双方对等自愿签约要素，如双方署名签押、违约受罚条款以及见证人等。尽管它本身不是契约，

---

① 走马楼简牍整理组编著：《长沙走马楼三国吴简·嘉禾吏民田家莂》，北京：文物出版社，2002年版。

② 高敏：《论〈吏民田家莂〉的契约与凭证二重性及其意义》，《郑州大学学报》2000 年第 4 期。

③ 李卿：《〈长沙走马楼三国吴简·嘉禾吏民田家莂〉性质与内容分析》，《中国经济史研究》，2001 年第 1 期。

而是官府收受田家输纳的凭证或收据，却反映出三国时期民租官田、缴纳租物的租佃关系。在多达数千件三国长沙地区百姓租种官田，缴纳地租的简牍中，未见有官田出租的租佃契。这一现实似乎表明租佃契约尚不发达。不过，在这类租佃关系大量存在的同时，私家地主的土地上，或许存在着私家地主与佃农之间的租佃契约。

晋以后租佃契约文书的大改变

两晋之交，是中国书写史上由简牍书写转为纸质书写的大转变时期，其租佃关系的记载和书写也逐渐被纸质所代替，这给契券内容的完善，提供了宽广的空间和便利，因此，魏晋以来的租佃契券，在内容和形式上，比之两汉时期，发生了很大的变化。三十年前，胡如雷先生依据吐鲁番出土文书，研究十六国租佃契约关系时说："魏晋南北朝时期的租佃关系是否也存在契约形式，过去很难加以确证。现在我们整理的一百多件吐鲁番地区出土的十六国文书中有七件契约，其中恰恰也没有租佃契约。幸运的是，新疆阿斯塔那墓地第 62 号墓，1966 年出土了两件'翟彊辞为共治葡萄园事。'"[①] 于是，胡先生以所出两件《翟彊辞为共治葡萄园事》为基础，从侧面研究认为"翟彊与积之间确实订有'共分治'葡萄园的契约，而且这种契约关系在当时当地有'大例'可循，已经比较通行"。现在来看，胡如雷先生的推论是对的，随着地下考古的不断推进。现在已经有十六国租佃契券的实物出土可证，那就是近年出土的两件北凉的租佃契。一件是《北凉建平四年（440）十二月道人佛敬夏田券》，现将内容转引如下：

1　建平四年十二月十六日，支生贵田地南部干田并糜麦，
2　五□与道人佛敬，交贾（价）毯十张。田即付，
3　毯即毕。各供先相和可，后成券。
4　各不得返悔，悔，部（倍）罚毯廿张。二主
5　各自署名。倩道人佛敬为治渠。杨
6　毅时见。[②]

———————

[①] 胡如雷：《几件新疆出土文书中反映的十六国时期租佃契约关系》，《文物》1978 年第 6 期，又收入《新疆考古三十年》，乌鲁木齐：新疆人民出版社，1983 年，262 页。

[②] 据王素：《略谈香港新见吐鲁番契券的意义》（《文物》2003 年第 10 期）一文所刊图版录文。

对于本件，王素和关尾史郎两先生都认为是"支生贵夏田券"。① 而张传玺先生在《关于香港新见吐鲁番契券的一些问题》一文中，认为是"支生贵卖田券"。② 这是由于契文1—2行的行文模糊所致，券文中并未提买卖二字，第3行"各供先相和可"带有同意相互供给之意，从第5行"道人佛敬为治渠"一语判断，应是道人佛敬夏支生贵之田，因为高昌地区历来的惯例都是"渠破水滴，仰佃田人"，由佃田人治渠。故此处订题作了调整。若是支生贵将田卖给了佛敬，何以还出现"道人佛敬为治渠"一语？"干田"从旁注的"并穄麦"看，是指可种麦、穄二季的常田，据此，契文原意应是"支生贵将田地县南部的干田五亩（并是穄麦田）夏与道人佛敬"。"夏"与假字相通，"夏"者，假借也。"夏田"即借田、租田之谓。所以本券应是一件赁租田契。

第二件是《北凉建平五年（441）正月道人佛敬夏葡萄园券》：

1　建平五年正月十一日，道人佛敬以毯贰拾张，□
2　张鄯善奴蒲陶一年。贾（价）即毕，蒲陶并绳
3　索即蹑畔相付。二主先相和可，不相逼强，
4　乃为券书。券成之后，各不得反悔，悔者
5　倍罚毯肆拾张，入不悔者。民有私要，律
6　所不断。官租酒仰敬。时人张奴子、
7　书券弘通，共知言要，沽各半。③

本券1行末字缺，从"蒲陶一年"语可断定此缺为"夏"字。是道人佛敬用毯贰拾张，夏鄯善奴蒲陶园一年。两契行文相似，也可反证出前件为夏田券的性质。

以上两券属北凉末期高昌郡田地县的租佃契④，如关尾史郎氏所言：

① 王素：《略谈香港新见吐鲁番契券的意义》，关尾史郎在《トゥルファン将来'五胡'时代契约文书简介》，《西北出土文献研究》创刊号，2004年。

② 《国学研究》第13卷，第365页。

③ 据王素：《略谈香港新见吐鲁番契券的意义》（《文物》2003年第10期）一文所刊图版录文。

④ 对此二券的"建平"年号，关尾史郎认为是北凉末年沮渠无讳在高昌地区建立的年号。王素则认为是高昌的阚爽奉北凉"建平"年号的结果。但都认为建平四年是公元440年。

"是作成于吐鲁番的最古的夏田契约文书，具有划时代的史料价值。"① 从前凉到北凉，在土地制度上，基本上施行的是西晋的占田制度。因此，对于北凉的租佃契，也可以看作是魏晋时期民间土地租佃契的一种继续和代表，而上述二北凉租佃契是迄今发现的时代最早的两件纸质租佃契，它提供了对中国租佃契及租佃发展史上的新标本，故其史学价值和意义十分重大。北凉券改变了原来简牍两面书写的形制，变为纸质的单面书写，在内容上有了很大的发展和变化。

首先，出租方与佃田方在券中称为"二主"，如第一券中的"二主各自署名"，第二券中的"二主先相和可，不相逼强，乃为券书"。写的是租佃各方相互和气商定，没有强迫，志愿订立的券书。这种租与佃处于平等地位的券书，在两汉时没有见到，《吏民田家莂》中也不存在，这意味着佃田者身份地位的提高，不再像两汉租田券中，只写明地主对佃田者佃种多少亩，须交租多少的单方认定。这是进入到魏晋以后，土地租佃关系发展中很大的一个进步。

其次，租佃双方的权利和义务具体化、固定化了。出租方的权利是获得具体数额的田租价，如第一券中"毯十张"；第二券中的"毯贰拾张"，表明田亩租额是固定的。义务是将田或园交付佃田者，如是葡萄园，还有索、架一类生产用物；再就是田主负责官府租役的交付，否则就要在券文中作出特别的说明，如建平五年券中的"官租酒仰敬"，即由佃园者佛敬负责交官租酒。作为佃田方，其权利是得到商定的田亩耕种，义务是除了按时足额交租价外，还负责渠的保护。将租佃双方的权利和义务具体写入券书，这是契券史上的一个发展，也是租佃关系发展到一定程度上的要求。

第三，新增了违约受罚的条款。如第一券中的"各不得返悔，（悔者）部（倍）罚毯廿张"；② 第二券中的"券成之后，各不得反悔，悔者倍罚毯肆拾张，入不悔者"。对于悔约者加倍受罚，并非对某一方而言，从"各不得返悔"一语可知，它适用于租佃各方，体现出租与佃双方在契券中的责任和地位的对等性。此条虽属预防性词语，但按租额加倍的处罚却能保证券契

---

① 关尾史郎在《トウルファン将来'五胡'时代契约文书简介》，第81页，2004年3月。

② 此句原文为"各不得返々悔，部罚毯廿张"，根据第二券券文知"部"字，实为加倍的"倍"字。"返々悔"三字乃"返悔，々者"之误写。

的认真执行。

第四，强调了民间私约的独立性。如第二券中所言"民有私要，律所不断"，"要"字，即约也。此语是说，民间有私人间的约定，不在国家法律决断之列。民契中这种独立性申明的出现，表明民间券契习惯法运用的普遍和成熟，这是在此前租田券契中所未曾见者。

根据以上分析看到，进入魏晋以后，租佃契券的面貌，从内容到形式，都发生了变化。从契券中反映出租与佃的关系也有新发展，而这种变化也是随着社会经济制度的变化而发生的。唐长孺先生曾精辟地指出："东汉末年以至魏晋，社会发生了深刻的变化，这一变化表现了奴隶制社会开始转变为封建社会，一个最明显的迹象就是客的卑微化与普遍化。"① 这是指大土地私有制大发展带来的一种变化，相当多的自耕农民，不堪国家赋役，逃向私家土地，成为依附于私有地主土地上的佃客，这是东汉以来直至魏晋社会经济生活中的一种发展趋势。由自耕农变为私家的佃客，身份地位显然卑微化了。然而，与此同时，也有许多原来的奴隶被解放，也成为依附于私家地主的佃农，就这点而言，也存在着一种奴的客化趋势。总之，相当部分的劳动者，都在朝封建化的道路上行进着。然而，"国家的强弱，往往是依照它所控制的自耕农数量多寡而定"，"因而国家必须维护一定数量的自耕农民，它不能容许农民无限制地流入私门"。② 晋武帝即位，便"诏禁募客"③；泰始五年（269）正月癸巳又下敕："豪势不得侵役寡弱，私相置名。"④ 显示出国家对农业劳动者的控制。私家地主面对国家的干预，又不得不改善私属佃客的状况。用固定的租额，以一种券契形式将佃客稳固在自己的土地上，则是一种有效的办法，这应该说是在生产力发展的基础上，出现的一种新型封建生产关系。这是租佃契券关系在魏晋以来得到新发展的大背景。

到了北朝后期的高昌国，私田出租券契的内容又有所深化。从吐鲁番所出的《高昌延昌三十六年（596）宋某夏田券》即可看出这一点：

① 唐长孺：《唐长孺文存》，上海：上海古籍出版社，2006年，第702页。

② 唐长孺：《唐长孺文存》，第704页。

③《晋书》卷93《外戚·王恂传》载："魏氏给公卿已下租牛客户数各有差，自后小人惮役，多乐为之，贵势之门动有百数。又太原诸部亦以匈奴胡人为田客，多者数千。武帝践位，诏禁募客，恂明峻其防，所部莫敢犯者。"第2412页。

④《晋书》卷26《食货志》，第786页。

1 延昌卅六年丙辰岁二月廿日，宋□□□□□□
2 边夏孔进渠常田叄亩，要迳陆年。亩与大麦
3 陆斛，亩床陆斛，若种粟，亩与粟柒斛。五月内□
4 □使毕，十月内上床使毕，若过期不上，□□□
5 壹斛上生麦床壹斗。床麦使净好，依官斛 □□□
6 取麦之日，依朥取，取麦之日，要木酒二斗。渠破水
7 □，□□田人了；赀租百役，仰田主了。二主和同，各不得
8 □□，□□□□□入不悔者，民有私要，々行二主①
（後 缺）

本券收的是实物地租，而在收实物租上规定得十分具体。吐鲁番盆地气候温和，作物可一年两熟，故租价也分夏、秋两次收取，到五月每亩收大麦六斛；十月收糜子六斛，若秋种粟，则收七斛。如到时不交纳，则要受加收10%的处罚。所收糜麦要净好，用颁用的斛斗过量，就在场上收取，另还要木酒二斗。在吐鲁番出土的三十多件高昌国租佃契券中，收取的租额有两种：一种是如本券一样，收取粮食实物，即"亩与麦×斛，亩与粟×斛"；另一种是收取银钱，如"交取夏价银钱××文"，全部都是收的定额租。田主的要求均明白地写在券文上，这比之魏晋早期的租佃券细致具体多了。

这种双方认可的实物定额租佃契的普遍订立，在租佃关系发展史上具有重要的进步意义。美国经济学家Y·巴泽尔分析说："通过租地与土地所有者合作的佃农，对土地使用支付固定的租金。产量将会与预期的不同，这是因为，第一，随机波动；第二，佃农所作的努力也可能会有所变化。由于土地是不变的，所以土地不会构成产量变化的因素。于是，佃农的预期产量只能作为他自己努力的函数而变化。"② 这一分析指出了佃农在租佃中支付了固定租金后，索取其剩余部分时，会作出努力，从而使产量发生变化，获得更多。这是依据劳动作用了土地即可产生财富的经济学基本原理作出的，它说明定额租制比之于分成租，更有利于佃田者劳动积极性的发挥，有利于农

① 《吐鲁番出土文书》录文本第二册，第326页；图版本第一卷，第279页。
② ［美］Y·巴泽尔著，费方域等译：《产权的经济分析》，上海：上海三联书店，2006年，第44页。

业生产力的发展，也是稳定发展农耕生产的一种保证。

在 5 至 6 世纪的高昌王国，有些官田也采用了租佃券契的形式来经营，它体现在一些官府土地出租的租佃契中。如在吐鲁番阿斯塔那 365 号墓里，就出土了几件农民从主簿边租种官田的契约，如《延昌二十八年（588）王幼谦夏镇家麦田券》，[①] 其文曰：

1 延昌廿八年戊申岁十二月廿二日，王幼谦从主薄孟儁边
2 夏镇家细中部麦田贰拾伍亩，亩与夏价麦贰斛柒
3 斗，租在夏价中，☐
4 贼破水旱，随大 ☐
5 主先和后券，券成之後，各不得☐
6 民有私要，要行二主，各自署名为信。
7 时见 张忠苟　　倩书　　张顺和

镇家，又称作"兵家"，是高昌王国的军事机构的一种俗称，正因为镇家的田属于官田，故由县主簿孟儁来负责主持出租，类似的由主簿孟儁代为署名出租的租佃契，在阿斯塔那 365 号墓里就有四件，其中《高昌延昌二十九年（589）王和祐等人分夏田合券》虽下部残缺，从尚存文字推断，此券至少有六户合在一起租种了镇家的田，可见官田由民租佃并立券的事例不少。在王幼谦夏田契中，有"亩与夏价麦二斛七斗，租在夏价中"一语，每亩收田租麦二斛七斗，表明镇家田出租有固定的租额。对于"租在夏价中"，看来似乎多余，其实，这里有概念上的区分，在高昌国晚期，凡农民占地耕作，均要向官府按每亩三斛的标准交纳官租，在这里由于所借镇家田，就是官田，所以官租就在借田费中，私租与官田租在这里合并为一了。[②] 券文中作这样一种特别的申明，恰好证实了高昌王国的官田确实是采用私租契券形式出租的。这里想补充一点的是，镇家出租的是不同于常田的"部麦田"，是土质较差、一年只能收一次小麦的土地。从表面看，镇家田

---

① 《吐鲁番出土文书》录文本第二册，第 359 页；图版本第一卷，第 293 页。
② 参见陈国灿在《唐代的租佃契与租佃关系》中对"租在夏价中"一语的认识，见《唐代的经济社会》，第 105—106 页。

租额比官府每亩收官租三斛要低，其实镇家田租收的是"麦二斛七斗"，而官府田租收三斛是粟，① 折算下来，镇家田租价还是要比官府收纳租课额要略高一点。在每件契券中，都写有"二主先和后券，券成之后，各不得返悔，悔者一罚二入不悔人，民有私要，要行二主，各自署名为信"一类的文字，尽管这是对民间契券格式的套用，但作为县主簿，能与佃户农民之间，相互称之为"二主先和后券"，并在租佃券上签字，反映出了佃户在身份上升到了与田主平等的地位，官方在券中已看不到超经济强制方面的权力表现，这是租佃关系在中古时期发生的一项重大变化。

租方与佃田方平等协商订立的租佃券契，比之于两汉时由田主单方规定租额的租田券来，是一个进步；而定额租制的租佃契约形式，比之于原来无契约的分成制租佃，则是又一个进步。前者反映出劳动生产者身份地位的提高；后者又有利于劳动者生产积极性的发挥，有利于社会生产力的发展。

隋唐均田制下租佃契约的发达

隋唐时期，国家颁行均田制度；另一方面又同时存在着贵族、官僚地主的私有土地制度，在这两种制度下，租佃契约都十分活跃。国家均田制的土地上，存在着多种租佃形式：一种是均田民对国家份地承担的租，交纳实物租（租粮调布）和劳役租（力役差科），实物租施行定额租制，这种租佃以农民接受均田份地应交纳的义务而出现，但具有超经济强制性；第二种是个体小农佃种官田的租佃，如公廨田、宴设田的出租，征收的是封建地租；第三种是私家地主与佃户之间的租佃；第四种是均田民之间进行土地调剂的私家租佃，后两种租佃常通过订立契约来完成，基本上不存在超经济强制的因素。在日本大谷文书中，有一批《西州高昌县佃人文书》，很能反映出唐均田制下各类土地佃种的实态，如大谷2372号，现将其文转录如下：

1　索渠第一堰々康阿战

---

① 在《吐鲁番出土文书》录文本第三册第271页，图版本第一卷第423页中有《高昌重光三年（622）张熹儿入俗租粟条记》，记中载有"壬午岁□□廿六日入：高昌庚辰岁租粟，张熹儿捌斗，壬午岁租粟捌斗"，可见官府所收官租为粟。又据《吐鲁番出土文书》录文本第二册，第183页，图版本第一卷，第199页中《高昌高乾秀等按亩入供帐》所记，和仲仁有地一亩，入供三斛；将罗子地二亩，入供六斛。则是每亩收租粟三斛。

2　□□职田捌亩半 佃人焦智通（昌）种粟

3　都督职田拾壹亩半 佃人宋居仁（昌）种粟

4　杜浮禄（化）拾亩 自佃种粟

5　□仁王寺陆亩 佃人张君行（昌）种粟

6　□寿寺贰亩 佃人氾文寂（大）种粟

7　氾文寂（大）贰亩 自佃种粟

8　县公廨柒亩壹伯步 佃人唐智宗（西）种粟

9　康索典壹亩半 佃人唐智宗（西）种粟

10　赵寅贞半亩 佃人唐智宗种粟

11　阚佑洛贰亩 佃人康富多（昌）

12　张少府（尚）壹亩 佃人康善隆

13　□相德（尚）壹亩 佃人康善隆

14　□□战（尚）肆亩 自佃种粟

15　□□□ 自佃种粟

16　□□□ 种粟①

　　这是唐西州高昌县官府对其管下均田佃种情况统计的一部分，很能说明均田制度下的田亩佃种情况。索渠，据孙晓林氏研究，其位置在高昌县城南一至二里。② 在索渠第一堰堰头康阿战所管的这一堰段内，有□□职田，有西州都督的职田，有县公廨田，还有张少府的官僚私田，③ 这些官田或官僚

① ［日］小田义久主编：《大谷文书集成》（一），京都：法藏馆，1984 年，第 87—88 页。

② 孙晓林：《唐西州高昌县的水渠及其使用、管理》，唐长孺主编：《敦煌吐鲁番文书初探》，第 527 页。

③ 少府为县尉的别称，［宋］赵彦卫：《云麓漫钞》卷 2 云："唐人则以'明府'称县令，……既称令为明府，尉遂曰'少府'。"北京：中华书局，1996 年，第 23 页。是"张少府壹亩"应属官僚的私田。

地主的田数下，都注有"佃人×××"，表明全都是佃给农户耕种的。其次是寺田，如□仁王寺，[①]□寿寺[②]，在此也是佃给农民耕种的。第三类是农民份地，一种是"自佃"，另一种也是出佃与人。个体农户的份地何以也出租给人佃种？其情况也多种多样，一种是家庭缺乏劳力而出租；另一种是配给的份地距家太远，只有用出租和佃入方式换地佃种。

文书中每个佃种者名下，都简注有高昌县内的乡名，如"昌"，指宁昌乡；"化"，指崇化乡；"大"，指宁大乡；"西"，指安西乡；"尚"，指尚贤乡。其中以注"昌"者为多，如佃人焦智通、宋居仁、张君行、康富多都是宁昌乡人，推测索渠第一堰的地块就在宁昌乡。而安西乡、崇化乡、宁大乡、尚贤乡则是靠近宁昌乡的位置。故安西乡人唐智宗租种的三段地，即县公廨田柒亩壹佰步，康索典的壹亩半，赵寅贞的半亩，也在索渠第一堰，几块地段集中在一起，方便于佃耕。

均田制的土地分配原则是土地的还受制度，作为丁中受田，入老还田，就一县一乡而言，每年都要进行，对每户的丁中来说，到新受份地时，不可能就在本户已有份地附近，还要视官府新收还、拟再分配的地亩而定，这就必然会出现各户所受田出现东一段、西一块的情形，这与唐《田令》："诸给口分田，务从便近，不得隔越"的规定实际上有很大的差距，这种份地隔越的现实差距，在唐户籍、手实上屡见不鲜，如《武周载初元年西州高昌县宁和才等户手实》所载：

1　户主宁和才年拾肆岁

2　母赵年伍拾贰岁

3　妹和忍年拾叁岁

4　右件人现有籍

（中略）

8　合受常部田

9　　一段二亩^{常田}城北廿里新兴（东、西、南、北四至）

---

① □仁王寺，前缺一字，从残存缺笔推测为"南仁王寺"。

② □寿寺，当为"万寿寺"，此寺名又见于大谷1212、1214、1218、3364号文书。

10　　　一段一亩^{部田}城西七里沙堰渠（东、西、南、北四至）

11　　　一段一亩^{部田}城南五里马堆渠（东、西、南、北四至）

12　　　一段一亩^{部田}城西五里胡麻井渠（东、西、南、北四至）

13　　　一段卅步居住园宅①

　　此户在城北廿里有二亩常田，在城南五里、城西五里和七里各有一亩部田，距离都如此远，如何能耕种？再加之宁和才十四岁、妹十三岁、母五十二岁，全家没有丁壮劳力，又如何进行劳作？对于本户来说，唯一的生存办法就是将份地就近出租与人佃种。

　　同件文书所列王隆海户手实中，一家有三口："户主王隆海年伍拾壹岁，笃疾"，"弟隆住年肆拾壹岁，卫士"，"隆（住）妻翟年叁拾伍岁"，该户的全部田亩状况是：

　　合　受　常　部　田
　　一段半亩^{常田}城南一里杜渠（东、西、南、北四至）
　　一段一亩半^{常田}城西卅里交河县（东、西、南、北四至）
　　一段二亩^{常田}城北廿里新兴叠底渠（东、西、南、北四至）
　　一段二亩^{常田}城南二里王渠（东、西、南、北四至）
　　一段二亩^{常田}城南二里杜渠（东、西、南、北四至）
　　一段四亩^{部田}城东五里胡道渠（东、西、南、北四至）
　　一段一亩^{部田}城西十里南路坞（东、西、南、北四至）
　　一段四亩^{部田}城西五里屯头渠（东、西、南、北四至）
　　一段一亩^{部田}城西五里马堆渠（东、西、南、北四至）
　　一段一亩^{部田}城东五里左部渠（东、西、南、北四至）

---

①《吐鲁番出土文书》录文本第七册，第414—415页；图版本第三卷，第498页。

一段一亩^{部田}城东五里胡道渠（东、西、南、北四至）①

以上常田八亩，部田十二亩，分布在县城的东、西、南、北，最远的是在城西四十里交河县境的一亩半常田；另一段二亩常田在城北廿里的新兴；另有三块部田在城东五里，该户只能是将离住地较近的城南一、二里的五亩半常田自佃，而将远处的田亩出租给人佃种。可见，作为狭乡的唐西州，均田农民份地的分散状况特别突出。

即使是宽乡的敦煌，每户份地虽然相对集中，也免不了存在着份地插花的现象，如大足元年（701）效谷乡的索辩才户，大部分份地在"城东卅里两支渠"，也有"一段叁亩永业"在"城北廿里无穷渠"；张玄均户大部分份地在"城东卅里两支渠"或"城东卅里乡东渠"，却有"一段玖亩口分"在"城北廿里无穷渠"。② 又先天二年（713）敦煌平康乡籍中，某户的永业田集中在"城北七里八尺渠"一带，而口分田又多在城西四至七里的西支渠。类似的情形在全国想必也是如此，这是由于土地年年有还有受造成的结果。每户为了能维持正常的农耕生产秩序，只有用田亩租佃的方式来加以调节，如前列西州索渠第一堰中的佃人康智宗那样，使佃种的田亩能集中在一起，以便于劳作，这正是均田制下田亩租佃关系异常发达的原因，从这个意义上看，自耕农或均田农民之间的这种租佃关系，实际上是对均田制推行的一种补充手段，它不仅没有破坏均田制度的实施，反而对均田制的实施起着调节、巩固的作用。

均田农民之间的租佃，都要订立租佃契约，规定具体的租额数量和交租时间。在吐鲁番出土的契约中，唐代前期的这类租佃契约，有六十余件，除了有两件属于合种、收获物"二人场上亭分"的分成租佃契外③，其余全部都是定额租制的契约，所收都是粮食实物或钱。因此，认为隋唐时期"分成

---

① 《吐鲁番出土文书》录文本第七册，第417—418页；图版本第三卷，500页。

② 《武周大足元年（701）沙州敦煌县效谷乡籍》，唐耕耦、陆宏基编：《敦煌社会经济文献真迹释录》第二辑，第133—134页。

③ 这两件唐代的分成制租佃契，一件是《唐龙朔三年西州高昌县张海隆夏田契》（《吐鲁番出土文书》录文本第五册，第117—118页；图版本第二卷，229页）；另一件是《唐权僧奴佃田契》（《吐鲁番出土文书》录文本第四册，第59页；图版本第二卷，第36页）。

租制仍是占居主导的地租形式"说，① 就与这种实际不相符了。在唐代即使是官僚的职田，也是采取定额租制给农民佃种的，开元十九年四月敕令"天下诸州县，并府镇戍官等职田顷亩籍帐，仍依允租价对定，无过六斗。地不毛者，亩给二斗"②，这是朝廷对官田定额收租的明确规定。

从高昌国至唐代的租佃契约，在内容上虽然变化不大，但在形式上，还是有一些新变动。以吐鲁番阿斯塔那 24 号墓所出《唐贞观二十二年（648）索善奴佃田契》为例：

```
1    贞观廿二年十月卅日，索善奴☐☐☐
2    夏孔进渠常田肆亩，要迳☐☐☐
3    年别田壹亩，与夏价大麦五斛，与☐☐
4    ☐々到五月内，偿麦使毕；到十月内，偿☐☐
5    毕，若不毕，壹月麦秋壹百斗上生麦秋壹☐☐☐
6    若延引不偿，得曳家资平为麦秋直。若身☐
7    西无者，一仰妻儿及收后者偿了。取麦秋之
8    日，依高昌旧故平圆斜中取。使净好，若不好，听
9    向风常取。田中租课，仰田主，若有渠破水谪，仰佃
10   ☐☐☐☐☐☐☐
11   ☐指为信。
12                    田主赵
13              佃田人索善奴 ｜  ｜  ｜
14              知见人冯怀勗 ｜  ｜  ｜
15              知见人刘海愿  ｜  ｜   ｜ ③
```

本契从第 2 行"要迳……"看，是租佃多年的契约，与前揭《高昌延昌三十六年（596）宋某夏田券》有相近之处，也是对佃种孔进渠几亩常田的租佃契约，其所收租价，比延昌券低一点。同墓所出还有一件《唐永徽二

① 刘永成：《中国租佃制度史》，第 142 页。
② ［宋］王溥：《唐会要》卷 92《内外官职田》条，北京：中华书局，1990 年，第 1669 页。
③ 《吐鲁番出土文书》录文本第五册，第 18—19 页；图版本第二卷，第 177 页。

年（651）孙客仁夏田契》，是赵欢相出租的某渠四亩常田，也是收定额实物租的多年租佃契，本契租额除每亩收麦、糜各五斛外，还收草一围和一部分麸，在该契的第5—6行写有下列文字：

> 租输百役，仰田主了；渠破水谪，仰佃田人了。壹年与草肆围，与麸壹车。两主和可，获指为信。

文中的"麸"字，指的是麦壳，即谷物脱粒时的废弃料①，即麸皮，它和草一起，均可作牲畜饲料用。故与五十多年前的租佃券契很相近。

从契约形式上分析，唐代的租佃契与其他类别的契约，如买卖契、借贷契、雇佣契等一样，都出现了一些新变化。

首先是契约名称的变化，过去均称之为"券"，至唐均改称为"契"。这种变化与官方的律令规定有关，《隋书·食货志》载："晋自过江，凡货卖奴婢、马牛、田宅，有文券，率钱一万，输沽四百入官，……历宋、齐、梁、陈，如此以为常。"② 这是说，在晋过江前后，直至梁、陈，各类经济交往所书写的文字，均称为券。隋唐统一后，在朝廷颁布的律令中，将"券"改称为"契"，并载入《唐律》。如：

> 诸负债违契不偿，一匹以上，违二十日笞二十……
> 诸负债不告官司而强牵财物，过本契者，坐赃论。③

因此，在吐鲁番出土的唐代契约，在贞观、永徽以后，都称之为"契"了。

其次，高昌契尾中，由租佃人的单独署名与画指节，见证人均写为"倩书×××"或"书券×××"、"时见×××"或"时人×××"，高昌国后期发展为三人，即倩书、时见、临座，并由各参与者亲自署名，这就是契券中所说的"各自署名为信"。如果参与者不识字，无法签名，则以画本人中指指节来

---

① ［明］张自烈：《正字通·麦部》："麸，麦壳破碎者。"文渊阁四库全书本。
② 《隋书》卷24《食货志》，第689页。
③ 《唐律疏议》卷26《杂律》，第485页。

代替，如《高昌延寿九年（632）曹质汉、海富合夏麦田券》① 的券尾就画有四行指节，每行指节中，均写有"……指节为明"字样。在唐代的契约文书上，在契尾画指节，已普遍采用，这是由"署名为信"向"获指为信"的过渡。与此同时，原契尾的"倩书"、"时见"、"临座"等名称也没有了，而代以"田主"、"佃田人"和"知见人"等，将"田主"、"佃田人"并列于契尾，是唐代才开始有的。尽管田主列在前，佃田人列于次，但二者的并列，意味着双方的地位、身份是平等的。再后列"知见人"，通常在二人或以上。到了唐开元、天宝间，租佃契尾的"知见人"，又改为了"保人"，②这是对租佃契约租、佃双方以外的第三方责任的进一步明确。其实这种改变在买卖契、借贷契中发生得更早一些，已见于唐高宗朝的许多买卖契、借贷契中。我们注意到，在《索善奴佃田契》里，有"若延引不偿，得曳家资平为麦秋直。若身东西无者，一仰妻儿及收后者偿了"一语，此"收后者"，就是指契文后部收尾所列的人，即知见人或保人。这是说如果佃田人届时东面、西面都找不到，就由其妻儿和知见人代为偿付。从保证连带责任这一含义考虑，将"知见人"改称为"保人"，更加切合实际。类似的文字，从高昌国到唐五代租佃券契中可以常见，这虽然不是超经济强制，却是经济范围内的强制行为。它意味着契约规制的有效性在拖欠地租方面预防的加强。这种加强，一方面反映出土地租佃中，佃户拖欠地租情况的经常发生；另一方面也是土地私有权神圣不可侵犯性的体现。它是对封建租佃制度的一种维护。

唐代的租佃契约，从内容到形式，已经臻于完善，从固定租额的明确，交租时间和质量的保证，双方权利和义务的责任，违约受罚的规定，保人对契约内容的担保等，都具体写进了契文，形成为中国古代租佃契约的一种定

---

① 《吐鲁番出土文书》录文本第五册，第240—241页；图版本第二卷289页。按：在"指节为明"的上部尚有缺字，据《吐鲁番出土文书》录文本第四册，第145页；图版本第二卷84页）所载《唐西州高昌县赵怀愿买舍契》第8行下的指节号中写"以息阿丰手不解书，以指节为明"，则此处上部缺字，可能也是"手不解书"。是说署名者本人不会写字，只有用指节痕来证明。

② 《唐开元廿四年（736）二月张某从左小礼租田契》（大谷文书3107号）列有三保人；《唐天宝五载（746）某人从吕才艺租田契》（《流沙遗珍》18—1、2）后列有三保人；《唐天宝七载（748）杨雅俗与某寺互佃田契》（《吐鲁番出土文书》录文本第十册，第275—276页；图版本第四卷，第567页）后列有保人二。《唐张小承与某人互佃田地契》（《吐鲁番出土文书》录文本第十册，第303—304页；图版本第四卷，第581页）后写有三保人。

式。这种定型的租佃契约模式，不仅广泛应用于民众之间；也应用于农民对私家大地主土地的租佃；或农民对寺田佃种的使用。如吐鲁番阿斯塔那506号墓所出文书，载有唐大历年间西州高昌县的马寺，有一批土地契约文书，马寺是一所"管常部田总陆拾亩陆拾步"的尼寺，其土地全部出租，存有多件出租田地契，现将其中的一件《唐赵拂昏租田契》转引如下：

（前缺）

1 ＿＿＿＿赵拂昏租取马寺前件地来年
2 佃种，亩别准青麦亩捌斗，粟亩别玖斗，计麦壹
3 硕陆斗，粟计壹硕捌斗。其官税子仰拨昏输纳□
4 ＿＿＿家事。准往例，渠破水谪仰佃人，如下子之□
5 □□田佃者，仰寺家别处与上替。其麦伍月□
6 ＿＿＿月内付净好者。两家平和，画指为记。
7 　　　　　　　田主　马寺尼
8 　　　　　　　保人
9 　　　　　　　保人①

此契属于寺院地主对农民的租佃契，从总计收租额推测得知，出租的是二亩地。其亩租额并不高，这是由于官税子等均由佃田人来输纳，至于其他方面的内容都从简了，如违约受罚条款没有列入，"保人"项下既未列名，也未画指等。

唐以后的各代租佃契约，尽管有些细小的变化，但基本上都还是在此框架内运行着，像敦煌所出的一批公元十世纪的租佃契，即是如此，如《乙亥年（915?）索黑奴等租地契》所载：

1 乙亥年二月十六日，敦煌乡百姓索黑奴、程□
2 子二人，伏缘欠阙田地，遂于侄男索□护面
3 上，于城东忧渠中界地柒亩，遂租种瓜，其地

---

① 《吐鲁番出土文书》录文本第十册，第305页；图版本第四卷，第582页。原文的"拂昏"错为"拨昏"。

4　断作价直，每亩壹硕二斗，不拣诸杂色

5　目，并总收纳。两共面对平章，立契已后，

6　更不许休悔。如若先悔者，罚麦两馱，充

7　入不悔人。恐人无信，故立此契。

8　　　　　　　　　租地人程悦子

9　　　　　　　　　租地人索黑奴（押）

10　　　　　　　　见人氾海保①

　　本契在租种地亩方位、数额，每亩租价的规定上，以及违约受罚等，与几个世纪以前的券契文字一样，没有什么大的变化。如果说有变化，也只在尾署人名的立信上，过去是"各自署名为信"，后变为"画指为信"，而在十世纪的敦煌契上，则是在人名下各自画押，以画押为信。

三、房屋车牛等的赁租契

　　赁与租常常联称为租赁，严格说来，"赁"与"租"是有区别的。陈永胜氏在论及租赁契约时说："唐代法律关于租赁已有明确定义。《唐律疏议》卷四《名例律》疏：赁，谓碾硙、邸店、舟船之类，统计赁价为坐。可见在唐代法律上是称不动产的租借为赁。"② 对于这样的解释，恐怕需要重新斟酌，首先是对"统计赁价为坐"的引文有误，《疏议》条原文为"须计赁价为坐"③。另外，是对"赁"的解释不太准确，不能把《疏议》针对律文"诸以赃入罪"说的所赁对象的诸个方面当成"赁"的定义，《疏议》只是例举了"赁"物的方面。"赁"就是租借，《通典》卷2《食货典》载唐开元廿五年令云："诸田不得贴赁及质"，这里说的贴赁及质，都与借贷有关，其实，土地的赁与租是有不同含意的，日本依据唐令制定的《令集解》卷12田令条下说："赁租者，限一年令佃，而未佃之前出价，名赁也。佃后至秋，依得否出价，是名租也。"④ 由此明确"赁"是租借的一种形式。赁也

---

　　① S.6063 号，唐耕耦、陆宏基编：《敦煌社会经济文献真迹释录》第二辑，第 28 页。沙知编：《敦煌契约文书辑校》，第 334 页。

　　② 陈永胜著：《敦煌吐鲁番法制文书研究》，兰州：甘肃人民出版社，2000 年，第 73 页。

　　③ 《唐律疏议》卷 4《名例律》，《诸以赃入罪条》，第 88—90 页。

　　④ 日本《令集解》新订增补本，《日本国史大系》，日本：吉川弘文馆，1988 年，第 355 页。

有对动产租借的，如：舟车、马、牛、驼、驴，甚至器具也可以租赁。可见，赁并非是针对不动产的租借。赁本身就是租，只是在支付钱物时有区别而已，租前支付了价值的称之为赁，在之后支付者称之为租。

对房屋车牛的租用与田地的租佃有所不同，田地的租佃通常租得田地后，通过生产，然后将收获物交租，当然在货币经济发达地区也有在佃前用货币赁田者。而房屋、车牛本身并不能直接生产出物品，但它具有使用价值，只能通过预先支付价钱将房屋、车牛、碾硙借来使用，至期归还，这种借用方式称为租赁。古代民间，凡具有使用价值的物品，都可以进行租赁，而且常用租赁契约的方式，来保证租赁费用的支付。

较早的一些租赁契

现存较早的租赁契见于吐鲁番出土的《西凉建初十四年（418）严福愿赁蚕桑券》，文如下：

1 建初十四年二月廿八日，严福愿从阚
2 金得赁叁薄蚕桑，价交与毯①
（后缺）

叁薄蚕桑，乃指养三箔蚕所食之桑叶。据《齐民要术》引《氾胜之书》云：桑田"一亩食三箔蚕"②，实际就是严福愿用毯□张向阚金得处租赁一亩桑田。桑叶可以不断生长，可以供到三箔蚕结茧为止，其租赁期限可能在缺文中。

租赁宅舍是租赁契中常见的一种，如吐鲁番出土的《高昌卯岁尼高参等二人赁舍券》③，转录于下：

1 □□□□□□卯岁五月十二日，女□□、尼高参二人，从索寺主

① 《吐鲁番出土文书》录文本第一册，第17页；图版本第一卷，第6页。
② ［北齐］贾思勰著，缪启愉校释：《齐民要术校释》卷5《种桑柘第四十五》注引《氾胜之书》，北京：中国农业出版社，1998年，第326页。
③ 《吐鲁番出土文书》录文本第三册，第199页；图版本第一卷，第389页。

```
2    □□□赁。二人各赁舍壹间，□□□赁价钱贰文，高
3    □□赁价钱叁文。二人要经壹年□□□
4    □遮余人，不得病死，若病死者，罚钱□□□
5    与钱壹文，高参交与钱贰文，□□□
6    □主和同立□，□成之后，各不得返悔，□□□
7    □要，要行三主，各自署名为信。
8                倩书   索善□
9                时见   □□□
```

一女一尼向索寺主赁租舍各一间，租期一年，赁价一为钱贰文，一为叁文，此应指的是银钱，条件是不得"遮余人"即转赁给他人，亦不得在舍内病死。所云赁价，实际是对借用舍屋使用所给的租金。与租田地的租价具有相同的性质。

另有一种《高昌延寿元年（624）张寺主赁羊尿粪刺薪券》①，名为赁租，实为张寺主以七斛□斗粟向严某等二人购买羊尿粪一车，刺薪五车，券中并无使用后偿还要求。此券与前二租赁有所不同，前列严福愿向阚金得处租赁的一亩桑田，至期须归还桑田；尼高参等二人所赁舍，一年后也是要归还的。由此看对于一些消耗物品的租赁，就是指的购买，羊尿粪和刺薪被张寺主买到后也就使用消失掉了，不可能再归还。至于租赁车牛或马驴等大牲畜，也要求到期归还原物，如《唐龙朔四年（664）西州高昌县武城乡运海等六人赁车牛契》，是一件多人集体租赁车牛的契约，现将契文录如下：

```
1    龙朔四年正月廿五日，武城乡□□□
2    运海、范欢进、张□□□
3    六人赁□□□
4    具到□□□一道。□□□
5    文，更依乡价输送，□具有失脱，一仰
6    □□知当。若车牛到赤亭，□依价仰
```

---

① 《吐鲁番出土文书》录文本第三册，第 205 页；图版本第一卷，第 392 页。本券券文参见本书第五章第二节中之"雇佣券契的几种类型"中所录。

7　_____依乡价上。两和立契，获指

8　□□　□□

9　　　　　　　　　车牛主张贵儿

10　　　　　　　　赁车牛人范□□□□

11　　　　　　　　赁车牛人_____

12　　　　　　　　赁车牛人翟_____

13　　　　　　　　赁车牛人_____ ①

（后缺）

　　本契缺文较多，大意是：武城乡的某运海、范欢进等六人赁某乡张贵儿的车牛一具，到赤亭镇出行一次，赁价银钱若干文，"更依乡价输送"，即按乡惯例标准付钱，可能是指先付多少，到达后再付多少的乡惯例来支付。车具如有失脱，由车主负责。若车牛到赤亭，再依乡价偿其余部分。这件租赁车牛契，除了租赁车牛外，还包含对车主本人的雇价，因所赁车牛，须车主随行赶车照料。由此看，本契具有租赁与雇佣合一的性质。

　　晚期的租赁契

　　唐宋以后的租赁契多用于田宅铺舍上，对于租赁铺舍的契约，往往写得全面具体，因为这类交易当时就有营利价值，而且名目繁杂，尽量写得具体是为了避免日后的纠纷。黑水城出土《西夏光定十二年（1222）正月李春狗等赁租饼房契》，是件典型的赁租铺舍契约，文转录于下：

　　光定十二年正月廿一日立文字人李春狗、刘番家等，今于王元受处扑到面北烧饼房舍一位，里九（就）五行动用等全，下项内炉镢一富（副），重肆拾斤，无底。大小铮二口，重廿五斤，铁匙一串，糊饼划（铲）一串，大小檻二个，大小岸（案）三面，升房斗二面，大小口袋二个，里九（就）小麦本柒石伍斗。每月行价赁杂壹石伍斗，恒月系送纳。每月不送纳，每一石倍罚一石与元受用。扑限至伍拾日。如限满日，其五行动用，小麦七石五斗，回与王元受。如限日不回还之时，其

---

① 《吐鲁番出土文书》录文本第五册，第145—146页；图版本第二卷，第246页。

五行动用、小麦本每一石倍罚一石。五行动每一件倍罚一件与元受用。如本人不回与不办之时，一面契内有名人，当管填还数足，不词。只此文契为凭。

> 立文字人李春狗（押）
> 同立文字人李来狗
> 同立文字人郝老生（押）
> 立文字人刘番家（押）
> 同立文字人王号义（押）
> 同立文字人李喜狗
> 知见人王三宝
> 知见人郝黑儿①

本契是一件很完整的赁租烧饼房的契约，赁租的目的当然是为了经营。契文中的专词术语，已见于乜小红著《俄藏敦煌契约文书研究》第 186—187 页的注释，此处不赘。从文书内容看，这是西夏光定十二年（1222）正月廿一日，李春狗、刘番家等六人合伙，于王元受处赁租到坐南面北的烧饼房舍一间，"五行用具"，即质属金、木、水、火、土各类的生产工具，还有小麦七石五斗等。约定每月赁租价杂粮一石五斗，按月送纳，如不纳，每一石倍罚一石给王元受。赁租期以五十日为限。限满日，五行动用等各类生产工具，小麦七石五斗及铺面，如数归还王元受，如若不还，小麦每一石倍罚一石，工具每件倍罚一件给与王元受。如当事人不在，由契尾的其他署名人依数填还使足。最后列有"立文字人"李春狗、刘番家二人；"同立文字人"李来狗、郝老生、王号义、李喜狗等四人；"知见人"王三宝、郝黑儿二人。本契行文中虽提到"赁"，但从实际操作看，就是对烧饼房及其用物的租用，事先并未交赁价，只是按月交付一石五斗粮的租价，严格说来这也只是租烧饼房及其用具的契约。

---

① 俄藏 Дx18993 号，文书图版刊于俄罗斯科学院东方研究所彼得堡分所、俄罗斯科学出版社东方文学部、上海古籍出版社编《俄藏敦煌文献》第 17 册，上海：上海古籍出版社、俄罗斯科学出版社东方文学部出版，2001 年，第 310 页。文书释文及注释见乜小红著：《俄藏敦煌契约文书研究》，第 185—187 页。

本租饼房契写于西夏王朝的末年，在契约的形式内容上，承袭了唐五代租借契约的书写传统，如双方权利义务，违约加倍受罚，同署名人责任共担等。有些方面比之早期契更为具体详细，如所租铺内的用具均一一细列，并作出规定，这些工具如到时不还，也要倍罚。这种具体细密条款的租用模式，是与商品经济有了一定发展的社会状况相适应的，也为后代所继承，如《清宣统三年（1911）宛平县洪贵保出租羊肉铺字据》，全文较长，兹摘录中间一段来作分析：

> 立租字人洪贵保，今有祖遗羊肉铺一座，……门面排子贰间，钩连褡四间，小后院一块，门面木板排子俱全，屋内隔断一槽，门窗户壁俱全。……情愿将此铺租与王德全名下承做。一租拾年为满，言明押租洋元壹百元整，其银笔下交足，并不欠少。每月家伙钱京足银四两整，铺内家俱另有清单，家俱钱另有折，按月在本铺支取，不许拖欠。如有拖欠家伙钱三个月不到，准其本铺主洪姓将买卖收回，押罚租洋银伍拾元。不许转租转倒。……年满之日，银元回赎。……如大木落架，两家商议，每月　宅房钱□吊四百文，月捐钱五吊，零碎花销等项，均归王姓付给，此系两家情愿，各无反悔。立此租字与钱人为凭为证。并不更改字号。每节给铺东羊肉拾斤。①

这是"宣统三年闰六月初九日"、"立租字人洪贵保"立的典租字据，其后除本人署名画押外，还有"中说合人"五人的署名画押。本契从内容分析，可分为典与租两部分，一是王德全先押交足银元一百元，从洪贵保处典房屋铺面十年；二是租铺内的家伙用具，每月交付租银四两，如拖欠家伙钱三个月不交，罚租洋银五十元。如果出现"大木落架"，即房屋垮塌，两家商议处理。另外，原主每月支出的宅房钱□吊四百文，月捐钱五吊②，以及其他"零碎花销等项"，均由王德全承担。出租的重点在铺内家具上，所以专门另折列出家具钱清单。本契为期十年，期满房屋门面与铺内家具如数

---

① 本件藏国家图书馆，此据张传玺编：《中国历代契约粹编》下册，第 1726 页。
② 吊，明清对铜钱计算单位的称呼，一千文有孔铜钱用绳穿在一起，古称为一缗、一贯，清称为一吊。

归还。然而，从"言明押租洋元壹百元"和"年满之日，银元回赎"看，本契又带有质典性质，是一种质典与出租合为一体的契约，它反映了实际生活中契约的多样性及其在运用中交叉渗透的演化。

对田地的租赁文字，发展到后来，则日趋简单明了，如《清乾隆二十八年（1763）江阴县胡弘仁赁田文票》① 载：

> 立凭（赁）文票人胡弘仁，缘因本身缺田布种，情愿凭中凭（赁）到谭　处昆字号田一片，贰亩贰分。每亩租米壹石四斗，共租米叁石〇捌升。约至秋收一并奉还，不敢少欠。恐后无凭，立此为照。
> 乾隆二十八年伍月　日　立凭（赁）票人胡弘仁（押）
> 　　　　　　　　　　　　　　　　　　见　中　谭德全
> 凭（赁）租文票

此契文在张传玺先生录文时，凡"凭"字均在其后加"（赁）"，意为此"凭"字应为"赁"字。从内容分析，契文"约至秋收"将田与租米一并奉还，并无赁的特点，此凭租文票，实际就是租田定期使用契约。可能由于生活中出现这类租田太频繁，故文字简约，手续也简单。

四、宋元明清土地租佃契约的新变化

唐代自德宗朝推行两税法，明确"户无主客，以见居为簿；人无丁中，以贫富为差"，表明国家放弃了以丁中受田为基础的均田制，承认了给百姓带来贫富差别的私有土地制度，使一直存在着的封建土地私有制成为全国主导性的土地制度。到了宋代，国家允许土地自由买卖，必然带来土地兼并的兴盛，贫富分化的加剧，这便使许多原来的自耕农民，转而成为地主的佃客，宋哲宗朝，殿中侍御史吕陶上奏曰："今天下之田，大半归于兼并，而贫人不能自占以为业，天下之自耕而食为天子之农者十无二三，耕而食于富人而为之农者盖七八矣！"② 在兼并迅猛发展的形势下，国家掌控的自耕农不到20%—30%，而成为富人家佃户者有70%—80%，这是对北宋中期地主

---

① 张传玺编：《中国历代契约粹编》下册，第1717页。
② ［明］黄淮、杨士奇等编：《历代名臣奏议》卷106《仁民》，文渊阁四库全书本。

与佃户比例的一种基本估计。有的估计更严重，如北宋人陈舜俞在上万言策中说："千夫之乡，耕人之田者九百夫。……天下之民，耕而自为者十无一二，为人而耕者，不可得而食也。"① 按陈舜俞的说法，自耕农不到10%—20%，而佃人田者达90%左右。吕、陈氏的说法可能有些言过其实，但反映了土地兼并的加剧、佃户不断扩大的趋势，在这种趋势下，租佃契约关系，在全国范围内必然会蓬勃地发展起来。

宋代租佃契约中盛行的定额租制

宋代不论是官田，还是私家土地，大都继承了唐五代的传统，采用定额租制的租佃契约形式，将租佃关系来加以确定。学术界有一种看法，认为宋代仍以分成制租佃为主，如赵冈氏认为："分益租制是明清以前盛行的农田经营方式（自耕农除外），租率始终维持平均对分的办法。这种制度能维持二千多年之久，自然有其道理，决非偶然的结果。"还进一步说："明清时期是中国农村租佃制的转型期，由分益租制逐渐改为定租制。"② 又如张锦鹏氏在《宋朝租佃经济效率研究》一文中认为："在宋朝广大佃农家庭经济条件差，抵御经营风险能力弱的社会条件下，采取分成租佃制是适应宋代生产力发展水平的有效率的制度安排。"并认为"分成地租是宋代租佃经济中最普遍的一种方式。"③ 都认为宋代的租佃是分成租佃制，只是到明清才转入定额租制。此说的实物证据并不充分，也只是从分析推理上得出的结论。不可否认，两宋之际江淮一些地区因生产、生活条件太差，官田出租时采用了分成制的办法，并由政府提供基本的生产、生活资料。若从全国总体看，唐代以来大量定额租佃契约是一个客观的存在；前引二说可能没有注意到唐五代以来民间经过长期实践施行、对租佃双方都有利益保证的定额租制的传统；当然更重要的是，对宋代普遍存在定额租制的事实并未涉及。

宋朝初年，在福州的官庄所订的亩收租额为"中田亩钱四文、米八升，下田亩三文七分，米七升四勺"。④ 绍兴六年（1136）诏令："有不成片段闲

---

① ［宋］陈舜俞：《都官集》卷二《厚生一》，文渊阁四库全书本。
② 赵冈：《简论中国历史上地主经营方式的演变》，《中国社会经济史研究》2000年第3期。
③ 张锦鹏：《宋朝租佃经济效率研究》，《中国经济史研究》2006年第1期。
④ ［清］徐松辑：《宋会要辑稿》食货一之二三，第4813页。

田，委官逐县自行根据见数，比民间体例，只立租课。上等立租二斗，中等一斗八升，下等一斗五升，……召人耕种。"① 所谓比民间体例，就是指比照民间定额租制的惯例。宋宁宗开禧元年（1205）九月，吴县学府用钱买了二十三段地，地权变了，佃田者仍是原来的老佃户，承担着原有的定租额，如"今开具如后：……已上三段，计三亩一角四十五步，租户戚五三，上米二石八斗。……已上三段，计田六亩三角三十二步，租户李念乙，上米五石。……一兴字四十号，田一亩三十八步……租户马千旦，上米九斗。"② 可见各类官田采用的都是定额租制收米、钱。至于私家的土地，也普遍实行的是定额租制，如《名公书判清明集》记载了吴恕斋对徐、杨两家业租讼案的判文云：

> 徐子政嘉定八年用会二百八十千，典杨衍田七亩有奇。契字虽已投印，然自嘉定至淳祐二十有六年，徐即不曾收税供输，杨即不曾离业退佃，自承典日为始，虚立租约，但每年断还会三十千……至淳祐元年，徐始有词丁县，理索（杨衍之子）王廷等每年租谷一千斤，自宝庆以后，总欠十八年，计一万八千斤，除入钱二百一十贯外，尽索未足谷数。③

杨衍的七亩田，以会子二百八十千典给徐子政，同时杨衍又向徐立有租约，每年交给会子三十千。二十六年之后，徐家要求杨家每年交租谷1000斤，总共索要18000斤，表明这也是以定额租为基础的纠纷，类似的事例还有很多，黑水城出土的《西夏天庆寅年（1194）梁老房酉租地契》载：

> 寅年正月二十九日，立契人梁老房酉等，今包种普渡寺中梁喇嘛属八石撒处地一块，议定地租二石八斗麦及三石六斗杂粮等，期限八月一

---

① ［清］徐松辑：《宋会要辑稿》食货二之一九，第4834页。
② 江苏通志局编，缪荃孙辑：《江苏金石志》卷14《吴学续置田记》，江苏通志局，1983年。
③ 中国社会科学院历史研究所宋辽金元史研究室点校：《名公书判清明集》卷6 "抵当不交业" 条吴恕斋判，第167页。

日当还，日（期）过不还时，一石还二石。本心服。

立契人 梁老房酉（押）

同立契 梁老房茂（押）

知人 平上讹山（押）

知人 养老房？（押）①

与本契相联于一纸的其他文书写有"天庆寅年"，即公元1194年，相当于南宋绍熙五年。这是一件完整的西夏地区汉文租地契，契式与中原契基本相同，内容表述上有自身特点，对于土地面积，不是用亩，而是用播撒种子的面积来计算，"八石撒处地一块"，即播撒八石种子的地一块。"本心服"一语也是西夏契仅有的一种表述，史金波先生在研究西夏买卖契时已指出："本心服，表示立契的卖主对契约内容的认可，对违约处罚心服的承诺。"②在这里，同样也是对租佃契约内容的认可和违约处罚心服的承诺。对于地租的议定却是定额的，即"地租二石八斗麦及三石六斗杂粮"，可见定额租也是西夏租佃契约的惯例。

元代泰定元年（1342）重刊的《新编事文类要启札青钱》，载有《当何田地约式》，是供人们立田亩租佃契约时参考用的样式文，反映了当时的租佃关系及双方的权利、义务要求，同时也呈现出契约文字简约化的特点。转引如下：

厶里厶都姓 厶

右厶今得厶人保委就厶处

厶人宅当何得田若干段，总计几亩零几步，坐落厶都，土名厶处，东至，西至，南至，北至。前去耕作。候到冬收了毕，备一色干净园米若干石，送至厶处仓所交纳。即不敢冒称水旱，以熟作荒，故行坐欠。如有此色，且保人自用知当，甘伏代还不辞。谨约。

年 月 日佃人姓厶 号 约

---

① 俄罗斯科学院东方研究所彼得堡分所、中国科学院民族研究所、上海古籍出版社编：《俄藏黑水城文献》，上海：上海古籍出版社，2007年，ИНВ.5124号。

② 史金波：《西夏文卖畜契和雇畜契研究》，《中华文史论丛》2014年第3期。

保人姓厶　号①

此约实是佃人向田主租佃得田亩后，向田主保证交纳田租米的保证书，并有保人连带担保。其中"备一色干净园米若干石"，反映出了元代定额租的普遍性。从这件样式文中可以看到，原来的各种预防性条款，已经省去；违约受罚的条款也没有了；契尾后一连串的知见、中人、保人的署名，也由一名具连带责任的保人所代替。显示出契约行文简约化的发展趋势。

正因为宋元时期大量历史事实呈现出定额租的普遍性，所以杨际平先生认为"在宋代，无论是官田出租或是民田出租，定额租都占主导地位"②。葛金芳先生也认为："自有租佃关系以来，我国的地租形态一直是以实物地租为主；自北宋中叶租佃经济主导地位确立以来，又是定额租制占据主导地位。"③ 杨、葛二氏的论点是符合历史实际的，可以作为定论。

明清永佃权基础上出现的多层租佃

宋元以来，商品经济的发展，带来了市场的活跃，它既带来了地权流动性的加快，也给佃田劳动者的地位带来了提升。明代已来，租佃契约中出现的"永佃权"现象，正是这种佃户地位提升的结果。佃户往往不限年月、长期租用地主的土地，每年按固定租额交租。佃户对所种之田，在长年的耕作中，在市场的驱动下，加意整治沟渠、施粪积肥、改良土质，深耕细作，支付出了更多的劳力和代价，这就使得佃户在土地使用上，具有了一定的发言权和自主权，地主不能改佃与它人，也不得夺佃，渐而形成了永佃权。这种从地主所有权中分离出来的永佃权，是对所有权的一种分割，正如葛金芳先生所分析的：永佃制的形成意味着"田面权"和"田底权"的长期分离，"土地所有权相应分化为三个层次：一是保留在官府或田主手中已不甚完整的所有权，二是掌握在佃主手中的土地经营权，三是种户暂时拥有的耕作使用权。其中佃主掌握的经营权是日后田面权的一个主要来源。"④ 由此而产

---

① 元泰定元年（1342）重刊《新编事文类要启札青钱》外集卷 12《公私必用·人口》。

② 杨际平：《宋代民田出租的地租形态研究》，《中国经济史研究》1992 年第 1 期。

③ 葛金芳：《中华文化通志—土地赋役志》第四章第六节《地租形态、地租剥削率和佃农身份的考察》。中华文化通志编委会编，上海：上海人民出版社，1998 年，第 315 页。

④ 葛金芳：《中华文化通志—土地赋役志》第四章第四节《从"一田两主"到"一田三主"：明清租佃经济的曲折发展》，第 304 页。

生了一田二主或一田三主的情形。这种状况发展到明清时，已经较为普遍，对此，杨国桢先生曾作过归纳："自明中叶以后，永佃权和'一田两主'开始流行于东南地区，到了清代和民国时期，则已蔓延全国，在若干地区甚至成为主要的租佃制度和土地制度。"① 佃主的这种田面权所主宰的是田面或称为"田皮"的部分；而田主只能拥有田底或称为"田骨"的部分；种户仅限于对此田的直接耕种收获劳作。此时的田权至少被分成了"业权"、"佃权"、"种权"三个部分，每个部分既可单独转卖与他人，如前论买卖契中"明清田面权与田骨权分割的买卖契"里所见的那样，也可以被分割拿去转租，如此也带来了租佃契约关系的复杂化，佃主需与业主订立定额租契，而种户又需与佃主订立定额租契，后一契的田租额要比前一契的租额要高，只有这样，佃主的转租才能得利，佃主由此而变成了"二地主"，参与了对直接生产者"种户"剩余劳动的分割。所有这些活动，都是以定额租佃契约为凭来进行的。

宋元以后，田地租佃契越来越向简约式的方向发展，契文只突出租到何处田亩，定租额多少，至于各种附加文字，均都简省。如《明弘治十三年（1500）祁门县胡成租田地约》，转载如下：

> 五都住人胡成，今租到五都洪　名下田地贰丘，土名塘山塘下，每年议还租谷四秤零拾斤。每年秋成之日，听自本主称收。有外截听胡成开阔，亦不加租。今恐无凭，立此批租约为照。
>
> 弘治十三年十一月十三日立，租约人　胡　成
>
> 　　　　　　　　　　　代书人　饶永善②

在这件明代租约中，不见违约受罚条款，也无保证人签字画押之类，内容显得特别单纯。值得注意的是，此租约没有年限的规定，只言"每年秋成之日，听自本主称收"租谷四秤零拾斤，暗示着这是一起长期租佃的契约。同时还言明"有外截听胡成开阔，亦不加租"一语，此语是说胡成租下此

---

① 杨国桢：《明清土地契约文书研究》，北京：人民出版社，1988年，第91页。

② 本契约源自北京图书馆藏明抄本祁门《洪氏历代契约抄》，此处录文据张传玺编：《中国历代契约粹编》中册，第922页。

田后，另外有人想从中截种，均由胡成去安排，也不再加租；这是对胡成再转租出去权利的认可和尊重，也是当时民间已形成的惯例，证实了前面对一田二主情况的分析，在契中，原地主洪某的权利仅限于"每年议还租谷四秤零拾斤"而已，这实质上仅是对田底权权利的维护。

永佃权基础上出现的多层租佃现象，使土地使用权也变成了一种商品，可以一再地转卖或转租，这是商品经济渗透进农村土地经营的必然结果，正如岸本美绪先生所分析的："明清时期农村中自给的部分仍占有不小的比率，但这种自给性并不是孤立于市场之外的纯粹自给自足，而是一个个农民考虑到市场的风险而慎重选择的结果。很难否认当时的农民已经深深地卷入到了市场经济中去。"① 从《清道光二十一年（1841）胡梅芳转典地契》中，可以生动地看到土地卷入到市场经济的实态：

> 立转典白地契人胡梅芳，因为不便，今将自典杨善政村西祖遗平地一段，计数二亩五分，南北畛，西至孙廷华，东南俱至大汧，北至子汧，四至开明。同中言明，今立契出转典与孙述曾耕种，共作典价元丝银四十两整，一典三年为满，异日用原银去赎。如无原银，不限年月，恐口无凭，立典契存照。
> 地上杂差，种地人一应办理，每年交粮纹银三钱七分半。
> 道光二十一年十二月二十六　日　立转典白地契人　胡梅芳（押）
> 银系隆盛当平兑　　　　　　　　　　　同中人　田光德
> 同治七年九月十二日，孙锦舒将此地原契原价转于杨庆宜耕种，批照
> 　　　　　　　　　　　　　　　　　中人　杨松年（押）
> 　　　　　　　　　　　　　　　　　　　杨招财（押）②

胡梅芳从杨善政典到的二亩五分地，到道光二十一年十二月，又以银四十两转典给孙述曾，一直未赎，到了同治七年（1868），孙锦舒又将此地原契原价转于杨庆宜耕种。廿八年间，这块地已五易其手，足见其地作为一种

---

① ［日］岸本美绪：《自中国史的角度来评论市场史之射程》，《社会经济史学》63 卷 2 号，1997年，第 114 页。

② 田涛、［美］宋格文、郑秦主编：《田藏契约文书粹编》130 号，图第 67 页，释文第 63 页。

商品一直处于流动之中。市场经济促使了农村土地经营的市场化，必然带来对传统土地所有权的严重冲击，这种新的发展趋势，意味着以封建土地所有制为基础的封建社会根基的动摇，昭示着一种新经济制度的到来。

五、对本节的小结

租佃，主要是指人类在进入私有制社会以后，人们对土地经营的一种方式，租佃关系的出现，开始于周代。春秋战国时期经历了三百年的变革，社会生产得到了很大的发展，终于使具有农村公社性质的井田制度退出了历史舞台，原来井田制度下的"公田"变为"王田"后，演化为国有土地所有制，随之而发展成为国有土地上的自耕农小土地占有制，同时也派生出各种类型的地主土地私有制。百姓耕种国有土地既要服劳役地租；还要交实物地租，百姓与国有土地之间形成为一种租佃关系。

在近三千年前，已有铭刻在青铜器上的租田约，不过是发生在王或邦君与普通贵族之间有关土地所有权调整转移的租约，并非地主与农民之间的租佃契约，但是，这种用文字来对土地所有权或使用权变动加以确认的方式，即租田约方式，却被后世所继承。

秦代已有官田租给民种，存在着租佃关系。两汉时期，在官田的经营上，已有固定租额的租田券约的萌芽，虽有租田券契的出现，但大量产生租佃契约的条件尚未完全成熟。而在私有大土地所有者的土地上，也有分成租田的存在。至于这种租佃是否有租佃契约，尚有待地下出土文献的进一步证实。

两晋之交，是中国书写史上由简牍书写转而为纸质书写的大转变时期，其租佃关系的记载和书写也逐渐被纸质所取代，这给契券内容的完善提供了宽广的空间和便利，因此，魏晋以来的租佃契券在内容和形式上，比之两汉时期发生了很大的变化。北凉纸质土地租佃券契，是迄今发现的时代最早的纸质租佃契，是魏晋时期民间土地租佃契的代表，它改变了原来简牍两面书写的形制，变为纸质的单面书写，在内容上有了很大的扩展和变化。

土地租佃券契自十六国以后，在对租额的明确，交租时间和质量的保证，违约受罚的规定等内容方面，不断走向丰富。以致有些地区官田也与农民订立租佃券契，作为县主簿，能与佃户农民之间，"二主先和后券"，并在租佃券上签字，反映出了佃户在身份上升到了与田主平等的地位，在这类券契中，已看不到官方超经济强制的权力表现，这是租佃关系在中古时期发生的一种重大变化。在租佃券契中，通常都将租额加以固定化。

出租方与佃田方平等协商订立的租佃券契，比之于两汉时由田主单方规定租额的租田券来，是一个进步；而定额租制的租佃契约形式，比之于原来无契约的分成制租佃，则是又一个进步。前者反映出劳动生产者身份地位的提高；后者又有利于劳动者生产积极性的发挥，有利于社会生产力的发展。

隋唐均田制度下受田的农民，由于所受地块分散不便耕作，只有用相互之间租佃的办法来进行农耕生产，这正是均田制下田亩租佃关系异常发达的原因，这实际上是对均田制推行的一种补充手段，它不仅没有破坏均田制度的实施，反而对均田制的实施起着调节、巩固的作用。隋唐时期的租佃契普遍实行着定额租制，在双方权利和义务上的各种条款，均趋于完善和定型化。

宋元时期，承继隋唐，无论是官田，还是私家的土地，都普遍实行的是定额租制，宋元以后，田地租佃契越来越向简约式的方向发展，契文只突出租到何处田亩，定租额多少，至于各种附加文字，均都简省。

赁租契与租佃契含意有别，对土地而言，未佃之前付价，称之为赁；佃后至秋收后付价，称之为租。租佃契仅限于土地，而赁租契的对象面广泛，既有田宅，也有马牛、车船等动产用物。

明清时期租佃关系中出现了"永佃权"这种新现象，地权被分割为田底权或田面权，导致了一田二主或一田三主的产生，租佃契约也由此出现一块土地的田面可重复转手租佃的情形，这是市场经济促使农村土地经营市场化的结果，必然带来对传统土地所有权的削弱，动摇封建地主土地所有制的根基。

纵观从秦汉到明清的租佃契约发展，经历了一个由简单—完善—简约的过程。租佃券契订立的本身，就意味着租佃关系中超经济强制因素的削弱。由秦汉到魏晋，租佃券约只写明租佃双方姓名、年月、亩数，租额、租期。魏晋已后，至唐五代，券契文字愈益丰富，从固定租额的明确，交租时间和质量的保证，双方权利和义务的责任，违约受罚的规定，保人对契约内容的担保等，都具体写进了契文，使得租佃契约完善化，其中包含着经济范围内的强制性处罚措施。宋元以至明清，租佃契又逐渐趋于简约化，没有了交租质量的保证，也省去了违约受罚的各种规定，许多保证人的签押被一名"保人"或"中见人"所代替，或者干脆省去。这是因为封建商品经济的发达，使得私有土地地权的流动日益加速，农业佃种者社会自由身份地位的增强，租佃已变成了经济生活中的一种交易手段，日益市场化、自由化，这些都使得许多经济性的强制松弛了，故而使得租佃契约走向一种新的简约化模式。

第四节　雇佣关系及雇佣契券的变化

雇佣，是指雇主对受雇者劳力给以有报酬的使用，或者说是雇主对受雇者劳动力的有偿租赁，是一种交易行为，受雇人提供劳力服务与雇主支付报酬构成对价关系。劳务报酬通常表现为钱财支付，而给付他物或提供他物之使用均可成为给付报酬。雇主与被雇者双方协商同意、并将这种约定的交易关系用文字将其确定者，称之为雇佣契约，在中国古代或称之为雇佣券契。

一、中国早期的雇佣关系

恩格斯所说："随着财产不均现象的产生，亦即在野蛮时代的高级阶段，与奴隶劳动并存，就零散地出现了雇佣劳动。"[1] 所云的野蛮时代的高级阶段，实际就是指人类进入阶级社会，出现贫富差别和剥削的奴隶社会。即是说，在奴隶社会中，除了奴隶劳动为主体外，也存在着通过雇佣的形式剥削劳动者的形态。可以说雇佣与私有制相伴而生。

先秦两汉有关雇佣的记载

雇佣，就是指用钱财购买劳力的行为。"雇"，原与"故"字相通，《说文》谓"故，使为之也"；"佣"，则是指出卖劳力以获取酬值者，如《史记·陈涉世家》载"陈涉少时，尝与人佣耕"，唐司马贞索隐曰："《广雅》云：佣，役也。谓役力而受雇直也。"[2] 雇为出资买劳力的一方，佣为出卖劳力的一方，双方相结合才形成雇佣关系，将雇佣双方的约定用文字加以记

---

① 恩格斯：《家庭、私有制和国家的起源》，《马克思恩格斯选集》第 4 卷，第 58 页。
② 《史记》卷 48《陈涉世家》，第 1949 页。

录就是雇佣契券。

中国早在商周时，就在社会职事分工上有"转移执事"这一类，《周礼》记载："以九职任万民，……九曰闲民，无常职，转移执事。"东汉大司农郑众注云："闲民，谓无事业者，转移为人执事，若今佣赁也。"① 可见，没有固定职业，靠出卖劳力谋生的佣赁很早就有。《韩非子》中曾记载了这样一件故事：

> 齐桓公微服以巡民家，人有年老而自养者，桓公问其故，对曰："臣有子三人，家贫无以妻之，佣未反。"②

这是公元前 7 世纪春秋时期一个民家有三个儿子同时外出佣作的记载，可见，在奴隶制不太发达的中国，雇佣劳动不止是零散地存在，而是较为普遍地存在着。对于此时的农耕雇佣，《韩非子》曾作过描述：

> 夫卖佣而播耕者，主人费家而美食，调布而求易钱者，非爱佣客也，曰："如是，耕者且深，耨者熟者熟耘也。"佣客致力而疾耘耕者，尽巧而正畦陌畦者，非爱主人也，曰："如是，羹且美，钱布且易云也。"……皆挟自为心也。③

说的是雇主用美食和钱来雇请农耕者，并非是爱佣客，而是希望如此对待，能换来佣客对田地的认真深耕细作；佣客积极的耕耘，精巧地安排畦垅，并非是爱主人，而是图的美食款待和换取钱布报酬，双方都实现自己的心愿，才得以实现雇佣。这是对古代农业雇佣关系的一种深刻揭示，其实质在于用出卖劳力和农技换取物质报酬，通过雇佣方式的交换，使双方满足了需要。

商周时期的雇佣是否形诸文字，写成了券契？在没有得到实物证据或可靠记载时，尚难下断语。不过，秦汉时期，有关雇佣现象的记载很多。秦朝

---

① 《周礼注疏》卷2，《十三经注疏》，第 647 页。
② 《韩非子》卷 14，文渊阁四库全书本。按《太平御览》卷 541 引作"有子五人"。
③ 《韩非子》卷 11，文渊阁四库全书本。

刺客高渐离在刺秦王前，曾"变名姓，为人庸保"①，即出卖劳力为主人服务。汉初，栾布"穷困，赁庸于齐，为酒人保"。② 庸保就是指店铺佣工，所谓酒人保，即酒店帮工。这是较固定的一类佣工，时间比较长。汉朝的御史大夫儿宽，年轻时"贫无资用，常为弟子都养，及时时间行佣赁，以给衣食"。③ 这是说儿宽受业时由于贫无资用，经常为学子们做饭，利用间隙做点短工来供给衣食。匡衡"家贫，衡庸作以给食饮"。④ 匡衡靠庸作以给食饮，也应是一些临时性的佣作。东汉时，郑均之"兄为县吏，颇受礼遗。均数谏止，不听。即脱身为佣，岁余得钱帛，归以与兄"。⑤ 夏馥在"桓帝初，举直言，不就。馥……被诬陷……乃自剪须变形，入林虑山中，隐匿姓名，为冶家佣，亲突烟炭，形貌毁瘁，积二三年，人无知者"。⑥ 夏馥实是为冶炼工业生产做佣工。郑均在外为佣一年多，夏馥为冶家佣二、三年，都是长期的雇佣。较长期的佣作，估计都应是立有券契的，由于未见到实物，也只能是一种推测。然而，在居延、敦煌等汉代边关烽燧遗址中，却留存着一些雇佣券契的痕迹。

对汉代雇佣券的探讨

陈直先生在研究了居延汉简中雇佣关系的"庸工价值"后，对两汉时期的雇佣情况加以归纳时说：

> 两汉人民，傭工称庸，店铺工称保，顾工与傲人，皆为临时之工。其分别为顾工仅出劳动力，傲人则兼利用其工具，并出工资（见《汉书·田延年传》，颜师古注）。作庸保傲人者，其身份皆为自由民，庸工有民爵，是其明证。⑦

陈直先生对汉简中涉及雇佣的各种称谓概念作了区分，很有启发性。张

---

① 《史记》卷 86《刺客列传》，第 2536—2537 页。
② 《史记》卷 100《栾布传》，第 2733 页。
③ 《史记》卷 121《伏生传》，第 3125 页。
④ 《史记》卷 96《匡衡传》，第 2688 页。
⑤ ［清］王先谦集解：《后汉书集解》卷 27《郑均传》，第 339—340 页。
⑥ ［清］王先谦集解：《后汉书集解》卷 67《夏馥传》，第 774 页。
⑦ 陈直：《居延汉简研究》，天津：天津古籍出版社，1986 年，第 90 页。

传玺先生编《中国历代契约会编考释》时，对两汉的雇佣契约仅列了"汉陆浑县成更雇工契约"一件，推测可能是因林剑鸣先生在《简牍概述》一书中确定"这是一件雇佣契约"的缘故。张先生在 2015 年经增补出版的《中国历代契约粹编》中又增补了两件，即《汉代敦煌成卒赵柱庸役券》和《汉代居延成卒郭赏庸役券》。① 类似的涉及到汉代雇佣关系的简牍，在居延和敦煌出土的尚有不少，为便于分析，除三简外，另检出十简，现将其简文内容一并列之如下：

1 张掖居延库卒弘农郡陆浑河阳里大夫成更年廿四，庸同县阳里大夫赵勋年廿九，贾二万九千。（居延 170·2 号）②

2 成卒上党郡屯留畅石里公乘赵柱年廿四，庸同县闵里公乘路通年卅三，有劾（敦煌 2077 号）③

3 成卒河东郡北屈务里公乘郭赏年廿六，庸同县横原里一公乘间彭祖，年卅五（居延破城子 86 号）④

4 ☑济阴郡定陶徐白大夫蔡守年卅七，庸同县延陵大夫陈遂成年廿九，第廿三□☑（居延 13·9A 号）⑤

5 成卒南阳郡鲁阳重光里公乘李少子年廿五，庸同☑（居延 49·32 号）⑥

6 中为同县不审里庆□来，庸贾钱四千六百，成诣居延六月旦，署乘甲渠第（居延 159·23 号）⑦

7 ☑年廿七庸同县□☑（居延 212·71 号）⑧

---

① 张传玺：《中国历代契约粹编》上册，第 72—73 页。

② 谢桂华、李均明、朱国炤：《居延汉简释文合校》上册，北京：文物出版社，1987 年，第 271 页。

③ 吴礽骧、李永良、马建华释校：《敦煌汉简释文》，兰州：甘肃人民出版社，1991 年，第 224 页。

④ 甘肃省文物考古研究所等编：《居延新简》，北京：文物出版社，1990 年，第 178 页。

⑤ 谢桂华、李均明、朱国炤：《居延汉简释文合校》上册，第 21 页。

⑥ 谢桂华、李均明、朱国炤：《居延汉简释文合校》上册，第 86 页。

⑦ 谢桂华、李均明、朱国炤：《居延汉简释文合校》上册，第 262 页。

⑧ 谢桂华、李均明、朱国炤：《居延汉简释文合校》上册，第 329 页。

8　☐里杜买奴年廿三庸北里吉☐（居延 221·30 号）①

9　☐☐二月中为同郡☐里男子夏奴庸贾☐（居延 258·6 号）②

10　田卒大河郡平富西里公士昭遂年卅九，庸举里严德年卅九（居延 303·13 号）③

11　戍卒济阴郡定陶堂里张昌，庸定陶东阿里靳奉☐☐（敦煌 1405 号）④

12　戍卒济阴郡定陶安便里朱宽，庸定陶☐☐里☐（敦煌 1406 号）⑤

13　上党郡五凤四年戍卒壶关修成里阎备，庸同县同里韩眉中，县官衣橐（敦煌 1068 号）⑥

谢桂华先生在《汉简和汉代的取庸代戍制度》⑦ 一文中，列举了相类似的汉简资料 45 件，认为这不是雇佣契券，而是一种"戍卒受庸钱名籍"一类的簿册，其依据是有些"简的形制、质地和简文笔迹亦酷似"，它"是由所在的部（候）、以部（候）为单位编制成册，向候官领取庸钱的"簿册，⑧ 从各地出土的简文格式相同的特点来看，此说有一定的道理，但也有一些问题尚待解决，如每个简上雇人与庸者双方的姓名、籍贯、年龄、身份等资料及庸价等从何而来？依据何在？又如雇人与庸者在内地写成的约定文字，何以会在边塞地带出土？

涉及雇佣关系的这些简牍，出土地点均在居延、破城子、敦煌一带边防地区。在十三件称之为"庸"的简牍中，雇主当事人基本上都是内地的弘农郡、上党郡、河东郡、济阴郡、南阳郡、大河郡等地人，同时又自身承有

---

①　谢桂华、李均明、朱国炤：《居延汉简释文合校》上册，第 360 页。

②　谢桂华、李均明、朱国炤：《居延汉简释文合校》上册，第 427 页。

③　谢桂华、李均明、朱国炤：《居延汉简释文合校》下册，第 497 页。

④　吴礽骧、李永良、马建华释校：《敦煌汉简释文》，兰州：甘肃人民出版社，1991 年，第 146 页。

⑤　吴礽骧、李永良、马建华释校：《敦煌汉简释文》，第 146 页。

⑥　吴礽骧、李永良、马建华释校：《敦煌汉简释文》，第 110 页。

⑦　谢桂华：《汉简和汉代的取庸代戍制度》，甘肃文物考古研究所编：《秦汉简牍论文集》，兰州：甘肃人民出版社，1989 年，第 77—112 页。

⑧　谢桂华：《汉简和汉代的取庸代戍制度》，《秦汉简牍论文集》第 101、98 页。

边地"居延库卒"（上列简 1）、"戍卒"（上列简 2、3、5、11—13）、"田卒"（上列简 10）的承役者，被他们雇的都是原籍同郡、同县、甚至是同里人，雇请这些同乡人为的是请受雇者代自己到边地去上这些戍守役，如前列第 6 号券简中所载，正是这种代役情况的反映。

第 6 号券简上雇主籍贯、姓名已残缺，他出了四千六百钱，雇请"同县不审里庆□来"，目的是让被雇者"戍诣居延六月旦，署乘甲渠第☑"。旦为初一日，即六月一日到达居延去代替雇主承担戍守任务，具体地点是居延的"甲渠"第几号位。据"戍诣居延六月旦"一语可以推断，此简的原有内容是在内地某县书写的，候官们在编制"名籍"时，只是将原简券主要内容照搬过来，写入名籍，这表明编"名籍"时的雇佣资料有底本，那就是由庸者带在身边的、在原籍写成的雇佣券简。庸者将此券简一直带在身边来到边陲，一是证明他是被雇来的承担代役者，他本人属雇佣券契的一方；二是作为顶替雇主充当戍守任务的凭据。由此类推，前列十三件称之为"庸"的雇佣简的内容，都是边陲候官制作名籍时，根据庸者随身带的雇佣券内容抄写而成的。也可以说，每件雇佣关系简，都是每件原雇佣券内容的缩写，由此也能看到汉代雇佣券的影子。

这类雇佣简的原型应当是雇人代役券，均书写于雇主原籍内地，这些受雇的"庸"者，也可从另一件汉简中探知到一些底细，如：

☑廿四，□固里公士丁积年廿五为庸自代（居延 508 · 26、27 号）①

此简不是券契，属官府文案记录，文前缺，据现存文知至少列有二人，一位是年廿四岁的某人；另一位是年廿五岁的丁积，他们都是属于"为庸自代"者，即受人雇庸，以自身替他人代役者，可见代他人上役在当时是经常

---

① 谢桂华、李均明、朱国炤：《居延汉简释文合校》下册，北京：文物出版社，1987 年，第 614 页。

的事，由此证明我们上述论证之不误，它完全符合汉代"过更"制度的精神。①

　　这些书写于弘农郡、上党郡、河东郡、济阴郡、南阳郡、大河郡各地的原雇庸券，其模式和内容原来可能详略不一，总体上都是出钱雇人代役，也应该是大同而小异。由此也反映出，在两汉的内地社会经济生活中，人们在雇佣时，已经较普遍地订立雇佣契券了，而且对于劳力雇佣时间较长的契券，多称之为庸券。对于这种庸券内容，可从"名籍"简录入的内容中得到一些反映：通常是写明雇主身份、籍贯、姓名、年龄，然后写明被雇庸者的籍贯、姓名、年龄、役使任务，最后写定雇价若干。以第1券为例，雇主身份是"张掖居延库卒"，籍贯是"弘农郡陆浑河阳里"，姓名"成更"，年龄为廿四岁，被雇者是"同县阳里大夫赵勋，年廿九"，役使任务当然是代雇主充当张掖居延库卒，雇价是"贾二万九千"钱。除此之外，既未见年月，也未见有其他约定，既不见附加词语；也不见有旁人、证人之类，这些通常券契中的套语，均被候官们重新整理成册时略去，而形成为整齐划一的"取庸钱名籍"。所以从汉简的"取庸钱名籍"中，仍可看到汉代大量雇佣券的存在。

　　综上所论，雇佣券契在两汉时期已经普遍存在，由于书写于简牍上，故其内容与其他类型券，如卖买券等一样，均较简单，主要载明雇与佣双方姓名、佣作内容及时间、雇价等项，没有多少附加的词语，呈现出早期契券较单纯的特点。

二、魏晋至隋唐雇佣券契的发展

　　魏晋以后，券契的书写由简牍转而为纸质，券文的内容也随之丰富起来。需要说明的是，并非所有的雇佣都会形成文字契券，有些临时性的雇佣常常并不立券，如《北凉玄始十二年（423）翟定辞为雇人耕床事》所载：

---

　　①　魏人如淳注《汉书·昭帝纪》中"更赋"时曰："更有三品，有卒更，有践更，有过更。……天下人皆直戍边三日，亦名为更，律所谓徭戍也，虽丞相子亦在戍边之调。不可人人自行三日戍，又行者当自戍三日，不可往便还，因便住一岁一更。诸不行者，出钱三百入官，官以给戍者，是谓过更也。"见《汉书》卷7《昭帝纪》，第230页。

1　玄始十二年□月廿二日，翟定辞：昨廿一日

2　顾王里、安儿、坚彊耕床到申时，得

3　大绢□匹，□□□今为□与□安、坚二口□□□□

4　□□□□□等□可□□□

5　□□□□□状如前。①

辞文中提到翟定雇用王里、安儿、坚强等人耕作一日，付给"大绢□匹"，可能由于在雇工报酬上发生纠纷，才有这件翟定向官府的呈辞。从残存辞文中，未见提到立券或券文规定之类的事，正是由于此雇没有事先立券，故发生纠纷后，只有诉官请求处理了。由此也说明，一些短期、临时性的雇佣，并不是都立券契的。但一些较长时间的雇佣，则都要立券契。

雇佣券契的几种类型

仁井田陞氏在《中國法制史研究》中，将雇佣称之为"赁贷借"，意指劳力的出租。他对近二十件敦煌雇佣契约文书作出研究后，认为可分为两类："自身赁贷借"与"家族之赁贷借"②，即本人雇佣契与家长代家庭成员雇佣契，这是从被雇劳动者的身份地位考虑作的分类，而不是从雇佣契性质和劳动形式作的分类。而今，经过半个多世纪以后，新出土的雇佣券契新增加了不少，已有条件对古代的各种类型雇佣券契作出重新分类。

第一种类型是雇主对劳动者实行承包任务式的雇佣，即吐鲁番出土的《高昌午岁武城诸人雇赵沙弥放羊券》，转录文于下：

1　□□□□□□午岁十月廿五日赵沙弥为武城诸人放羊

2　□□□□□中羊三口，与粟一斗。从未岁正月到未岁十月卅日，羊五口，与钱□□□

3　□正月内偿放羊价钱使毕。羊朋大偿大，朋小偿小。若羊□□□

4　折骨，仰放羊儿。若□□□□□

5　卅日，羔子入群，与大麦一斗。若羊经宿究（就）具死，放羊

---

① 《吐鲁番出土文书》录文本第一册，第39页；图版本第一卷，第16页。

② ［日］仁井田陞：《中國法制史研究》（土地法、取引法）第十章第五节"雇傭文书"，第736—748页。

儿悉不知□□

　　6　□上有破坏处，仰大放羊儿了。诸人和可，后为卷（券）要，卷□□

　　7　□□不得返悔，々者壹罚二入不悔者。民有私要，々行二主，各

　　8　□□□□□□□放羊儿，放羊儿悉不知。

　　9　　　　　　　　　　　　　　　　　　□□法贤①

（后缺）

　　本件出自阿斯塔那 326 号墓，出有《高昌延昌廿六年（586）将孟雍妻赵氏墓表》，赵氏于丙午岁"四月二日壬午"入葬②，而本雇佣券乃午岁十月所立，故此券不可能是丙午岁所立，只能是丙午以前的□午岁，最晚也在甲午岁，姑将本券订为高昌国延昌十四年甲午岁（574）的雇佣券契。③

　　赵沙弥为武城内的诸户放羊，雇期十个月（即未岁正月至十月卅日），开始放羊时，中羊三口，给粟一斗。十个月当中，羊五口给钱若干。正月内已将钱预付给了赵沙弥，如羊群增长，计羊给赏。放牧中，羊若折骨，由放羊儿负责。在雇期内产下羔羊，卅日入了群，给放羊儿大麦一斗。若羊在主人家过夜时出现死损，与放羊儿无关。若羊群在外有破坏处，由放羊儿负责。诸家和气商量，认可同意后订立券约，"券成之后，各不得返悔，悔者一罚二入不悔者"。券尾有缺文，所存"□□法贤"，推测是"倩书法贤"，法贤二字，是本人的签写，其后还应有受雇人放羊儿赵沙弥的签押。

　　诸户雇赵沙弥负责放养各家的羊，预先于正月交付了放羊价，此外对劳动成绩还有奖偿，即羊朋大偿大，朋小偿小，反映出本放羊雇佣券带有承包性质的特点。如与汉代雇券比较，可看到一些变化：首先，在形制上呈现出比汉券更完备的券契特征，如券首列出立券时间；券中列出受雇者具体庸作内容及雇价；券尾专门列出倩书人与被雇人姓名并签押等。其次，对受雇者

---

① 《吐鲁番出土文书》录文本第五册，第 155 页；图版本第二卷，第 250 页。
② 侯灿、吴美琳著：《吐鲁番出土砖志集注》上册，成都：巴蜀书社，2003 年，第 166—167 页。
③ 拙文《从吐鲁番敦煌雇人放羊契看中国 7—10 世纪的雇佣关系》（《中国社会经济史研究》2003 年第 1 期）曾将此件判断为延昌廿六年的丙午岁（586），此判断有误，在此予以改正。

劳作义务和责任均有明细规定。再次，增加了双方"和可"立券、违约受罚的条款。总之，无论从形式或内容上看，高昌国时期的券契比之汉券都有了很大的发展。

第二种类型与前券不同，是劳动者由其主人代理与雇主订立的券契。如《高昌延寿元年（624）张寺主明真雇人放羊券》，券文是：

1　□□□年甲申岁九月十日，张寺主明真师从严□□□□□□

2　□羊壹佰伍拾口，从九月十日至到腊月十五日，与雇价床□□

3　□伍斛，壹日与放羊儿壹分饼，与床贰斗。雇价十月上半□□□

4　上使毕。羊不得出寺阶门，若出寺阶门住，壹罚贰入张寺□。

5　冬至日腊日，真罢放羊儿，仰张寺主边得贾（价）食。二主和同立□□

6　□之后，各不得返悔，々者一罚二□□□□，□□私要，□□□□□

7　［各自署］名为信。　　　倩书□□□

8　　　　　　　　　　　　时□□□□①

此券第1行"从严"下有缺文，此严某人究竟是否是放羊儿？如果是，何以券文中又分别给以雇价？对此有必要与同墓所出《高昌延寿元年（624）张寺主赁羊尿粪刺薪券》作联系性的考察，券文如下：

1　□□□□□申岁闰七月竟日，张寺主□□□□□□□

2　□□□真回二人边赁羊尿粪，要八月九月，赁□□

3　□□壹车，刺薪五车，要到舍。与严粟柒斛

4　□斗。三主和同立券，々成之后，各不得返悔，

5　□者壹罚二入不悔者。民有私要，々行二主，

6　□自署名为信。　　　　　倩书　法岳师

---

① 《吐鲁番出土文书》录文本第三册，第207页；图版本第一卷，第393页。

7　　　　　　　　　　　　　时见　　德取师①

从以上二券中主权人都是张寺主看，"与严粟柒斛□斗"中的严某人，与前一券中"从严……"中的严某，当是同一人。此严某手头有大批羊尿粪出让，很可能是个牧主，其手下自会有许多牧羊人。前券中的"从严……"当是从严某人边雇放羊儿。可见，张寺主雇的并非严某，而是严某手下的放羊儿。由此知，上件雇佣券不是雇主与劳动者当面立的券，而是雇主与劳动者的主人严某订立的券契。

如与前列赵沙弥放羊券中劳动者的待遇相比较，本券中放羊儿的待遇就差多了。首先，赵沙弥券中预付了粟和放羊价钱给劳动者，而张寺主雇券中的雇价则是付给了劳动者的主人严某，而劳动者只能每日得到饼一份、糜二斗。其次，赵沙弥券中在雇价外，还有奖赏："羊朋大偿大，朋小偿小"，如羊羔入群，赏大麦一斗等。而在张寺主雇券中对劳动者不仅奖赏一概没有，还限制羊不得出寺门，否则要受罚。从两券中，我们看到了两种雇佣劳动者的不同身份地位，赵沙弥基本上是相对自由的劳动者，其与雇主的关系是一种平等的关系，其所订立的雇佣券，带有承包性质。而张寺主雇券中的放羊儿，与雇主的关系是不平等的，完全被束缚在寺院内，报酬低，既不自主，也不自由，带有一定的奴役性，其在所立券中处于依附性地位。

第三种类型是一种特殊类型的佣作契券，佣作雇价不是用钱物支付，而是用租赁雇主的某项物品的租价来抵充。如《高昌延昌二十三年（583）张阿悦取婆致垣四壁用碓券》就属此类，转录文于下：

1　延昌二十三年水卯岁十二月七日，张阿悦从□□□
2　智演边取婆致垣四壁用碓，要到辰岁六月
3　卅日。张为寺主师垒墙尽使竟，墙尺寸依然
4　如故，并大门。卷尽竟，墙根下，使有三尺五□□②
（后缺）

① 《吐鲁番出土文书》录文本第三册，第205页；图版本第一卷，第392页。
② 《吐鲁番出土文书》录文本第五册，第153页；图版本第二卷，第249页。

此券后缺，可能还有些佣作内容的约定，但主体内容已经知悉。"婆致垣四壁用碓"，不知为何物？"婆致"，疑为波斯的译音，推测是四壁用婆致垣材料作成的捣米器具，这里雇主智演没有花一文钱，雇张阿悦来为他进行垒墙劳作，雇价报酬是以租用婆致垣四壁用碓半年来作抵。张阿悦是具有技术的垒墙匠，这类雇佣为互换型，其中可能还存在着剥削的成分。

第四种类型是被雇者代雇主服官役的雇佣契，多见于唐代的雇人上烽契，如《唐西州高昌县武城乡张玉埇雇人上烽契》，录文于下：

1 ┌────┐正月廿八日，武城乡┌────┐
2 ┌────┐银钱八文，雇同乡人解知德当柳中┌──┐┌──┐
3 ┌────┐壹次拾伍日，其钱即日交相付□
4 若烽上有逋留、官罪，壹仰解知德
5 当，张玉埇悉不知。□有先悔者，一罚
6 贰入不悔人。（两和立契，画）指为记。
7 　　　　　钱主□□埇
8 　　　　　受雇人□｜知｜德｜
9 　　　　　保人张振｜德｜　｜
10 　　　　　知见人张｜仁｜丰｜①

本契缺纪年，从"柳中"县名及"武城乡"名知为唐代雇契。"上烽"，就是被派到边防烽燧上去戍守。唐代府兵制下，府兵卫士有轮番上烽戍守的义务，据吐鲁番出土《唐西州上烽文书》载："人别三幡，计当卌五日上烽，（人别）三百十九日不役。"② 是每名府兵每年轮流上烽三次，一次服役十五天。此契中的钱主张玉埇，用银钱八文，雇同乡人解知德到柳中县去上烽十五日，解知德被雇不是为雇主直接劳作，而是代替雇主去上烽服役。此类雇契乃从汉代的庸券演变而来，但比汉庸券丰富多了。如契文中的"若烽上有逋留、官罪，壹仰解知德当，张玉埇悉不知。"在汉庸券中就没有。对"逋留"一词，杨际平先生说："逋"指违番不上，"留"指上烽服役，含被

---

① 《吐鲁番出土文书》录文本第五册，第164—165页；图版本第二卷，第254页。
② 柳洪亮：《新出吐鲁番文书及其研究》，乌鲁木齐：新疆人民出版社，1997年，第86页。

滞留延期服役。① 此说忽略了契文所云"逋留"的前提是"若烽上",即已经在烽上发生的事,并不存在违番不上、延期服役的问题。王启涛考释说:"逋留"为"怠慢拖延,不按时上番"。② 如果说这是指被雇者在烽上的表现,应当是说得通、没有问题的。"官罪",杨际平先生说:是"指烽燧不警等失职罪",③ 王启涛的考释也采用此说,④ 这些都是属于预防性的条款。还有悔约受罚的条款,汉庸券中也没有。最后钱主、受雇人、保人、知见人依次平齐列名,并且后三者还画上指节痕记,一改高昌国时期的"各自署名为信"为"画指为记",加强了契约的诚信度。

第五种类型是僦雇契。如近年在吐鲁番鄯善县新出土的《武周长安三年(703)三月酒泉城人雇车往方亭戍契》,属这一类型。现转录于下:

```
1   长安三年三月廿八日酒泉城□
2   户边雇车壹乘,送□□往方□
3   停,一日雇直一车壹□
4   银钱□
5   □□洛子车替□
6   □要行二主
7   □
8              □
9              □
10        保人□
11        知见张□⑤
```

本契缺文较多,据整理此件的陈国灿先生考证认为:此件是酒泉城人厶厶厶等为雇车一辆往方亭戍去的契券,雇主、被雇人及雇价已缺,但知是以日

---

①　杨际平:《敦煌吐鲁番雇工契研究》,《敦煌吐鲁番研究》第 2 卷,北京:北京大学出版社,1997 年,第 216 页。

②　王启涛:《吐鲁番出土文书词语考释》,成都:巴蜀书社,2004 年,第 34—35 页。

③　杨际平:《敦煌吐鲁番雇工契研究》,《敦煌吐鲁番研究》第 2 卷,第 216 页。

④　王启涛:《吐鲁番出土文书词语考释》,第 169 页。

⑤　陈国灿:《鄯善县新发现的一批唐代文书》,《吐鲁番学研究》,2005 年第 2 期。

为单位计算雇价。方亭戍,据研究"在唐赤亭镇以东130华里","从酒泉城往方亭戍,约有300华里的路程,如雇牛车,则有数日路程,故3行中规定每日雇价,可能是银钱一文,4行可能是共计银钱数。"① 第6—7行推测是"民有私要,要行二主,两和立契,画指为信"一类的文字。第8行当是"钱主"署名位。第9行应是"受雇人"或"车主"署名位。再下面是保人、知见人的署名。本契的特点在于以僦雇车牛一乘为主,其中也包括雇扶车人,即车牛的主人,带有租赁车牛的性质,但又雇有扶车人,故应属于僦雇契。此契中雇主与受雇人之间的关系是平等的,从现存文字看,似乎并无其他附加条件。

从以上五种类型看到,同样都是雇佣券契,其中雇主与被雇人的雇佣关系却不相同。有人身依附性较强的奴役型的,劳动者往往由其主人主持订约立券,带有奴隶制残余的影响;也有雇佣双方身份地位较平等型的;还有双方地位完全平等型的,这后两种都是由双方本人商议订立的券契。尽管契约关系的类型不同,然而其劳作内容、时间和报酬,却都固定写在券契上,它比之于没有契约的雇佣来说,是一个历史的进步。到了唐五代,虽然三种类型的契约都有。但人身依附性较强的奴役型雇佣契约毕竟是很少了,较多的是双方身份地位较平等型的雇佣契约。而双方完全平等型的雇佣契,多出现在短期的雇佣活动中。

雇佣契样文的流行反映出雇佣关系的定型化、普遍化

前论每一种类型的雇佣契约,发展到唐代均趋于成熟,而比较平等的雇佣契约则居于社会的主导地位,完全走向定型化,特别是表现在对双方权利、义务和责任的明细化上。正是由于这种模式已成为全社会经济交往中普遍共认的基本准则,所以也就随之出现了一些雇佣契约的样文,样文的出现反映出当时民间有实际的需要。样文更具有代表性和明显的实用性,是便于人们实际应用中套用的蓝本。实际上这些样文也是从民间流行的契约中选择出来的,如《后梁龙德四年(924)敦煌乡百姓张厶甲雇工契(样文)》较为完整,可作为一种代表,转录于下:

龙德肆年甲申岁二月一日,敦煌乡百姓张厶甲,为家内阙少人力,遂

---

① 陈国灿:《鄯善县新发现的一批唐代文书》。

雇同乡百姓阴厶甲，断作雇价，从二月至九月末造作，逐月壹驮。见分付多少已讫，更残到秋物出之时收领。春衣一对，长袖并裤，皮鞋一量。馀外欠阙，仰自排比。入作之后，比至月满，便须竞心，勿（存）二意，时向不离。城内城外，一般获时造作，不得抛涤工夫。忽（若）忙时，不就田畔，蹭蹬闲行，左南直北，抛工一日，克物贰斗。应有沿身使用农具，兼及畜乘，非理失脱伤损者，赔在厶甲身上。忽若偷盗他人麦粟牛羊鞍马逃走，一仰厶甲亲眷祗当。或若浇灌之时，不慎睡卧，水落在他处，官中书罚，仰自祗当。亦不得侵损他人田苗针草，须守本分。大例贼打输身却者，无亲表论说之分。两共对面平章为定，准法不许翻悔。如先悔者，罚上羊壹口，充入不悔人。恐人无信，故立明文，用为后验。

甲厶人见　　　雇身厶甲

甲厶人见　　　口承人厶甲①

这件雇佣契样文虽出自 10 世纪初，但在唐代已有流行，② 这可能与唐代后期社会商品经济进一步活跃有关。样文契中规定被雇者的权利是每月得雇价粮食一驮，相当于汉制的一石③；还有长袖春衣并裤一套，皮鞋一双。义务是从二月至九月，每月尽心进行农事劳作。对被雇者相关责任规定十分具体：（一）不能消极怠工，更不许抛工，即旷工，抛工一日，扣粮二斗。（二）随身使用农具及畜乘，非理失脱或伤损者，须赔偿。（三）若偷盗他人麦粟、牛羊、鞍马逃走了，便找被雇者的亲眷负责。（四）浇灌农田时，如水落他处，官中给处罚，由被雇者负责。（五）须守本分，不得侵犯损害

---

① 沙知编：《敦煌契约文书辑校》，第 298—300 页；唐耕耦、陆宏基编：《敦煌社会经济文献真迹释录》第二辑，第 59 页。

② 敦煌文书 P.3441 号为唐"大中七年（853）十一月"写《论语集解》，其背面为雇工契样文，表明唐代已有雇工契样文的流行。参见沙知编：《敦煌契约文书辑校》，第 296 页；唐耕耦、陆宏基编：《敦煌社会经济文献真迹释录》第二辑，第 66 页。

③ 高启安在《唐五代宋初敦煌的量器及量制》一文中对"敦煌的驮"作过专门研究，他认为：吐蕃的升斗和驮，很可能在张议潮率众推翻吐蕃人统治后不久即自行消除了。……9 世纪中叶以后的敦煌，作为量制的驮，就应该是汉驮，指出："当时的敦煌汉驮应该为每驮二石，十斗为石（硕）。"（《敦煌学辑刊》1999 年第 1 期）杨际平在《敦煌吐鲁番雇工契研究》一文中通过对多件雇价值作比较后指出："一番驮等于两番石，大体相当于一汉石。……敦煌出土的岁作雇工契表明，当时的雇价多数为每月一汉石。"《敦煌吐鲁番研究》第 2 卷，第 220—221 页，这里采用杨际平说。

他人田苗针草。(六)"大例,贼打输身却者,无亲表论说之分",此条在其他雇契中有写作"或遇贼来打将,壹看大例"。① 或作"作儿贼打将去,壹看大例"。② 综合来看,此条是说,如遇贼打并将本人劫去身无时,依本乡惯例对待,即无亲表论说之分。此处所列六个方面,都是预防性的条款,表明雇佣契约发展到9—10世纪,已经相当完善而成熟。

本契契尾两行采取了一种正倒对面书写形式,"雇身"即被雇者自身签押者;"口承人"即承担责任的人,也就是第二顺序承担人的签押,这两位为正面书写。与此二位相对应的,还有两位倒书的"见人"签押者。契尾采用这种正倒对应形式书写,表示了各方的对等身份。这是契约发展到成熟阶段后出现的一种现象。雇工契样文的流行,是出于社会上对契约的需求,反映了雇佣契约的普遍化。

比较平等雇佣契约的普遍化,与唐宋时期官府严格禁止压良为贱、对奴隶制度一再打击有关。雇与佣之间订立契约本身,就是对奴婢劳动的一种否定,唐朝柳宗元任柳州刺史期间,就采取过用雇佣制取代奴婢制的措施:

> 其俗以男女质钱,约不时赎,子本相侔,则没为奴婢。子厚与设方计,悉令赎归。其尤贫力不能者,令书其佣足相当,则使归其质。③

对于因债沦为奴婢者,都让其赎归,对特别贫困、力不能赎的奴婢,让他们立佣书用佣力来酬还其质。柳宗元所做的是将无契约的奴婢劳动转化为有契书约定的雇佣劳动,这是对沦为奴婢者的一种援救,此举符合于时代的潮流,也被朝廷推广施行,唐宣宗大中九年(855)闰四月二十三日下敕文云:

> 如闻岭外诸州居人,……迫于征税,则货卖男女,奸人乘之,倍讨其利,以齿之幼壮,定估之高下。……自今已后,无问公私土客,一切

---

① 敦煌雇契《丁巳年(957)莫高乡百姓贺宝定雇工契》(P.3649v号),沙知编:《敦煌契约文书辑校》,第276页;唐耕耦、陆宏基编:《敦煌社会经济文献真迹释录》第二辑,第65页。

② 敦煌雇契《甲戌年(974)慈惠乡百姓窦跛蹄雇工契》,沙知编:《敦煌契约文书辑校》,第280—281页;唐耕耦、陆宏基编:《敦煌社会经济文献真迹释录》第二辑,第69页。

③ 《全唐文》卷563《柳子厚墓志铭》,第5698页。

禁断。敕诸州刺史，各于界内，设法钤制，不得容奸依前贩市。如敢更有假托事由，以贩卖为业，或虏劫溪洞，或典买平民，潜出券书，暗过州县，所在搜获，据赃状依强盗论。……如有贫穷不能存济者，欲以男女佣雇与人，贵分口食，任其行止，当立年限为约，不得将出外界。①

对于货卖男女为奴婢者，一切禁断。对佣赁与人者，也要求订立契约、规定年限，不许转出外地。既然对岭南诸州如此，在全国范围也肯定要贯彻这一政策。

三、唐五代至明清雇佣契的变化

唐代后期，均田制的瓦解及私有土地所有制的发展，带来了社会商品经济的发展，也必然带来社会贫富分化的扩大，劳动力的出卖也越来越成为社会中常见的现象，随着劳动力买卖市场的出现，雇佣关系也随之发生了一些新的改变，它体现在 10 世纪以后的雇佣契中，如这期间出现于敦煌的大批农业雇工契。究竟应该如何认识、评价这类农业雇工契？倒是很值得研究的一个问题。

具有互助性特点的敦煌农业雇工契

敦煌所出的雇佣类契约，属晚唐五代宋初者，有五十余件，除了雇驼、驴、牛契，雇牧羊人契，和临时性帮工雇契以外，属于农业雇佣劳动的契券，约有三十一件，反映了中世纪农业经济中雇佣劳动的状况，而学术界围绕这一问题也有过一些研究和不同的认识，已如前列。

这里仅就唐五代敦煌农业雇工契中，雇与佣是封建农奴制下的主仆关系，还是一种雇佣关系；契约条款的各项规定是否苛刻的；究竟是一种人身束缚，还是劳动力出卖时必要的正常约定，契约中的受雇者是否丧失了自由，从劳动者的报酬待遇看，是否存在着沉重的剥削等问题作出考察，先在此列出一件新问世不久的俄藏敦煌雇工契，即俄藏 Дх12012 号《丙申年（936）正月赤心乡百姓宋多胡雇工契》②：

---

① 《全唐文》卷 81《禁岭南货卖男女敕》，第 847—848 页。

② 俄藏 Дх12012 号文书，刊《俄藏敦煌文献》第十六册，第 22—23 页。本契是俄藏 Дх12012 号册页本中的一件，写在清泰二年（935）张富深养男契和乙未年（935）慈父致男行深等五件文书的后边，因此，本件文书的丙申年，经前后比对，应当为公元 936 年。参见乜小红：《俄藏敦煌契约文书研究》，第 188 页。

丙申年正月十日，赤心乡百心（姓）宋多胡，缘家内欠少人力，遂雇洪池乡百性（姓）马安住男营作九个月。从正月十五日至十月十五日末，不得抛直。限满之日，任取稳便，断作雇价每月一䭾麦粟种（中）停，春［衣］一对，皮鞋一量。如雇后所分付农具，若在畔间遗忘失却者，一仰造作人祇当。如收到家令外贼偷将，一任主人自折，如抛公（工）一日，逐勒物一斗，若非理打煞畜生，一仰营作人祇当填陪（赔），两共对面平章，更不许休悔，如先☐☐☐☐☐

（后缺）

契约内容比较完整，列有立契的年月日，雇者与佣者双方的籍贯、姓名，雇用时间及报酬待遇，劳动者的义务和责任，违约受罚条款等，其模式与前列后梁龙德四年（924）雇工契样文相似，也是敦煌最常见的。类似的雇佣契在敦煌所出还有很多，现仅以"断作雇价：月麦、粟壹䭾"的报酬为核心，找出15件，按年代先后排列如下表：

	年代	雇主	受雇人	雇价、支付方式、其他	文书出处、编号	违约处罚条款
1	甲寅年（894）	龙勒乡张纳鸡	神沙乡就憨儿	断雇价月麦粟一䭾。提供春衣、汗衫。	《敦煌社会经济文献真迹释录》（以下称《释录》）第二辑，第56页（S.3877）。	
2	壬午年（922或982）	慈惠乡康保住	莫高乡赵紧近男	断作每月壹䭾。供给春衣一对、汗衫一领、襦裆一腰、皮鞋一两。	《释录》第二辑，第71页（P.2249）。	若忙时抛工一日（以下空白）
3	龙德四年（924）	敦煌乡张厶甲	同乡阴厶甲	逐月壹䭾，分期交付。给春衣一对、长袖并裤、皮鞋一量。	《释录》第二辑，第59页（S.1897）（样文）。	忽若时忙……抛工一日，克物贰斗。

续表

	年代	雇主	受雇人	雇价、支付方式、其他	文书出处、编号	违约处罚条款
4	乙酉年（925或985）	乾元寺僧宝香	邓仵子	每月雇价麦粟壹驮。七个月以麦粟地柒亩地产抵，余残月取物，春衣长袖、袴一腰、皮鞋一量。	《释录》第二辑，第70页。（P.2451）。	如若忙月抛一日，勒物五豆斗。闲月抛一日，勒物壹豆斗。
5	后晋天福四年（939）	姚文清	同乡人程义深男	断作雇价每月壹驮麦粟各半。供给春衣一对、长袖一领、汗衫一领、褐袴一腰、皮鞋一量。	《释录》第二辑，第62页，天津艺博○七三五号背。	不得抛工壹日，如若欠作壹日，克物贰斗。
6	戊申年（948?）	敦煌乡李员昌	赤心乡男章三	雇价每月麦粟壹驮。春衣汗衫壹领，褛褡袄袖衣兰皮鞋壹量。	《释录》第二辑，第63页（S.5578）（样文）。	忙时抛功一日，克物二斗，闲时克物一斗。
7	丁巳年（957）	敦煌乡贺保定	赤心乡龙员定男	每月壹驮，给春衣一对、长袖褛褡壹腰，皮鞋壹两。	《释录》第二辑，第65页（P.3649）。	不得忙时，……抛工一日，克物贰斗。
8	辛酉年（901或961）	神沙乡李继昌	慈惠乡吴住儿	雇价每月麦粟众亭一驮，分期交付。（下缺）	《释录》第二辑，第57页（S.3011号7V）。	残缺

	年代	雇主	受雇人	雇价、支付方式、其他	文书出处、编号	违约处罚条款
9	丙寅年（966?）	慈惠乡张子	赤心乡索和信	断作雇价，每月一驮，麦粟各半。给春衣一对、衫（下缺）。	东洋文库：Tun-HUANG AND TURFAN DOCUMENTTS III（A），第128页。	残缺
10	甲戌年（974）	慈惠乡窦跛蹄	龙勒乡邓延受	断作雇价，每月壹驮。造作一年，给春衣一对、汗衫一领、襵裆一腰、皮鞋一量。	《释录》第二辑，第69页（北图309：8374即生字二十五号）。	忙时抛功壹日，克物贰斗。闲时抛功壹日，克物一斗。
11	壬午年（982）	平康乡某甲	赤心乡罗长	断作雇作每月麦粟中亭壹驮。给春衣一对、汗衫壹领、襵裆壹、皮鞋壹两。	东洋文库：TUN-HUANG AND TURFAN DOCUMENTS III(A)第128。	忙时抛功壹日，克物贰斗。闲时抛功壹日，克物一斗。
12	癸未年（923或983）	龙勒乡樊再升	效谷乡氾再员	每月算价壹驮，春衣一对、汗衫一领、襵裆一腰、皮鞋一两。	《释录》第二辑，第58页（S.6452号IV）。	忙时抛功壹日，克物贰斗。
13	丁亥年（987）	敦煌乡邓憨多	莫高乡耿憨多男	断作雇价每月一驮，麦粟各半，春衣（下空）。	《释录》第二辑，第68页（P.3826）。	下空
14	某年（948?）	不详	不详	断作雇价：每月麦粟壹驮，春衣一对、长袖衣襕襵裆壹腰、皮鞋一两。	《释录》第二辑，第64页（S.5583）。	如若忙时抛壹日，克物壹斗。

续表

	年代	雇主	受雇人	雇价、支付方式、其他	文书出处、编号	违约处罚条款
15	不详	不详	愿千	每月雇价麦粟壹驮，给春衣汗衫襦裆壹对、皮鞋壹两等。	《释录》第二辑，第73页（P.3094背）。	若忙时抛工一日，克物二斗。

对于众多农业雇工契约中的各项条款规定，可以分为虚与实两类：实者乃指雇用的时间，每月给受雇者酬值多少，给衣衫裤鞋若干，等等。虚者，是一些预防性的条款，有可能发生，也有可能不会发生，如抛工即旷工受罚的规定；被雇人如果无故损伤牛畜，要给以赔偿的规定；如果被雇人偷盗了他人麦粟、牛羊鞍马者，由被雇方负责；如果浇水泄漏而受官府责罚，也由被雇人负责等。究竟如何认识这些契约中的条款规定？程喜霖氏认为："对受雇人规定了苛刻的条款，一旦签约，受雇人丧失了自由，依附于雇主，在法律上不平等。"[1] 杨际平氏则认为：农业契约雇工"虽不见明显的超经济强制，但人身束缚仍较严重。"[2] 这些看法归纳起来就是：雇工契中的这些条款规定是苛刻的，是对雇工的严重人身束缚，它使受雇人丧失了自由。因此，有必要对这些具体条款作出理性的分析。

关于被雇者受雇期间不得抛直，即不得旷工的条款。前揭《宋多胡雇工契》中规定是"如抛工一日，逐勒物一斗"，有的更具体为"忙日抛却一日，勒物二斗，闲日勒物一斗"。（如表列3、6、7、10、11、12、15契），这是分忙、闲日按不同标准处罚抛工的规定。首先，看这种规定是否合理？从雇佣付酬的角度看，劳作者既然拿了雇值，就应该出工，否则便违背了以劳酬值的交换原则。尽管罚值较重，却是合理的，它带有预先警示的作用。其次，按忙、闲日不同标准给以处罚，这是因农业生产有季节性的特点所致。农业生产春季播种不能延误农时，否则秋天农作物不能成熟，影响收获，必须按时令抢种，故春播季节很忙，称为"忙月"。种子下地后，还需

---

① 程喜霖：《试析吐鲁番出土的高昌唐代雇佣契券的性质》，《中国古代史论丛》，福州：福建人民出版社，1982年第3辑，第325页。

② 杨际平：《敦煌吐鲁番出土雇工契研究》，《敦煌吐鲁番研究》第二卷，第227页。

要人工灌溉，这样的忙月，必然很缺人力，被雇人如果随便抛工，对雇主就会造成损失。秋天要收获田地里的庄稼，又是忙月，如不及时收回庄稼，碰到连阴秋雨，成熟的庄稼将会烂在地里或发芽，庄稼收回还要抢晴好的天气晾晒、加工、收藏，否则农民一年的辛苦就要损失掉，由于农业生产具有季节性特点，不能延误农时，所以雇主在契文中才特别强调不能随便抛工。否则对受雇人以克扣粮食的手段来惩罚，特别是在农忙时的抛工，惩罚更重。为了维护农业生产的正常进行，作出这种预警性的惩罚规定是必要的、也是合理的，不能说是苛刻的条款。

对于农具、牛畜的使用与保护，在契文中也作了一些预防性的规定。《宋多胡雇工契》中写有"如雇后所分付农具，若在畦间遗忘失却者，一仰造作人祗当。如收到家令外贼偷将，一任主人自折"；"若非理打煞畜生，一仰营作人祗当填赔"。每一条前都加有"如"或"若"，带有假设性质。这类分明责任的预防性条款还有一些，只有被雇者在劳作过程中细心认真负责，这些责任性的事故都是可以避免的。由此看，这些"虚"的条款目的在于加强劳作者的责任心，是对主、客双方权利和义务的明确，其规定公平合理，不能被看作是苛刻的条款。

对被雇劳动者来说，以上这些条款的规定和要求是合理的，也是维护劳动生产秩序所必要的。不能认为，对劳动者义务和责任的明确，就是使受雇人丧失了自由的苛刻性条款，就是严重的人身束缚。难道说一方面领取了劳动报酬，另一方面可以随意旷工，对生产劳动不负责任，对农具牛畜丢失损毁，才是人身不受束缚？可以说，在任何社会制度下，都不允许这种现象的存在，都有劳动纪律的约束和生产的秩序。对于雇期之内，"不得抛直"，对劳动工具等负责保管等，只能看作是对劳动者劳动纪律的一种约束，不能将劳动纪律的约束当成封建的人身束缚，这是两种不同的概念，绝不可以混淆。即使有各种劳动纪律的约束和责任的明确，受雇人的身份基本上是自由的。契约雇工的法律身份是良人，不同于典身、佣仆之人。因为典身、佣仆者在一定时间内完全隶属于主人，没有人身自由。而契约雇工的人身并不隶属于雇主。契约雇工与雇主，在身份上并无良贱等级之分，只有雇佣关系上权利与义务的区别。

对于这类农业雇佣契，有的还认为："雇主对受雇人的剥削是非常沉重的，而且国家对受雇人具有超经济强制。"① 这涉及到敦煌农业雇佣契中的剥削是否非常沉重的问题。雇佣本身就是以出卖劳力换取物质报酬的行为，工人劳动创造的价值＝劳动力价值＋剩余价值。马克思主义经济学认为：所谓"剥削"，是指对劳动者提供的剩余价值的占有，而"沉重的剥削"通常是指除占有剩余价值外，还占有其自用价值。因此，探讨农业雇佣契的剥削程度，其核心在于探明劳动者的雇价及报酬待遇与付出劳动的比值状况。

敦煌农业雇佣契中写明的报酬有两个部分，一是雇价，二是衣物补贴。另外还有契文中未写的惯例部分，即被雇人劳作期间的食宿。这三个部分加在一起构成雇主给被雇人的全部报酬。

关于第一项雇价问题，上揭《宋多胡雇工契》写的是"断作雇价每月一驮，麦粟中停"，也有个别较低的"断作价直每月断物捌斗"者，"每月断麦粟捌斗柒升"者，② 还有更低的"每月五斗"者。③ 从整个 31 件雇契统计，除 9 件雇价缺载外，有 17 件都是每月一石粮食，麦与粟各半，这是带有普遍性的雇值数额。现在拿这个数额与唐代官户的给粮标准来作一比较，《唐六典》卷 6《尚书刑部》都官郎中条规定："……官户长上者准此。其粮：丁口日给二升，中口一升五合，小口六合。"④《唐六典》卷 6《都官郎中》条对此不同年龄段解释曰："四岁已上为'小'，十一已上为'中'，二十已上为'丁'。"现在明确了小、中、丁的年龄，但还需要明确供给的是米？还是原粮？据《唐六典》卷 19《司农寺》太仓署条规定："给公粮者，皆承尚书省符。"其下注云：

> 丁男日给米二升，盐二勺五撮，妻、妾、老男、小则减之。若老、中、小男无官及见驱使，兼国子监学生、针·医生，虽未成丁，亦依丁例。⑤

---

① 程喜霖：《试析吐鲁番出土的高昌唐代雇佣契券的性质》，《中国古代史论丛》，福州：福建人民出版社，1982 年第 3 辑，第 325 页。

② P.5008 号《戊子年（928）梁户史汜三雇工契》，《敦煌社会经济文献真迹释录》第二辑，第 60 页。

③ S.3877v 号《戊戌年（878）令狐安定雇工契》写有："从正月至九月末，断作价直，每月五斗。"《敦煌社会经济文献真迹释录》第二辑，第 55 页。

④ 《唐六典》卷 6《尚书刑部》，北京：中华书局，第 194 页，1992 年。

⑤ 《唐六典》卷 19《司农寺》，第 527 页。

由此知朝廷供给丁男的口粮都是米。根据《唐六典》卷 3《仓部郎中员外郎》条中规定："凡在京诸司官人及诸色人应给仓食者，皆给贮米，本司据见在供养。九品以上给白米。"① 从强调九品以上给白米一语推测，其余各色人供给的可能是一般的米。再看《太白阴经·人粮马料篇》载："凡军人日支米二升，一月六斗……"② 可见唐代人日供米二升的标准，都是一致的。

米是净粮，麦、粟还须脱皮，三者的比重都不一样，受雇人月雇值 100 升麦、粟，其中有粟 50 升，应折米是多少？这就须要知道粟与米的比例标准。唐贞元初，宰相陆贽在《请减京东水运收脚价于缘边州镇储蓄军粮事宜状》中云："其有纳米者，每米六升，折粟一斗。"③ 从此处提供的米与粟的比例，可以推算出 50 升粟应折成米的数量为 30 升。

麦是细粮，比粟价格贵，麦折米与粟折米的比例是不等的，据高启安氏研究换算："一斗麦约等于 1.44 斗粟"④ 用这一比率再依据"每米六升，折粟一斗"换算，50 升麦可以折成米 43.2 升。如此换算下来，受雇人一月所得麦、粟两者相加，合计每月可折米 73.2 升。如按官户给米"丁口日给二升，中口一升五合，小口六合"，对妻、妾、老、小所给在二升米之下来计算，丁妻按中口日给 1.5 升算，月需 45 升，小口日食 0.6 升，月需 18 升，作为一妻一子一月的口粮约需 63 升，而 73.2 升米养活她们是没有问题的。

第二项报酬是雇主给受雇人衣、衫、裤、鞋的支付，这也是依据唐政府的政策规定精神而来。《唐六典》对于"凡配官曹，长输其作"的番户、杂户的待遇中规定有：

> 春衣每岁一给，冬衣二岁一给，其粮则季一给。丁奴春头巾一，布衫、袴各一，牛皮靴一量并氈。⑤

既然唐政府对奴婢、官户每岁一给巾、衫、袴、靴，那么，民间的雇佣

---

① 《唐六典》卷 3《尚书户部》，第 84 页。
② ［唐］李筌：《太白阴经》卷 5《军资篇》，武汉：湖北人民出版社，1991 年，第 61 页。
③ ［唐］陆贽：《陆贽集》卷 18，第 598 页。
④ 高启安：《唐五代宋初敦煌的量器及量制》，《敦煌学辑刊》，1999 年第 1 期。
⑤ 《唐六典》卷 6《尚书刑部》，第 193 页。

自然也不能少于此等标准。故敦煌农业雇契中通常均提供有春衣、汗衫、襈裆、皮鞋等。《宋多胡雇工契》中写的是"断作雇价每月一驮，麦粟中停，春衣一对，皮鞋一量"。这在其余十五件契中，大体差不多，不过有的在衣物给付上还要丰富一点，如表列第 2、5、6、7、10、11、12、14、15 等契都是写的四件衣物。这部分物资的提供，也是支付劳务报酬的一部分。其价值在 P.2451 号《乙酉年（925 或 985）二月十二日乾元寺僧宝香雇百姓邓仵子契》中反映得比较具体：

> 乙酉年二月十二日乾元寺僧宝香为少人力，遂雇百姓邓仵子捌个月，每月断作雇价麦粟壹驮，内麦地叁亩，粟地肆亩，其地折柒个月，余残月取物：春衣长袖一、并襴袴一腰、皮鞋一量。①

"其地折柒个月"有点费解，若按"其地所出折柒个月"就不难理解了。依据契文的意思，邓仵子被雇八个月，其中七个月的报酬，即麦、粟七驮，由麦地三亩，粟地四亩的产量来支付，余下的一个月报酬由给衣裤鞋来支付。这里提供了一个新概念，七驮麦、粟，即 3.5 石麦加 3.5 石粟。按当时常年产量，麦地三亩肯定能收获到 3.5 石麦；四亩粟地也肯定能收获到 3.5 石粟。所欠一月就用衣裤鞋来支付。换言之，雇主给付的衣、衫、裤、鞋，相当于一驮麦、粟粮的价值。

第三项报酬是被雇者自身的食宿，对此，敦煌农业雇工契中都没有交待，我们注意到，不少的雇契都是雇请的外乡人，如"洪润乡百姓令狐安定"雇请的是"龙勒乡百姓就聪儿"；②"龙勒乡百姓樊再昇"雇请的是"效穀乡百姓氾再员"；③ 龙勒乡在敦煌县西南，而效穀乡在敦煌县东北，相距在百里以上。上揭的《赤心乡百姓宋多胡雇工契》雇请的是洪池乡的马安

---

① P.2451 号《乙酉年（925）二月十二日乾元寺僧宝香雇百姓邓仵子契》，《敦煌社会经济文献真迹释录》第二辑，第 70 页。

② S.3877v 号《戊戌年（878）令狐安定雇工契》，《敦煌社会经济文献真迹释录》第二辑，第 55 页。

③ S.6452v 号《癸未年（923）樊再昇雇工契》，《敦煌社会经济文献真迹释录》第二辑，第 58 页。

住男①，赤心乡在敦煌县城东，是唐归义军张议潮驱逐吐蕃后新建，为归义军时敦煌县十一乡之一。② 洪池乡则在县北。③ 两乡之间距离也很遥远，这种雇佣双方隔乡居住的状况，属于较普遍的现象，因此受雇人是不可能回家食宿的。

如何解决被雇人每天的饮食问题？存在着三种可能，一种是受雇者单独开伙；第二种是在主人家进食，每月从报酬中扣除用粮消费；第三种是免费在雇主家用餐。这三种可能中，第一种由于缺乏条件，且耗费时间，可能性不大。如是采取第二种方式，肯定会在契文中写明扣除多少，然而契文中不见此类文字，也难以成立。剩下的一种可能，就只能是雇工吃住都在雇主家。在敦煌文书中，我们能看到许多雇请工匠除付给雇价外，还负责招待工匠吃食的记录，如 S.4899 号《戊寅年（918 或 978）诸色斛斗破历》④ 中10—12 行载有：

> 二月八日粟壹斗付塑匠赵僧子，……又粟贰斗沽酒塑匠及木匠早午吃用。

此条前列的"粟壹斗"是付给塑匠的工价，后列的"粟贰斗"是招待塑、木匠们吃食的支付。又 P.2032 号背《后晋时代净土寺诸色入破历算会稿》中第 176—179 行载有：

> 面壹石八斗五升，油肆胜六合，粟两石二斗五升，卧酒沽酒，画窟先生兼造食人及回来迎顿兼第二日看待等用。粟玖硕与画人手工用。⑤

此破用帐前面列的面、油、粟、酒是用来招待画人们吃食的，后列的粟玖硕，则是付给画人的劳务报酬。又 S.4642（1—8v）号《年代不明（约 10

---

① Дх12012 号《丙申年（936）正月赤心乡百姓宋多胡雇工契》，乜小红：《俄藏敦煌契约文书研究》，第 188 页。
② 陈国灿：《赤心乡》，季羡林主编：《敦煌学大辞典》，上海：上海辞书出版社，1998 年，第 303 页。
③ 陈国灿：《敦煌县》，季羡林主编：《敦煌学大辞典》，第 299 页。
④ 《敦煌社会经济文献真迹释录》第三辑，第 184 页。
⑤ 《敦煌社会经济文献真迹释录》第三辑，第 465 页。

世纪）某寺诸色斛斗入破历算会牒残卷》中第 33—35 行载有：

> 粟叁硕肆斗，付石匠圆砲价用，粟叁斗，沽酒看石匠用。[①]

粟叁硕肆斗，应是给石匠的工价报酬，粟叁斗是支付招待石匠吃食的用费。由此看，唐五代的敦煌存在着雇请工匠时，同时负责被雇人饮食的传统。

如果按被雇人每月在雇主家包吃食来考察，雇工所得的雇值报酬就不必支付本人的吃食消费，这样供给"雇价每月一驮，麦粟中停"的粮食，就完全可以送回至家，为其家人享用了。

以上分析列出的三项报酬中，足够于劳作者创造的自用价值，由此看雇主并没有占用受雇者的自用价值，即使是劳作的剩余价值，其占有也有限。因此，认为雇佣契中"对受雇人的剥削是非常沉重的"论点，在这里显然有失公允。

从前列《乾元寺僧宝香雇百姓邓仵子契》中得知七个月的雇价七驮麦、粟，由僧宝香所有的麦地叁亩，粟地肆亩的粮产来提供。由此大体可计算出敦煌乾元寺的地亩产量，即麦地一亩大约可产 1.2 石麦左右；粟地一亩大约可产 0.9 石粟左右，两亩地的产量相加相当于二驮麦、粟。如果雇请九个月，就须主人九亩地的产量来支付雇价，而被雇者本人九个月的食宿费还未计算在内。在古代生产力水平低下的情况下，这种比例的劳务报酬，是相当可观的。

雇主们以如此高的代价雇请，说明了对农业劳动力的急需。在劳动力供求关系上，很可能是求大于供的趋势所使然。因为在归义军政权统治下的敦煌，推行的是一种请受田制度，[②]农民只要保证承担官府的赋役、差科，就可以请求授给一定数量的土地。作为宽乡的敦煌来说，获得土地并不难，缺的却是劳动人手。前揭《宋多胡雇工契》中，对于雇请佣者的理由是"缘

[①]　《敦煌社会经济文献真迹释录》第三辑，第 548 页。

[②]　陈国灿：《德藏吐鲁番出土端拱二年（990）归义军都受田簿浅析》一文，对唐五代敦煌的请受田制作过详细的论证。《段文杰敦煌研究五十年纪念文集》，北京：世界图书出版公司，1996 年，第 226—233 页。

家内欠少人力"。在上列表 15 件契中，除了后 2 件内容残缺外，其余 13 件都写有同样的缘由。既然家内欠少人力，所以才雇请人来帮力，这种行为本身就带有农忙期间互助帮工的性质。令狐安定一家的情况很能说明这一点，戊戌年（878）正月，令狐安定向官府提出了请田的申请，其《请射地状》文中说："右安定一户，弟兄二人，总受田拾伍亩，非常田少窄窘。今又同乡女户阴什伍地壹拾伍亩，先共安定同渠合宅，连伴耕种，其地主今缘年来不辞承料乏后，别人搅扰。安定今欲请射此地。"① 由于合宅连伴耕种的邻居阴什伍，未交纳官府租赋，故令狐安定有理由请射她原有的十五亩地，大概很快得到了批准。如此一来，总有了三十亩地，劳动人手不够用了，于是便出现《戊戌年（878）令狐安定雇工契》，就在当年正月抢着雇请了龙勒乡百姓就聪儿。令狐安定兄弟二人，即使耕种三十亩地，在当时的敦煌也还是个并不宽裕的农户，并非不劳而获的地主。

由令狐安定的情况透露出敦煌农业雇工契中的关系，实际上是一种农户之间调节劳动力盈缺的关系，更多地带有互助互惠性质。它既是一些劳力不足农户在生产出现困难时的一种求助，也是劳力富裕农户能够出租劳力获得报酬的一种需要，一旦劳力出租实现，受雇人得到的待遇是可观的，被雇人劳作所创造的剩余价值，肯定会被雇主所占有，有所剥削是无疑的，不过也甚为有限，并不存在剥削非常严重的情况。至于雇佣契约中的多项条款，都是些预防性的规定，它既没有要求被雇人人身从属依附于雇主，也没有束缚被雇人的人身自由，只有对劳动过程中出现各种事故时，对责任的明确。总之，这种雇佣关系，是被雇人与雇主之间在基本平等的基础上协商同意订立的契约关系，受雇人的社会地位是自由的。这类雇佣关系，有利于劳力与土地的结合，有利于农业生产的发展。这就是敦煌农业雇佣契中反映出的雇佣关系的实态，它是古代比较先进的一种雇佣关系。

除了上述农业雇佣契反映出的互助互惠型契约关系外，也还存在着没有订立契约的雇佣关系，如《武周长安三年（703）敦煌县典阴永牒为甘凉瓜

---

① S.3877v 号《戊戌年（878）令狐安定请地状》，状文中所云"不辞承料乏"，是指阴什伍未能将原辞承的官府赋税、差科料交纳，既然如此，其他愿承担此地赋税、差科的农户，就可请耕这块土地。《敦煌社会经济文献真迹释录》第二辑，第 469 页。

肃所居停沙州逃户事》① 中所说的沙州逃户农业佣工：

> 沙州力田为务，小大咸解农功。逃迸投诣他州，例被招携安置，常遣守庄农作，抚恤类若家僮，好即簿酬其佣，恶乃横生构架，为客脚危，岂能论当。

这里反映出的是唐代前期均田制下的沙州农民，为了躲避赋税徭役，逃到甘、凉、瓜、肃诸州的私家土地上，充当客户。由于他们是无户籍的逃户，在出卖劳力佣作时，通常都不敢行诸文字，订立契约。其待遇从"抚恤类若家僮"看，则远不如前述的农业雇契中的报酬待遇。由于没有契约文字的保障，受雇者只有"类若家僮"式的依附于主人，看主人脸色，"好即簿酬其佣，恶乃横生构架"。像这一类的农业雇佣关系，雇与佣的地位是不平等的，佣作者存在着一定的人身依附和束缚，所受的剥削可能较重。这是在特殊背景下存在着的一种雇佣关系。

在敦煌，还有一类临时性的客作劳动者，这就是王梵志诗歌中叙述描写的《贫穷田舍汉》，现将文摘录于下：

> 妇即客春捣，夫即客扶犁。黄昏到家里，无米复无柴。男女空饿肚，壮似一食斋。里正追庸调，村头共相催。幞头巾子露，衫破肚皮开。体上无裤袴，足下复无鞋。②

诗文中写的客妇、客夫，从"黄昏到家里"看，属于在外短期佣力，大概也没有契约的约定。奇怪的是，居然是无米无柴又空肚，而且是衣衫破烂无裤鞋。这与前述农业雇工契中受雇者的待遇状况相比，存在着明显的反差。这一对客妇、客夫出现如此的贫困窘境，并不是雇佣本身造成的，恰恰相反，应该说是出现贫困窘境之后，才去佣力的。按照诗文中"里正追庸

---

① 《敦煌社会经济文献真迹释录》第二辑，大谷文书 2835 号。第 326 页。唐耕耦氏将本件订名为《长安三年（703）三月括逃使牒并敦煌县牒》。

② P.3418 号，项楚《敦煌诗歌导论》第五章《王梵志诗·贫穷田舍汉》，台北：新文丰出版公司，1993 年，第 303 页。

调"及下面接写的"租调无处出,还须里正倍"等句分析,这是唐前期均田制度下,官府既要催租,又要追讨庸调的情况下,破产的均田农民外出佣力的情况,其佣力所得,可能被交了庸调或还债了,所以才出现如此的窘境。诗文结尾说:"如此硬穷汉,村村一两枚。"表明在唐前期的敦煌,虽然人数不是很多,但每个村都有一、二家。如果从全国范围看,也是人数不少的穷苦社会阶层,正如开元初年左拾遗刘彤所指出的:"寒而无衣,饥而无食,佣赁自资者,穷苦之流也。"① 这些佣赁自资者,恐怕大多数也是些无契约关系的劳力出卖者。

在中世纪时期,雇佣存在于社会生活的各个领域,有农业耕作类、手工生产类,还有其他各种类型的。有长期的,也有短期的;有契约式的,也有无契约的雇佣。综合起来加以考虑,长期的比短期的要稳定,订立了契约的雇佣比无契约的要进步。所以在各种类型的雇佣中,还是以唐后期及五代宋初敦煌农业雇工契中的雇佣关系最稳定,也最先进。

宋元至明清雇佣契约的多样化、社会化

宋承唐制,继续施行禁止压良为贱,健全社会雇佣契约制的政策,宋初开宝四年(971)下诏云:

> 应广南诸郡民家,有收买到男女为奴婢,转将佣雇以输其利者,今后并令放免。敢不如诏旨者,决杖配流。②

虽然名为雇佣,实为奴婢,被其主人用以谋利者,也在禁止之列。宋真宗天禧三年(1019),大理寺奏请云:

> 自今人家佣赁,当明设要契,及五年。主因过殴决至死者,欲望加部曲一等。但不以愆犯而杀者,减常人一等。如过失杀者,勿从论之。③

---

① [唐]杜佑:《通典》卷十《唐开元元年十一月左拾遗刘彤论盐铁上表》,第231页。
② [宋]马端临:《文献通考》卷11《奴婢》。第120页。
③ [宋]马端临:《文献通考》卷11《奴婢》第121页。

这一奏请建议，得到了真宗的同意而施行。对一般家庭佣赁，都要求"明设要契"，而且以五年为限。可见到了宋代，已经是凡属雇佣，必立契约。对宋朝政府而言，就是要让所有的雇佣都能实现契约化，这是对唐代以来比较平等的雇佣契约流行之一种官方肯定。因为有契文约定的雇佣，可以明确规定雇价，规定劳作的内容或范围，庸作的期限以及责任等，比之于无契文规定的雇佣来说，是一个明显的进步。被雇的劳动者能与雇主对面商订契文的约定，表明了雇与佣双方的关系已在逐渐走向完全平等。

宋元时期，由于雇佣契约的普遍化，促使着多种契约样式在社会上的流行，据《新编事文类要启札青钱》所载，有长期的，如《元雇小厮三年契式》；有短期的，如《元雇脚夫契式》、《元雇船只契式》等①，其内容自然是对现实契约经济生活的集中归纳或典型反映。长期的雇契式中仍残存着一些不平等的因素，如写有"自男某计工之后，须用小心伏事，听候使令，不敢违慢抗对无礼"一类的规定等。至于短期的契式，多是通过牙行中介并加以保证来订立，如《元雇脚夫契式》载：

> 某州某县某里脚夫姓厶
>
> 　　右厶等今投得厶乡某里行老姓厶保委，当何得厶处某官行李几担，送至某处交卸。当三面议断，工雇火食钞若干贯文，当先借讫上期钞几贯，余钞逐时在路批借，候到日结算请领。且某等自交过担仗之后，在路须用心照管上下，不敢失落，至于中途亦不敢妄生邀阻、需索酒食等事。如有闪走，且行老甘自填还上件物色，仍别雇脚夫承替，送至彼处交管。今恐无凭，立此为用。谨契。
>
> 　　　　　　　　　年　月　日　脚夫姓厶　号　契
> 　　　　　　　　　　　　　　行老姓厶　号②

从"当三面议断"一语及"行老姓厶保委"知，这是雇主通过行老中

---

① 《新编事文类要启札青钱》外集卷11《公私必用·人口》，转引自张传玺主编：《中国历代契约粹编》上册，第621—622页。

② 《新编事文类要启札青钱》外集卷11《公私必用·人口》，参见张传玺主编：《中国历代契约粹编》上册，第621—622页。

介订立的雇契，这里的行老是指专营雇佣劳力行的行头，行头在此承担着保证人的作用，通过行头雇请脚夫，表明劳动力已形成一种市场，并成为由行会控制出卖的商品。此契属于单纯的经济关系的雇契，脚夫虽不存在对雇主的人身依附，但对行会却有一定的依附性，或被剥削。这种状况，延至明清，仍然如此。

明清时期，除了许多通过行头保委进行的雇佣契外，仍存在着劳动者自身出卖劳力的契约，如明《世事通考》中所载的《雇工人文约》，文如下：

> 立雇约人某都某人，今因生意无活，自情托中帮到某都某名下替身农工一年，议定工银若干。言约朝夕勤谨，照管田园，不懒惰。主家杂色器皿，不敢疏失。其银归按季支取，不致欠少。如有荒失，照数扣算。风水不虞，此系天命。存照。①

这是一则雇农工的样文，基本上沿袭了晚唐五代宋初农业雇工契的内容。只是在条款上，没有规定得很具体，只是说"如有荒失，照数扣算"，也可能因为是样文的缘故。清代个体劳动者直接出卖劳力的契约仍然流行，如《清嘉庆二十三年（1818）姜平寿等包看柴草约》，文约如下：

> 立看草笔约 姜平寿 胡得丰 许锦福，今看到王名下卞湾兜二圩内柴草包看，当日言明看工制大钱八百文，一年为止，倘有外人窃去，俱在看草人赔补无辞。恐后无凭，立此看草笔约为照。
> 嘉庆二十三年　十二月　　日　立看草人姜平寿（押）
> 　　　　　　　　　　　　　　　　　胡得丰（押）
> 　　　　　　　　　　　　　凭　中许锦福（押）②

此看柴草约带有一定的承包性质，姜、胡等人被雇包看柴草一年，只负

① ［明］徐三省：《世事通考》外卷《文约类》，参见张传玺：《中国历代契约粹编》中册，第934页。
② 日本东京大学东洋文化研究所藏宝应王氏文书9—48号《看约》。转引自杨国桢：《明清土地契约文书研究》，北京：人民出版社，1988年，第63页。

责在包看的一年期内柴草不被盗窃即可。

还有一种称之为《议约》的劳作承包式雇契，则是雇用有技术工匠承包契，转录其文于下：

> 立议约人某，今包到某人器用几件，用心作造。当日凭中面议：高若干，大若干，俱有旧式照样。该银多少，本银工价一应在内，务宜细察精巧。造完之日，价银依议交足。如有不照原样，悉随减价无说。恐后无凭，立此存照。

这是明代承包造作契的样文，适用于各行各业，如打造家具、制作首饰、剪裁衣衫以及各种来料加工的劳作等。它不同于一般劳力的出卖，涉及各类专门技艺，由此才出现契中对制作成品有规格、质量的要求，均须双方商议而定，带有承揽合同的性质，故称之为《议约》。

如果说前一契是对劳动者劳力的购买，那么《议约》契则是对劳动者技艺的购买，所以前一契对劳动态度及质量提出了要求，劳动者对雇主具有一定的隶属性，而后两约只对造作成品的质量或承包任务提出要求，都是一种单纯的经济关系，劳动进程完全独立。这是此处契与约区别之所在。然而，不论是契还是约，都具有共同点，就是主、雇双方在法律地位上都是平等的，因为此时的劳力、甚至有技艺的工匠已经走上市场化，雇佣也必然渗透进市场公平交易的因素，它必然带来双方身份地位上的平等化。

雇佣契约到了近代，纳入到国家民法的范畴，也进一步走向规范化，从民国时期的雇佣契约样文也能看到这一点。如《一般雇佣契约》所载条款如下：

> 兹者双方合意约定下列诸条：
> 一、劳务范围由双方另行商订之。
> 二、雇佣期间无定，但双方有一造欲解雇时，应于一个月前通知对方。
> 三、雇佣人除供受雇人膳宿外，每月应付薪金_____元正，按月于月终付给。

四、受雇人平日行为应自检束，不得呼朋引伴行为不轨，或着奇装异服。

五、受雇人非经雇佣人同意，不得擅自外出。

六、雇佣人不得于晚间十一时后至次晨五时前，使唤受雇人从事工作，否则须加倍付予工资（一晚按一日计算）。

本契约一式两份，双方各执一纸为凭。

雇佣人：

受雇人：

介绍人：

中华民国　　　　年　　　月　　　日

民国初期的这件雇佣契样文，比处于明清封建体制下的雇契已有了质的变化，采取了条款形式，是带有近代资本主义劳资关系性质的契约，表现出了许多与传统雇佣契文不同的特点：一是订立契约双方的地位是完全平等的，劳务范围及契文由双方商定、双方签名，契约一式两份，双方各执一纸为凭。二是对解雇有明确规定，即"欲解雇时，应于一个月前通知对方"，以便劳动者及早另作安排。三是将"供受雇人膳宿"及"按月于月终付给"薪金明确写入条款。四是夜间超时工作"须加倍付予工资"，表现出对按劳付酬原则的运用，也体现出了资本主义的人权精神，有利于对受雇人基本权利的保障，它意味着雇佣契约已经迈进了完全平等式契约的大门。

四、对本节的小结

在人类社会进入奴隶制发展阶段时，对人的劳力雇佣也相伴而生，在中国，商周就已存在，秦汉时已很普遍。至于雇佣券契起于何时？尚不明确，至少可以从出土的汉简中，看到一些雇佣券契的影子。在居延、敦煌所出被订为"戍卒受庸钱名籍"的汉简中，登录了多起戍卒受庸钱被雇上役的情况，雇主都是内地人，有到边防充当戍守的任务，他们本人不去，雇人代役，所雇多是同乡同里人，出了雇价后，受雇者就到边地上役了。"名籍"中登录的这些数据资料，应是据庸者随身带来的雇庸券契抄写而成，可以认为，"名籍"中每起雇佣关系简，都是原雇佣券内容的缩写，由此也证明两汉已经流行雇庸券契的订立。雇佣劳动由没有契约到订立契约，是一个历史的大跨越，它是劳动者身份地位提高的结果。

魏晋以来，可以看到各种类型的纸质雇佣券契，有对劳动者承包任务式的雇佣券；有劳动者主人代理与雇主立的券契；有以物品使用价值充作雇价的雇佣；有代服官役的雇佣；也有使用车牛的僦雇券契；还有利用其劳力或技艺制造出新产品的雇佣。在众多纷繁雇佣券契的背后，其雇佣关系也有多种，一种是奴役性较强的雇佣，雇值低，劳作内容、时间常无限制，对主人有依附关系，人身不自由，尽管奴役性强，一旦立券后，主人只能按契文规定要求被雇者，也不能任意处置、伤害劳动者。第二种是雇主与受雇者身份上较为平等的雇佣，在契约上，双方相对平等，受雇者的权利、劳作内容、承担的责任均有明确的规定，尽管在具体劳作过程中，在固定的地点，须听从主人要求安排，劳动者在身份上基本是自由的，唐宋时期的雇佣契，以此种类型为主体，以致出现了这类雇契样文的流行。敦煌农业雇工契虽存在着剥削，但并未占有雇工的自用价值，这类雇工契带有调节劳力盈缺的性质，对主雇双方具有一定的互助互惠性。第三种是雇主与受雇者之间平等自由性的雇佣，或可称之为任务承包性的雇佣，如承包放羊契、上烽契、僦雇契、造作契等，按要求完成主人的任务、按值付酬，不存在主人对劳动者人身自由的干预，双方独立自主，平等交易。

在中国古代，这几类的雇佣常常同时并存地发展着，不论哪种类型的雇佣契，能将雇值、劳动范围、时间写入契文，总是要比无契约的雇佣有了权益保障，这是雇佣发展上一个划阶段的进步。在此基础上总的发展趋势是，奴役型的雇佣契约越来越少，人身依附性越来越削弱，比较平等或完全平等型的雇佣越来越发达。

从宋代开始。朝廷以法令的形式要求：凡"人家佣赁，当明设要契"，并以五年为限。可见到了宋代，已经是凡属雇佣，必立契约。对宋朝政府而言，就是要让所有的雇佣都能实现契约化，这是对唐代以来比较平等雇佣契约流行的一种官方肯定。由是而出现了各式各样雇佣契约样文的普遍流行。它既是出卖劳动力者身份地位提高的体现；也是劳动力出卖市场化的一种需求。

宋代以后，进入到所有的雇佣劳动均要求契约化，这是雇佣契约由定型化向普遍化的新发展，是封建人身依附关系进一步削弱的必然趋向，也是商品经济活跃对劳动力需求的一种表现。

随着商品经济的发展和时代的演变，由宋元到明清，完全建立在经济交换关系基础上的雇佣契约越来越普遍化、社会化。将劳动力作为商品出卖的雇佣劳动者虽然众多，但在封建生产方式占统治地位的情况下，仍无法成为资本主义大生产的基础，但却为走进资本主义雇佣提供了准备。

民国时期的雇佣契约样文，是带有近代资本主义劳资关系性质、赋予人权主义的雇佣契约，它使传统雇佣契约的面貌为之一新，它是向构建新型雇佣契约关系的一种历史性的新跨越。

第五章

以血缘为纽带的家庭、宗族内规约

社会最基层的组织是以一夫一妻制为基础的家庭，恩格斯指出：一夫一妻制是以经济条件为基础而不是以自然条件为基础的婚姻形态①。每一个家庭，经过世代繁衍，形成为以血亲关系相承袭、以氏姓为标识的家族。从父权制时代起，当产生私有制以后，每个家族的家长，为了使自己家族代代兴盛，子孙光宗耀族，除了给予严格教育外，还常用"遗令"、"遗嘱"的方式，对子孙后代寄以期望、规范未来。同宗的家族聚在一起，形成了宗族。商周以来，人们常以血缘为纽带的宗族为单位活动在历史舞台上，以致形成一种宗法封建制社会，每一个宗族为了维护宗族的发展和利益，常由本族耆老、德高望重者召集全族家长们制订出许多"族规"、"宗约"，来规范所有成员的行为。

第一节　家长"遗令"到"遗嘱"的发展变化

遗令，乃是古人在临终之前，对身后事的嘱咐、告诫、安排。早期称为"遗令"、"先令"，后来多称做"遗书"、"违书"、"遗嘱"。它是长辈和后人在特殊情况下，即临终之前的一种约定。先辈对家产等各种内容的处分交代，实际上也是和后辈众人的约定，所以也是广义契约文书中的一种。

---

① 恩格斯：《家庭、私有制和国家的起源》，《马克思恩格斯选集》第4卷，第60页。

　　有关遗令、遗嘱的研究，学术界已经有了许多成果，上世纪初，敦煌发现唐五代遗书样文，引起学术界的关注，日本学者仁井田陞氏发表了《唐宋时代的家族共产与遗言法》，① 从家族共财的角度来看遗嘱中的财产分配。此后学术界多围绕家族财产继承来探讨遗令、遗嘱，特别是上世纪 80 年代，在江苏仪征胥浦 101 墓出土了《西汉元始五年（前 5）先令券书》② 以后，引起了对先令、遗令的热烈讨论，张传玺先生认为是"两汉以前的文献和考古资料中仅有的一份完整的'先令'。"③ 陈平、王勤金先生在《仪征胥浦 101 西汉墓〈先令券书〉初考》一文中对这件"先令券书"作了全面的考释和解读，认为"到西汉时期，我国已初步具备了一套习惯性法定继承与遗嘱执行相结合的遗产继承法规"。④

　　对于遗嘱在遗产继承中的地位与作用问题，有的认为在汉代存在着依据遗嘱来进行遗产继承的习俗。⑤ 有的认为："中国古代不存在一般意义上的遗嘱继承制度……中国古代的法律仅允许被继承人在'户绝'时适用遗嘱，有子时则必须实行法定继承。"⑥ 有的认为"先令券书"只是家产析细的见证而非遗嘱，中国古代不存在遗嘱继承制度。⑦ 然而，不赞成这类见解的研究也不少，有的举证认为："中国古代特别是唐宋时期不仅在'户绝'时适用遗嘱继承，在非'户绝'（即有承分人）时同样适用遗嘱继承。"⑧

　　对于古代是否存在遗嘱继承问题，学者们联系具体历史时期进行讨论的

　　① ［日］仁井田陞：《唐宋时代の家族共産と遺言法》，载《市井博士古稀纪念东洋史论丛》，1933 年。
　　② 陈平、王勤金：《仪征胥浦 101 号西汉墓〈先令券书〉初考》，《文物》1987 年第 1 期。
　　③ 张传玺：《契约史买地券研究》第七章《中国契约资料的蕴藏及其史料价值》，北京：中华书局，2008 年，第 148 页。
　　④ 陈平、王勤金：《仪征胥浦 101 号西汉墓〈先令券书〉初考》，《文物》1987 年第 1 期。
　　⑤ 杨剑虹：《从〈先令券书〉看汉代有关遗产继承问题》，《武汉大学学报（社会科学版）》，1988 年第 3 期。
　　⑥ 魏道明：《中国古代遗嘱继承制度质疑》，《历史研究》2000 年第 6 期。
　　⑦ 曹旅宁：《〈二年律令〉与秦汉继承法》，《陕西师范大学学报（哲学社会科学版）》第 37 卷，2008 年第 1 期。
　　⑧ 姜密：《中国古代非"户绝"条件下的遗嘱继承制度》，《历史研究》2002 年第 2 期。

成果很多，大多认为遗嘱是家财继承的主要依据。① 除财产的遗嘱继承外，还有一些涉及其他遗嘱继承的研究，如对于遗令中薄葬的身体力行、以明哲保身的生存原则告诫后人等的阐发。②

从法学和经济学角度对遗嘱及遗嘱继承制度研究的成果也不少，张平华、刘耀东的《继承法原理》，用专章对"法定继承"和"遗嘱"进行了剖析，指出"在法制史上，法定继承却要早于遗嘱继承"③。张晋藩的《中国法制史》④ 在分析"唐朝法制"时，对"身份继承"与"财产继承"作了列述。在此以前类似的研究还有很多⑤，在对遗嘱继承制度的认识上，能得到许多理论上的启发。

综观此前对遗令、遗嘱的研究，对于遗令涵盖内容作出综合性考察的研究并不多，而对于从早期内容宽泛的遗令演变为专指财产继承的遗嘱的发展进程及其背景的研究就更少。本节拟从社会历史背景演变的角度，对这些问题作出探讨。

一、早期的遗令内容

遗令是长辈在临终之前，对身后事的嘱咐、告诫，也是对生者未来期望的寄托。一种是口头的遗言交待，另一种是书写成文字留给后人遵照执行者，常称为"遗令"。《吕氏春秋》载：

---

① 邢铁：《唐代的遗嘱继产问题》，《人文杂志》1994 年第 5 期；《宋代的家产遗嘱继承问题》，《历史研究》1992 年第 6 期。冻国栋：《读姚崇〈遗令〉论唐代的"财产预分"与家族形态》，收入《唐代的历史与社会》，武汉：武汉大学出版社，1997 年。后收入氏著《中国中古经济与社会史论稿》，武汉：湖北教育出版社，2005 年，第 215—216 页。冻国栋：《麴氏高昌"遗言文书"试析》，《魏晋南北朝隋唐史资料》第 23 辑，武汉：武汉大学文科学报编辑部，2006 年 12 月。黄启昌、赵东明：《从〈名公书判清明集〉看宋代的遗嘱继承》，《湘潭大学学报（哲学社会科学版）》，2007 年第 3 期。

② 吴桂美：《从东汉士人的遗令和敕子书看东汉士风》，《西华师范大学学报（哲学社会科学版）》2007 年 3 期。

③ 张平华、刘耀东：《继承法原理》，北京：中国法制出版社，2009 年，第 156 页。

④ 张晋藩：《中国法制史》，北京：商务印书馆，2010 年，第 215 页。

⑤ 史尚宽：《继承法论》（北京：中国政法大学出版社，2000 年）；王泽鉴：《民法总论》（北京：中国政法大学出版社，2000 年）；郭明瑞、房绍坤：《继承法》（北京：法律出版社，1996 年）等专著都从法律的角度，论及到财产的法定继承与遗嘱继承的关系，大都认为遗嘱继承也是法定继承的一部分，其论述重点均放在当代。刘文：《继承法比较研究》（北京：中国人民公安大学出版社，2004 年）将中国的继承法与西方诸国继承法作比较，列论其异同，但也着重于近现代。

> 齐庄子请攻越，问于和子，和子曰："先君有遗令，曰：'无攻越，越，猛虎也。'"①

齐国先君遗令不要攻打越国，只是其遗令中的一项内容，作为统治者的遗令，往往涉及到江山社稷的兴衰及基业的维护，此即一例。如是帝王的遗令，又称之为"遗诏"，西汉文帝临终之前，曾下遗诏，交待不要厚葬，勿影响民生。②

司马光在谈及古代遗令时说："遗令者，世所谓遗嘱也，必择紧要言语付嘱子孙，至若纤细不要紧之事，则不暇矣。"③ 这是用宋代的遗嘱观念对古时遗令作的解释，从字面上看，两个词语是相通的，然而，如从两词在不同时期的内涵及背景分析，实有所不同。宋代的遗嘱是单指遗产继承上的嘱咐，属于社会经济关系上的一种特定概念。而在古代、或者说唐宋以前的遗令则涵盖更广，包括着多方面的内容。

一种是对死后入葬事宜的交待，两汉时期，特别是东汉，许多官员士人都在遗令中要求薄葬，如曾任将作大匠、后为汝南太守的王堂，"年八十六卒，遗令薄敛，瓦棺从葬"。④ 名士郑玄、马融，临终都"遗令薄葬"。⑤ 曹操在遗令中对身后事安排得很具体，其中一项就是安葬："古之葬者，必居瘠薄之地。其规西门豹祠西原上为寿陵，因高为基，不封不树"。还交待"敛以时服，无藏金玉珍宝"。⑥ 两汉三国时盛行薄葬，并在遗令中当作大事交待，固然是由于死者一生俭朴生活所致，同时也与汉代以来盗墓之风盛行有关。唐朝姚崇在遗令中对薄葬一事分析说："昔杨震、赵咨、卢植、张奂，皆当代英达，通识今古，咸有遗言，属以薄葬。或濯衣时服，或单帛幅巾，知真魂去身，贵于速朽，子孙皆遵成命，迄今以为美谈。"而厚葬之家，"至令亡者致戮尸暴骸之酷，存者陷不忠不孝之消。可谓痛哉，可谓痛哉！死者无知，自同粪土，何烦厚葬，使伤素业。"姚崇要求在身亡后俭葬，

---

① ［汉］高诱注：《吕氏春秋注》卷9《顺民》，文渊阁四库全书本。
② 《汉书》卷4《文帝纪》，第131—132页。
③ 唐顺之：《稗编》卷94《论魏武遗令》，文渊阁四库全书本。
④ 《后汉书》卷31《王堂传》，第1106页，北京：中华书局，1965年。
⑤ 《后汉书》卷35《郑玄传》，第1211页；卷60上，《马融传》，第1972页。
⑥ 《三国志》卷1《武帝纪》，第51、53页。

"念尔等勿复违之"①。这是以务实的观念看待人的生死与丧葬，反映出姚崇的唯物思想，也道出了他遗令薄葬的缘由。

其次的内容是对身后一些具体事务的处理。作为统治者，对未竟事业及其朝政，在临终前总是有所交待的，大多都会著于遗令或遗诏中，曹操临终前遗令："天下尚未安定，未得遵古也。葬毕，皆除服。其将兵屯戍者，皆不得离屯部。有司各率乃职。"② 同时也对亲属及所爱者的生活作了各种安排。③ 宋人宋敏求所编《唐大诏令集》中，对唐帝王的"遗诏"和"遗诰"就集录了十六篇，都是属于对国家政事的交待。有时也有特别的后事嘱托，如唐太宗对身后安排长孙无忌和褚遂良辅政，就是用遗令以托付天下的。④ 除帝王外，民间也是用遗令安排身后诸种事宜。西汉末叶，南阳人樊宏"赀至巨万"，"年八十馀终，其素所假贷人间数百万，遗令焚削文契，债家闻者皆惭，争往偿之。诸子从敕，竟不肯受"。⑤ 这与樊宏一生"赈赡宗族，恩加乡闾"的传统有关，尽管假贷者们争往偿付，然而，由于有遗令在，诸子都"从敕"，即遵从遗令而不肯接受。由此反映出先辈的遗令都是要认真执行的，否则，就是一种不孝的行为，为世人所不耻。

再一个内容就是对子孙品德做人方面的教育和期望，西晋初，太保王祥临终前，专著遗令训戒子孙，除了对入殓下葬务求俭约外，还特别用信、德、孝、悌、让等"立身之本"告戒子孙。⑥ 对于这些遗训教诲，"其子皆奉而行之"。王祥的五则立身之本，实是对儒家信义、孝悌、谦让等做人标

---

① 《旧唐书》卷 96《姚崇传》，第 3027 页。

② 《三国志》卷 1《武帝纪》，第 53 页，北京：中华书局，1959 年。

③ 曹操在遗令中说："吾婕好妓人，皆著铜爵台。于台堂上施八尺床、繐帐，朝晡上脯糒之属。月朝十五日，辄向帐作妓。汝等时时登铜爵台，望吾西陵墓田。"又云："余香可分与诸夫人。诸舍中无所为，学作履组卖也。吾历官所得绶，皆著藏中。吾余衣裘，可别为一藏，不能者，兄弟可共分之。"〔晋〕陆机：《吊魏武帝文》，刘运好校注：《陆士衡文集校注》卷 9，南京：凤凰出版社，2007 年，第 905 页。

④ 《旧唐书》卷 65《长孙无忌传》载：贞观二十三年（649），太宗"疾笃，引（长孙）无忌及中书令褚遂良二人受遗令辅政。太宗谓遂良曰：无忌尽忠于我，我有天下，多是此人力。尔辅政后，勿令谗毁之徒损害无忌。若如此者，尔则非复人臣。"第 2454 页。

⑤ 《后汉书》卷 32《樊宏传》，第 1119 页。

⑥ 《晋书》卷 33《王祥传》载："及疾笃，著遗令训子孙曰'……气绝但洗手足，不须沐浴，勿缠尸，皆浣故衣，随时可服。……西芒上土自坚贞，勿用甓石，勿起坟陇。……夫言行可覆，信之至也；推美引过，德之至也；扬名显亲，孝之至也；兄弟怡怡，宗族欣欣，悌之至也；临财莫过乎让；此五者，立身之本。颜子所以为命，未之思也，夫何远之有！'"第 989 页。

准的重申，目的在于使子孙德信过人，孝悌兴家。北魏陇西王源贺病重，乃以四毋、四思的教诲"遗令敕诸子"①。这是教育诸子待人处事做人的道理。唐代姚崇认为佛、道二教均属虚妄之说，故在遗令中告诫子孙说："释迦之本法，为苍生之大弊，汝辈各宜警策，正法在心，勿效儿女子曹，终身不悟也。吾亡后必不得为此弊法。"对于道教，他要求子孙"汝等勿拘鄙俗，辄屈于家。汝等身没之后，亦教子孙依吾此法"②。这是教育子孙后代不要迷信佛、道，造求虚诞之事，而且希望其子孙后代，永远遵守他的教导。总的来说，这类遗令均属兴族隆家之训。

　　第四个方面的内容是遗产的分配与继承，前揭西汉樊宏对数百万债务的处理，曹操对其遗物可兄弟共分的嘱咐，均属此类。《风俗通》记载了西汉绥和元年（前8）沛中一富豪处理财产遗令的故事。③ 某富豪在病重时担心死后争财时，男儿得不到家财，于是便招集族人到场，立下遗令交待：全部财产交给女儿，但有一剑是给儿子的，待儿子到十五岁时交付给他。司空何武对于这一模棱两可遗令的理解是：与剑给子是把财产断决权交给年至十五岁时的儿子。此事反映了某富豪在遗令继承处理上的智慧用心，同时表明官员们对亡者遗令的尊重。南齐吴郡太守张岱"初作遗命，分张家财，封置箱中，家业张减，随复改易，如此十数年"。④ 说明家长对预写遗令分配家财的重视。南齐丹阳尹萧景先临终前，遗言将其妓妾、马牛、应私仗器及居宅，或上奉给尚书台及东宫，或赠给同僚，⑤ 反映出家长对家产拥有绝对的处置权。唐初，夔国公刘弘基"遗令给诸子奴婢各十五人、良田五顷，谓所

---

　　① 《魏书》卷41《源贺传》载其遗令云："吾顷以老患辞事，不悟天慈降恩，爵逮于汝。汝其毋傲吝，毋荒怠，毋奢越，毋嫉妒；疑思问，言思审，行思恭，服思度；遏恶扬善，亲贤远佞；目观必真，耳属必正；诚勤以事君，清约以行己。吾终之后，所葬时服单椟，足申孝心，刍灵明器，一无用也。"第922页。

　　② 《旧唐书》卷96《姚崇传》，第3028—3029页。

　　③ 《太平御览》卷836引应劭《风俗通》："沛中有富豪，家赀三千万。小妇子是男，又早失母；其大妇女甚不贤。公病困，恐死后必当争财，男儿判不全得，因呼族人为遗令云：'悉以财属女，但以一剑与男，年十五以付之。'儿后大，姊不肯与剑，男乃诣官诉之。司空何武曰："剑，所以断决也。限年十五，有智力足也。女及婿温饱十五年已幸矣。'议者皆谓武原情度得其理。"第3736—3737页。张传玺依据文中何武任司徒的时间，考订此事发生在西汉绥和元年（前8）。

　　④ 《南齐书》卷33《张岱传》，第581页。

　　⑤ 《南齐书》卷38《萧景先传》，第663页。

亲曰：'若贤，固不籍多财；不贤，守此可以免饥冻。'馀财悉以散施"。①
在封建时代，遗产最核心的部分是田宅和奴婢，对此，刘弘基在遗令中对诸
子做了有限的平均分配，且考虑到未来诸子贤或不贤，都能过得去，而馀财
全部散施于社会，说明家长在处置遗产上具有绝对的自主权、自由权。唐代
姚崇在去世之前，"先分其田园，令诸子侄各守其分"，也是为了避免诸子
侄之间，日后为遗产继承而起争端。② 这里列举的是一些具有深谋远虑的家
长在临终前对遗产继承的重视和交代，而对一些家长在临终前没有对家财交
代的家庭来说，其家财的继承，只有遵从"父死子继"、"兄弟均分"等古
老传统来作安排了。

　　从上所列，不难看出，古代所云的"遗令"，不止限于对遗产的处理，
它包含多方面的内容，是亡者在生前对死后各种事务的安排。所谓"令"
者，体现出的是在父权制下，家长权威性的意愿表达、要求和期望。除帝王
外，这类遗令仅限于家庭之内，纯属于家长对家事的处理，自由度很大，但
与整个社会不发生关系，任何外力均无权干预，国家法令也不过问或干涉。
不过，越往后发展，其对遗产的安排越来越成为遗令的核心内容，特别是在
社会公权力介入之后，对遗产的继承和安排成为了遗书中唯一的内容，变成
为社会问题的一个重要方面。从许多出土的民间遗令、遗书上可以清楚地看
到这一点。

二、出土的民间遗令、遗书

　　前面所列均为史籍所见早期遗令诸方面的内容，大多并非遗令、遗书全
貌或原件，随着百年来地下考古事业的发展，也发现了不少古代民间的遗
令、遗书，其原貌、基本样式及内容的展现，为研究遗令、遗书的发展变化
及其特点，提供了极有价值的实物资料。

　　时代较早的一件，是近年江苏仪征胥浦 101 号西汉墓出土的《元始五年

---

① 《旧唐书》卷 58《刘弘基传》，第 2311 页。
② 《旧唐书》卷 96《姚崇传》载其遗令："比见诸达官身亡以后，子孙既失覆荫，多至贫寒，斗
尺之间，参商是竞。岂唯自玷，仍更辱先，无论曲直，俱受嗤毁。庄田水碾，既众有之，递相推倚，或
致荒废。陆贾、石苞，皆古之贤达也，所以预为定分，将以绝其后争，吾静思之，深所叹服。"第
3026—3027 页。

（5）朱凌先令券书》①，券书完整，分为四段，第一段写有："元始五年九月壬辰朔辛丑［亥］，高都里朱凌［庐］居新安里。甚接其死，故请县、乡三老，都乡有秩、左，里师田谭等，为先令券书。"唐颜师古注《汉书》云："先令者，预为遗令也。"②此段表明墓主朱凌在临死之前预作遗令书。第二段是"凌自言"，交待了一母三父及兄弟姊妹的关系。第三段"妪言"，即朱凌母对田产产权转移的安排，将四处田产分予"贫无产业"的第三子公文。第四段为券书公证语："时任知者：里师、伍人谭等及亲属孔聚、田文、满真。先令券书明白，可以从事。"朱凌为长子，属于家长，按惯例家长临终，须对家产作出处分，然朱凌尊重母亲的安排，故在遗令中写了一大段"妪言"，并请来县、乡三老，乡官，亲属等到场以明白立券书之意，并认可执行。本券展现了二千年前遗令的面貌，反映出男性家长在遗令中的主权地位，同时也突显出在产权转移中，家长遗令高于法定继承的惯例。

吐鲁番出土的汉文文献中，有三件高昌王国时期的遗书，一件是《高昌延昌十七年（577）某月六日道人道翼遗书》，是道人道翼在身"遇重患，恐命不济"时，将田园"分与弟侄"的遗书。③第二件《高昌延和八年（609）十二月廿二日绍德遗书》，是绍德在"年老悉命，兼疹患日集"情况下，将田产、奴婢加以分配，为的是"欲令没后上下不诤"。④第三件《高昌延寿四年（627）参军氾显祐遗言文书》，是对田宅、作人及家中杂物分配给姨母、二女及女孙的安排。⑤对于这批遗书，冻国栋氏在《麴氏高昌"遗言文书"试析》一文中，已有分析研究，指出三份遗书"均以遗嘱之方式处分财产，由此可以知道，至少在麴氏高昌时期，通过遗嘱或遗言文书处分或安排身后财产，已不是仅见的或孤立的行为"。⑥

如果从遗书发展史的角度看，《氾显祐遗言文书》展示出了古代订立遗

① 陈平、王勤金：《仪征胥浦 101 号西汉墓〈先令券书〉考》，《文物》1987 年第 1 期。

② 《汉书》卷 53《景十三王·赵敬肃王刘彭祖传》："病先令，令能为乐奴婢从死"之颜师古注文，第 2421—2422 页。

③ 荣新江、李肖、孟宪实主编：《新获吐鲁番出土文献》下册，北京：中华书局，2008 年，第 286 页。

④ 荣新江、李肖、孟宪实主编：《新获吐鲁番出土文献》下册，第 287 页。

⑤ 《吐鲁番出土文书》录文本第五册，第 70—72 页；图版本第二册，第 204—205 页。

⑥ 冻国栋：《麴氏高昌"遗言文书"试析》，武汉大学中国三至九世纪研究所编：《魏晋南北朝隋唐史资料》第 23 辑，第 192 页。

言文书的过程及其特点。首先是不再称"先令"、"遗令"了，而是直称为"遗言文书"，道明了后来通称为"遗书"的本意。其次，文书开头署写年月日，在写完遗言内容后，还写明"作遗言文书人氾显祐"①，其后有"临坐"者的署名，完全按照券契的形式书写，显现出遗书也是契约的特点。第三、相同内容的文书写有两本，一本给姨母，另一本放在女欢资和师女边，反映出古代立遗书时，为了预防日后受益人的纷争，会将相同内容的遗书分写多份给各受益人收执。第四、为了表明遗言的有效性，氾显祐除亲自签署之外，还经过了官府管理民事的部门"民部"，并在"民部"二字上盖有自己右手掌朱印纹，又在其下注明："是氾显祐存在时手书券"。表明此右手掌朱印纹是经民部认可同意后，当着民部官员的面押上的。此外，氾显祐又将两份遗书后部折叠后，合放在一起，在骑缝上又押上右手掌印，它再三表明此遗言文书是经官认定的，体现出了遗书作为契约的诚实信守的有效性。遗书的这种契约化特征，是以遗产分割为背景而出现的。遗书的契约化，也是遗嘱冲破家庭纯粹私事"遗令"境域、走向社会化的反映，它不同于遗令的主要标志在于：遗书要求得到社会公权力的公证，即亲邻或官员到场见证，或官府认可；其次是立遗书者本人在遗言文书上亲自签字押印；再就是遗书受益者如不止一人时，遗书可制成一式多份，每个受益者均可持此遗书为凭。

　　在敦煌出土的唐五代文献中，有多件民间的遗嘱或处分遗物凭据，通过这些实物的内容，可以看到9、10世纪遗嘱各方面的一些特点。斯2199号《唐咸通六年（865）尼灵惠唯书》②，是女尼灵惠的遗嘱书，但称为"唯书"。"唯"字，当是"违"字的别写，即违世之书，实即遗书。女尼灵惠"只有家生婢子一，名威娘，留与侄女潘娘，更无房资。灵惠迁变之日，一仰潘娘葬送营办"，故而"对诸亲，遂作唯书，押署为验"。最后是诸亲的押署，有"弟金刚、索家小娘子"；外甥共三人，侄男三人，另有"索郎水官，左都督成真"等，这是灵惠对唯一的财产继承作此违书的一种公证。

---

　　① 《氾显祐遗言文书》第10行"作遗言文书"之下的缺文，推测可能是"人氾显祐"，表明是氾显祐本人的亲自签署。《吐鲁番出土文书》录文本第五册，第71页。

　　② 唐耕耦、陆宏基编：《敦煌社会经济文献真迹释录》第二辑，第153页；沙知编：《敦煌契约文书辑校》，第515页。

另一件《唐天复八年（908）吴安君违嘱文书》，是目前刚面世的一件、原为李盛铎藏，后流入日本由羽田亨编为 53 号的文书。[①] 唐天复只有四年，所署八年已是后梁开平元年（908）。这是新见的一件唐末遗书实物，全文完整，共有 46 行，此处对其家产分配琐细文字从略，仅录其主体文字如下：

> 天复八年戊辰岁十月十五日，叔吴安君、侄吴通子同为一户，自通子小失慈父，遂便安君收索通子母为妻，同为一活，共成家业，后亦有男一人，女二人。今安君作得重疾，日日渐重，五十年作活，小收养侄男长大。安君自若活前公后母，恐耽不了，事名行闻，吾星诉在日，分诉侄通子、男善集，部分各自识忍分怀，故立违书。然后：
>
> 侄男通子东房一口，厨舍一口，是先阿耶分怀，一任通子收管为主。……
>
> 男善集檐下西房一口，南边东房一口，厨舍一口，巷东壁上抚舍一半。……
>
> 叔安君北边堂一口，准合通子四分内有一分，缘通子四分内有一分。……
>
> 右件家谘什物，缘叔君患疾缠眠，日日渐重，前世因果不备，前公后母，伏恐无常之后，男女诤论，闻吾在日，留念违嘱，一一分析为定。今对阿旧索僕々、大阿耶，一一问患人付嘱口辞，故立违嘱文书。后若兄弟，分别于此为定，后若不于此格再诤论，罚白银五，决仗十五下，并不在论官之限。恐后无凭，故立文书为定。

违嘱后面首列署名者为"慈父吴安君"，其下有本人押字，还画一手指，中写有"指节，年五十二"，继后的署名是"大阿耶吴章仔"、"阿舅索僕々"、"见人兼书守兵马使阴安"、"侄男吴通子"、"男善集"、"侄清儿"、"侄男善通"。

本件始名"违书"，中作"违嘱"，最后写作"违嘱文书"，所谓

---

① 羽田亨编 053 号：《吴安君分家书》，新题作"吴安君分家契"。武田科学振兴财团编：《杏雨书屋藏敦煌秘笈影片册一》，2009 年，第 348—351 页。此处改订名为《唐天复八年（908）吴安君违嘱文书》。

"违"，是指违世而言，即去世、逝世之意。[①]"违嘱文书"，即去世之前的嘱咐，实即遗嘱书。由本件推而论之，前列《唐咸通六年（865）尼灵惠唯书》，实应为"违书"。吴安君违书是对田宅、农具、生活杂物等在侄子通子、己子善集之间的平均分配，另外写有"新买地拾亩，银盏一只与阿师"，此阿师，推测为尚存的吴安君女儿，此女所得与二男相比虽不均等，但也分得了一份。此违嘱经当事人押署外，还有"大阿耶"即伯父、阿舅的押署，特别是带有"守兵马使"官职的阴安作为"见人兼书"，表明此违嘱为官员代书、并由亲友见证认可了。"后若不于此格再净论，罚白银五，决仗十五下，并不在论官之限。"是说谁要不服从此分配，就要受处罚，并申明此违嘱不属报官府论理的范围，在这里，反映出了私人违嘱对遗产处置的最高权威性。

现存的其他几件遗嘱也具有类似特点，如伯 3410 号《唐敦煌僧崇恩析产遗嘱》[②]，崇恩是唐末沙州吐蕃统治晚期及归义军初期敦煌的释门教授，家资丰厚，无亲子继承家产，故在临终前将其所有动产、不动产一一分配给僧俗人等，上至归义军节度使的"尚书"、僧统、僧政、法律、法师，下至侄子、侄女夫、表弟、外甥、养女、沙弥、知家事者，均有物品的分配安排。遗嘱文尾有亲属列名签署，有"侄僧惠朗"、"表弟大将阎英达"、"侄都督索琪"、"侄虞候索"、"侄兵马索荣徹"，还有二"侄女夫"等，许多都是带官职的亲属，显现出财产继承遗嘱所具有的公证性质。

斯 4577 号《癸酉年杨将头分配遗物凭据》[③] 无明确纪年，沙知作公元 853 年（?），唐耕耦作公元 973 年，不论是早或晚，都是唐末五代时期的实物。此件所存文字不多，从行文顺序看，杨将头有妻与小妻，三名子女定

---

① 《春秋》文公六年，秦穆公卒，国人哀为之赋，中有"死而弃民，先王违世"语（《春秋左传注疏》卷 18，文渊阁四库全书本）。司马光：《书仪》卷 9《丧仪五·谢赙襚书》中有"某亲违世，大官云薨没。"（文渊阁四库全书）可证古代称死没为违世。

② 《敦煌社会经济文献真迹释录》第 2 辑，第 150—152 页；沙知编：《敦煌契约文书辑校》，第 508—512 页。崇恩析产遗嘱无年月，文中有"上尚书剥草马匹"，此尚书当指归义军节度使，又有"表弟大将阎英达"，按《通鉴》卷 249 唐宣宗大中五年（851）十一月条《考异》引《实录》云："五年二月壬戌，天德军奏沙州刺史张议潮、安景旻及部落使阎英达等奉使上表，请以沙州降。"据此知本遗嘱为唐宣宗朝或以后不久之事。

③ 唐耕耦、陆宏基编：《敦煌社会经济文献真迹释录》第二辑，第 154 页；沙知编：《敦煌契约文书辑校》，第 514 页。

千、定女、定胜，所留的财产甚少，不动产仅有一舍院，每人都分有一点遗留物，但不是平均分配，属一般贫民户。说明即使是贫民户，在临终前也要用文字形式确定遗物的分配，反映出唐五代用遗书来进行遗产的预分和安排十分普遍。

斯 6417 号《孔员信女三子为遗产事上司徒状》① 是孔员信的女儿三子为遗产未得、上给司徒的状文，存 24 行文字，说的是三子在父孔员信去世时，年尚幼小，"父临终，遗嘱阿姊二娘子……所有些些资产并一仰二娘子收掌，若也长大，好与安置"，可是阿姊"到今日全不分配"。其下录记了其父在日，留给三子十五件物品的名目，"已上充三子活具，并在阿姊二娘子为主，今三子不得针草"。最后写有"伏望司徒造大，照察单贫。少失二亲，随姊虚纳气力，兼口分些些，吝惜不与者，似当□□，特乞凭判，伏听处分"。由于二娘子强占了三子应得的遗产份额，故三子向归义军节度使司徒提出了诉状，请求给以凭判。表明在民间如有不执行遗嘱的行为，是可以理直气壮地告官的，它折射出遗嘱所具有的社会性特征。

以上这些都是民间涉及财产分配与继承的遗嘱文献，遗产既包括生活资料，也包括生产资料，直接关系到继承人切身的经济利益，所以必然会引起家庭中每个成员的关注，为了避免家庭成员之间对遗产的争夺，故家长往往在去世前，将其财产按自己意愿用遗嘱的形式加以分配确定。现代法律学的概念认为："遗嘱，只须遗嘱人单方的意思表示即可成立，无须相对人的同意。遗嘱人可以订立遗嘱自由处分自己的遗产，无须征得任何人的同意，所以其为单方法律行为且为无相对人的单方法律行为。"② 可是，在中国古代，订立遗嘱虽属单方法律行为，但往往需要征得家族亲属或官员的认同见证，表示已公证，才算完整。这已见于上述诸违书、遗嘱中，前揭孔员信立遗嘱时，可能没有请亲属到场见证，故才有孔三子诉官之举，否则，由亲属公断，也可遵遗嘱合理解决。亲属、官员见证现象的存在，一方面是由于中国封建社会中存在着某些家族共财制观念的影响，再加上内外宗亲礼法制度的

---

① 唐耕耦、陆宏基编：《敦煌社会经济文献真迹释录》第二辑，第 154 页；沙知编：《敦煌契约文书辑校》，第 517 页。

② 张平华、刘耀东：《继承法原理》第三章《遗嘱》，北京：中国法制出版社，2009 年，第 229 页。

传统，家族亲属具有一定的发言权或知情权；另一方面也是由于中国古代前期还没有十分明确的遗嘱继承法法律规范，只有请熟习的官员到场见证，才具权威性。

隋唐五代，不仅有大量遗嘱实物的出现，而且是大批遗嘱样文开始流行的时期，敦煌文献中，可见的遗嘱样文就有八、九种之多①，尽管文字长短不一，风格各异，在基本内容与规格上，与尚存的遗嘱实物都是相类似的，可以归纳为几个基本的要点：一是家长在临终前有对其财产给予继承者的意愿；二是按家长意愿对家财作出各种具体的分配；三是要请诸亲到场见证所写遗书，并给以公证，即"遂请诸亲立此遗书"，除诸亲签署画押外，还要请有官职身份的亲友到场签署画押；四是如发生纠纷，遗书就是契约，是有效的法定文书，应以此为凭，即"后有人谤说是非，但开此凭为定，故勒斯契，用为后凭"。② 这四个要素及其精神，贯穿于所有的遗嘱文书及其样文中，可以说这四个要素构成了古代的遗嘱遗产继承制度。

遗嘱实物留存的增多与遗嘱样文的流行，反映出自隋唐以后，用遗嘱来分配遗产，已成为一种普遍的社会现象，这是随着时代的演变而出现的变化。汉魏以来，门阀制度盛行，以士族为核心形成的贵族豪门拥有多种特权，他们下可控制州郡地方，上可左右朝政，之所以能形成这种力量，不仅是因其家族世代为官，还在于他们能"刻情修容，依倚道艺，以就其声价"。③ 唐长孺先生分析指出："依倚道艺"，是指依托经术，也就是通经；"刻情修容"，是指在操行上刻意追求儒家所提倡的"孝义"等伦理标准，只有做到这两条也就是"经明行修"，才能博取声名抬高身价，成为名士④，这是当时的一种社会风尚。当然，要形成显赫的名门望族，要维护家族的权

---

① 敦煌遗嘱样文有：斯 6537 号 2v3v《遗书一道样文》；斯 0343 号 11v《析产遗嘱样文》；伯 4001 号《遗书样文》；斯 6537 号 5v6v《慈父遗书一道样文》；斯 5647 号《慈父母遗书一道样文》二件，以上均收入唐耕耦、陆宏基编：《敦煌社会经济文献真迹释录》第 2 辑，第 159—182 页；沙知编：《敦煌契约文书辑校》，第 521—531 页。俄 Дх.11038 号《遣书样文》，图版见《俄藏敦煌文献》第 15 册，第 145 页。俄 Дх.02333B 号《遗书样文》（二）、俄 Дх.02333B 号《父母遗书样文》，图版见《俄藏敦煌文献》第 9 册，第 153 页；释文见乜小红著：《俄藏敦煌契约文书研究》，第 206—209 页。

② 俄藏 Дх.11038 号《遗书样文》，图版见《俄藏敦煌文献》第 15 册，第 145 页。释文见乜小红：《俄藏敦煌契约文书研究》，第 206 页。

③《后汉书》卷 82 上，范晔对东汉名士的概括性评论，第 2724 页。

④ 唐长孺：《魏晋南北朝隋唐史三论》，武汉：武汉大学出版社，1992 年，第 44 页。

势地位，就必须强调以孝义为先，家族内部的团结一体，于是便出现了许多家族累世同居共财的趋向，北魏弘农大族、华州刺史杨播"家世纯厚，并敦义让……一家之内，男女百口，缌服同爨，庭无间言"。① 范阳大族卢玄一门"谦退简约，不与世竞。父母亡，然同居共财，自祖至孙，家内百口"。② 光州刺史崔挺，乃博陵崔氏大族，"三世同居，门有礼让"，③ 其长子崔孝芬北魏末官至车骑大将军、吏部尚书，"孝芬兄弟孝义慈厚，……一钱尺帛，不入私房，吉凶有须，聚对分给，诸妇亦相亲爱，有无共之。……孝芬等奉承叔母李氏，若事所生，……每兄弟出行，有获财物，尺寸已上，皆内李氏之库，四时分赉，李自裁之，如此者二十余岁"。④ 这里说的"私房"，是指同居家族内单个的夫妇小居室，反映出大家族内也存在着公与私的关系问题。不过，在门阀制度下，家族成员特别关注的是整个家族的孝义声望与荣誉，有了高门望族的地位，在郡望、门荫的影响下，个人的权益和地位也就随之而来。所以在同居共财的大家族盛行的时期，家族成员对小家庭的私利少有计较，既然世代同居共财，也不存在遗产继承问题，人们看重的是优越门第传统和血缘身份的继承。即使在某些家庭中出现遗产继承问题，通常也是按民间传统的父死子继、兄弟均分习惯法则进行，尚未盛行专门为遗产继承立下遗嘱的社会风气。即或有先令、遗令的出现，也是涉及多方面身后事的安排，其中当然也包含着家产的分配在内。

谷川道雄氏指出："名望家支配是通过名望家之家族内部公私的纠葛，公克服了私之后才得以实现的。能够超越私而从事公，可以说是具有名望家层的荣誉，然而，本来是私家，却又实现社会的公，要完全解决这种矛盾是不可能的。一旦门阀贵族制成熟，且名望家层之社会的、政治的特权固定化之后，便会忘却社会的责任，变成趋向私家以及个人繁荣和享乐的追求了。"⑤ 这种情形，在南北朝后期已经存在，隋唐以后，随着六朝门阀制度的衰弱，人们对私财和个人繁荣的追求就更加热烈了，突出的表现在许多同

---

① 《魏书》卷 57《杨播传》，第 1302 页。

② 《魏书》卷 47《卢玄传》，第 1062 页。

③ 《魏书》卷 57《崔挺传》，第 1264 页。

④ 《魏书》卷 57《崔孝芬传》，第 1271 页。

⑤ ［日］谷川道雄：《六朝时代的名望家支配》，《日本学者研究中国史论著选译》第 2 卷，北京：中华书局，1993 年，第 171 页。

居共财大家族的逐渐瓦解，分化为一些单个独立经济的小家庭，于是，对家财的继承问题就越来越现实而重要了。如冻国栋氏所分析的："在现实生活中，'义'之伦理与家族经济生活之间，事实上存在着很大的矛盾，兄弟义居向兄弟异居的转化是一种基本趋向。"[1] 同居共财的大家族向个体小家庭经济体的演化，必然带来对原有家产的再分割，以及随之而来的兄弟纷争或家族异议，这便有了家长为针对自己财产作出再分配立下文字遗嘱的必要性。到了唐五代，用遗嘱形式对家产进行再分配，已成为了民间公认的形式，为适应社会上这种现实情况的普遍需求，故而专用于遗产分配的遗嘱样文，也就应运而生，并在民间普遍地流行开来。

三、遗嘱与国家律令的关系

遗嘱作为家长处理身后事务的行为，在封建国家制订的法律和政策中占有什么地位？直接关系到遗嘱制度的生存和发展，关系到社会基层细胞——家庭秩序的安定和睦与否，也关系到整个社会的稳定。

上古时期，在人类社会刚进入私有制，社会出现贫富分化、家庭成为社会经济独立活动的个体时，就出现了财产继承的问题，那时尚无健全的国家律令对此进行规范，人们靠着长期自然形成的生活习惯来处理财产继承，如"父死子继"、"子女均分"等，成为人们公认的习惯法。在遗令、遗嘱出现之前，每个家庭自然而然地按这种习惯法则继承遗产，维系家庭内的和睦和秩序。从这一视角考察，法定继承要早于遗嘱继承。然而，自周秦以来，中国就是一个以宗法制为基础的社会，而宗法制的核心是以血缘为纽带的家长制与父权制，遗令、遗嘱的出现，正是这种宗法制的产物。封建国家在制定家庭财产继承律令时，既考虑到承袭民间习惯法的传统，又要维护家长制与父权制的权威，所以既认可法定继承的原则，又肯定遗嘱继承的合法性。在大多数情况下，二者是统一的，而当法定继承与遗嘱继承发生矛盾时，国家的律令往往支持遗令、遗嘱的行为。张家山出土的西汉汉简《二年律令·户律》载：

---

[1] 冻国栋：《读姚崇〈遗令〉论唐代的"财产预分"与家族形态》，原刊《唐代的历史与社会》，武汉：武汉大学出版社，1997年，第503页；同氏著《中国中古经济与社会史论稿》，武汉：湖北教育出版社，2005年，第210页。

> 民欲先令相分田宅、奴婢、财物。乡部啬夫身听其令，皆参辨券书
> 之，辄上如户籍。有争者，以券书从事；毋券书，勿听。所分田宅，不
> 为户，得有之，至八月书户。留难先令，弗为券书，罚金一两。①

此处所云的"先令"，即预为遗令之谓。此律是说，百姓要预先为遗
令，让相互分割田宅、奴婢、财物时，乡官啬夫要亲自听其所述，然后分三
份书写券，像上户籍一样。如有争议，以券书所述办理。如不办券书，不予
受理，所分田宅，也不能为户。如后有了券书，到八月再书立户。如有留难
先令，不给办理券书者，罚金一两。由此律看，民要分财分立门户，还必须
将先令通过乡官啬夫立为券书才行，否则国家是不予承认分户、立户的。此
律重点在分户、立户上，但从侧面也反映出国家对遗令制度，不仅认同，而
且有具体要求，即需要乡官、啬夫等人为之公证。只有这样，分户的遗令才
具有合法性、有效性。前列西汉朱凌遗令尾部所书"时任知者：里师、伍人
谭等及亲属孔聚、田文、满真。先令券书明白，可以从事"的内容，正是贯
彻这一律令规定而形成的。

汉代以后的历朝历代，基本上都遵循着汉朝的律令精神来肯定遗嘱的地
位，尊重遗嘱的安排，而且在侧重点上有所变化。唐代的《丧葬令》规定：

> 诸身丧户绝者，所有部曲、客女、奴婢、宅店、资财，令近亲转易
> 货卖，将营葬事及量营功德之外，余财并与女。无女均入以次近亲。无
> 亲戚者官为检校。若亡人在日，自有遗嘱处分，证验分明者，不用此
> 令。即别敕有制者，从别敕。②

此令的基本原则是：身丧者的财产听由遗嘱处分。如果说汉代律令对遗
令的肯定主要在分户上；而唐令对遗嘱的肯定则在分财上。这是国家政权在
法令上首次明确亡人遗嘱在遗产继承上的法律地位，同时也反映出封建国家

---

①　张家山二四七号汉墓竹简整理小组：《张家山汉墓竹简（二四七号墓）》户律，北京：文物出
版社，2006年，第54页。

②　天一阁博物馆、中国社会科学院历史研究所天圣令整理课题组校证：《天一阁藏明钞本天圣令校
证》下册，《丧葬令卷第二十九》，第425页。

以法令的形式对家长私权制的维护和尊重，仁井田陞氏将其称为现存中国古代最早的"遗言法"。① 封建国家对家长私权制的维护和尊重是一贯的，不止是在家长死后，就是在生前，也同样维护着家长的绝对权威。如对家庭财产的处理，唐令规定：

> 诸家长在，子孙、弟侄等不得辄以奴婢、六畜、田宅及余财物私自质举，及卖田宅。其有家长远令卑幼质举、卖者，皆检于官司，得实，然后听之。若不相本问，违而辄与及买者，物追还主。②

家庭财产，必须由家长作主，如不经家长授权或同意，其子孙、弟侄对其财产私自进行任何的变更都是非法的，而且要受到法律的制裁。《唐律疏议》载有"诸同居卑幼私辄用财者，十匹笞十"的律文。其《疏议》解释云：

> 凡是同居之内，必有尊长。尊长既在，子孙无所自专。若卑幼不由尊长，私辄用财者，十匹笞十，十匹加一等，罪止杖一百。③

家长对家庭财产具有绝对处置权，由唐代的法律所肯定，表明了"唐代家庭财产制度的实质是家长专有制，而非家庭成员共有制"。④ 因此，家长在死后对家产如何继承的遗嘱，当然也就具有分配遗产的绝对权威性了。所以，在遗嘱继承制的问题上，国家的律令不仅维护家长遗嘱的私权力，而且服务于家长的私权力。

学术界有一种见解，将法定继承制与遗嘱继承制相对立，认为中国古代

---

① ［日］仁井田陞：《唐宋法律文書の研究》，东京：东方文化学院，1937 年，东京：东京大学出版社 1983 年重印，第 622 页。

② 天一阁博物馆、中国社会科学院历史研究所天圣令整理课题组校证：《天一阁藏明钞本天圣令校证》下册，《杂令卷第三十》，第 430 页。

③ 《唐律疏议》卷 12《同居卑幼私辄用财》条，第 241 页。

④ 刘小涛：《试论唐代家庭财产和继承制度》，《中国法院网》，2008 年 6 月 2 日发布。（网址：old.chinacourt.org/html/article/200806/02/305183.shtml）

只存在法定继承制，而没有遗嘱继承制①。从上面所论看，此见解并不符合中国古代历史的实际，西汉樊宏对欠债的处理，沛中富豪对遗产的安排，曹操对遗物共分的嘱咐，直到唐刘弘基、姚崇等人对遗产的平均分配，都是遵循遗嘱继承制精神进行的。所谓法定继承制的原则，无非就是父死子继，兄弟均分。这是人类社会由公有制转变为私有制以后，父权制统治家庭形成的一种习惯，而这种习惯被国家所认可，并成为国家律令中的一部分，而这种法定，仍是以家长父权制为基础的。所以，法定继承制与遗嘱继承制并不是相对立的两种概念，而是统一的，其统一的基础就是家长的意愿。

当遗嘱继承的内容与法定继承原则发生矛盾时，国家政权遵从的是遗嘱。法定继承制只是在家长没有遗嘱的情况下，才能加以贯彻。当然，家长的遗嘱在家产的继承上，通常都能按照兄弟均分的惯例进行分配，为的是避免引起兄弟子侄之间的争端，像前列姚崇所做的那样"先分其田园，令诸子侄各守其分"。但是，如果家长在家产的处置上，没有遵循兄弟均分的惯例分配，而在遗嘱中作了另外的安排，子侄们也只有遵守，不得有异议。如西汉樊宏对数百万债务的放弃，"遗令焚削文契，债家闻者皆惭，争往偿之。诸子从敕，竟不肯受"，之所以诸子竟不肯受，就是由于要"从敕"，即遵从家父的遗令。唐朝的刘弘基，只"遗令给诸子奴婢各十五人、良田五顷"，至于"馀财悉以散施"，其子孙也只能接受这一现实。

在家庭财产的继承问题上，家长的遗嘱高于国家律令的一般性规定。这里尚须明确一点的是，此处所言的家长，是指父权制下的家长。宋代判官翁浩堂对于蒋汝霖的继母将养老田遗嘱与亲生女一案，判词云：

> 寡妇以夫家财产遗嘱者，虽所许，但《户令》曰："诸财产无承分人，愿遗嘱与内外缌麻以上亲者，听自陈。"则是有承分人不合遗嘱也。今既有蒋汝霖承分，岂可私意遗嘱，又专以肥其亲生之女乎？②

① 魏道明：《中国古代遗嘱继承制度质疑》，《历史研究》2000 年第 6 期，第 62—68 页。曹旅宁：《〈二年律令〉与秦汉继承法》，《陕西师范大学学报（哲学社会科学版）》，2008 年第 1 期，第 156—165 页。二文均认为古代中国只有法定继承制度，不存在遗嘱继承制度，所以如此，是由于存在着家庭财产共有制的缘故。不过，对于户绝之家，是可以依据遗嘱来处理遗产的。

② 中国社会科学院历史研究所宋辽金元史研究室点校：《名公书判清明集》卷 5《继母将养老田遗嘱与亲生女》条，第 141 页。

寡妇作为家长进行遗嘱，是允许的，但她不是父权制的家长，在其遗嘱内容与法定继承制发生冲突时，这种非父权制家长的遗嘱，就得让位于法定继承制了。蒋汝霖是承分人，理应从遗嘱中得到其父遗产的一部分。如果是其父的遗嘱作此安排，蒋汝霖虽是承分人，也只能默认接受，而不得有异议，关键就在于不是其父而是其继母的遗嘱，因为按父权制礼法的规定："盖夫死从子之义，妇人无承分田产"①，所以才有蒋汝霖对继母遗嘱提出异议之举。

宋朝承袭了唐遗言法精神，并有所发展。天圣年间，仁宗曾两次诏令："若亡人遗嘱证验分明，依遗嘱施行，从之。"② 到了嘉祐年间，并将此制明确为"遗嘱法"。这就使得民间用遗嘱处理家产更加有法可依。哲宗朝（1085），有人提出，对于户绝者的遗产继承，即使有遗嘱，也要给以限制。左司谏王岩叟上奏，力驳此议。奏文透露出，有人想借修改遗嘱法的名义，让国家侵占死绝户的遗产，即使绝户生前对家产继承有过交待，也要按官方的新建议处置，即家产不满三百贯文，可以全部给继承；如果家产不满一千贯，就只给三百贯；如果家产在一千贯以上，就只能将其三分之一给继承者。王岩叟认为这是对遗嘱的不尊重，是非仁厚之举，请求哲宗皇帝"特令复嘉祐遗嘱法"。③ 对此，宋哲宗"从之"。嘉祐旧遗嘱法，对户绝者的遗产，不论数额多少，都听从遗嘱的分付给与。

唐宋时期将民间遗嘱纳入国家法制的轨道，是以社会各阶层普遍运用遗嘱处理家财为前提的，涉及的是家庭财产的再分配，它既关系到每个家庭的和睦与社会的安定；也关系到国家对民间田宅、奴婢、六畜及其他财物的管控及收益，必须以律令方式加以规范管理。唐代的遗言法，抑或宋代的"遗嘱法"，就其实质而言，实际上都是遗产继承法。

关于遗嘱继承高于法定继承，也反映在宋代官员处理遗嘱遗产的一些实际判例上，如曾千钧只有亲生二女，后又过房秀郎为子，"垂没，亲书遗嘱，摽拨税钱八百文与二女，当时千钧之妻吴氏、弟千乘、子秀郎并已佥知，经

① 中国社会科学院历史研究所宋辽金元史研究室点校：《名公书判清明集》卷5《继母将养老田遗嘱与亲生女》条，第141页。
② ［清］徐松辑：《宋会要辑稿》食货六一之五八，第5902页。
③ ［宋］李焘：《续资治通鉴长编》，第383页。

县印押。今秀郎生父文明乃指遗嘱为伪，县印为私，必欲尽有千钧遗产"。对此，判官吴恕斋怒斥"何其不近人情如此"！判定遗嘱有效。① 又如"王万孙昨因不能孝养父母，遂致其父母老病无归，依栖女婿，养生送死，皆赖其力"。其父在临终前，将所种职田遗嘱给婿李茂先承佃，王万孙及子王有成为此诉讼十余载，判官指出："其父之遗嘱，其母之状词，与官司之公据，及累政太守之判凭，皆令李茂先承佃。王有成父子安得怙终不悛，嚣讼不已，必欲背父母之命，而强夺之乎！"决定维持其父遗嘱，给"王有成决竹篦二十"。② 上列的曾秀郎、王万孙均为子嗣的身份，按法定继承制度，他们都是当然的承分人，理应得到遗产的全部或大部，在未得到的情况下，提出了诉讼。然而，官府并未顾及他们承分人的身份，仍判其父遗嘱有效，依遗嘱内容安排遗产的继承。

上述事例表明，在中国古代不仅对户绝者运用遗嘱处理遗产，就是在对非户绝的家庭，也是用遗嘱来分配家产。姜密氏的《中国古代非"户绝"条件下的遗嘱继承制度》③ 一文和黄启昌、赵东明《从〈名公书判清明集〉看宋代的遗嘱继承》④ 一文对此都作了肯定性的论证，姜氏认为："中国古代，特别是唐宋时期，在有承分人即非'户绝'条件下的遗嘱继承制度，是为社会习俗认可并受一定法律保护的社会现实，它表现出两方面的特点，一是能采取遗嘱继承方式的被继承人有严格的身份地位限制，必须是父祖尊长；二是由于家庭或家族共财制度赋予父祖尊长以支配财产的特权，因此他们也拥有一定的遗嘱自由。"他还指出："遗嘱自由是父祖尊长拥有的财产支配特权的延伸，一旦遗嘱有违反法定继承准则之处，传统习俗也要求法定继承人加以认可。"黄启昌、赵东明对宋《名公书判清明集》有关遗嘱继承的判例作了统计，"粗略统计共有 22 个判例牵涉到遗嘱，其中与财产继承直接相关的 19 个……说明了宋代遗嘱继承绝非个别现象"。同时还指出："遗

---

① 中国社会科学院历史研究所宋辽金元史研究室点校：《名公书判清明集》卷 7《遗嘱与亲生女》条，第 237 页。

② 中国社会科学院历史研究所宋辽金元史研究室点校：《名公书判清明集》卷 4《子不能孝养父母而依栖婿家则财产当归之婿》条，第 126—127 页。

③ 姜密：《中国古代非"户绝"条件下的遗嘱继承制度》，《历史研究》2002 年第 2 期，第 159—163 页。

④ 黄启昌、赵东明：《从〈名公书判清明集〉看宋代的遗嘱继承》，《湘潭大学学报（哲学社会科学版）》2007 年第 3 期，第 38—43 页。

嘱继承有高于法定继承的效力，甚至有法定继承人，也可以遗嘱给他人。"这些见解完全符合中国古代社会的实际，因而也是能够成立的。

四、从遗令到遗嘱的演变

早期的遗令，是亡者对身后事的各种交待。如前所论，涉及死后入殓下葬；身后人和事的安排；对子孙的教诲；对家产的分配；等等。从史籍记载看，更多的是对死后如何安葬者居多，纯属家庭内部事务，只要子孙遵守就可以了。如果不涉及家产分配、另立门户，此类遗令也勿须经官公证。遗令这种自由度较大的状况，大体一直延续到中唐以前，唐高宗朝陈子昂《梓州司马杨君神道碑》中载：

> 遗令薄葬，不藏珠珍。《孝经》一卷，《尧典》一篇，昭示后嗣，不忘圣道。即以某年月日，葬于西岳习仙乡登仙里西麓，遵遗令也。①

梓州司马杨越临终遗令，除薄葬和葬地外，留给子孙的是《孝经》一卷，《尧典》一篇，为的是不忘圣道。这与后来玄宗朝的姚崇遗令，属于同一类型，不过，姚崇的遗令内容，由于载诸史册，使我们知道得更为丰富罢了。总的来说，这种内容广泛多元性的遗言，都称之为遗令，是早期遗令传统的一种延续。

隋唐以后，遗令大多集中于遗产的继承分配，而且称谓也发生了变化，或称之为遗书，或"世所谓遗嘱也"。不论是高昌国时期的遗言文书，还是敦煌所出的遗书或遗书样文，都是对田宅家产的分配，在遗书或遗嘱中不再提如何安葬，身后其他事务安排等事。这是一个时代性的变化，它除了前论的门阀制的衰弱因素而外，还与整个社会经济发展的变动紧密相连。

首先是封建土地制度在中唐发生了大的变化，封建土地制由原来国家土地所有制为主导的地位，转变为以私有土地所有制为主体的制度，其标志就是唐德宗朝在全国推行的两税法，国家承认了土地私有权的合法地位，规定"户无主客，以见居为簿。人无丁中，以贫富为差"。② 国家公开承认了社会

---

① 《文苑英华》卷926，第4877页。
② 《旧唐书》卷48《食货上》，第2093页。

的贫富差别，而贫富则是以占有田亩土地的多少来划分的，这必然促使人们对获取土地产生更大的欲望，加之土地的买卖、转让的合法化，使得土地所有权的流动加快，于是在田宅等遗产继承问题上，也成了人们激烈争夺的焦点之一，为了防止这种争夺，较好的办法就是父祖先辈利用自己家长的权威地位，用遗嘱的方式对田宅财产预作继承分配，避免子孙后辈为遗产而出现纷争，如敦煌文书斯 0343 号《析产遗嘱样文》中所言：

> 所有城外庄田、城内屋舍、家活产业等，畜牧什物，恐后或有不亭、争论偏并；或有无智，满说异端，遂令亲眷相憎，骨肉相毁，便是吾不了事。今闻吾惺悟之时，所有家产、田庄畜牧什物等，已上并分配，当自脚下。①

"恐后或有不亭"，是说恐怕日后有不平均、不公正；"争论偏并"是指偏向给谁多、给谁少之争。如发生这类事，就会出现"亲眷相憎，骨肉相毁"，这是先辈最放心不下的事。正是基于这一目的，所以遗嘱也由原来多元化的内容，演变为单一的财产继承的内容。

其次，中唐以后，随着封建私有土地制的大发展，封建商品经济也进一步活跃，在人们的经济生活中，越来越多地运用契约的形式来规范自己的权利和义务，而遗产继承权也属于一种经济利益的权利，载明遗产继承文字的遗嘱，也被当成了一种契约约定，被加以特别的看重，不仅被民间广泛加以运用，而且官方对此也很重视，并加以充分肯定，写进到国家的律令中，如前列唐代《丧葬令》，对绝户财产处理时所说"若亡人在日，自有遗嘱处分，证验分明者，不用此令"的令文，就对遗嘱继承的内容给以了特殊的定位，把遗嘱紧紧与财产继承联结在一起，由此也就完成了遗嘱由先辈的一般性的嘱托、期望向单一的财产转移契约的转变。

既然是契约，就应有契约文据的要求，唐代的遗书，通常是要请诸亲到场见证签押，即取得公认才能有效，如前列尼灵惠的"唯书"中，参与签押的有弟、侄男、外甥及官员个人；崇恩析产遗嘱中，参与签押的有表弟、

---

① 唐耕耦、陆宏基编：《敦煌社会经济资料释录》第二辑，第 159 页。

侄、侄女夫和几位带官职的侄等。到了宋代，这种公权力的介入，又向上提升了一步，由民间亲友的公证，升级为国家的公证，即除亲属公认外，还必须经官府勘验押印、给以公凭，其遗嘱才算合法有效。如《名公书判清明集》中，对王万孙一案判词，对其父遗嘱的有效性举证说："其父之遗嘱，其母之状词，与官司之公据，及累政太守之判凭。"① 所谓"官司之公据"，乃是指立遗嘱后，将文本投向官府，请求勘验给印，又称之为"投印"，②只有具备官司之公据，遗嘱才能成为法定文本。又如对《僧归俗承分》案中"缪氏子母不晓事理，尚执遗嘱及关书一本，以为已分析之证"事，判官翁浩堂在判语中指出："不曾经官印押，岂可用私家之故纸，而乱公朝之明法乎?"③ 可见遗嘱须经官印押已成为法定的程序。再如《父子俱亡立孙为后》案中，建仓的判词中有言："设果有遗嘱，便合经官印押，执出为照。"④ 又判官翁浩堂在《鼓诱寡妇盗卖夫家业》案中，其判文写道："在法：'诸财产无承分人，愿遗嘱与内外缌麻以上亲者，听自陈，官给公凭。'……今徐二之业已遗嘱与妹百二娘及女六五娘，曾经官投印，可谓合法。"⑤ 由此数例司法实践，再三证实宋代的遗嘱，必须经官印押，变为官给的公凭，才算合法。

对遗嘱要求官给公凭，在宋代法令中已有明确规定。前已论及，唐宋时期的遗嘱法，实际上就是遗产继承法。遗嘱已被官府赋予了专门的经济上的含意，比之于早期那种纯属民间家庭内部事务处理，内容多元化，自由度颇大，国家官府基本上不干预的遗令来，已是完全不同的概念了。然而，应该看到，作为专指遗产继承的遗嘱，是从早期自由度很大的遗令、先令发展演变而来的，既有其相承性，又有着不同的内涵。

---

① 中国社会科学院历史研究所宋辽金元史研究室点校：《名公书判清明集》卷4《子不能孝养父母而依栖婿家则财产当归之婿》条，第126页。

② 中国社会科学院历史研究所宋辽金元史研究室点校：《名公书判清明集》卷5《侄与出继叔争业》条中有"关约投印"语，即指此。第135页。

③ 中国社会科学院历史研究所宋辽金元史研究室点校：《名公书判清明集》卷5《僧归俗承分》条，第139页。

④ 中国社会科学院历史研究所宋辽金元史研究室点校：《名公书判清明集》卷8《父子俱亡立孙为后》条，第263页。

⑤ 中国社会科学院历史研究所宋辽金元史研究室点校：《名公书判清明集》卷9《鼓诱寡妇盗卖夫家业》条，第304页。

遗嘱被纳入官府经官投印，方始合法的轨道后，说明遗嘱与田宅买卖契等类的契约已无区别，也成了民间普通契约当中的一种而已。遗嘱制度到了宋代发生的另一个重大变化是征收遗嘱税，北宋末就有人建议："凡民有遗嘱并嫁女承书，令输钱给印文凭。"① 南宋时王之望在四川，"凡嫁资、遗嘱及民间葬地，皆令投契纳税，一岁得钱四百六十七万余引"。② 经过这一实践后，到南宋绍兴三十二年（1162）户部便作出规定："人户今后遗嘱与缌麻以上亲者，至绝日合改立户及田宅与女折充嫁资，并估价赴官投契纳税。"③ 这里已十分明确地将遗嘱当作契约看待，"估价赴官投契纳税"一语，本是指买卖、交易过程中的纳税手续，用在遗嘱继承上，实际是在征收遗嘱继承遗产税，它与原来经官押印时交一笔给印文凭钱还有所不同，这里是要对遗产进行估价，然后据价依据比例来征税。

此遗嘱税的开征，是中国遗嘱制度发展史上出现的新现象，尽管一开始施行并不太顺利，但毕竟使遗嘱继承制度进入到了一个新的阶段。总领四川财赋的王之望对开征遗嘱税的目的曾有过一番说明："委可杜绝日后争端，若不估价立契约，虽可幸免一时税钱，而适所以启亲族兄弟日后诉讼。"④ 此举背后虽存在着增加国家财政收入的因素，但从正面看，这是用经济手段将遗产继承纳入法制化管理的轨道。由于遗产继承人向官府交纳过经估价立契约的税额，其遗产继承的权利，就更加有保证，这种新的法定继承人的地位，就更为巩固，也可避免一些亲族兄弟日后的诉讼。尽管这意味着封建国家对个人用遗嘱方式进行财产转移的掌控，但对遗嘱继承来说，是一种制度性的完善和建设，是值得肯定的。

第二节　宗族的族规、宗约

对于宗族的族规，早年日本仁井田陞氏从"家族法"角度，有过专门的研究，特别是对族规中族长的权威及其罢免制度、宗族内长老集团的形

---

① ［宋］马端临：《文献通考》卷14《征榷考一》重和元年条，第147页。
② 《宋史》卷174《食货上二》，第4223页。
③ ［清］徐松辑：《宋会要辑稿》食货六九之二六，第6342页。
④ ［清］徐松辑：《宋会要辑稿》食货六九之二六，第6342页。

成，作了充分的揭示和分析。① 上世纪 80 年代以后，随着改革开放形势的发展，各地的家族、宗族活动逐渐活跃起来，学术界对于宗族问题以及族规、族约的研究也逐渐增多。1988 年，刘广安发表了《论明清的家法族规》②，通过对明清家法族规与封建国家制定法之间的内在联系的剖析，说明作为民间习惯法的主要组成部分的家法族规在调整封建社会关系中的重要作用和深远的历史影响，以及研究家法族规的学术意义和现实意义。1994 年刘华发表了《论家法族规的法律整合作用》③，1994 年 11 月在安徽省黄山市召开的"首届国际徽学学术讨论会"上，赵华富发表了《徽州宗族族规家法》一文④，介绍了大量明清时期徽州一些宗姓家族的族规、家法。接着，又出版了费成康主编的《中国的家法族规》，⑤ 对家法族规的演变、制订、范围、惩处、执罚、奖励、特性、历史作用和研究意义等方面，作了综合性的考察，并作了一分为二的评价，肯定了其中反映民族文化精华的内容，书后还附有五十余种不同的时期各具特点的家法族规。1995 年，钱杭、谢维扬出版《传统与转型：江西泰和农村宗族形态》⑥，以江西泰和农村的宗族在社会主义新形势下的许多变化作为典型，进行了调查，对其变化开展了系列研究，在族规方面归纳说"宗族活动的强制性内容已大为削弱。少量带强制性的运作也主要是道义性、警告性的。族规的设计带有明显改良的特征，并且大多是非正式的。泰和农村各宗族在这方面表现出相当自觉的自我约束。"方小芬的《家法族规的发展历史和时代特征》⑦，梳理了一千多年来家法族规的发展历史，分析了家法族规从形成到发展、转型、兴盛以至衰落的全过程，探讨了家法族规在各个历史阶段的发展背景和发展特点。对于族规中的一些积极因素，也有探讨研究。关传友的《论清代保护生态的意

---

① ［日］仁井田陞：《中國法制史研究》（奴隸農奴法、家族村落法），第 289—328 页。

② 刘广安：《论明清的家法族规》，《中国法学》1988 年第 1 期。

③ 刘华：《论家法族规的法律整合作用》，《社会科学》1994 年第 6 期。

④ 赵华富：《徽州宗族族规家法》，《首届国际徽学学术讨论会文集》，合肥：黄山书社，1996 年。

⑤ 费成康：《中国的家法族规》，上海：上海社会科学院出版社，1998 年。

⑥ 钱杭、谢维扬：《传统与转型：江西泰和农村宗族形态》，上海：上海社会科学出版社，1995 年。

⑦ 方小芬：《家法族规的发展历史和时代特征》，《上海社会科学学术季刊》，1998 年第 3 期。

识》①，对族规家法中对各项生态环境保护的规定和惩戒，给予了揭示和肯定。此外，卞利的《明清时期徽州的乡约简论》②、常建华《明代徽州的宗族乡约化》③，都涉及对族规的分析及其演变。

一、从家训到族规、宗约

中国古代的族规，出现于商周的宗法制形成时期，周朝分封建国，以家天下，周朝的立法既是"宗法"，也是国家法，在"封建"的体制下，也可以说是一种家族法。然而，作为组成整个社会的家庭、家族如何治理？孔子提出了只有"修身齐家"之后才能"治国平天下"，用伦理道德以修身，用孝义仁爱以齐家，这些儒家的道德伦理思想逐渐形成为家法、族规的核心内容，也是其治理的手段。秦汉以后，世家大族的门阀势力兴起，高门大族为了维护显赫的名门望族权势地位，除了前论的"经明行修"之外，就是严格门第，于是家谱、家训、族规得到蓬勃发展。《关东风俗传》说：魏晋以后，"瀛、冀诸刘，清河张、宋，并州王氏，濮阳侯族，诸如此辈，一宗近将万室，烟火连接，比屋而居。"④ 这样的世家豪族，一方面以坞堡壁垒武装自守，应对战乱时势；另一方面则靠族规家法来维护其"百室合户，千丁共籍"的局面，所以，早期的家法、族规仅流行于社会上层，为巩固发展门阀世族势力而服务。北齐颜之推写的《颜氏家训》二十篇，重在道德教导，兼含规范约束，目的在于"整齐门内，提撕子孙"⑤ 这种以儒家道德规范训教子孙、整齐家门的"家训"，影响深远，被后世推崇为"家法最正，相传最远"，"古今家训，以此为祖"⑥。魏晋以来，家族教育成为文化传承的重要方式，前论"遗令"中，有许多对子孙的训戒要求均属此类，其中以唐姚崇的"遗令"最为具体。而这些家法家训往往都被融入到族规之中。

---

① 关传友：《论清代族规家法保护生态的意识》，《北京林业大学学报（社会科学版）》，2007 年第 3 期。

② 卞利：《明清时期徽州的乡约简论》，《安徽大学学报（哲学社会科学版）》，2002 年第 6 期。

③ 常建华：《明代徽州的宗族乡约化》，《中国史研究》2003 年第 3 期。

④ ［唐］杜佑：《通典》卷 3《食货志·乡党》北齐条引宋孝王《关东风俗传》。

⑤ ［北齐］颜之推撰，王利器集解：《颜氏家训集解》卷 1《序致第一》，北京：中华书局，1993 年，第 1 页。

⑥ ［明］袁袠等《庭帏杂录》云："六朝颜之推家法最正，相传最远。"王三聘《古今事物考》二称："古今家训，以此为祖。"转引自王利器撰：《颜氏家训集解》叙录。

现存最早的族规，是唐大顺元年（890）江州长史陈崇制订的《义门陈氏家法三十三条》①，名为家法，实为族规，因为自唐开元十九年（731）陈家在江州德安建庄后，数世同居，至唐僖宗时已一百五十余年，"代传孝悌，世业诗书，由是子孙众多，上下雍睦，迄今存殁十一代，曾玄数百人"②，为此僖宗诏旌其门为"义门陈氏"③。由于陈氏家族数百人合居共处，故至其第七世家长陈崇经阖族商议"设之以局务，垂之以规程"，以求达到"推功任能，惩恶劝善。公私出纳之式，男女婚嫁之仪；蚕事衣妆，财货饮食，须令均等，务求和同，令子子孙孙无间言而守义范"④，现将此家法三十三条转引如下：

　　一、立主事一人，副两人，掌管内外诸事。内则敦睦九族，协和上下，束辖弟侄；日出从事，必令各司其职，毋相争论，照管老少应用之资，男女婚嫁之给，三时茶饭，节朔聚饮，如何布办；外则迎接亲姻，礼待宾客，吉凶筵席，迎送之仪，一依下项规则施行。此三人不拘长少，但择谨慎才能之人任之，不限年月。倘有年衰乞替，请众详之，相因择人替之，仍不论长少。若才能不称，仍须择人代之。

　　二、立库司二人作一家之出纳，为众人之标准，握赏罚之二柄，主公私之两途，惩劝上下，勾当庄宅，掌一户版籍、税粮及诸庄书契等。应每年送纳王租、公门费用，发给男女衣妆，考较诸庄课绩，备办差使应用，一依下项规则施行。此二人亦不以长幼拘，但择公平刚毅之人任之，仍兼诸庄之事。

　　三、诸庄各立一人为首，一人为副，量其用地广狭以次安排。弟侄各令首副管辖，共同经营，仍不得父子同处，远嫌疑也。凡出入归省须候庄首指挥给限。自年四十以下归家限一日，外赴须例。执作家役，出入市廛买卖使钱，须具账目回库司处算明。稍不遵命，责以常刑。其或供应公私之外，田产添修，仓廪充实者，即于庄首副衣妆上次第加赏。

---

　　① 《义门陈氏家乘》，1937年。参见陈月海主编：《义门陈文史考》，南昌：江西人民出版社，2006年，第121—126页。
　　② 陈崇：《义门陈氏家法三十三条》序文，陈月海主编：《义门陈文史考》第121页。
　　③ 《宋史》卷456《孝义·陈兢传》，第13391页。
　　④ 陈崇：《义门陈氏家法三十三条》序文，陈月海主编：《义门陈文史考》，第121页。

其或怠惰，以致败阙者则剥落衣妆重加惩治。应每年收到谷黍，至岁晚须具各庄账目归家，以待考课，并由库司检点。

四、差弟侄十人名曰宅库人，付掌事手下同共勾当。一人主酒、醋、曲蘖等。二人知仓碓，交领诸庄供应谷斛，并监管庄客逐日舂米，出入上簿，主事监之。二人知园圃、牛马猪羊等事，轮日抽雇庄客锄佃蔬菜以充日用。一人知晨昏关锁门户，早晚俟候弟侄出入勾当。四人管束近家四原田土，监收禾、谷、桑、柘、柴薪，以充日用。共酌量优劣，一依主庄者次第施行。

五、立勘司一人，掌卜勘男女婚姻之事，并排定男女第行，置长生簿一本，逐年先抄每月大小节气，转建于簿头，候诸房诞育男女令书时申报，则当随时上簿至排定第行，男为　行，女为一行，不以孙侄姑叔，但依所生先后排定，贵在简要。自一至十周而复始。男年十八以上则与占卦新妇，稍有吉宜付主事依则施行求问，至二十以上成纳，皆一室不得置畜仆隶。女则候他家求问亦属勘司酌当。此一人须择谙阴阳术数者用之。

六、丈夫除令出勾当外，并付管事手下管束。逐日随管事差使执作农役，稍有不遵者，具名请家长处分科断。

七、弟侄除差出执作外，凡晨昏定省事，须具巾带衫裳，稍有乖仪，当行科断。

八、立书堂一所于东佳庄，弟侄子姓有赋性聪敏者令修学，稍有学成应举者，除现置书籍外，须令添置。于书生中立一人掌书籍，出入须令照管，不得遗失。

九、立书屋一所于住宅之西，训教童蒙。每年正月择吉日起馆至冬月解散。童子年七岁令入学，至十五岁出学，有能者令入东佳。逐年于书堂内次第抽二人归训，一人为先生，一人为副。其纸笔墨砚并出宅库，管事收买应付。

十、先祖道院一所，修道之子祀之，或有继者众遵之。令旦夕焚修，上以祝圣寿，下以保家门。应有斋醮事，须差请者。

十一、先祖巫室一所，历代祀之。凡有起造屋宇，埋葬祈祷事，悉委之从俗可也。

十二、命二人学医，以备老少疾病，须择谙识药性方术者。药物之资取给主事之人。

十三、厨内令新妇八人，掌庖炊之事。二人修羹菜，四人炊饭，二人支汤水及排布堂内诸事。此不限日月，迎娶新妇，则以次替之。

十四、每日三时茶饭，丈夫于外庭坐，作两次。自年四十以下至十五岁者作先次，取其出赴勾当，故在前也。自年四十以上至家长同坐后次，以其闲缓，故在后也。并令新冠后生二人排布，祗候茶汤等。妇人则在后堂坐，长幼亦作两次，新妇祗侍候茶汤等，其盐酱蔬菜腥鲜出正副掌事取给酌当。

十五、节序眷属会饮于大厅同坐，掌事至时命后生二十人排布祗候。先次学生童子一座，次未束发女孩一座，已束发女孩一座，次婆母新妇一座，丈夫一座。至费用物资唯冬至、岁节、清明掌事分派诸庄应付，余节出自宅库。随其所有，布置许令周全者。

十六、非节序丈夫出外勾当者，五夜一会，酒一瓷瓯，所以劳其勤也。尊长取便，仍令支酒人常蓄别坛好酒，以俟老上取给。

十七、诸房令掌事每月各给油一斤、茶、盐等，以备老疾取便，须周全。

十八、会宾客，凡嫁娶令掌事纽配诸庄应付布办。其余吉凶筵席、官员远客迎送之礼出自宅库，令如法周全。仍逐月抽书生一人归支客。

十九、新妇归宁者三年之内春秋两度发遣，限一十五日回；三年外者则一岁一遣，限二十日回。在掌事者指挥，馈送之礼临时酌当。

二十、男女婚嫁之礼聘，凡仪用钗子一对，绯绿彩二段，响仪钱五贯，色绢五匹，彩绢一束，酒肉临时酌当。迎娶者花粉匣、鞋履、箱笼各一副，巾带钱一贯文，并出管事纽配。女则银十两，取意打造物件，市买三贯，出库司分派诸庄供应。

二十一、男女冠笄之事，男则年十五裹头，各给巾带一副，女则年十四合髻，各给钗子一双，并出库司纽计。

二十二、养蚕事若不节制，则虑多寡不均。今立都蚕院一所，每年春首每庄抽后生丈夫一人归事桑柘，中择长者一人为首，管辖修理蚕司等事。婆母自年四十五岁以上至五十岁者名曰蚕婆。四十五岁以下者名日蚕妇。于都蚕院内，每蚕婆各给房一间，蚕妇二人同看。桑柘仰蚕首纽配诸庄应付。成茧后，同共抽取，院首将丝绵等均平给付之以见成功。其有得茧多者，除付给外别赏之。所以相激劝也。其蚕种仰都蚕院首留下，候至春首，每蚕婆给二两，女孩各令于蚕母房内同看。桑柘仰都蚕院均平给者。

二十三、每年织造帛绢，仰库司分派诸庄丝绵归与妇女织造。新妇自年四十八以下各织二匹，帛绸一匹，女孩一匹。婆嫂四十八以上者免。

二十四、丈夫衣妆，二月中给春衣，每人各给付丝一十两；夏各给绔葛衫一领；秋给寒衣，自年四十以上及尊长各给绢一匹、绵五两，四十以下各给丝一十两、绵五两；冬各给头巾一顶。并出库司分派者。

二十五、每年给麻鞋，冬至、岁节、清明三时各给一双。

二十六、妇人脂粉、针花等事，每冬至、岁节、清明仰库司专人收买给付。

二十七、妇人染帛，每年各与染一段，任意染色。钱出库司分派诸庄应付，专择〔□〕人勾当。

二十八、草席，每年冬库司分派诸庄，每房各给一副。

二十九、立刑杖厅一所，凡弟侄有过，必加刑责，等差列后。

三十、诸误过失，酗饮而不干人者虽书云"有过无大"，倘既不加责，无以惩劝，此等各笞五下。

三十一、持酒干人，及无礼妄触犯人者，各决杖十下。

三十二、不遵家法，不从家长令妄作是非，逐诸赌博斗争伤损者，各决杖一十五下，剥落衣妆归役一年，改则复之。

三十三、妄使庄司钱谷入于市肆，淫于酒色，行止耽滥勾当败缺者，各决杖二十，剥落衣妆归役三年，改则复之。

大唐大顺元年庚戌银青光禄大夫检校右散骑常侍守江州长史兼御史大夫赐紫金鱼袋侄崇议定。①

上列三十三条家规，是江州陈氏家族在经历百余年生活实践中逐步形成

① 陈月海主编：《义门陈文史考》，第121—126页。

的，是由家庭全体成员商议订立的一种自我约定，可归纳为三个方面：一是规范家族结构，设立负责家内外各种事务的主事、副事、库司、庄首、勘司等管理人员，经公推产生；二是确立家族内生产、生活、教育、祭祀等方面的秩序，共同劳作，义务均等，无贫富贵贱之分；三是用封建伦理道德的准则规定全家男女老幼的权利、义务，应守规则和违规处罚。这套家规实际上是在施行以血缘关系为纽带的家族公社公有制度，主体精神是"至公无私"，它在家族内部成为处理各种事务和关系的基础：族产共有，家无私财，共同劳作，平均分配，人无贵贱，诸事平等，形成了一种"堂前架上衣无主，三岁孩儿不识母，丈夫不听妻偏言，耕田不道田中苦"① 的既大公无私，又和谐相处的家族共产公社体制。这种体制依靠家法来维护，被实践证明是行之有效的。"始者陈氏二百人而家法行，三百口而义门立"，义门陈氏靠着这套家规，将这个大家庭由唐代数百人经历唐末五代到宋初，已发展到"家族千余口，世守家法，孝谨不衰，阖门之内，肃于公府"，直到宋仁宗嘉祐七年（1062）家族已历十五代发展到三千余口，才奉宋仁宗圣旨分家。义门陈氏能维持三百余年不分家，固然与家法有效贯彻直接相关，同时也与历代朝廷的鼓励与旌表有关，如唐僖宗时特御笔亲题"义门陈氏"，五代时，南唐主李昪又重新敕立为"义门"，宋太宗御书"至公无私"四字以赐作门匾，其后又赐御书"真良家"、"义居人"赐之，并赐楹联一副："萃居三千口人间第一，合爨四百年天下无双"②。类似受到旌表的家族，在宋代还有许多，如"许祚，江州德化人。八世同居，长幼七百八十一口。""胡仲尧，洪州奉新人。累世聚居，至数百口。""又有信州李琳十五世同居，贝州田祚、京兆惠从顺十世同居，庐州赵广、顺安军郑彦圭、信州俞隽八世同居。"③ 这些大家庭的累世同居，都是靠家法族规来维护，这样的家法治理替代了许多国家管理的职能，既节省了国家行政管理资源，又有效地稳定了封建统治秩序，故能受到朝廷"赐诏旌表门闾"。

　　族规不同于家训，它具有一些强制性以至惩罚性规范成员行为的特征。王鹏廷氏说："在家法族规正式形成时，经历了一个由以说教为手段的"家

---

① 王夫人为陈氏家族《答皇后语》，《义门陈文史考》，第 210 页。
② 陈月海主编：《义门陈文史考》第三篇《历朝旌表与赐赠》，第 144—150 页。
③ 《宋史》卷 456《孝义·陈兢传》，第 13391 页。

训"到以惩罚为手段的"家法"的转变过程。这一过程体现的就不仅仅是实施的表面形式手段不同的问题。如果结合中国历史发展的脉络来考察，就会发现其中的历史必然性。"① 这种必然性在于中唐以后，旧有的世族门阀家族失去了优势地位，随着中小地主势力地位的上升，封建商品经济的发展，人们私欲的追求增多，单靠说教已无力规范家族成员的行为，只有辅之以惩罚的手段。其次一个不同是，家训是由家长将其意志及愿望对子孙所作的表达和要求：即是对子孙立身处世、持家治业的教诲；而族规则是由全族主要成员共议而形成的约定，体现出了中小地主阶级和个体农户按规矩处置本家族内部事务的觉悟意识。宋代理学盛行，在重振儒学的理念下，理学家们主张恢复古代宗法，重建家族制度，"宋代理学家张载、朱熹等人顺应时代的变化，提出把存在于门阀贵族阶层的等级森严的宗法制度改造为适用于社会各阶层的行为规范，并通过祠堂、族谱、族田、族长等宗族制度将分散的小农整合起来。"② 于是，到宋以后，族规、宗约越来越盛行于民间。

二、族规是族众的公约

族规、宗约的特点是将全族成员纳入到伦理道德、封建秩序的管束中来，同时也使其成员由被动的遵守者转化为积极的参与者，因为这涉及到每个成员的利益，他们在其中的权利和义务都是平等的。明万历间刊行的《长沙檀山陈氏族谱》中所载《族约》，在列出若干条之后写道：

> 已上条目，约正副修己以主约，务协于公论，否则易之。族之人同心以践约，毋挠私意，否则罚之。若事情重大者，即鸣之官，毋得狥私纵恶，扶同隐匿，以致后悔。③

族约订立的目的，在于"族之人同心以践约"，所云"务协于公论"，就是要听从族众的意见，得到大家的认同。族规、族约中凡有重大事件或出

① 王鹏廷：《家法族规与传统文化研究——读〈中国的家法族规〉》，《中国图书评论》2006 年第 5 期。
② 李寒、李建斌、胡宜：《国家与乡村社会揉合下的宗族：一种历史的反思》，《社会主义研究》2008 年第 1 期。
③ 明万历刊本《长沙檀山陈氏族谱》，转引自仁井田陞：《中國法制史研究》（奴隶农奴法、家族村落法），第 303 页。

现严重纠纷时，则须由族众参与公议判断，清康熙间安庆府怀宁县的《吴氏宗谱》，在其卷首列有《宗谱十议》，其中"议立宗长"条下云：

> 世无无纲之网、无领之衣，故族长房长不可不立也。其人不拘年之长幼、分之尊卑，须以正直无私不偏、喜怒不狗情面者为之。通族之事，族长主之，各房之事，房长主之，如族人有忿争者，各股房长评定曲直，其理曲者，以家法处之。如房长偏袒，许投鸣族长，与族众公议变置，族长偏袒者，亦听各股房长变置。①

所谓"变置"，具有处置之意。"与族众公议变置"一语表明，族长、房长与族众之间是一种相互依存的关系，族内事务如出现歧异，由房长或族长来处理，如处理不公或仍有歧异时，由族众来进行公议决断。这里体现了族内集权与民主相结合的原则，而族众公议应是族约的基本精神，这种精神也贯穿于族内其他事务的处理上，如《明嘉靖三十年（1551）祁门县洪氏祖产规约》，摘记如下：

> 桃源洪氏承　祖原有各项规约，向来世守无异。迩来子孙繁衍，多有违犯，甚为忝坏。今众共行申议紧要条约数款于后，世世子孙永宜遵守。如有恃顽不服者，呈　官理治，准不孝论。毋违。
> 一盗砍各处坟林庇荫树木枝枒及柴椿者，照旧罚银叁钱。……
> 一盗砍坟林庇荫小柴者，照旧罚银五分。……
> 一盗取松毛树叶者，拿获之所，重责十板，所取毛叶器具尽行烧毁不恕。
> 一本家来龙山场栽养竹笋庇荫各项已山，亦毋许私自砍挖。每年冬听众公议，齐邀入山，谅行砍取。如有私自砍取者，每砍竹一根，罚银二分。其笋并不许掘挖。……
> 一为首者务宜公直勤谨，如有犯约者，头首容情不举□□，亦照所犯者一体行罚。……

---

① 清康熙间《吴氏宗谱》，转引自仁井田陞：《中國法制史研究》（奴隸農奴法、家族村落法），第305页。

一违约之人如有恃顽不服及故令僮仆逃走，将命图抵者，即以故杀家人、违反教令论，并不得干赖族众。

一众厅毋许私用工匠造作器皿，如违，罚银一钱，立时逐出不恕。

一大门前及直出正路，毋许堆放器皿柴木，拴系骡马作践不便。如违，将作践物烧毁，恕有不愿烧毁者，罚银三分。……

一大厅除冠、婚、丧、祭及喜庆、延宾、斋醮外，如有设太山者，每次出银二分。做戏者，每栅出银二分。

一大厅等闲，俱要关锁，为首者收贮钥匙。……

嘉靖三十年正月初一族众会议人洪护号　洪耿号　洪锡号　洪世仁号

（以下尚列有四十二号名）①

这是祁门县桃源村洪氏家族对于族产的规约，共由四十六号人签名，每一号应为一房之长，可视为全族族众会议对维护族产权益的约定，其违禁受罚的条款十分具体，它要求全族人毋违禁约，世世子孙永宜遵守。

清代《黄氏宗谱》所载的《云峰山禁约》，是对祖坟山的禁约，由户尊等人所订，转摘如下：

立合同禁约户尊襄武等，今因二世祖文一公五世祖铭公……俱葬怀邑云峰山，历行封禁。今族众人繁，恐有不肖墓丁不顾祖冢，肆行窃葬，以致斩罡、截脚、破冢、裂圹，为害不浅，……襄武等公议加禁……立此合同禁约为据。

乾隆廿七年五月初二　　　　日立合同禁约户尊襄武

凤三　彩文　廷仕

户长　遇举　圣清

京梦　眉彩

股长　云山②

---

① 本件藏于国家图书馆《洪氏历代契约抄》，此处转引自张传玺主编：《中国历代契约粹编》中册，第947—949页。

② 《吴氏宗谱》，转引自仁井田陞：《中國法制史研究》（奴隸農奴法、家族村落法），第319—320页。

"户尊"乃指全族尊敬的族长、族副、宗子等人。这是为禁止对云峯祖坟山的窃葬、破坏，由族众公议、经户尊、户长、股长等签名的禁约，也属族约中的一种。但这种禁约采取了立合同书形式，既是各户尊、户长签名的合同书，就应一式多份，每户户长均持有一份，以备按禁约文字遵守。

还有一些本家族内、为实现某项专门目的经公议而订立的族约，清末海南黄氏宗族为给族人送终而设的《长寿社议约》，即属此类：

> 此社为送死而设，光绪十一年始创。其例族中男丁（十一岁以上）及妇人（或妻或妾）皆得随时入会。凡入会者，每人每月供银壹分，以陆拾个月为满。至仙游之日，即拾棺、金银大元。……乡中水粪，每年入息，皆拨入社内，以为支应之用。其议曰：阖乡水粪，久严盗卖，如有不法之家，将水粪私卖别人，或灌树木者，即将其家自始祖至房祖，永远停胙。……
> 光绪十九年四月十二日集祠公议①

此约具有为族人送终治丧所建互助会的性质，凡族中十一岁以上的男子以及为妻妾的妇人，均应入此会，每人每月交银一分，即一年交银一钱二分，六十个月即五年，共须交银六钱，待到临终日，即可获得棺木及金银花彩葬仪。长寿社还以全乡的水粪收入，作为社内的支应费用，因此约中重申"久严盗卖"水粪之约定，如有违者，将永远"停胙"，即停止对其祖先的祭礼。本约尾署"集祠公议"，表示本约是在家族祠堂内由族众公议后订立的。

明清两代类似的族规、宗约还有很多，如道光十九年（1839）江西乐安流坑董氏宗族为保护宗族山林而制订的《樟木坑禁约》；②咸丰五年

① 清光绪年序、宣统三年刊本《南海学正黄氏家谱节本》卷12《乡规》。
② ［清］《乐邑流坑董印明公房谱》载道光十九年《樟木坑禁约》云："为约法严禁山林，杜戕害，以资生息事：窃议樟木坑、小带等处之山，为吾房氅氅所出，实为公私日用所由生也。先人栽植培养，所有松杉杂木，及茶子等树，原为后人生活之地。每年入山摘取茶子，合房均沾其利。或遇有大工程，即选杉树出售，颇堪供用。盖土地所宜，不粪不耕，而能潜滋暗长，诚为自然之美利也。特恐斧斤不时，旦旦而伐，则萌蘖不能遂其生，拱把何由得大？近来子弟不法，日以樵苏为名，盗砍枝桠，夹带柴薪内挑归。一人作佣，众皆效尤。……兹特约法严禁。除斫取地柴外，如有盗取树木一枝一桠者，一经察获，立拘赃犯到祠，分别责罚。见证报信，亦即记功给赏。其有在场确见，徇情隐匿，亦拟为从，一体同罚。"

（1855）二月浙江虞东戚氏家族族中尊长与若干房长共同议定的《立禁池议据》①；光绪十九年（1894）安徽泾县丁家桥丁氏宗族为保护新丰坝水利工程重新制订的《公议护坝规条》②；等等。形形色色，不胜枚举。其共同特点是，在族长率领下，由族众公议后而形成的，带有公约性质，既然为族众参与订立，族众就有义务遵守。族规、宗约是以血缘关系为纽带的家族成员进行自治的规章，它对家族成员的约束力，其权威性远大于行政的权力，在调整族内的利益分配以及解决纠纷；在族内患难相恤、惩恶扬善的实际功效，也远大于官府的能力，所以，"从司法成本的角度来考量，宗族根据'地方性知识'所做的调解无疑是成本最低、效率最高、最符合乡村社会公平理念的纠纷调解机制。"③ 这也是封建统治者特别看中之处。族规、宗约制订的基本意义，是为了保证本家族在社会上的存活、兴旺、发达，这决定了族规、宗约在本质上不可能与所生活的时代政治相对立，相反地，则是努力适应于当时的封建统治秩序和律令制度规定及其纲常伦教的道德规范，在一些家法、族规中，甚至明确将"尊敬朝廷"、"早完国课"、"不得犯上作乱"等作为对族众的要求。所以族规、宗约与封建国家的利益不仅不矛盾，而且具有一体性，甚至在维护国家利益中起着重要的辅助作用。

---

① ［清］戚孔怀纂修：《浙江虞东戚氏宗谱》民国 17 年（1928）木活字本卷首《立禁池议据》云："缘层公祭内有鸣字三角池一个，近在村前。基等恐有天旱之际，以防一村不测之灾；且饮洗急需，尤关重要，爰邀三房公禁此池，以备公用。自禁之后，惟秧田水任其承荫，其余不拘大小车具，无得落池车水。如有强车池水者，邀集三房理论；再有强车不遵禁例者，将车拖起，邀与房长，公同送官究惩。恐后无凭，立此合同禁池议据三纸，每房各执一纸，永远存照。"

② 《安徽泾县丁家桥丁姓宗祠碑记》载其条规序云："缘我姓祖遗新丰坝一业，水之来路甚远，沟道甚长，至土断地方，东边河道低下，水性直趋向东，下流向筑长埂一条，引水归西边总沟，渐次分散。诸沟灌田三千百余亩，其埂长有百余丈，东面临河，用松树鳞次排列，打入河中，再用毛竹编龙，层叠堆置，松档里面装满石块，加土筑坚。每年梅雨连绵，洪水冲泛，随坏随筑，不下数百余金钱。夫惟归我姓田亩派出，此皆为下灌禾苗，上裕国课，不得辞其艰难困苦耳。近有无知之徒，拔取松档，裂取竹条以充柴薪，以利己用。甚或于秋收后挖断坝埂，放开沟水，以便取鱼，其弊日甚一日，其埂几于莫保。事关重大，情迫无奈，是以席请地方公正老成商议，设立规条，开列在后，以告地方，以戒将来。倘再有无知故犯，一经获有确赃，即通同议规内人照规处罚，其特顽不遵者经官究治，决不徇情姑宽，致自贻误。事在不得已，故不惮苦口言之。自今以后，有能设身处地体察保埂苦心，不来侵犯，斯固我姓之大幸，抑亦外姓有田者之大幸也。议系通地合商，愿无藐忽视之。"参见曹天生：《安徽泾县丁家桥丁姓宗祠碑记》，《历史档案》，2000 年第 2 期。

③ 李寒、李建斌、胡宜：《国家与乡村社会揉合下的宗族：一种历史的反思》，《社会主义研究》2008 年第 1 期。

三、对族规、宗约功能的认识

族规、宗约往往以官府和国法作为贯彻的后盾。从许多族规、宗约中"如有恃顽不服者，呈官理治"；"恃顽不遵者经官究治"；"违者，一体呈官究治"等备书看，族规、宗约是在尊重国家律令基础上制订的，它代行着国家律令在民间家族中的贯彻执行，可以规范国家行政权未及领域的许多行为，是国家律令法规有力的补充，这正是历代统治者所看中，并加以鼓励、支持的原因。明朝建国后，朱元璋便对各地家族发布过"圣谕六言"，即"孝顺父母，恭敬长上，和睦乡里，教训子孙，各安生理，无作非为。"此圣谕一出，各地宗族纷纷将其列在族谱之首，如江苏泰州虎墩《崔氏族谱》列有《族约》十六条，其第三条即为"宣圣谕"，规定："愿我一族长幼会集祠中，敬听宣读，悉心向善，皆作好人，有过即改，其为盛世良民，贻子孙无穷福泽。"① 由此看到，族规、宗约与国家利益的高度一致性。然而，它毕竟是民间法，当其在贯彻执行族规、宗约过程中，遇到障碍和困难时，必然要求助于国家法律和官府，而各级官府和国家法律对于民间家族法，则给予刑事法上的全面支持。

在族规、宗约中，也具有家族成员之间相互帮助、扶持的方面，前论所列的海南黄氏宗族《长寿社议约》即是在送终治丧方面的一种互助。在桐陂赵氏宗族的《家约》中有云：

> 子弟最不肖者，莫如盗贼，多为饥寒所迫故耳！使族人以时赈济，必不至此，及其既败，悔亦何及。今后如有居无室、长无妻、衣食不足者，当赈给之，以亲疏为差等，务使得所。若通不周恤，致令有犯，宗子合众处治，鸣鼓攻其亲房，仍纪录示戒。②

这是对穷困者，明确规定由其亲房给以赈济，否则，由宗子带领族众来

---

① ［明］崔三锡撰：《虎墩崔氏族谱》，明万历四十年刻本。参见李文治、江太新：《中国宗法宗族制和族田义庄》一书（北京：中国社会科学出版社，2000 年）所收。

② 《桐陂赵氏宗谱》卷首《家约》，转引自仁井田陞：《中國法制史研究》（奴隶農奴法、家族村落法），第 312 页。

进行干预，甚至公开"鸣鼓"指斥其亲房不助之过，并加以纪录以示惩戒。广东《吴氏族规谱》中有载：

> 一族内子孙，有父母俱亡，而食指众多，势难共爨者，其祖、父所遗产业，当请房长族老，及诸晓事族众，秉公分析。如有任意妄为以长欺少，以卑抗尊，致涉讼庭，辱门户者，合同斥责，革胙。①

这是对子孙继承遗产，由房长、族老及族众秉公主持公平分配的规定，如果出现年长者欺负年幼者，或者小辈对尊长抗命者，以致闹到诉讼于官厅，对此要求合族起来进行声讨，并给以"革胙"处分。胙者，指用酒肉对祖先的祭祀，革胙，是革除其参与祭祀祖先的资格。这里体现出族内的平等、公平原则，也是一种族内主持公道的帮扶。北宋《义门陈氏家范》十二条，其第十"睦邻里"中载：

> 古者八家，同井相助。由近而远，情谊攸著。为邻为里，居游与聚。疾病相持，死丧与赴。患难相危，戒惊恐惧。②

这是要求陈氏家族成员对邻里要和睦相处、患难相恤，既然要求对邻里如此，而对本家族内的成员，就更应该是疾病相扶、死丧与赴、患难与共才是。

从契约发展史的视角考察，族规、宗约属于有血亲关系的家族成员间的公约，也是民间法规中的一种，它既有维护族众利益的方面；又有规范族众行为的方面；在家族成员关系上，既有化解矛盾、促进团结、帮扶互助的功能；也有惩恶扬善、主持公道、申张正义的功能。这应看作是历史上流传久远的族规、宗约的人民性、民主性的方面。因此，在对其作一分为二分析时，对其中人民性、民主性的部分也应予肯定，当然这种民主性，由于处于封建社会发展阶段，都不可避免地会受到封建意识形态的影响，或多或少的带有封建的烙印。

---

① ［明］嘉靖《四会窑村吴氏族谱》卷4《族规谱》。
② 陈崇：《义门家范十二则》，陈月海主编：《义门陈文史考》，第128页。

第三节　对本章的结语

社会构成中最基层的单位是家庭，多个家庭由于其相互血亲关系而形成为家族。家庭内的契约有家规、遗令、遗嘱；家族内的契约有族规、宗约。二者都是靠血缘关系所维系，其发展演变的历史虽然具有共性，但在私有制社会里，由于其范畴的不同，还是各有其发展的特点。

从遗令到遗嘱有一个发展演变过程，早期的遗令含多方面的内容，有安葬的交待，有家事的安排，也有对财产的分配，还有对子弟的教育，是亡者在生前对死后各种事务的安排和期望，涵盖甚广，纯属家事，国家律令并不干预。隋唐以来，随着门阀制度的衰弱，同居共财大家族向单个独立小家庭经济体的过渡，土地私有制的大发展，以及封建商品经济的发展，家产的继承越来越现实而重要，由此也促使遗令转变为遗嘱，成为家长专门分配遗产的手段，变成了具有社会性质的一种契约，遗产的继承必须通过这种特殊的契约——遗嘱制度来完成，并被国家法令所认定，唐代已出现专对遗产继承的遗嘱法，故而遗嘱实物及样文增多。中国宗法封建制的核心是确立父权家长制的统治地位，遗嘱制度是在家财继承上父权家长制的体现，它与历史上父死子继、兄弟均分的法定继承制是一致的，一旦两者出现歧异，法定继承则从属于遗嘱继承，这已由唐宋以来的国家遗嘱法及其司法实践所肯定。宋代遗嘱，须经官印押，成为官给公凭，才算合法，使遗嘱与田宅买卖等契约一样，完全纳入到国家的管控之下。南宋实行遗嘱税，对遗产进行估价，然后据价征税，实际是在征收遗嘱继承遗产税，中国遗嘱继承制度由此进入一个新阶段。这是用经济手段使遗产继承纳入法制化管理的轨道，是一种制度性的完善和建设。

族规、宗约是以血缘为纽带的宗族内部的规章，早期仅流行于社会上层，为巩固发展门阀世族势力而服务，唐以后，随着门阀的衰弱，族规、宗约也逐渐流行于民间普通的家族中。经宋代理学家们重建家族制度的提倡，此后又在全国盛行开来。族规、宗约的特点是全族成员参与制定，共同遵守，具有公约性质，目的在于维护每个成员的利益，保证本家族在社会上的存活、兴旺、发达。它既有与封建国家律令政策相配合、维护封建社会秩序的方面，也有在族众中主持公道、伸张正义、化解矛盾、促进团结、帮扶互助的方面；它是早期家族公社习惯法法制化的体现，也是家族成员自治传统规范化的结果，因此，在对族规、宗约作一分为二分的分析时，对其人民性、民主性的方面，也应予以肯定。尽管这种民主性由于处于封建时代，不可避免地会打上封建的烙印，会具有一定的历史局限性。

第六章

以地缘为纽带的社会基层券约

除了与经济领域直接相关的契约、家庭家族内部的契约外，在民间社会基层，还存在着各式各样的规章、约定，如百姓中以信仰或情感互助为基础结成僤、社中的"僤约"、"社条"；以自然居住环境形成的乡村中出现的"乡规"、"村约"等。民间的这些规约，都有其存在的历史条件及其演变过程，相互之间虽有近似的方面，也有其自身发展的一些特点。

第一节　以互助、信仰结成的僤、社券约

僤、社是中国古代民间乡里群众维护自身利益的团体，商周已有，时代久远，汉魏以后，佛教在中原的传播与发展，促使民间社邑与佛教信仰相结合，又有了新的发展。特别是敦煌、新疆文书的发现与出土，提供了大量有关民间社邑活动的文献和资料，据宁可、郝春文先生统计，约有近400件，其中涉及社邑社条的就有20余件①，内容十分丰富。

面对如此丰富的新出文献，中外学术界曾进行了大量的研究，出了不少成果，最早有日本学者那波利贞的《关于唐代的社邑》和《关于按照佛教信仰组织起来的中晚唐五代时期的社邑》②等论文。随后日本学者竺沙雅章

① 宁可、郝春文编：《敦煌社邑文书辑校》，前言第7页，目录第1—3页。
② 《史林》第23卷2—4期；第24卷3、4期。

发表《敦煌出土"社"文书研究》① 一文。至 20 世纪 80 年代，国内学者宁可先生发表《述"社邑"》②，既综合评论了前人的研究，又对社邑的源流演变发展，作了综合性的论述。随后宁可、郝春文又整理出版《敦煌社邑文书辑校》③ 一书，在此前后又有刘永华《唐中后期敦煌的家庭变迁与社邑》④；杨际平先生《唐末五代宋初敦煌社邑的几个问题》⑤、孟宪实《唐宋之际敦煌的民间结社与社会秩序》⑥、《论敦煌民间结社的社条》⑦ 等文的发表。尤其是宁可、郝春文先生所著《敦煌社邑文书辑校》一书，可谓是目前见到的社邑文书之集大成者，有比较准确的录文、点校、断代和说明，为学者提供了一部系统详实的资料。还应该特别提到的是，近年郑显文发表的长文《从中国古代的民间结社看民众的法律意识》⑧，从权利与义务的视角，追溯了古代民众结社的演变发展以及其中民众的法律意识表现，很具有启发性。总的看，对唐五代社邑"社条"、"社约"研究的成果较多，而对唐以前僧、社的"僧约"、"社条"揭示以及研究偏少。

一、早期民间僧、社的券约

僧、社最早的起源可以追溯到原始社会末期农村公社的井田制时代，那时的社会情况是：

> 古者八家而井田，方里为一井，……八家相保，出入更守，疾病相忧，患难相救，有无相贷，饮食相召，嫁娶相谋，渔猎分得，仁恩施行，是以其民和亲而相好。⑨

---

① 《东方学报》，第 35 册。

② 宁可：《述"社邑"》，《北京师范学院学报》1985 年第 1 期。

③ 宁可、郝春文编：《敦煌社邑文书辑校》。

④ 刘永华：《唐中后期敦煌的家庭和社邑》，《敦煌研究》，1991 年第 3 期。

⑤ 杨际平：《唐末五代宋初敦煌社邑的几个问题》，《中国史研究》2001 年第 4 期。

⑥ 孟宪实：《唐宋之际敦煌的民间结社与社会秩序》，《唐研究》第 11 卷，北京：北京大学出版社 2005 年，第 543—558 页。

⑦ 孟宪实：《论敦煌民间结社的社条》，《敦煌吐鲁番研究》第 9 卷，北京：中华书局，2006 年，第 317—337 页。

⑧ 郑显文：《从中国古代的民间结社看民众的法律意识》，《中华法系国际学术研讨会文集》，北京：中国政法大学出版社，2007 年。

⑨ 《韩诗外传》卷 4，文渊阁四库全书本。

　　这里的八家相保，出入更守，疾病相忧，患难相救，有无相贷，说的就是人与人之间的一种仁爱互助，物质生活上的相互帮助、无偿地互通有无。民间的这种互帮互助的仁爱传统一直流传下来，自然形成为民间互帮互助的组织——"单"。单，后多写作"僤"，或作"弹"，在出土的商代卜辞中，就多次出现"单"字，是作为以地缘维系而成的村社组织。

　　当进入阶级社会、出现了国家政权以后，井田时代村社的一部分功能，被统治阶级利用来为农业生产服务，西周时期已经普遍设立了"社"，即所谓"社稷"、"太社"，由官方举行社祭，祈求风调雨顺、五谷丰登。为此目的，官方也组织群众参加这一类的社日活动，形成为一种官方法定的官社传统。恩格斯曾指出：在氏族公社转化为国家后，原有的村社，就"下降为私人性质的团体和宗教公社"了。① 官方的社祭，属于"公社"的活动，与民间私人性质的"私社"不同，民间"私社"是民众为自身生存或相互利益而自愿结成的团体，他们有着自身约束的条规。1973年河南偃师县缑氏公社南村出土了一件《东汉建初二年（77）侍廷里父老僤买田约束石券》②，即是这类条规，现将券文转录于下：

1　建初二年正月十五日，侍廷里父老僤祭尊

2　于季、主疏左巨等廿五人共为约束石券，里治中

3　乃以永平十五年六月中造起僤，敛钱共有六万

4　一千五百，买田八十二亩。僤中其有訾次

5　当给为里父老者，共以客田借与，得收田

6　上毛物谷实自给。即訾下不中，还田

7　转与当为父老者，传后子孙以为常。

8　其有物故，得传后代户者一人。即僤

9　中皆訾下不中父老，季、巨等共假贷

10　田，它如约束。单侯、单子阳、尹伯通、锜中都、周平、周兰、

11　[父老]周伟、于中山、于中程、于季、于孝卿、于程、于

① 恩格斯：《家庭、私有制和国家的起源》，《马克思恩格斯选集》第4卷，第114页。
② 《文物》1982年第12期刊。参见张传玺主编：《中国历代契约粹编》上册，第84页。

伯先、于孝、

　　　12　左巨、单力、于雅、锜初师、左伯、文□、王思、锜季卿、尹太孙、于伯和、尹明功。

本件是由侍廷里的父老们共廿五人结合而组成的"父老僤"的约定，僤中设有祭尊、主疏诸职，领导僤事。据券文，此僤在五年前的永平十五年（72）六月中就已建立，决定由大家出钱 61500 文，买田 82 亩。僤的成员如有按家产数量当轮次充任里父老者，即借与此田，以其收获供充任里父老的用度。如果家产不够充任里父老的规定，即将此田退还，转给僤中继充里父老的成员。如果僤中所有成员家产数量都不够充任里父老的规定，此田即由祭尊于季、主疏左巨负责借给僤中成员经营。僤中成员的这些权利，死后可由其后代继承。

本件名为"约束石券"，实为父老间相互约束刻在石上的民间契约，它不属官府规约，但受到官府支持。此僤约由同里的父老结合组成，从共买田中"得收田上毛物谷实自给"，具有自给养老互助的性质。由于参与此僤有廿五人，为了共同利益的约定需要大家遵守，故将其约束刻于石券上，反映出僤约的民间性。

现存汉代类似有关僤约的石刻还有几件，如《隶释》卷 15 收录的汉灵帝中平二年（185）汝州故昆阳城《都乡正街弹碑》，[①] 记有当地官员为给百姓"轻赋"，"结单言府，班董科例"，碑文缺损较多，推测为减轻百姓徭役负担，"临时慕（募）顾，不烦居民"，"自是之后，黎民用宁。吏无蒋（苟）扰之烦，野无愁痛之□"。文中的"弹"、"单"，即是结僤之意。所谓"结单言府"，就是民间的结僤得到了地方政府的批准，其实此僤约是在郡太守、丞等主持下订立的，但仍然是民约。1934 年在河南鲁山县发现的《鲁阳都乡正卫弹碑》[②]，联系到郦道元在《水经注》卷 31 中所记鲁阳县

---

　　① 《隶释》卷 15，又王应麟《困学纪闻》卷 13《考史》谓："中平二年，昆阳令愍徭役之苦，结单言府，收其旧直，临时募雇，不烦居民。太守、丞为之约，见于《都乡正街弹碑》。"按：据下列《水经注》所载，此处"正街"当为"正卫"之误。

　　② 许敬参：《鲁山县新出二石记》，《考古》1936 年第 1 期。

"内有《南阳都乡正卫为碑》"①，应即指此碑，"鲁阳"被传抄误为"南阳"。不过，南阳之碑，确有存在，如《水经注》卷29记平氏县"城内有《南阳都乡正卫弹劝碑》"②。由此二正卫弹碑联想到前列昆阳城《都乡正街弹碑》之"正街"，可能为"正卫"之误。"正卫"，乃东汉对百姓中应役正卒和卫士的简称，《汉旧仪》载："民年二十三为正，一岁为卫士，一岁为材官、骑士，习射御骑驰战阵。"由此明白"正卫弹"是百姓为免正卒、卫士役而敛钱交官府募人代服兵役的组织。加入"正卫弹"的农民，只需缴纳一定数量的代役钱，就可以不必亲身服役，而由官府"临时募雇"人代役。昆阳、鲁阳、南阳三地所出的《正卫弹碑》属同类性质，都是记正卫弹所约事，如《鲁阳都乡正卫弹碑》对于该组织的财产使用情况就有如下记载："□□□□储，不得妄给他官；君不得取，臣不得获。……历世受灾。民获所欲，不复出赋。"这是说弹内积储的财富不得由国家提取，君臣官吏也不得占用，只能用之于受灾、或出赋时，正好说明弹的民间自助、互助性质。

汉代的僤是以地缘关系结合而成的民间组织，"该组织带有很强的地域特征，一般规模较小，发起人多是本地的乡绅或当地的官吏，成立社团组织的目的是为了减轻百姓赋税的负担。因此，汉代的僤、社等民间组织通常没有政治色彩，更没有要求参加对社会公共事务管理的自治意识。"③

魏晋以后，民间的这类互助性组织多称之为社，如洛阳出土的西晋《当利里社碑》④，碑的正面文字多残损，碑文记有"为春祈秋荐"、"祚与晋隆神其永"、"奉神祇训咨三老"、"当利里社"等。是当利里居民为建立祈年社祠时所立碑，郑显文氏由此"推知其为祭祀或为封建政权祈福的民间组织"⑤。碑的背面列记了参与建社祠的人名、籍贯、职务，上部列有八名社

---

① ［北魏］郦道元：《水经注》（王国维校本）卷31，上海：上海人民出版社，1984年，第985页。

② ［北魏］郦道元：《水经注》（王国维校本）卷29，第948页。

③ 郑显文：《从中国古代的民间结社看民众的法律意识》，《中华法系国际学术研讨会文集》，北京：中国政法大学出版社，2007年。

④ 宁可：《记晋〈当利里社碑〉》，《文物》1979年第12期。

⑤ 郑显文：《从中国古代的民间结社看民众的法律意识》，《中华法系国际学术研讨会文集》，北京：中国政法大学出版社，2007年。

首人物并画像：

社□□□遗字子□	社正涪陵朱阐字玄方
社老代郡赵秋字承伯	社掾巨鹿李忠字信伯
社老京兆唐昊字巨伯	社史陈郡陈修字文烈
社掾河内王钧字孝叙	社史赵□范奥字子基

在八社首名之下，还并列了廿四名"社民"，属于武职的有千人督都乡侯、殿中校尉、骑部曲将、骑都尉、武都校尉等，属于文职的有太中大夫、太医校尉等。这些人姓氏不同，籍贯也各异，由于都居住在洛阳当利里，故而同里结社。碑文显示，此社有社老三人，社掾二人，社正　人，社史二人，均为社的管理者，当有分工，反映出组织结构十分完整。碑文本身还不是社约，从组织严密这一点推测，当利里社应该有自己的社约。

佛教自汉代传入中国后，到魏晋时得到了大传播、大发展，佛教寺院已遍及南北，佛教已成为社会基层民众的普遍信仰。在这种精神世界的支配下，一些信众为了向佛陀祈求福报，广修功德，也以佛寺为依托，结成一些拜佛的社邑。东晋著名高僧慧远隐居庐山，以东林寺为依托，与当地的"十八高贤"结社，以佛陀信仰为宗，建斋立誓，同时立誓者有百二十三人。①由于结社者在云台精舍有掘池栽植白莲花之举，故将其社名之为"白莲社"。此社不一定有专门的社约，从广义的角度看，其誓词也可视为其社约。

处于乱世中的北方民众，为解苦难，在佛教思想支配下，常结合组成义邑，用造佛像、修佛寺、营斋、诵经等方式来修功德、祈福报。这在洛阳龙门石刻中留有许多北朝信众进行这类活动的记录，如《邑主高树等题记》②：

> 景明三年五月卅日，邑主高树，维那解佰都卅二人等，造石像一区，愿元世父母及现世眷属，来身神腾九空，迤登十地，三有同愿。高

---

① ［梁］慧皎《高僧传》卷6《释慧运传》载有刘遗民为白莲社建斋立誓所写誓文："维岁在摄提秋七月戊辰朔二十八日乙未，法师慧运贞感幽奥，霜怀特发，乃延命同志息心贞性之士，百有二十三人，集于庐山之阴般若云台精舍阿弥陀像前，以香华敬荐而誓焉！"载《高僧传合集》，上海：上海古籍出版社，1991年，第38页。

② ［清］陆增祥著：《八琼室金石补正》卷12，北京：文物出版社，1985年，第70页。

买奴、高恶子……

高买奴以下共列有卅二人名，这是总共卅四人组成的造像邑，时为北魏景明三年，即公元502年。此邑主事者有邑主、维那。维那一职，乃佛寺中负责管理事务者，有的邑中列有多人，如"神龟二年三月十五日建"之"邑主孙念堂"造像题记中，有"邑师"一人，"邑主"一人，"都维那"一人，"维那"二人，表明这些造像都是依托于佛寺进行的。在社邑之内，多以兄弟相称，有的多达一百余人，如山东历城黄石崖上的《法义兄弟百余人题记》①载：

> 大魏孝昌三年七月十日，法义兄弟一百余人，各抽家财，于历山之阴，敬造石窟，雕刊灵像，上为帝主，法界群生，师僧父母，居家眷属，咸预福庆，所愿如是。都维那张神龙、都维那□杂□（以下列若干比邱名、俗人名）

类似的法义兄弟出资造像、造窟者还有许多，但是否有邑规、社约，则鲜为人知。

近年新疆博物馆收藏了一件高昌王国建昌六年（560）以前的《高昌立课诵经兄弟社社约》②，十分珍贵，存21行，现将其内容转录于下：

```
［前缺］
1 _____兴代木_____［贵］□____
2 _____请师立课诵经。逢□_____
3 _____七世先灵，下列一切生死_____
4 _____［课］人中，其有公（父）母、自身_____
5 _____掘冢尽竟，若一日不去，____
```

---

① ［清］陆增祥著：《八琼室金石补正》卷12，第90页。

② 中国文化遗产研究院、新疆维吾尔自治区博物馆编：《新疆博物馆新获文书研究》，北京：中华书局，2013年，第214页。本件可能出自于吐鲁番墓葬，本件另面为《高昌建昌六年十一月某人租葡萄园券》。

6 人出叠二丈、素（索）一［张］，□严车。若课人中有［病］□

7 知；若维那不语众人守夜，谪维那杖［廿］；□

8 人中，私（缌）麻相连死者，仰众弟兄送丧至□

9 ［不］去者，谪酒二斗；限课人中，其有留□城□

10 丧。东诣白芳，南诣南山，西诣始昌，北诣□

11 □不去者，人谪五纵［叠］两匹。课人中，其□

12 □限课人中，其［有］□［见］大不起，□□

13 ［课］［人］［中］其有赤面□□

14 □五十，限一月课，［前］（?）□言。［若］□，谪杖

15 言谪杖一［下］。从冬□［月］竟，人尽受济（记）十善；

16 ［若］不受济（记）十善，谪［饼］六［张］。若饼不好，谪麦二斗；若

17 ［麦］不好，谪床一斗。从三月至八月，出落一斗半；从九［月］

18 □［月］，出麻子一斗半。［到］（?）课之日，要盐酱使具。

19 □［课］人中，□有（?）自成者，人出美酒一斗。若弟兄出□

20 □课人□□有随（?）烧香后，谪腹（?）五十，除水□

21 □种得，听仰佛饼。取课人要□□

［后缺］

文中一再提到"弟兄"，应属于兄弟义邑社性质。本件宗旨主要是"请师立课诵经"，据邓文宽先生考证，"立课"即指念佛设立课程，讲授佛教知识，后世又叫功课，而"课人"，是"持课人"的简称，亦即参加"立课诵经"，坚持做功课的人。[1] 诵经是上为七世先灵，下为一切生死人等祈福

---

① 邓文宽：《吐鲁番出土〈高昌立课诵经兄弟社社约〉初探》，载《新疆博物馆新获文书研究》，第 322 页。

消灾。其中规定互助性义务较多，如丧葬互助中，有成员父母或自身亡故，众弟兄要参与"掘冢尽竟"，若一日不去，要受谪罚；送葬时，人出叠二丈、索一张，作拽丧车之用；若课人中有病，维那知，而不告知众人守夜，罚杖维那廿；若课人中缌麻以上亲死者，仰众弟兄送丧至坟地，不去者，谪罚酒二斗；等等。再如受记十善，要求"人尽受济（记）十善"，否则罚饼六张等。此外还要求"从三月至八月，出落一斗半；从九［月……月］，出麻子一斗半"，"落"即罗筛之谓，经过罗筛落下的粮，当指小麦面粉。这里似规定课人每人三至八月出面一斗半；九至二月，出麻子一斗半。

本件虽有许多残缺，甚至有些内容尚难以诠释，然其中多起"若……谪……"文字表明，都是属于一些预设性条款的规定，即如果不遵守……就罚……显现出兄弟社邑在平等互助过程中，有相约相守条约的精神，以及用社约制度强制其履行约定的特点；也揭示出公元 6 世纪依托于佛教的社约面貌。

二、敦煌文献中所见唐宋时期的"社条"

隋唐以后，以佛教信仰为依托的民间社邑活动，有增无减。唐朝政府对这类社邑的态度，基本上是支持的。武德九年（626）唐高祖在亲祀太社诏中说：

> 四方之人，咸勤殖艺，别其姓类，命为宗社，京邑庶士，台省群官，里闾相从，共遵社法，以时供祀，各申祈报，具立节文，明为典制。①

表明了高祖皇帝对"别其姓类"宗社的支持态度。到了高宗咸亨五年（674）曾经一度下诏：

> 春秋二社，本以祈农。比闻除此之外，别立当宗及邑义诸色等社，远及人众，别有聚敛，递相承纠，良有征求。虽于吉凶之家，小有裨

---

① ［宋］王溥：《唐会要》卷 22《社稷》，第 421 页。

助，在于百姓，非无劳扰，自今以后，宜令官司禁断。①

这是对于那些以结社为名，实则"别有聚敛"、"良有征求"行为及其组织的取缔，而对于长期存在的民间社邑，也难以禁绝。实际上民间的私社也并未完全禁断，唐开元初年"同州界有数百家，为东西普贤邑社，造普贤菩萨像，而每日设斋"。② 这个每日设斋的普贤社在同州，距都城长安甚近，也可说明私社在民间的普遍存在。天宝元年（742）十月九日玄宗所下敕文中就说："其百姓私社，亦宜与官社同日致祭，所由检校。"③ 这是说官府在祭祀春、秋二社时，也让民间的私社跟随同时祭祀，也证明了民间私社的普遍存在。天宝七载玄宗所下敕文说：

> 自今以后，天下每月十斋日，不得辄有宰杀，又闻闾阎之间，例有私社，皆杀生命以资宴集。仁者之心，有所不忍，亦宜禁断。④

这是令民间私社在宴集时，不要杀生，同样也反映出私社在全国范围内的普遍存在。可见，民间的社邑不仅一直存在，而且受到当局的支持和指导。

敦煌自魏晋以后，逐渐成为全国佛教传播的中心地区之一，依托于佛寺的社邑也十分兴盛，加之敦煌藏经洞保存了众多唐五代宋初的社邑文献，使我们能更具体见到社邑活动的实态。从有关资料看，有以相互帮扶为目的的"结义社"、"兄弟社"、"亲情社"；有以地域相结合者，如"村邻社"、"坊巷社"；有以性别结合而成者，如"女人社"、"阿婆社"。有以佛教信仰为目的的结社，如"施功德社"、"建佛窟社"、"造经社"、"燃灯社"、"优婆夷社"等。还有以维护封建礼教教养为目的的"宗族社"、"明贤社"。也有服务于具体事务的专业性结社，如"渠人社"等。

关于"结义社"、"亲情社"一类的文献最多，在其社条宗旨上常有明

---

① ［宋］王溥：《唐会要》卷22，《社稷》，第421页。
② 《太平广记》卷115《普贤社》条，北京：人民文学出版社，1959年，第800页。
③ ［宋］王溥：《唐会要》卷22，《社稷》，第425页。
④ ［宋］宋敏求编：《唐大诏令集》卷9，《天宝七载册尊号敕》，第53页。

白的表述，如 S.2041 号《唐大中三年（849）儒风坊西巷社社条》①，在列完社众名录后写有：

> 右上件村邻等众就瞿英玉家结义相和，赈济急难，用防凶变，已后或有诟歌难尽，满说异论，不存尊卑，科税之艰，并须齐赴。巳年二月十二日为定，不许改张。

此文是说结义在一起，为的是赈济急难，用防凶变，如果以后有是非异论，或者有不讲尊卑之道；或者出现科税上的问题，均须一齐来解决。古代的个体小农经济，每个家庭的经济都十分脆弱，在力薄势单的情况下，经不起伤病死丧等的风吹雨打，自然要求能组织起来，在危难之时，能有所依靠。这也就是社邑，特别是亲情社、结义社具有强大生命力之所在。如 P.4525—11 号《宋太平兴国七年（983）二月立社条一道》② 中说：

> 窃以阎浮众凡上生，要此福因，或则浮生耽福，或则胎生罪重，各各有殊。今则一十九人发弘厚愿，岁末就此圣岩，燃灯斋食，舍施功德，各人麻壹斗，先须秋间齐遂，押碨转转主人。又有新年建福一日，人各炉饼一双，粟一斗，燃灯壹盏，围座设食。

这是十九人结合在一起，为了发弘愿、施功德，各自出物向圣岩佛窟燃灯、斋食的活动。燃灯，也是信众社人在佛像前点燃油灯进行祈福的一种表示，其灯油也由社司组织社众提供，如 P.3434 号《年支正月燃灯转帖抄》③ 中所规定：

> 右缘年支正月燃灯，人各油半升。幸请诸公等，帖至，限今月廿一日卯时于官楼兰若门前取齐。

---

① 宁可、郝春文编：《敦煌社邑文书辑校》，第 4—6 页。对此件年代，该书原作"大中年间（847—860）"。按：文中有"巳年"的署年，唐大中年间只有一个巳年，即己巳，亦即大中三年。

② 宁可、郝春文编：《敦煌社邑文书辑校》，第 34 页。

③ 宁可、郝春文编：《敦煌社邑文书辑校》，第 278 页。

类似的活动还见于"建佛窟社"、"造经社"、"优婆夷社",尽管大同小异,但目的都是为了礼佛、祈愿、施功德。

古代人们的生活、思想、言行,都受到儒家思想的支配,因此弘扬儒家伦理道德、尊卑之礼,成了人们维护社会生活秩序的基础。为此,在一部分人群中,为了倡导礼教、敦厚世风而集结为社,开展这方面的活动。如 S.6537 号背 3—5《拾伍人结社社条》①,条文前面部分载云:

> 窃闻敦煌胜境,凭三宝以为基,风化人伦,藉明贤而共佐,君臣道合,四海来宾,五谷丰登,坚牢之本。人民安泰,恩义大行。家家不失于尊卑,坊巷礼传于孝义,恐时侥代薄,人情与往日不同,互生纷然,后怕各生己见,所以某乙等壹拾伍人,从前结契,心意一般。大者同父母之情,长时供奉;少者一如赤子,必不改张。虽则如此,难保终身。盏酒脔肉,时长不当。饥荒俭世,济危救死,益死荣生,割己从他,不生吝惜,所以上下商量,人心莫逐时改转,因兹众意一般,乃立文案,结为邑义,世代追崇。

本文明白地宣示了此十五人结社的目的就是要保持"家家不失于尊卑,坊巷礼传于孝义"的传统,不要因逐时而改变了这种传统,为了"风化人伦"而作出努力。还有的是以某一宗族的名义,为了维护其宗族的优势地位和家风传统,将其宗族成员集结在一起进行结社的活动,如俄罗斯收藏的来自敦煌的Дx11038-1 号《索望社社条》②,在其前部也表示说:

> 谨立索望社案一道。盖闻人须知宗约,宗亲以为本,四海一流之水,出于昆仑之峰。万木初是一根,修垂枝引叶。今有仑之索望骨肉,敦煌极传英豪,索静弹为一脉,渐渐异息为房,见此逐物意移,绝无尊卑之礼,长幼各不忍见,恐辱先代名宗。所有不律之辞,已信后犯。

---

① 宁可、郝春文编:《敦煌社邑文书辑校》,第49—50页。

② 俄罗斯科学院东方研究所彼得堡分所、俄罗斯科学出版社东方文学部、上海古籍出版社编:《俄藏敦煌文献》第15册,第144—145页,释文见乜小红:《俄藏敦煌契约文书研究》,第236页。

索姓是敦煌的名门望族，故此社名即称为"索望社"，所云"索静弭为一脉"，疑即指汉代的名士索靖流传下来的一支。由于逐物意移，同族中都没有了尊卑之礼，为了不辱先代名宗的声誉，故应对所有不律之辞及其行为，应加以防范。

服务于具体事务的专业性结社，也是一种出于相帮互助的需要。如 P.3412 背《壬午岁（982）五月十五日渠人转帖》，在首题"渠人转帖"之下，列有四人名，然后写有：

> 已上渠人，今缘水次逼近，要通底河口，人各锹钁壹事，白刺壹束，桱壹束，栓壹笙，须得壮夫，不用厮儿。帖至，限今月十六日卯时于阶河口头取齐。

由此文知，这是各户在某渠有农田的人组成的"渠人社"的转帖，即通知书。渠人结社的目的，是为了防止渠水泛滥、毁坏庄稼，或合法引用渠水，以便浇灌等活动。敦煌属干旱地区，农业生产全靠渠水，水既可浇灌农田；使用不当也能损毁田稼，而兴水利，防水患，又绝非个人能力所能办到，必须群策群力统一行动，依靠集体的力量才能解决。故每人除带铲土的工具锹钁外，每人还须带各种堵水的用具，如白刺、桱、栓等，集合于河口头，准备为分支渠堵口。这也反映出了人在自然界面前对群体力量的需要。

在宁可、郝春文的《敦煌社邑文书辑校》一书中，将 P.3899 背的《开元十四年二至四月沙州勾征开元九年悬泉府马社钱案卷》，列在"社状牒"项内。[①] 此案卷业经卢向前先生研究，[②] 此"马社"实属地方军府经营马匹钱的机构，与现在我们研究的民间社邑，在性质上有所不同，故此处不予涉及。

从各类社邑文献反映出的宗旨看，都是社会基层民众带自治性的一种互助性组织，它在人们的生产、生活、信仰等各种活动中，都起着一定的支配作用。

---

① 宁可、郝春文编：《敦煌社邑文书辑校》，第 725—739 页。
② 卢向前：《马社研究》，北京大学中国中古史研究中心编：《敦煌吐鲁番文献研究论集》第二辑，北京：北京大学出版社，1983 年，第 361—424 页。

敦煌社邑文献反映出，社邑的运作有一套完整的制度，社邑的机构，是由社众推选出来的数人来负责，称之为"三官"。所谓三官，乃因时因事而异，汉朝有大司徒、大司马、大司空；道教奉天、地、水三神为三官。社邑中之三官，乃循古称而来，是指社长、社官、录事。S.6537 号《十五人结社文》对三官的职责及作用，记述得形象具体：

> 义邑之中，切籍三官钤辖，老者情为社长，须制不律之徒。次者充为社官，但是事当其理，更拣英明厚德，智有先诚，切齿严凝，请为录事。凡为事理，一定至终，只取三官获裁，不许社众紊乱。①

社长为社首，推举年老有威望者充任，制裁不守规章之徒，须由社长出面；社官掌管社内一般性事务；录事则请英明、智慧而又虔诚、谨慎的人充任，掌转帖、帐目等。若有人要入社，须经三官同意，凡属社内事务，经社众商量议定，最后由三官决定，统一领导指挥。

立社之初，要订立"社条"，社条又有"祖条"与"偏条"之分，全面制定的社条，称为"祖条"、"大条"，通常要封印保存起来，如遇到众社难以决断的大事，才可开封。"社条"如前节所列，要写明立社宗旨，同时还写明一些规定及违规的处罚等。如前列《索望社社条》，在宗旨之后，又写有：

> 自立条后，或若社户家长身亡，每家祭盘一个，已下小口两家祭盘一个，着孝准前。更有贫穷无是亲男兄弟，便须当自吃食。一齐擎攀，不得踏高，作其形迹，如有不律之辞，罚浓醲一筵。自立条后或有策凶逐吉，件若耳闻帖行，便须本身应接，不得停滞，如有停帖者，重罚一席。②

---

① 宁可、郝春文编：《敦煌社邑文书辑校》，第 50 页。

② 俄罗斯科学院东方研究所圣彼得堡分所、俄罗斯科学出版社东方文学部、上海古籍出版社编：《俄藏敦煌文献》第 15 册，1999 年，第 144—145 页，释文见乜小红著：《俄藏敦煌契约文书研究》，第 236 页。

此条说的是在社众成员丧葬问题上的互助，若有社户的家长身亡，社众中每家送祭盘一个，如是人口单薄的小户，两家合送祭盘一个，戴孝的标准依据以前的规定办。来送葬者中有贫穷且非至亲兄弟者，必须给予方便，当作自己的亲人安排饭食。送葬时攀棺擎举要齐心，不能对擎举者不尊重或不亲近甚至作出讨厌嫌弃的样子，如有不符规章的言行，罚浓酒一筵，即味浓的酒席一桌。如是闻帖不行动，甚至停帖不下传者，也要重罚一席。由此看，社邑十分注重丧葬的互帮互助。

社邑建立后，可以继续接收新的成员，也可以退社，但都要履行手续，入社须写《入社状》或《投社状》，如 P.3216-2 号《显德二年（955）正月十三日投社人何清清状》①，《后唐清泰二年（935）三月王粉子投社状》②，等等。在《王粉子投社状》中，写有"伏望三官社众，特赐收名，应有入社之格，续便排备"，即是说，对入社的格礼规定，一切照办，如办筵宴等，也一应安排准备。

社邑的活动，多是群体的活动，即聚会。有例行的，如正月设斋、腊月建福、春坐局席、秋坐局席等；或临时性的，不论那一种，均靠"转帖"来运转，转帖上写明聚会事由后，列出全体社众名单，轮流传递让每户知晓，每户须在名单上画上已知的印记。然后于规定的时间，带着须准备的物品，到指定的地点集合取齐，如有晚到者，要受到处罚。至于有些事务需及时商量，也会临时发出转帖，常常写有"右缘少事商量，幸请诸公等，帖至，限今月某日于某地取齐"一类的话。

社司对于社内不遵守社条，桀骜不驯甚至横生是非的捣乱者，是有权制裁或处罚的；而对于社人枉遭横祸和冤屈之事，社司鼓励社众关心，施行佐助。这些均事先写入于社条中。如俄藏 Дх11038-7 号是一件《社条》残件，其中写有：

> 妄生拗拔，开条检案，人各痛决七棒，抹名趁出其社，的无容免。

① 宁可、郝春文：《敦煌社邑文书辑校》，第 702 页。
② 俄罗斯科学院东方研究所圣彼得堡分所、俄罗斯科学出版社东方文学部、上海古籍出版社编：《俄藏敦煌文献》第 14 册，上海：上海古籍出版社、俄罗斯科学出版社东方文学部出版，1999 年，第 254 页，释文见乜小红著：《俄藏敦煌契约文书研究》，第 243 页。

兼有放顽，不乐追社，如言出社去者，责罚共粗豪之人一般，更无别
格。更有社人枉遭横事，社哀愍而行佐助者，一任众社临事裁断行之，
不可定准。更有碎磨格式，偏条可录也。

说的是社司对于那些蛮横跋扈之徒，应"开条检案"，对照社条除每人罚棒
打七下外，还应抹去其姓名，赶出社去，绝不容免。这与《十五人结社文》
文书中所云"若有拗拺无端，便任逐出社内"是一类的意思。还有对放纵、
捣乱不受约束者的处罚也一样。而对于社人中发生冤枉、死伤之事，社人要
怜悯安慰，根据实际情况给以帮助。

　　社条，名义上是社众集体作出的约定，实由社官主持制定，这里面涉及
到社众个体与群体之间的关系，往往又反映在社员与社司间的关系上。这种
关系，不同于社会经济领域里的单纯契约关系，它既有平等互助的方面；也
存在着不完全平等的另一面。社邑本是为互帮互助等目的而集结的组织，因
此，平等互助的是其基本的方面。比如在"追凶逐吉"方面，一家有事，
大家来帮。"吉，谓冠婚或祭享家庙。凶，谓丧葬或举哀及殡殓之类。"① 特
别表现在丧事的互助上，更为突出。在生产活动中，尤其是面对水患或水利
的问题，更是需要众人集体的力量团结合作来对付，故而有许多"渠人社"
的互助活动，这些是生产活动中所必须的一种互助合作，也是一种友善平等
的民间合作。

　　从社邑文献中，反映出每年社邑聚会活动十分频繁，如 P.3544 号《大
中九年九月廿九日社长王武等再立条件》中所云："社内每年三斋二社，每
斋人各助麦一斗，每社各麦壹斗，粟壹斗。……其斋正月、五月、九月，其
社二月、八月。"② "设斋"，通常要求"人各助麦一斗"③，有的"设斋"，
甚至要求"人各助麦一斗，粟一斗，油半升，面一斤"④。还有"春坐局
席"，要求"人各面壹斤，油壹合，粟壹斗"⑤，也还有更多者。到秋天，有
"秋坐局席"，要求所送粮油，与春坐一样。到了腊月，又有"常年建福一

---

① 《唐律疏议》卷11"诸监临之官，私役使所监临"条，第224—225页。
② 宁可、郝春文：《敦煌社邑文书辑校》，第1—2页。
③ S.5825《某年四月一日设斋转帖》，宁可、郝春文：《敦煌社邑文书辑校》，第243页。
④ P.2716《年支社斋转帖抄》，宁可、郝春文编：《敦煌社邑文书辑校》，第256页。
⑤ S.255《春坐局席转帖抄》，宁可、郝春文编：《敦煌社邑文书辑校》，第155页。

日"，要求"人各炉饼一双，粟一斗"①。如果一次活动不去，就要受罚，即"全不来，罚酒半瓮"。如果迟到或后到，也要罚，即"捉二人后到，罚酒壹角"。此外还有"追凶逐吉"也要送礼赠物，常年如此下去，必然会给社众带来经济上的负担。实在负担不起时，只有退社。

社众们每次斋会局席活动交纳的麦、粟、面、油，不可能全消费掉，总是有可观的剩余，而这些剩余物均归社的三官管理，三官们掌握着这些财物，可以多吃多占，也可以拿去营利。我们之所以得出这种印象也是有文献材料作依据的。前者如俄藏 Дх02166 号《社邑三官破用历》② 所载：

（前缺）

1　吃用。粟贰斗，社官涛麦预定用。粟壹斗，三官王富昌店破

2　用。又粟贰斗看薛政柴判官用。麦两硕，黄麻壹硕，五月乘料

3　用。麦贰斗，粟三斗贰升用，又粟贰斗，三官就马住儿店吃用。

4　四月十二日粟贰□，三官就马住儿店破用。黄麻壹斗，付社官用王

5　富昌店。三官两件破粟四斗之用。廿日就安家吃酒五升。

6　五月二日三官就宋住子家吃酒破粟三斗。六月十日看

7　索通定沽酒用粟三斗。麦两硕、粟一硕、三官买巷家牛

8　肉用。八月一日麦三斗，三官就菜家店破用。月二日麦

9　壹斗，社官就康家店破用，尝申买羊麦粟伍石，沽酒用，

10　七（壹）石六斗，吃胡并（饼）麦四斗。十日菜家店三官麦一斗，

11　_____□后用。麦一斗，令孤家店　安法律录事

12　_____斗（押）九月十二日三官就悲田院破一斗。廿三日麦三斗

13　_____三官及两团头破用。

---

① S.2894《常年建福转帖》，宁可、郝春文编：《敦煌社邑文书辑校》，第 262 页。

② 俄罗斯科学院东方研究所圣彼得堡分所、俄罗斯科学出版社东方文学部、上海古籍出版社编：《俄藏敦煌文献》第 9 册，第 58 页图版，释文见乜小红著：《俄藏敦煌契约文书研究》，第 254—255 页。

帐历中的"王富昌店"、"马住儿店"、"菜家店"、"康家店"、"令孤家店",都是敦煌酒店饭馆的名称,从仅存的麦、粟、黄麻支出的 23 笔帐中,由三官花在吃用上的至少有 10 笔,一次买牛肉就用去麦两硕、粟一硕,买羊又用去麦粟伍石。三官们如此大的开销,都是靠社众们常年的交纳。透过此帐,我们看到了社邑三官对社众财物的侵占,社司对社人的剥削。

社司三官们另一种敛财方式,就是公开发放有息借贷。如 S.8924 号《乙未年十一月廿日社司出便物与人名目》①,前 3 行载有:

> 乙未年十一月廿日社有物□□□
> 虞候清奴便麦柒斗,至□□□
> 壹硕,至秋一石五斗。王仵便四斗,秋六斗(押)

乙未年十一月廿日某社有物出便与人,已经是深秋出便。便一硕,至秋一石五斗。这个"至秋",应是次年的秋天,如此算来,出便一年,增值了50%。在另一件《社家女人便面油历》中,"便面壹秤,至秋壹秤半"②,也是取利 50%。这类放贷取息,应该是三官主持的经营,是在为个人谋利,还是为社邑谋利,很难判定。虽然利息不太高,至少其中隐藏着对平民百姓的剥削。

社司对社众的活动管理,有众议共商的方面,也有专制高压的方面。经常对社众施行决罚,有的甚至实行体罚,如 P.3544 号《大中九年九月廿九日社长王武等再立条件》中还规定:"其斋社违月,罚麦壹硕,决杖卅。行香不到,罚麦一斗。"③ 所谓"决杖卅",即体罚三十棍杖。若要退社,也要挨打,如 S.527 号《显德六年正月三日女人社社条》中规定:"若要出社之者,各人决杖叁棒。"④ 入社、出社,本属志愿,然而,在此变成了强制,这实际上潜藏着一种社众对社司的人身依附,在一定程度上反映出社司三官对社员的不平等和压迫。

---

① 宁可、郝春文编:《敦煌社邑文书辑校》,第 482 页。
② 宁可、郝春文编:《敦煌社邑文书辑校》,第 484—485 页。
③ 宁可、郝春文编:《敦煌社邑文书辑校》,第 2 页。
④ 宁可、郝春文编:《敦煌社邑文书辑校》,第 24 页。

由上看到，在一系列的社邑文献中，有着社司与社员之间的种种契约性的约定，在这些约定中，既存在着社众群体的互助合作和友爱帮扶的关系；也存在着社司三官对社众劳动成果的侵占，存在着对社众的不平等待遇和压迫。社司三官对社邑的管理是封建等级制的，其指导思想也受封建统治思想所支配。

社邑的功能表现在多个方面，如崇奉教化，丧葬互动，祭祀社神，设斋建福，修造佛窟，修渠劳作……其中以崇奉教化，尊卑之礼为首要功能，其他均为具体事务性的功能，这在多件社邑文书中表现得很明显。

透过许多社条、投社状的内容，不难看出，尊卑有序，孝义传家等纲常伦教思想是指导人们结社、处理人际关系的基础，也是敦煌社邑结社的灵魂。① 社邑结社首先强调的是尊卑之礼，而后才是丧葬互助，追凶逐吉等一类具体性事务。换而言之，社邑的丧葬互助、追凶逐吉等活动都是在伦理纲常思想指导之下进行的。人民遵守了纲常礼制，就有了封建社会的规范和道德秩序，君王就能更有效地统治人民。而社邑所教化的就是尊卑之礼，指导思想就是封建纲常伦教，这些正是封建统治者维护等级制度所需要的，而社邑正好起了辅助作用。在这个思想基础上，社邑的宗旨与统治者的利益是一致的。从这个角度看，社邑不仅对封建统治阶级统治人民起了辅助教化作用，同时为稳定封建社会秩序，稳定家庭、家族内部的封建尊卑关系也起到了维护的作用，这正是社邑在民间得以长久地生存和发展的主要原因。

三、西夏文献中的"众会契"

在黑水城出土的西夏文文献中，出有两件"众会契"，或称之为"众会条约"，即 Инв.No.5949-31《光定寅年众会契》和 No.7879《众会契》，经史金波先生译释后并作了专题研究②，为了解认识西夏社会生活中出现的众会契形制和特点，作了介绍，这是类似敦煌社条的一种民众生活互助聚会约定。现将《光定寅年众会契》的意译汉文，在语词上略作调整录于下：

---

① 乜小红：《论唐五代敦煌的民间社邑》，《武汉大学学报（人文科学版）》2008 年 6 期。
② 史金波：《黑水城出土西夏文众会条约（社条）研究》，杜建录主编：《西夏学》第十辑，上海：上海古籍出版社，2014 年，第 1—10 页。

　　光定寅年十一月十五日，众会于一堂，自愿于每月十五日当有聚会，已议定，其首祭者届时依下诸条施行：

　　一条十五日会聚者，除有疾病、远行等以外，有懈怠不来聚会中者时，不仅罚交五斗，还应往大众做善处施行几等做善。

　　一条大众中有疾病严重者则到其处看望，十日以内不来，则当送病药米谷一升。若其不送时，罚交一斗。

　　一条有死者时，众会皆送往。其中有不来者时，罚交一石杂粮。

　　一条有往诸司论事、问罪状事者时，罚一斗杂粮。若有其数不付者，缴五斗杂粮。

　　一条会聚中，有流失者时，罚交一石麦。

　　一条有妻子死办丧事者，当送一斗杂粮。若其不送时，罚交三斗杂粮。

　　一条有早先因死丧者交二斗杂粮，超时未付者，罚交超时杂粮一石。

　　一条有死小丧事时，付米谷二升三合，若有其超时不付者，罚交五斗杂粮。

　　一条有众会……

　　一条每月聚会送一斗米谷、二升杂粮，其中有不送者，罚交五斗杂粮。服。

　　一条众会时无其人，不来者罚交五斗数。

　　一条众会聚集往送善积中，有出卖其物者，罚交三斗杂粮。

　　一条聚会时，二人以上少数人不听众会实事，另作聚集者，罚交五斗杂粮。

　　一会 ?? 狗铁（押）　　　　梁善宝（押）

　　一会 明子（押）　　　　　　? 狗（押）

　　一会 契丹??? 金（押）　　　杨洛生（押）

　　一会 卜?? 吉（押）　　　　 杨老房（押）

　　　　 多善犬（押）

　　一会 张阿德（押）　　　　　葛? 巧宝（押）

　　一会 王明狗（押）　　　　　张?? 宝（押）

一会 庄何何犬（押）　　?? 宝（押）

一会 ? 金德宝（押）　　▢▢▢▢（押）①

　　光定是西夏末神宗李遵顼的年号，神宗在位十二年中只有光定八年（1218）是戊寅年，这应是本契书写的确切年代。从文书内容看，是民间为在疾病和丧葬中相互帮助的一种结社。规定每月十五日众会一次，遇有入会者生病、死亡或妻子丧亡、成员丧葬，所有在会成员都要出粮相助，否则受罚。还规定如有犯官司事者，也要受罚。这"是一种多人共同遵守的互助保证书契，是民间结社组织及其运行的条规。"② 它与敦煌所出唐宋时期社邑的社条属同一类的性质，表明中原社邑文化在西夏社会中的传播与延伸。它与敦煌社条有所不同的是，西夏文众会契"没有铺陈结社目的和立条缘由，没有道德伦理的说教，而主要是明确的、具体的要求，即规定应做哪些事。"③ 虽然本众会契省去了立本契的缘由及其虚论，重在简约务实，但其基础仍是在纲常伦教思想指导下产生的，体现出了儒家的仁爱道德观念。

　　西夏文众会契的出现，表明以党项族为主体的西夏王国对民间出现社邑的认可，尽管《光定寅年众会契》中的成员从姓氏看大部分是汉民，可是契条全用西夏文书写，反映出西夏社会对汉族社邑文化的认同，想必在其社会生活中，也会有党项族或其他各族的仿效、组建，这是历史进程中民族融合的一种自然趋势，也显示出民间社邑文化在各民族中被吸收、运用的强大生命力。

　　西夏文众会契既采用了参与约定者署名画押的契约形式，又采用了社条中诸条并立、每条起头用"一"表示的条款形式，将两种文体形式合为一体加以运用，是对民间社邑条规的一种新发展，将原来由社邑三官订立的模式转变为由社众署名画押自主约定的模式，条文中也取消了体罚方面的内容，体现出民主成分的增加，从这一视角看，西夏文众会契既是对敦煌社条的继承，又是对敦煌社条的一个新发展。

---

　　① 本契文据史金波：《黑水城出土西夏文众会条约（社条）研究》，《西夏学》第十辑，第4—6页译文，其中个别词语略有调整。

　　② 史金波：《黑水城出土西夏文众会条约（社条）研究》，《西夏学》第十辑，第8页。

　　③ 史金波：《黑水城出土西夏文众会条约（社条）研究》，《西夏学》第十辑，第9页。

对于"社"这种民间组织形式，唐宋以后的统治阶级通常也加以利用，例如元朝初年，农忙时农户间临时组成"锄社"进行锄田互助，约定"先锄一家之田，本家供其饮食，其余次之。旬日之间，各家田皆锄治。……间有病患之家，共力锄之"，使当地农业"亩无荒秽，岁皆丰熟"。① 这种农忙时的互助劳作，有利于生产的发展。基于此，元朝廷便于至元二十八年（1291）诏令"诸县所属村，凡五十家立为一社"，对田耕实行集体互助，"令社众推举年高、通晓农艺、有兼丁者立为社长"。② "锄社"由此也成了受官府控制的推动农耕生产的民间社邑。

总的看，作为民间基于信仰和互助志愿结合的组织社邑，到了隋唐五代，无论从组织机构上，还是从社条、社约规定的具体实用性功能及其运转程序上，比汉代的僤、社都有很大的发展和完善。与此同时，其社邑的封建化属性也在加强，从各种社条、社约及其他各环节约定的分析中，可以明显地看到，中古时期的社邑，其指导思想是儒家的纲常伦教，其机构管理体制也是封建官僚式的模式，其行为规范也与封建社会秩序的巩固相一致。有时也协助官府征收科税，贯彻朝廷法令，如宁可、郝春文先生指出的："是封建政府维持地方治安的工具。"③ 表明社邑虽属群众性的团体，仍然脱离不了封建制度深深的烙印，在这种体制下，人与人的关系也是一种封建伦理道德规范与经济利益相结合的关系，既有平等友爱、相互帮扶的方面；也有不平等的矛盾和对抗的方面，所有这些都贯穿于古代的各类社邑条规、社约之中。但是，社邑毕竟是一种民间组织，其所体现出的群众自治性、互助性、以及所含的民主性成分也应给以肯定。

四、清代民间的"会券"

清代由于商品经济的发展，货币流通的加速，人们在经济活动中，常需一定数量的资金来进行周转，于是便出现了众人集资、轮流周转使用资金的"会券"方式。"会券"虽由会首发起，也须志同道合者一起商议参与拟定，属于民间社会基层经济性组织的一种特殊约定。田畴先生曾搜集到几件清代

---

① ［元］王祯：《农书》卷 13《劝助》，北京：中华书局，1991 年，第 337 页。
② 陈高华、张帆、刘晓、党宝海点校：《元典章》卷 23《立社》，第 916 页。
③ 宁可、郝春文编：《敦煌社邑文书辑校》，第 745 页"说明"。

的"会券"，现将其中一件《道光九年（1829）舒灿庭等会券》①，转录于下：

　　盖闻戚友有通财之义，经营有襄助之情，是以义而成会，情洽以通财。虽会息之无几，要而必祈于始终。凡承雅爱，务相同志，无逾期日，敬邀戚友六位玉成一会，每位请出员钱伍千文钱　分，共成叁拾千文整，付首会收领，会期公议十个月一轮，至会期，首会前三日具帖邀请，首会每次填银　两　钱　分，^{已未}得者，每次填银　两　钱　分，俱议现银上掉，然后拈阄动骰，点大者得会，如点相同者，侭先不侭后，立此会券，各执一本存据。

　　诸翁台甫列左：

郑德意仁兄　　　　　　　一股

郑锦堂仁兄　　　　　　　一股

胡思绂仁兄　　　　　　　一股

李炳南仁兄　　　　　　　一股

江殿一仁兄　　　　　　　一股

仲端　家兄　　　　　　　一股

二会　首会应钱六千文，未得者应钱四千八百文。

三会　首、二各应钱六千文，未得者应钱四千五百文。②

四会　首、二、三应钱六千文，未得者应钱四千文。

五会　首、二、三、四各应钱六千文，未得者应钱三千文。

六会　首、二、三、四、五各应钱六千文，未得不用应。

末会　首、二、三、四、五各应钱六千文，交末会收。

仍有余利钱六千文，三会至末会均分。

一议　会终之日，会书不邀。

一议　□净典钱

道光玖年五月十五日立会书人舒灿庭订

---

①　田涛、［美］宋格文、郑秦主编：《田藏契约文书粹编》128号，图第66页，释文第62页。

②　《田藏契约文书粹编》释作"四千七百文"，误，据第66页原图版所载，实为"四千五百文"。

"会券"前面部分述说了办理此会券的宗旨："戚友有通财之义，经营有襄助之情"，是说亲戚朋友之间在经营活动的资财上，有相互支援帮助的情谊和道义，由此才"以义而成会。情洽以通财"，这就是发起此会的目的。其办法是：由发起人舒灿庭担任会首，邀请六位亲友参加，首次聚会规定六人每人出五千文共三万文交给会首使用后，每隔十个月聚会一次，每次集资三万文由六人轮流获得使用，至于轮流中谁先谁后，用抓阄决定，或掷骰子以点数大小来确定二、三、四、五、六、末会。越往后，时间越长，出资越少，如被排为五、六、末会者，每人累计总共出资二万一千三百文，但到会期均可获得三万文，等于是存款加息的收入。会首虽最先获得三万文经营，然以后的逐年填还则须总支出三万六千文，等于是贴利填还。最后"有余利钱六千文，三会至末会均分"，由于二会至末会得钱时间晚，故给以补偿。所以对每位入会的参加者，利益都是相等的。每十个月聚会时，由会首提前三日下帖邀请。这套办法由会众公议制定，每人各执一本存据。此会终了之日，即此会券废止之时。这种以集资为目的进行互助性定期聚会的会约，是在货币经济十分活跃情况下，民间为筹集资金进行的一种智慧性的创造，一直在民间广为流行，直至今日。不过，在其执行过程中，也存在着一定的风险。如果其中某一人不如数如期交纳规定的钱数，这条资金链就会断裂，筹集资活动就会因无法运转而被破坏。"会券"在这一方面，则缺乏必要的防范措施，如"违约受罚"一类的规定，单纯建立在情、义伦理基础上的自律是不够的，特别是在钱财问题上，对于可能出现的风险给予充分的考虑和预防是十分必要的。

第二节　以乡里地域为基础的"乡规"、"民约"

"乡规"、"民约"是指以地缘为纽带的乡里居民约定，它既不同于以血缘为纽带的"家规"、"族约"；也不同于部分民众以信仰和互助而形成的僤、社之"僤约"、"社条"，从法学角度而论，它属于民间村落法的范畴。

早年日本仁井田陞氏曾从法制史的角度，对中国古代的村落法作过专门的研究①，从对唐代邻保制度的论证，到宋以后同族又是同村落"共同体"的规制作了论说，同时对元明时期各类记载村落规约的"日用百科全书"作了介绍。1937 年，中国社会学家杨开道发表专著《中国乡约制度》②，对乡约的产生、性质、作用及其制度的演变，在考证的基础上作了理性的分析，充分肯定了吕氏蓝田乡约的首创之功及其历史的贡献，对乡约由宋至元、由明到清的演变发展，均列专章论说，开启了对中国乡约制度进行科学性研究的进程。上世纪八十年代以后，随着中国农村的变革，特别是自 1988 年起，中国各地陆续开始试行《村委会组织法》，学术界对历史上传统的乡规、民约的研究也随之升温。1997 年，陈学文发表《明代契约文书考释选辑》③ 一文，公布了他在海内外搜集的一批明代契约，其中也包括明代的乡约。谢长法的《乡约及其社会教化》④ 以《蓝田吕氏乡约》、《赣南乡约》为主体对乡约的教化作了分析。安广禄的《我国最早的乡规民约》对北宋蓝田吕大钧制定的《乡约》、《乡仪》，认为是我国最早的乡规民约⑤。张广修的《村规民约的历史演变》⑥ 认为：历史上的村规民约发轫于宋，推行于明清，清朝中期渐趋成熟，清末民初曾在一些地区盛极一时。张中秋的《乡约的诸属性及文化原理认识》⑦ 对乡约的价值及其与社会秩序的关系、传统乡约与当代村规民约的联系，作了论述和分析。卞利的《明清徽州乡（村）规民约》⑧ 对徽州的乡规民约作了详细分析后认为：这些乡（村）规民约就是明清时期徽州乡村社会事实上的习惯法，它起到了维持徽州乡村社会既定秩序、维系国家与乡村社会的联系，进而维护乡村社会稳定的重要作用。2006 年，牛铭实发表了专著《中国历代乡约》，除对宋代以来的乡约逐代作出分析外，还节选了由宋至现代的乡约十四件。张明新的《从乡规民约

---

① ［日］仁井田陞：《中國法制史研究》（奴隷農奴法、家族村落法），第 663—829 页。

② 杨升道：《中国乡约制度》，山东省乡村服务人员训练处，1937 年。

③ 陈学文：《明代契约文书考释选辑》，《明史论丛》1997 年第 10 辑。

④ 谢长法：《乡约及其社会教化》，《史学集刊》1996 年第 3 期。

⑤ 安广禄：《我国最早的乡规民约》，《农村发展论丛》1998 年第 4 期。

⑥ 张广修：《村规民约的历史演变》，《洛阳工学院学报（社会科学版）》2000 年第 2 期。

⑦ 张中秋：《乡约的诸属性及文化原理认识》，载《南京大学学报（哲学人文社会科学）》2004 年第 5 期。

⑧ 卞利：《明清徽州乡（村）规民约》，载《中国农史》2004 年第 4 期。

到村民自治章程——乡规民约的嬗变》①，对宋代以来传统的乡规民约在历史上的存在形态以及近代以来演变成现代的村民自治章程的过程，作了揭示和分析，并对许多概念作了界定。此外，对个别地域、包括民族地区的乡规民约研究还有许多。

乡规民约是乡民大众为维护生产、生活秩序而共同制定的公约，本文主要从契约史的角度对这类公约作出分析和探讨。

一、乡民大众公约的溯源

日本学者寺田浩明说："在历史上，称为'约'的种种现象，实际上都是人们为了形成某种共有规范、或为了使彼此间的行动达到服从某种共有规范的状态而做出的努力。"② 指明了"约"的性质，而对乡规民约因何而出现则未涉及，张广修氏则作了回答："关于村规民约的历史起源，似应追溯到人类社会以地缘关系为纽带的异姓杂居村落形成之时。因此时随着异姓家族之间因同居一村而产生于彼此之间的社会关系的日益复杂，客观上要求有一种超越家族规范的社区公共规范出来协调各家族之间乃至各村民之间的社会关系，以弥补以血缘关系为基础的家庭内部行为规范——家法族规对家族之间社会关系调整之不足。"③ 这里不仅指出了村规民约与家法族规之间的区隔，还说明以血缘为纽带的家法族规在前，以地缘关系为纽带的村规民约在后，论证了村规民约产生于异姓杂居村落形成之时。

当前学术界普遍认为中国最早的乡规民约，源起于北宋吕大钧兄弟制订的《蓝田乡约》，在此之前是否存在着相类似的异姓民众的约定？从汉、晋僤、社约的存在；家法族规的存在，推测自秦汉以来，乡、亭、里的居民或许也有公约的存在。1996 年在泉州出土的清道光七年《重修溪亭约所碑记》中有载：

> 古者乡党闾里各有董正之官、约束士民之所，凡以教孝、教悌，俾

---

① 张明新：《从乡规民约到村民自治章程——乡规民约的嬗变》，《江苏社会科学》2006 年第 4 期。

② ［日］寺田浩明著，王亚新译：《明清时期法秩序中"约"的性质》，王亚新、梁治平编：《明清时期的民事审判与民间契约》，第 145 页。

③ 张广修：《村规民约的历史演变》，《洛阳工学院学报（社会科学版）》2000 年第 2 期。

人知睦姻任恤之风，而无嚣凌诟谇之习也。是故，里则有门，每弟子旦出暮入，长老坐而课督之。唐宋以后，虽不如古，而城中约所之设犹是三代教民遗意也。①

这是说在古代乡里就有掌教化的董正之官以约束士民，这套办法有可能来自大家认同的一种约定。从碑记知，唐宋泉州城中已有"约所之设"，此约所应是民众公约之所。

仁井田陞氏在论证唐代的邻保制度时说：早在《周礼》中就见有比邻间里的乡党制度，经六朝发展至隋，形成为五家为一保，五保为一闾，四闾为一族，保有保长；闾有闾正；族置族正。唐承隋制，规定："四家为邻，五邻为保"，由此而产生邻保制度②。《唐六典》载：

> 百户为里，五里为乡。两京及州县之郭内分为坊，郊外为村。里及村、坊皆有正，以司督察，里正兼课植农桑，催驱赋役。四家为邻，五家（邻）为保，保有长，以相禁约。③

对于民间基层组织，这里很明确地分为两种，一是行政系统，即"以司督察"的里正、村正；一是民居系统，即"以相禁约"的伍保系统。所谓"以相禁约"，即相互公认的共同遵守的约定，此类约定，就是一种民约。由于范围小，不一定形成固定的相约文字，但它毕竟是民众的公约。此公约涉及生产、生活、社会秩序、教化等方面。《唐律·斗讼律》载：

> 诸强盗及杀人贼发，被害之家及同伍即告其主司。若家人、同伍单弱，比伍为告。④

---

① 陈健鹰：《读碑三题》，《闽台民俗》创刊号，1997 年 12 月。

② ［日］仁井田陞：《中國法制史研究》（奴隸農奴法、家族村落法），第 664—665 页。

③ 《唐六典》卷 3《户部》"郎中员外郎"条作"四家为邻，五家为保"，第 73 页。然《旧唐书》卷 43《职官志》作"四家为邻，五邻为保"当为正，此点业经杨际平氏纠正，见氏著《北朝隋唐均田制新探》第一章第五节"关于乡里基层组织"。长沙：岳麓书社，2003 年，第 93 页。

④ 《唐律疏议》卷 24《斗讼律》"诸强盗及杀人贼发"条，第 449 页。

对于"主司"，《疏议》云："须告报主司者，谓坊正、村正、里正以上。"对"比伍为告"，《疏议》云："每伍家之外，即有比伍，亦须速告主司。"这是涉及社会秩序者，如发生盗贼、杀人等类事，应相约相告，或其他的伍保协助相告。吐鲁番曾出土过一批《唐广德五年（765）交河县民五保举常平仓粟牒》，共有五件，涉及伍保活动，现转录其中一件如下：

1　保头令狐义诠请常平仓粟壹硕伍斗　付身　光
2　保内康义节准前粟壹硕　付身　光
3　保内颜玄感准前粟壹硕　感　光
4　保内支奉仙准前粟两硕　付男咬盛领　光
5　保内王令仙准前粟两硕　付身令仙　光
6　问得前件人等连保状，各请上件粟。至
7　时熟，依官数收纳。如保内有人逃避，不办输
8　纳，连保之人，能代输不？但义诠等，各请前件粟，
9　时熟准数送纳，所有保内欠少，并请代纳，被问依实，
10　谨牒。
11　　　　　　　　　　广德三年二月　日①

一保五户，同向常平仓贷粟，约定"各请前件粟，时熟准数送纳"，如有人逃避，保证"并请代纳"。这是连保向常平仓贷粟的牒文，之所以用连保形式，是因伍保有相约相知、相互监督的职能，这是涉及经济生活的伍保相约。

由上可知，乡民大众的公约，在宋以前就已存在着，并非起始于北宋。所以张明新氏说："乡规民约的产生肯定远早于宋代，只是文本形式可能不如宋代及其以后完备严密和没有流传下来而已。"② 此说符合历史发展的实际。

用文字形式将乡规民约加以整理并流传至今者，当数北宋时吕大钧等兄弟在陕西蓝田于熙宁九年（1076）所创的《乡约》（或称《吕氏乡约》、

---

① 张传玺主编：《中国历代契约粹编》上册，第317页。
② 张明新：《从乡规民约到村民自治章程——乡规民约的嬗变》注12。

《蓝田乡约》)①，目的在于对乡民施以教化，将民俗纳入礼制的轨道。杨开道先生总结其特点说："吕氏乡约的基本主张，在树立共同道德标准、共同礼俗标准，使个人行为有所遵守，不致溢出标准范围以外。这种步骤在礼学里面，可以说是到了登峰造极的地位。"②《乡约》分四个部分，每个部分又有若干方面：

一是"德业相励"：有关德的部分列了23个必行、能做的方面；业的部分列了居家、在外应守之行为。"右件德业，同约之人各自进修，互相劝勉。会集之日，相与推举其能者，书于籍，以警励其不能者。"

二是"过失相规"：列有"犯义之过六，犯约之过四，不修之过五"，每过均列出各种表现。"右件过失，同约之人各自省察，互相规戒，小则密规之，大则众戒之。不听，则会集之日，值月以告于约正，约正以义理诲谕之。谢过请改，则书于籍以俟。其争辩不服与终不能改者，皆听其出约。"

三是"礼俗相交"：下分为四类，每类均列有具体行为规范。"右礼俗相交之事，值月主之，有期日者为之期日，当纠集者督其违慢。凡不如约者，以告于约正而诘之，且书于籍。"

四是"患难相恤"：下列"患难之事七"，"右患难相恤之事。凡有当救恤者，其家告于约正，急则同约之近者为之告，约正命值月告之，且为之纠集而绳督之。凡同约者，财物、器用、车马、人仆皆有无相假。若不急之用，及有所妨者，则不必借。可借而不借，及逾期不还，及损坏借物者，论如犯约之过，书于籍。邻里或有缓急，虽非同约而先闻知者，亦当救助。或不能救助，则为之告于同约而谋之。有能如此，则亦书其善于籍，以告乡人。"

由上看到，《吕氏乡约》不仅有乡约的内容，还有贯彻乡约的措施以及保证措施执行的组织系统。其组织系统是，在自愿入约的村民中选德高望重者一人为"约正"；有学行者二人为"约副"；另外每月选一人为"直月"。其措施办法是，如有善行者则书于籍加以奖励，有过若违约者亦书于籍，则加以劝改。约众有每月一聚会，每季一聚会，"遇聚会，则书其善恶，行其

① 牛铭实：《中国历代乡约》，第131—138页。
② 杨开道：《中国乡约制度》，第102页。

赏罚"。"三犯而行罚，不悛者绝之"①，即终不能改者，皆听其出约，形成了一套完整的乡约系统。自此以后，中国的乡规民约进入到一个新的发展阶段，如张明新氏所分析："自《吕氏乡约》以降，传统乡规民约就不仅仅是以乡民自愿合意为基础的行为规则条文，同时也是一种地方性的民间自设的处理地方社区事务的较为完整的社会组织体系。"②

二、宋至明清两种类型乡约的发展

寺田浩明氏在论及中国明清时期的乡规民约时，认为存在着"乡禁约"、"乡约"、"抗租运动中的盟约"三种形态③。对此，张明新氏则以为其"第三种形态更接近帮会法"，已不属乡规民约范畴，而一、二两种则"为较典型的传统乡规民约的存在形态。"④ 乡约如从内容上考察，可以看到在类型上有所不同，一种是综合性的"乡约"，着重在社会教化上的约定；一种是就生产、生活、环境、秩序等方面的具体"禁约"。

综合性的"乡约"，以《吕氏乡约》为代表，它对后世的影响深远，成为以后明清以至民国许多乡规民约的范本。然而，《吕氏乡约》的传播，实得力于南宋的大儒朱熹。因为吕大钧兄弟初编成《乡约》后，被疑有结党之嫌，并不被当权者看好，后又历金兵侵宋，关中沦陷，蓝田的乡约传统也被打乱，其影响也随之消散。到了南宋，朱熹为了"教人善俗"，对《吕氏乡约》及《乡仪》作出修订补充，如将原一"约副"增为二；将书籍改为三种，"愿入约者，书于一籍。德业可劝者，书于一籍。过失可规者，书于一籍"；将原当众纠恶改为善籍由直月当众朗读，恶籍让众人默默传看；删去罚款规定，用劝勉取代惩罚；将原来的聚会改为"月旦集会读约之礼"⑤；等等。如此修改后，更容易为约众所接受，也很快在民间传开。故杨开道先生指出："假使没有朱子出来修改，出来提倡，不惟吕氏乡约的条文不容易完美，吕氏乡约的实行不容易推广，恐怕连吕氏乡约的原文，吕氏乡约的作

---

① 《宋史》卷 340《吕大防传》，第 10844 页。
② 张明新：《从乡规民约到村民自治章程——乡规民约的嬗变》。
③ [日] 寺田浩明著，王亚新译：《明清时期法秩序中"约"的性质》，第 139—190 页。
④ 张明新：《从乡规民约到村民自治章程——乡规民约的嬗变》。
⑤ 牛铭实：《中国历代乡约》乡约导读第三章《朱熹对乡约制度的贡献》，中国社会出版社，2006年，第 18—22 页。

者，也会葬送在故纸堆里，永远不会出头。……正因为他是一个名重全国、名闻后世的大儒，乡约制度才受天下后世的重视，乡治组织才有四面八方的发展。"① 的确如此，中国古代的乡约，经过朱熹的提倡，成了此后统治阶级进行民治的首选。因它有助于用礼制对乡民进行教化，有助于封建统治秩序的巩固，故"在此后元明清几代逐渐不断发展演变，从纯粹自发的民间组织逐渐向官批民办、官民合一方向演进。"② 明朝太祖朱元璋颁布《圣谕》六条，即"孝顺父母，尊敬长上，和睦乡里，教训子孙，各安生理，毋作非为"③，令列入全国乡约，并每月设专人六次持铎宣于乡村道路。明成祖则提出"表章家礼及取蓝田吕氏《乡约》，列于性理成书，颁降天下，使诵行焉"④，鼓励全国乡村推行乡约制度，清朝康熙帝颁行《圣谕》十六条、雍正时颁布《圣谕广训》，要求全国乡约定时宣讲，其目的都在于此。

由于封建帝王的提倡，明朝许多名臣大儒都致力于推行乡约，诸如方孝孺、王阳明、吕坤、章潢、刘宗周、陆世仪等人，都对乡约的制度或实践有很大的贡献，其中以明代王阳明编制的《南赣乡约》影响最大，又称《阳明先生乡约法》，它是明正德十五年（1520），王守仁巡抚南赣汀漳等地时，为了改革地方风俗、增进乡民道德而制订的十六条乡约，也是继承《吕氏乡约》最多的乡约，"它以一种心学思想为指导，参酌、继承和发展了《增损吕氏乡约》等宋代以来理学治国的主旨，并与明代社会和南赣地区具体情况相结合的新型的乡约模式。"⑤《南赣乡约》以教化为主，其目标是"今凡尔同约之民，皆宜孝尔父母，敬尔兄长，教训尔子孙，和顺尔乡里"，养成仁厚的乡风民俗。在乡民之间的关系上，要求做到相助相恤，劝善戒恶，讲信修睦，息讼罢争。为了严格贯彻各条，《南赣乡约》还强化了组织系统，将"乡约会"的主事者加以扩充，推年长德高者为约长一人，约副二人，又推公直果断者四人为约正，通达明察者四人为约史，还设有知约、约赞等，各司其职。越来越像一级权力机构。

除《南赣乡约》外，明代还有多个带综合性教化治理的乡约，如吕坤

① 杨开道：《中国乡约制度》，第 127 页。
② 张明新：《从乡规民约到村民自治章程——乡规民约的嬗变》。
③ 《明太祖高皇帝实录》卷 255 "洪武三十年九月辛亥"条。
④ ［明］王樵：《金坛县保甲乡约记》，见《古今图书集成·明伦汇编·交谊典·乡里部》。
⑤ 张明新：《从乡规民约到村民自治章程——乡规民约的嬗变》。

在万历二十年（1592）以后巡抚山西时制订的《乡甲约》①；隆庆初年李春芳在扬州兴化拟的《订乡约事宜》②；陆世仪于明崇祯十三年（1640）完成的《治乡三约》③ 等，都在教化乡民，崇尚礼制，遵守伦理道德；安分守己，不要犯上作乱、胡作非违；亲善邻里，患难相恤；等等。实际上成为巩固封建统治秩序的工具，这也是乡约得以蓬勃发展的原因。

另一种类型乡约是"乡禁约"，多是关系乡民生产、生活秩序切身利益的约定，需要大家遵守，不得违反。仁井田陞先生在研究中国村落法时，专门列了两章《元明时期的村约与小作证书》，搜集列举了日藏的元明时期日用百科全书四十余种④，如明万历十三年（1585）刊《四民利观翰府锦囊》；明万历廿七年（1599）刊的《天下四民便览三台万用正宗》；万历卅五年（1607）刊的《翰苑广记补订四民捷用学海群玉》；李卓吾注释，天启年间刊本《素翁指掌杂字全集》；崇祯十四年（1641）刊《古潭山人二酉外纪》；等等。在这些供给"四民"阅读应用的样文书中，都列有许多的乡禁约，除综合性的乡《禁约》外，涉及具体事务的有《禁六畜作践禾苗约》、《禁田园山泽约》、《禁盗鸡犬约》、《禁盗田园瓜果菜蔬约》、《禁偷盗笋竹约》，有的还载有《禁赌博约》、《禁坟山约》、《禁夜行约》。

综合性的乡《禁约》，有的文字较多，但以万历卅九年（1611）刊的《士民通用一雁横秋》所载较为简明，现录于下：

> 朝廷有法律，乡党有禁条。法律维持天下，禁条严束一方。每年乡禁虽设，恨贪者以利散，懦者以势败，卒致禁令败坏，习俗益颓。人畜交相为害，不暇悉数。兹者某等，目击斯祸，风俗日颓，居民受害，深为未便。为此置酒会众，严立禁条，如犯者与众共罚，有不服会同呈之，但不许避嫌受赂卖放，又不得挟仇排陷，一有于此，天日鉴之。凡我同盟，允公罔私，谨约。⑤

---

① 牛铭实：《中国历代乡约》，第145—150页。
② 牛铭实：《中国历代乡约》，第151—153页。
③ 牛铭实：《中国历代乡约》，第157—171页。
④ ［日］仁井田陞：《中國法制史研究》（奴隸農奴法、家族村落法），第741—829页。
⑤ ［日］仁井田陞：《中國法制史研究》（奴隸農奴法、家族村落法），第779页。

这是针对乡禁约松弛，原有禁令不行，使居民受害，于是重申禁令，会同乡众共同订立的禁条，至于各类具体禁约，即是下列诸约。

关于《禁六畜作践禾苗约》，有的文字冗长，而以《天下四民便览三台万用正宗》所载较为简要，转录于下：

> 夫国以民为本，本固则邦宁；民以食为天，食足则信孚。此农事至重，实王政之首务也。切照本乡居民稠密，别无经营，惟资耕种，以充岁计，是以既殚东作，庶有以望西成，兹当禾苗盛长之时，不许纵放牛马践伤，鹅鸭啄食，各家务宜牢固关闸。爰自某月某日会众议约，以后倘有无籍者，不依条约，照例惩罚，如有抗拒不遵，定行呈首官府，众共攻之，以一科十，纵律无正条，其情可恶，必儆必戒，故谕。①

对于"不许纵放牛马践伤，鹅鸭啄食"，有的禁约还有具体措施，如万历卅五年刊行之《万用正宗不求人》中的《畜践禾苗约》载：

> 牛羊鹅豕之践害，实由人心而不谨，是则忧之良可惜哉。爰会乡众佥谋，严立禁约，示仰周知，自今为始，各家人等，务宜遵守畜养牲口，俱要谨慎严固关拦，毋得故意纵放践食。巡视遇见，登时打死，不必赔偿，亦无争竞，倘有无籍之徒，恃强之辈，出首妄争，即投申明亭，上从公断，治罚依例，庶使人知所警惧，物遂其生。②

这里的处罚比上列"以一科十"更为实际，即遇见践食之牲畜，"登时打死，不必赔偿"。此禁约在于维护农田禾苗不受损害，涉及每户庄稼收成的利益，故由会众共谋议订此类禁约。

有关《禁田园山泽约》的约文录于下：

---

① ［日］仁井田陞：《中國法制史研究》（奴隸農奴法、家族村落法），第763页。陈学文《明代契约文书考释选辑》亦录此文，注明录自《新刻天下四民便览三台万用正宗》卷17《民用门·文契类》，《明史论丛》1997年第10辑。

② 《万用正宗不求人》卷5《乡约类》。［日］仁井田陞：《中國法制史研究》（奴隸農奴法、家族村落法），第731页。

古者田园山泽，俱有属禁，所以撙节爱养之道，收天地自然之利。今兹青苗蔽野，绿阴连山，一等不良之徒，辄肆狗鼠之行，以致生者熄，成者耗，而厚生之道荒矣！是用会集，一方宰猪置酒歃血，预盟从新禁蓄，日加巡逻之功，月有交牌之会。凡我同盟之人，皆在所禁之中。令有条例，戴于后，故示。①

其下列有保护山林川泽若干条禁止措施和罚则，这是用歃血结盟的形式组织乡众保护自然资源、保护生态环境的禁约。具体措施是由专人负责，每日派人巡逻检查，每月凭牌交接看护，监督对山林川泽的破坏不法行为。

关于《禁盗鸡犬约》，文字较长，仅节录其禁约直接相关部分：

缘自今日为始，会众禁约，如有仍前浪荡食饕之辈，不思人家蓄养之劳，忍心害理，不仁孰甚焉。许同约之人，究察或捉获赃证，送亭问理，轻则随情发落，照例责罚；重则送官惩治问罪，如此则人心有所警畏，物性得以安全。人人有士君子之行，比屋有可封之俗矣。凡我同盟，各宜鉴诸，故示。②

对于鸡犬，由于鸡能司晨下蛋，犬可以守门司夜，可以带来生活的丰富和平安，家家均有饲养，故对于偷鸡摸狗者，乡民自然痛恨，故会众立约，许同约之人，究察或捉获之，轻者依例处罚；重者送官府治罪。至于《禁盗田园瓜果菜蔬约》、《禁偷盗笋竹约》，均属损人利己之偷盗行为，乡村人人无不受害，其禁约措施及处罚，大体与本条相近似。

在《万用正宗不求人》中，载有《禁赌博约》，其文于下：

为禁约赌博事，切惟业农务本者，固无博戏之为游手好闲者，乃有赌博之病，伤风败俗荡产倾家，皆基于此。奈本乡生齿日众，礼义之教不明，游逸之风愈炽，中间有等无籍之辈，生理不务，惟图招群结党，专为赌博之事，或投钱铺牌，以竞输赢；或掷色局戏，以争胜负，终日

① ［日］仁井田陞：《中國法制史研究》（奴隸農奴法、家族村落法），第 764 页。
② ［日］仁井田陞：《中國法制史研究》（奴隸農奴法、家族村落法），第 765 页。

忘餐，彻夜失寐。仰视父母之无赖，俯育妻子之无依，盗心从此而渐生，奸谋由是而辄起，小则穿穴踰墙，无所不至，大则鸣火持刀，靡所不为，若不禁革，深为未便。为此会议禁革，今后务要洗心涤虑，痛改前非，守义存仁，各遵本业。如有长恶不遵者，定行惩治，轻则会众加禁，重则送官发落，为此俱陈，的不虚示。①

赌博恶习，历代有之，这是由乡民会议拟定的禁约，从本约起首"为禁约赌博事"及文尾"为此俱陈，的不虚示"看，疑为在乡村各处张榜宣示的禁约。

明代的各类禁约，流传到清代，则继续沿用，有的条款则更加细化，如位于陕、豫、鄂三省交界的商南县丹江河边，有一块光绪十三年（1887）竖立的《梳洗楼告示碑》，碑刻背面于次年又刻有"护林乡规"，乡规约定："漆树，偷砍一棵者，罚钱一千文，一枝者，罚钱五百文；柴山树林，偷砍一林者，罚钱一千文，砍一担者，罚钱五百文；禁牛羊猪鸡入地贱食禾稼，倘食苞谷一棵者，罚油一斤……""轻则同众议罚，重则送官究惩。"② 其处罚是严厉的，推测也是由当地乡众议定，经官府批准而立。将此规定刻为碑文，也是为了世代遵守。

以上这些乡约的一个共同特点是"会众议约"，即由乡民群众共同讨论商议订出的约定，这种公约一旦订立，乡众都须共同遵守。这固然体现出乡民自治的精神，但同时也应看到，这些"会众议约"和"乡禁约"，多是在处于乡村上层的乡绅和地方基层官吏指导下订立的，对维护乡民正常生产、生活及社会秩序来说，它能起到国家司法难以起到的效果，甚至于代替了国家法令施行的功能。从明清两代乡约的发展趋势看，存在着一个"从'对等者通过相互间合意形成合约'向'上位者单方面宣示的约束'这一重心的转移，最后与宣传国家法令的内容完全重合这样一个历史过程。"③ 反映出乡约成为国家维护封建社会秩序的工具，而受到封建国家的大力支持和推广。

---

① ［日］仁井田陞：《中國法制史研究》（奴隸农奴法、家族村落法），第 773 页。
② 孙强：《商南 120 年护林碑重现，碑文刻写古代乡规》，《华商报》2011 年 6 月 1 日。
③ ［日］寺田浩明著，王亚新译：《明清时期法秩序中"约"的性质》，王亚新、梁治平编：《明清时期的民事审判与民间契约》，第 154 页。

第三节　对本章的结语

　　民间的社会基层组织，是由古代的"村社"演变而形成的，当氏族公社转化为国家后，原有的村社就下降为私人性质的群众团体。生活在社会底层的群众个体，力弱势单，为了各种生活的需求，仍然需要群体的力量来支撑和应对，于是便出现了许多个体家庭基于各种利益需要相结合而成的组织，其成员为了使这类组织正常运转，便制定了各种规矩和券约。

　　商代卜辞中多次出现的"单"，应是以地缘维系而成的村社组织。留存至今的汉代"僤约"，即是百姓或为养老互助、或为减轻赋税等诸多经济目的而订立的券约。魏晋以后，民间的这类互助性组织多称之为社或社邑，社有社老、社掾、社正、社史等管理者，随着佛教在中国的传播，佛教寺院发展遍及南北，成为社会基层民众的普遍信仰，一些信众在这种精神世界的支配下，以佛寺为依托，结成一些互助性的社邑。处于乱世中的北方民众，为解脱苦难，在佛教思想支配下，常结合组成义邑，用造佛像、修佛寺、营斋、诵经等方式来修功德、祈福报。从敦煌所出大批唐五代社邑文献看，除了以佛寺为背景的崇佛社邑外，还有以亲情帮扶、生产互助、或维护宗族名望等为目的的各类社邑，少则十余人、多则几十以至百余人组成，多以兄弟相称，推举能人担任三官，即社长、社官、录事，由他们制订出社条邑约，让社众相约相守，定期聚会。社员与社司间的关系，既有平等互助的方面，即社众群体的互助合作和友爱帮扶的关系；也存在着不平等的另一面，即社司三官和社众之间的不平等待遇以及对社众劳动成果的侵占。社司三官对社邑的管理是封建等级制的，其指导思想也受封建统治思想所支配，在封建社会体制下，社邑往往成为协助封建官府统治社众的工具。

　　如果说社条邑约是部分群众基于信仰、亲情或利益而结合的约定，那么，乡规村约则是乡村全体群众的约定和规范，它是乡民大众为维护生产、生活秩序而共同制定的公约，产生于异姓杂居村落形成之时。现存具有典型性代表的是北宋制定的吕大钧《蓝田乡约》，目的在于对乡民施以教化，将民俗纳入礼制的轨道。乡规民约从内容上考察，有类型上的不同，一种是综合性的"乡约"，着重在社会教化上的约定；一种是就生产、生活、环境、秩序等方面的具体"禁约"。

乡约的特点是"会众议约",即由乡民群众为了邻里相助、贫富相济、患难相恤、恶俗相禁等互助性质及其措施而共同商议订出的约定,可以减少一些社会矛盾,增进基层社会的安定与和谐,具有自治性。乡约的另一特点是遵守国家法制,不论在重教化中的尊礼制、惩恶扬善;还是禁约中的违禁"送官发落",都以国家律令和官府为后盾,反映出乡约与统治阶级利益的一致性,成为国家维护封建社会秩序的工具。

第七章

以业缘为纽带的经营合同与规约

社会经济生活中，随着生产的发展，社会各业分工日细，各类手工业日趋专业化，通过商业进行的物物交换日益频繁。在古代的工商贸易中，经常见到的是买卖契约，也多引起学术界的注意和研究，而对于买卖活动中的经营方式，如合伙经营及其合同的研究则较少。不过，对明清以来工商业者的组织"行会"及其行规、会约的研究，还是受到学术界的关注。这两种类型的契约，均涉及到营利过程中的劳作和利益分配，涉及参与者的权利和义务，故其合同、契约或规约，对于参与者来说，都至关重要。本章拟在这两个方面作出一些探讨。

第一节　民间工商业中的合伙经营合同

一、古代的合伙经营合同

合伙贸贩，先秦已有，然合伙经营的合同则未见。1973 年在湖北江陵凤凰山 10 号西汉墓出土的《中舨共侍约》，则是一件典型的合伙经营中转商贸的契约文书，书写于木牍上，木牍正面写有"中舨共侍约"，① 背面书有 6 行约文：

---

① 本件原题文，黄盛璋释作"中贩共侍约"，其中"贩"字，原写为左舟右反，实即"舨"字。

1　□（年）三月辛卯中，舨长张伯、石晁、秦仲、陈伯等十人

2　相与为贩约：人贩钱二百；约二：会钱备，不备勿与同

3　贩。即贩直行，共侍于前，谒病不行者，罚日卅，毋人者庸贾

4　器物不具，物责十钱。共事以器物毁伤之及亡，贩共负之。

5　于其器物擅取之，罚百钱。贩吏令会不会，会日罚五十，

6　会而计不具者，罚比不会。为贩吏余（集）器物及人。贩吏

秦仲。[1]

约文记载由舨长张伯等十人合伙共同经营中转商贩，约定一：每人出贩钱二百参与合伙经商；约定二：加入贩会者钱要交齐备，不交齐备勿与同贩；约定三：合伙共贩后，大家就要遵行共同的规定，诸如有病不能做事者一天罚卅钱，无人而雇人买卖者，器物不具备的罚十钱；约定四：共同做买卖时器物毁伤或丢失，由合伙人共同负担，擅自拿取器物者罚百钱；约定五：设置了舨吏并让秦仲担任，还规定了舨长和舨吏的职责范围。[2]

这件西汉的"中舨共侍约"，不同于民间主、客间的券约，属于群体性谋利的合伙券约，然而，约文对入伙人的义务及经营操作规定比较具体，而对合伙者的权利以及利益的分配则缺乏规定。从"舨吏令会不会"、"会而计不具者"看，含有"会"总计算之意，似为一种合伙出资、分散经营、集中会计的经营方式。至于具体的利益分配，或许另有约定。

汉代以后，类似的合伙经营谋利者，肯定继续存在，而其合伙券契或合同书，却甚为少见。今检得李逸友编：《黑城出土文书（汉文文书卷）》，

---

① 此录文基本依据黄盛璋：《江陵凤凰山汉墓简牍及其在历史地理研究上的价值》，《文物》1974年第6期。对于本约，学术界有不同认识，如弘一：《江陵凤凰山十号汉墓简牍初探》认为"是张伯等七人订的用船运输器物的契约"（《文物》1974年第6期）；裘锡圭：《湖北江陵凤凰山十号汉墓出土简牍考释》认为"'中服'大概指由几批服役者分期完成的较大徭役中时间安排在中间的一期，订约的张伯等七人都是服长。"（《文物》1974年第7期）；姚桂芳：《江陵凤凰山十号汉墓"中服共侍约"牍文新解》认为："是一个区域性中型规模管理物资储备调配组织的契约。"（《考古》1989年第3期）。此处采黄盛璋说。

② 杨际平在《凤凰山十号汉墓据"算"派役文书研究》（《历史研究》2009年第6期）中认为"如果是合伙做生意，我觉得每人出本钱200钱，7人仅1400钱，数额未免太少；本钱如此之少，而合伙做生意的人又如此之多，实难令人置信。反之，如果是合伙备'舨'（小船）受雇为他人搞水上运输，或者是集体在官船承运役，或许更切合实际。"

有两件元代的"火计"文书，其中 F62：W26 号残损严重，仅残存 4 行，但 F96：W3 号则较完整，下部虽缺，尚可探知其内容，这就是《元至正廿一年（1361）李润通、赵译史合火开米面酒店契》，现将此契全文转录如下：

1　立合同火计文字人李润通，□□□□

2　住人赵译史二人，火计作开米□□□□

3　定，赵译史出钱在家住坐，□□□□

4　酒器什物、床塌桌椅全□□□□

5　安停，市斗内价钱小麦□□□□

6　通取备到本钱，市斗壹□□□□

7　一人跟同各备己本，收买酒米□□□

8　匹外，有人工各另出力□料□□□

9　到息钱，如系元本，二人均□□□□

10　却有倒折，两家停摊□□□□□

11　各无番悔，如有先悔者，甘□□□□

12　词，故立此文字为照用。

13　　　至正廿一年八月正立□□□□

14　　　　　同立□□□□

15　　　　　知见□□□□

16　　　　　知见□小党

17　　　　　知见人沈重禄

18　　　　后吉利①

本件出土地点黑城子，即元朝亦集乃路之路城，城内有兴盛的商业活动。本件是李润通与赵译史订的合伙经营契，第 1 行后缺文字，推测为"与亦集乃在城"或"与在城"，所缺在 3—6 字之间。第 2 行后缺文字，是指开何性质的店，据后列的"酒器什物、床塌桌椅"看，是开餐馆；可是 2 行尾写明"作开米"，推测应为"作开米面酒店为定"。下面说的是双方分工：

① 李逸友编：《黑城出土文书（汉文文书卷）》F96：W3 号，第 189 页。

"赵译史出钱在家住坐"，即赵译史只出资，不管具体事务。而店内设备全由李润通负责，如此则 3 行尾缺应为"店内所有"，4 行尾当补为"由李润通"。5 行以后的文字，由于文意不明，不能妄补。说的是经营中的支出与收益，大体都是双方平均支出，所得收益双方平均分配。

本契 13—14 行列有"正立文字人"与"同立文字人"，前者当是李润通，后者当是赵译史。其后还有三知见人，采用的仍是古代传统的契约模式。18 行尚存"后吉利"三字，可能是合伙经营契中结尾常用的祝福语，预祝以后经营吉利。类似的祝福语，也见于其他类的契约中，如黑水城出土的《元至正廿五年（1365）脱欢主持婚书约》①，是一纸结婚契约，在契尾第 23 行上，书有"取吉大利"四字，具有相类似的意义，即求以后大吉大利。

这是二人合伙经营饮食餐馆的契约，对于合作形式、投资方案、利益分配、风险承担等方面，都有明确的约定。双方对等出资，但出力不对等，参股方赵译史只出资不出力，而李润通既出资又出力，故契文将收益分配列为"元本"和"人工"两部分，经营所得，除购备物资和人工报酬开支外的剩余，则为"元本"的"息钱"，由二人均分，如果计算下来出现"倒折"，即亏欠，由两家均摊。如果按照合股经营中"银股"与"身股"的概念②区分，李润通既拥有"银股"，又有"身股"，而赵译史则只有"银股"。由此知元代的合伙契已注意到将"人力"的支付与"元本"息利作出区分。

二、明清时期合伙经营的合同书

元朝以后，随着商品经济的进一步发展，合伙经营的契约越来越多出现在人们的经济生活之中，以致于在明朝的应用样文书中，也提供出这类合同范本，如明崇祯年间刊行熊寅几编的《尺牍双鱼》，便载有《仝本合约》，转录其文如下：

---

①　李逸友编：《黑城出土文书（汉文文书卷）》F13：W130 号，第 186 页。

②　［美］加德拉著，赵曼、李超译：《晚清和民国时期的商业合伙契约——范例与模式》在分析商业合伙关系中的复杂和精细时，提到"它被一种存在于'银股'和'身股'之间更大的差异所覆盖。"载曾小萍等编，李超等译：《早期近代中国的契约与产权》，杭州：浙江大学出版社，2011 年，第 309 页。

立合约人某某等，窃见财从伴生，事在人为。是以两人商议，合本求
财，当凭中见某人，各出本银若干作本，同心揭胆，营谋生意。所获利
钱，每年面算明白，量分家用，仍留资本，以为渊源不竭之计。至于私
己用度，各人自备，不许扯动此银，并混乱帐目。故特歃血定盟，务宜
一团和气，苦乐均受，慎无执拗争怨，不得积私肥己。如犯此议者，神
人共殛，今恐无凭，立此合约一样二纸，为后照用。①

本件称为"同本合约"，是因"各出本银若干作本"之故，同样文字的
合约写为两份，一家持有一份。订约目的是为"合本求财"，两家平均出资
经营，每年结算一次，获利部分量分家用，但原出资本仍留作继续经营。契
中公私界线清楚，各家的私用，不许扯动资本银并混乱帐目。约中还明确
"不得积私肥己"，要求"苦乐均受"，表现出合伙经营中，双方的权利、义
务和责任的对等性。这是对元代合伙经营条约内容的沿袭。

以上是两家对等出资经营的合约，也有多人合资、且资金不对等的合伙
契，如《清咸丰五年（1855）宛平县畅昌远等开粮店入股合同》，文录
于下：

立合同人畅昌远、三合堂、畅昌光、武荣光、王时恩，今因义气相投，
合伙经营，协力同心。今商议在西直门内路北开设聚泰粮店生理壹座，
重新振立，各人资本开例于后：畅昌远入资本京钱壹仟吊整，作为钱股
壹俸；三合堂入资本京钱伍百吊整，作为钱股伍厘；畅昌光入资本京钱
伍百吊整，作为钱股伍厘；武荣光入资本京钱式百吊整，作为钱股式
厘；王时恩入资本京钱式百吊整，作为钱股式厘。武荣光顶身力壹俸式
厘，王时恩顶身力壹俸，钱股入俸共作为肆俸陆厘。日后天赐万金，按
钱股入俸均分。今立合同一样六张，各执壹张，本铺存留壹张，立此合
同为证。
咸丰伍年四月初壹日 　　　　　　　　　　　　立

---

① ［日］仁井田陞：《中國法制史研究》（奴隸農奴法、家族村落法），第 780 页。本件又载于
［明］徐三省：《世事通考外卷·文约类·合约》。张传玺编：《中国历代契约粹编》中册转录题作《明
伙资经商合约格式》，第 945 页。

（合同）

中　人　王时凤（押）时荣光（押）薛兴吉（押）①

本件中五家合伙经营，但并不对等，畅昌远出资比三合堂、畅昌光多一倍，而三合堂、畅昌光又比武荣光、王时恩多一倍半。然而，此店的经营主要靠武荣光、王时恩二人出劳力，于是也将劳力折股，故有"武荣光顶身力壹俸式厘，王时恩顶身力壹俸"的安排。钱股和力股总共"肆俸陆厘"，经营获利后，按股俸比例均分。由此看，此合同是平等的，不存在谁支配谁、谁依附于谁的问题。

此聚泰粮店，据《清同治二年（1863）宛平县邓德陞等开粮店入股合同》②得知，到同治二年进行了改组，"出倒与邓宅为业"，店名改为聚泰成，仅有武荣光留在店内继续与邓德陞等人"同事共业"。到了同治七年，武荣光决定退出，于是又出现《清同治七年（1868）宛平县武荣光退聚泰成粮店股约》，其约文如下：

> 立辞退约人武荣光，情因西直门内路北原有聚泰粮店一座，系于同治二年畅、王二姓出倒与邓宅为业，彼时内有武荣光钱股人力，业已注销，并未同畅、王二姓书名倒字纸上，复同事共业。今承做几年，生意不佳，递年乏本，目下歇业不做，难以经理。同中言明，武荣光情愿辞退出铺。日后聚泰成财发万金，俱系邓宅经理，不与武荣光相干。所有该外银钱，外该本铺钱项，皆邓宅还收，利害不与武荣光相干。支使银钱全然注销外，送盘费银叁拾伍两，其银当交不欠。至此以后，倘有武姓亲族人等争碍，有自己一家承当，不与邓宅相干。此系同中人言明，两出情愿，各无反悔，恐口无凭，立辞退约为证。
>
> 同治七年拾壹月初拾日　　　自立
>
> 　　中　人：高照宽　樊维城　郭峰玉　程金达　陈卷书　张起蕡　孙

---

① 张传玺编：《中国历代契约粹编》下册，第 1773 页。按原件上立合同的五人名字并列，尾部"合同"二字原重叠书写，本件存其右半，当是数份骑缝合写而成。

② 张传玺编：《中国历代契约粹编》下册，第 1774 页。

培基①

这是武荣光自愿退出合股经营的约定，此约表明，合伙经营是自愿的，退出合伙经营也是自由的。从清代的这一组合伙契中，最为突出的一点是：重视了劳务的地位，凡在其中支付身力的劳动者，也将其劳务贡献折算入股，这是元代以来合伙契中将劳力投入与资本投入作出区隔的一个新发展，显示出到了清代，劳力成本在创造财富中的重要地位更为明确了，这是一个时代的进步，它表明合资经营的合同精神，已经走向近代化。

第二节　行会组织从"行规"到"同业公约"的演变

行规，是指民间工商业中行会产生后的规章制度，它从萌芽到成型，继而发展成近代的"同业公约"，有一个逐渐演变的过程。学术界围绕行会制度的研究，已有许多的成果。1927 年日本学者加藤繁先生发表《唐宋时代的商人组织——行》，1935 年又将其修改增补为《论唐宋时代的商业组织"行"并及清代的会馆》，②列述了由唐至宋同业商店街区"行"的存在及同业商人组织"行会"的出现；发展到元明清"会馆"等，尚未多及行规的内容。其后，根岸信的《支那行会的研究》则刊载了一些清代的行规。③1934 年全汉昇先生发表《中国行会制度史》④，对国内学术界说来，属于拓荒之作，他广为搜集了唐宋元明以来行会发展的资料，还转载了若干清代行规作为附录。八十年代以后，对行会的研究增多，日野开三郎先生的《唐宋时代商人组合"行"的再探讨》⑤将唐宋商业行会分为三个阶段来观察其发展演变。傅筑夫先生的《中国工商业者的"行"及特点》⑥论列了唐宋时期

---

① 张传玺编：《中国历代契约粹编》下册，第 1775 页。

② 见第二章注。

③ 又译作《中国基尔特之研究》，上海：东亚同文会，1932 年。

④ 全汉昇：《中国行会制度史》，上海：新生命书局，1934 年。台北：食货出版社第 3 版，1986年。

⑤ 日本《产业经济研究》21 卷 1 期—22 卷 2 期，1980 年 6 月—1981 年 9 月。

⑥ 傅筑夫：《中国古代经济史概论》，北京：生活·读书·新知三联书店，1980 年。

"行"的多样性。杨德泉先生的《唐宋行会制度之研究》①，探讨了唐宋行会形成的历史条件、行会的大量出现及其组织活动、唐代时期行会的性质特点及其历史作用等问题。张泽咸先生在《唐代工商业》专著中，列有"行会组织"一栏，指出隋唐始有"行"，随着城市经济的发展，工商人口的增多，手工业者和商人需要"自行组织起来用以维护本身利益"，"就官府而言，它可利用行会组织以便控制数量众多而又非常分散的工商业者，使之承办官府的需求和赋役征派。基于这些因素，行会的出现便成为时代的实际需要了"②。以上众多研究，多着重于行会的形成、性质、发展及向近代馆所的演变上，而对"行规"、"行约"涉及甚少，彭泽益先生主编的《中国工商行会史料集》（全二册）于1995年出版，搜集公布了明清以来各地的行规、行约，为研究古代的"行规"及近世"同业公约"的演变，提供了大量历史实物资料和使用上的便利。

一、唐宋工商业行会的产生及各种活动

"行"，是对工商业进行分类的称谓，在隋以前未见，然到了隋朝，却有鲜明的记载，隋人杜宝的《大业杂记》载，在洛阳，"有丰都市，周八里，通门十二，其内一百二十行，三千余肆……市四壁有四百余店……招致商旅，珍奇山积"③。对于隋代洛阳丰都的市，唐人韦述在《两京记》中说："东都丰都市，东西南北，居二坊之地，四面各开三门，邸凡三百一十二区，资货一百行。"又云："大业六年，诸夷来朝，请入市交易，炀帝许之。于是修饰诸行，葺理邸店。……诸行铺竞崇侈丽，至卖菜者，亦以龙须席藉之。"④ 可见隋代已有各行各业形成规模的"行"。到了唐代，除两京以外，地方州郡的市里，也存在着繁盛的行市场所及其交易，吐鲁番出土的《唐天

① 杨德泉：《唐宋行会制度之研究》，载同氏《宋史论文集》，上海：上海古籍出版社，1982年。
② 张泽咸：《唐代工商业》，北京：中国社会科学出版社，1995年，第350—351页。
③ 牟发松：《〈大业杂记〉遗文校录》，载武汉大学历史系魏晋南北朝隋唐史研究室编：《魏晋南北朝隋唐史资料》第15辑，武汉：武汉大学出版社，1997年，第174—199页。
④ 《太平御览》卷191《居处部·市》，北京：中华书局，1985年，第925页。按：此条《御览》原引作"西京记曰"，加藤繁氏认为可能为"两京记"之误，因《太平御览》引用书目中，有"韦述东京杂记"和"韦述西京新记"，合而成为"两京记"。见《中国经济史考证》（吴杰译）上卷，第338页。

宝二年交河郡市沽案》中，详细开列了唐西州市中各行商品上、次、下价的价目，如：

> 米面行
> 　白面壹斗　上直钱叁拾捌文　次叁拾柒文　下叁拾陆文
> 　北庭面壹斗　上直钱叁拾伍文　次……①

从此案中尚存的记载，知有谷麦行、酱□行、帛练行、□布行、绿帛行、果子行、凡器行、铛釜行、菜子行等，另据商品品名判断，还有驼马行、药材行、脂粉行、钢刀行等。表明在唐天宝间，在西州有很成熟的行市，这类市中的行，都是依据官府规定设置的，各行商品价格，由市场供求行情而定，但管理各行的市司②也随时对行市行情给以关注，唐《关市令》载：

> 诸市四面不得侵占官道以为贾舍，每肆各标行名，市司每行准平货物时价为三等，旬别一申本司。③

上述各种货物三等时价，正是根据各行每旬的变动而制定，市司编制成时市估案后，再报州郡仓曹参军批准予以成立，以备官府和市或办案平赃时之用。《唐天宝二年七月交河郡市司状》④，即证实了这一点。由此知唐代的行，完全由官府的市司管理控制。

张泽咸先生认为唐代众多行的存在，就是行会的存在，而"经营买卖的商业行会比独立手工业者所组成的手工业行会在数量上肯定要多。"⑤ 从一些零星的材料中，可以看到一些行人有组织的活动，《房山石经题记汇编》

---

① ［日］池田温：《中国古代籍帐研究》录文部分，东京：东京大学东洋文化研究所，1979年，第447页。

② 市司，为唐管理市的机构，《唐六典》卷20《太府寺·两京诸市署》载：市设令一人，丞二人，"掌百族交易之事，丞为之贰。凡建标立候，陈肆辨物，以二物平市，以三贾均市。"第542—543页。

③ 天一阁博物馆、中国社会科学院历史研究所校证：《天一阁藏明钞本天圣令校证》下册，第306页。

④ ［日］池田温：《中国古代籍帐研究》录文部分，第462页。

⑤ 张泽咸：《唐代工商业》，第347页。

中，载有许多唐范阳郡诸行造经的题记，如：

> 天宝四载四月八日，白米行社官吴庭芝、录事牛福等上经两条供养。①
>
> 白米行邑社官吴庭芝、录事牛福子合邑人等敬造石经二条，天宝七载四月八日上。②
>
> 石经邑涿州市肉行铺人平正李俊……右上件三十三人同造石经二条，建中□年四月八日上。③

这是公元 8 世纪，行人按社邑模式组织起来的同行活动，此行邑有社官、平正、录事等职，既然在造经上同行人有共同的活动，在商业经营中、在维护行人权益上，也应有协调的活动，《两京新记》记西市"市署前有大衣行杂糅货卖之所，讹言反说，不可解识。"④ 交易中用一般人不可解识的言说，属于行话，是行人维护自身利益的手段。唐人贾公彦对《周礼》中"肆长"注疏说："谓一肆立一长，使之检校一肆之事，若今行头者也。"⑤ 可见在唐代每个行都有"行头"，上列白米行社官吴庭芝应该就是白米行的行头。"录事"通常是邑社中管具体事务者，在行中也应是相类似之职责。"平正"也是负责行内事务者，从字面看，属办事公平公正之职，似乎是负责处理行内各铺户关系及行外关系者。"行头"的职责是："为政府收缴赋税，差派徭役；协助政府平抑物价，管理市场；规定本行业的产品质量或技术规格。此外，还组织同行进行共同的祭祀和娱乐活动等等。"⑥

行人的活动常与宗教祈福祭拜连在一起，唐宣宗朝，李玫作《纂异

---

① 房山石经《大般若波罗密多经》天宝四载四月八日吴庭芝等题记，北京图书馆金石组编：《房山石经题记汇编》，北京：书目文献出版社，1987 年，第 85 页。

② 房山石经《大般若波罗密多经》天宝七载四月八日吴庭芝等题记，《房山石经题记汇编》，第 89 页。

③ 房山石经《大般若波罗密多经》建中□年四月八日李光俊等题记，《房山石经题记汇编》，第 113 页。

④ ［唐］韦述：《两京新记》卷 3。

⑤ 《周礼注疏》卷 15，《十三经注疏》，第 738 页。

⑥ 彭泽益：《中国工商业行会史研究的几个问题》，载氏编《中国工商业行会史料集》导论，第 5 页。

记》载：

> 吴泰伯庙，在东阊门之西。每春秋季，市肆皆率其党，合牢醴，祈福于三让王，多图善马采舆女子以献之。非其月，亦无虚日。乙丑春，有金银行首纠合其徒，以绡画美人，捧胡琴以从，其貌出于旧绘者，名美人为胜儿，盖户牖墙壁会前后所献者，无以匹也。①

这是对唐后期苏州金银行敬神祈福活动的记载，乙丑春，或许是指唐武宗会昌五年（845）乙丑，金银行首带领行人向三让王献美人画，此画来自"户牖墙壁会前后所献者"，户牖墙壁会，可理解为隔壁对门邻里聚会，对同行业者来说就是一种同行业者的聚会。聚会时，行人对行会或行首也常有献礼。这也证实了此时行会的存在。姜伯勤先生在论证唐五代"行人"时，引用敦煌归义军时期的《节度押牙董保德建造兰若功德颂》②，指出董保德在颂文中是"知画行都料"，是"行会中的上层分子"，在计议修建兰若时"乃于上下商宜"，其结果是"寻即大之与小，尊之与卑，异口齐欢，同音共办"，反映了画行作坊中行会师傅与帮工学徒间的上下尊卑关系。③ 敦煌画行属9世纪手工业类的行会，进行劳作时需要行人上下商宜、同音共办。彭泽益先生说："一些散见的史料表明，至迟在8世纪末（780—793），唐代已有行会组织的雏形存在。"④ 这一见解是符合历史实际的。

宋代由于商品经济的活跃，传统的坊市制全面崩溃，工商行会在州郡以外的地区纷纷出现。"从行人方面来看，行的最重要意义，就在于它是维护他们共同利益的机关。而共同利益中最主要的，大约就是垄断某一种营业。"⑤ 既要垄断某种营业，又要维护他们之间共同利益，还要进行各类的祈福聚会活动，这就要求行人之间有一种约定和行为规范，即行约、行规。唐宋时期行会是否有行规？从敦煌遗存下来唐五代的《行人转帖》推测，

① 《太平广记》卷280《刘景复》条，第2235页。
② 敦煌文书 S.3929〈2〉号。
③ 姜伯勤：《敦煌文书中的唐五代"行人"》，《中国史研究》1979年第2期。
④ 彭泽益：《中国工商业行会史研究的几个问题》，载氏编《中国工商业行会史料集》第5页。
⑤ ［日］加藤繁：《论唐宋时代的商业组织"行"并及清代的会馆》，载《中国经济史考证》，第354—355页。

应该是有的，由于年代久远，迄未及见。现在所能见到成文的行约、行规，多是清代的一些行会行规。

应该指出的是，唐宋以来的行会，胎生于官府市司管理控制下的行肆，天生就具有一种对封建官府的依附性，行会的职能主要是为官府服务，承接官府差派的任务，贯彻官府的律令，协助检查各行业中的不法行为，等等。即使有行规，也旨在要求行会成员贯彻这些职能。行会虽属行人们自己的组织，却缺乏自主性，这是中国行会不同于西欧中世纪行会的地方。

二、明清以来的工商"行规"及其性质

明清以来的行会，多分为商业行会和手工业行会，行业性质的不同，使其行规内容也不相同。现在见到较早的一件商业行规，是日本根岸信所著《中国基尔特之研究》一书中附录所收康熙十七年（1678）《汉口米市公所之公订帮规》，转录于下：

> 吾人经营汉皋米市同业牙粮，若无团结集议之所，则无以整顿行规。且意见各殊，斛斗参差。夫以谷米为人食重要之需，如斛斗不一，何以昭公溥而永保信用。缘集同业，协筹划一，公订帮规如下：
> 一凡同业之入帮，先缴入帮费纹银十五两。
> 一凡同业之买卖谷米，均需遵依部制规定之斛斗。
> 一凡同业中粮牙商贩代客买卖，所用之斛斗，均需赴公所具领，以昭划一，不得私自设用。
> 一凡入帮之同业，每年贸易，每千两抽厘入钱，以作公所之常费，收取适照其帐簿。
> 一凡同业入帮后，或有破坏帮规，即开会议罚。
> 　　　　　　　康熙十七年孟冬月　米市公所同人公订①

这是卖米行的行规，由"入帮"之同业者共同拟定，共同遵守，重点在于统一贯彻户部规定的斛斗标准，并由公所统一颁发。其次是对同业进出

---

① 转录自彭泽益：《中国工商业行会史料集》，第607页。

贸易，照其帐簿抽厘入钱，即按营业额抽千分之一，作公所之常费。至于防止同业竞争、维护帮会同业者利益、帮会领导的组建及更换，均无文字规定，这一同业公约，主要在贯彻官府量制的规定，透露出对官府依附性的一面。

彭泽益先生在《中国工商业行会史料集》中，转录了清宣统三年出版的《湖南商事习惯报告书》中所列《商业条规》二百七十一件，其中乾隆年间订立的有三件，均为手工业行会的一些条规。它承继了明代以来行规的模式和精神，现将乾隆三十一年（1766）《京刀店条规》转录于下：

自来百工技艺，各有行规。我等京刀一行，由来久矣！开设店面，承办文武科场锁钥、秋审以及剪割铅弹，差务原自不少。不定章程，无所遵循，临期观望不前，必致违误。是以先辈著有条规，每年各发一纸，俾有率由，自乾隆三十一年续议之后，嘉庆十一年又议，迄今又二十余年矣！日久玩生，不无坏乱。今特集我同人，再为酌议规条，逐一列左：

一每年恭逢师祖瑞诞，虔诚庆祝。值年办理，动用公项钱一十四串五百文，香资帮补，不得侵吞，亦不得浪费。倘有侵吞浪费，以致亏空，移交下手，下手不得领接。必通知同行凭众赔清。如朦交朦领者，一经查出，各罚戏一台。

一神前理应肃静，禁止赌博滋事，如违罚钱二串文。

一文武科场与秋审锁钥以及剪割铅弹各差务，奉宪著办之人，务宜踊跃领价，分派承办，毋得违误。

一外来客师，本城未会帮作者，新开店面出银八两。

一本处司务未曾登名上行者，新开店面出银二两。

一本处司务已登名上行者，新开店面出牌费钱二串文，炉面钱一串文正。

一本处司务帮各铺店，店家工价拖欠，司务鸣众理处，如违者罚银五钱。

一本处司务未曾上名即出外者，再来本处帮作，出银一两正上名。

一帮作司务，若有此店账目未清，别家留请，必通知此店，承耽账目。其账已清，方可兴工，倘不通知而私请者，罚银五钱正。

一本处司务未清账目而出外者，归家仍复帮作，前店之支账未清，别家不得留请，如违者罚银五钱。

一本处司务不为不多，外来客师公取行钱二百文赠行，店家亦不得留请，如违罚戏一台敬神。

一议带学徒弟者，三年为满，出一进一，公议出备上行钱五串文归公，如违不遵，罚戏一台敬神。

一店家与司务，无论谁辞，惟二比账目具要清楚，方可另做生理，如违罚戏一台敬神。

一议嗣后新开店者，必须上隔七家，下隔八家，双户为一，违者禀究。

一值年首士，公项银钱不得侵亏，经管器物，不得损坏，如有侵亏损坏，一经查出，除赔还外，另罚钱八百文。

一外来客师新到帮作者，出钱六串文上行。

一外来客师本城未曾帮作者，新起炉造作，出银六两正。

一父带子上名，钱二串文。若叔带侄兄带弟，仍照外人一样，如违议罚。

一议外来京刀，内行外行，毋得发售。及登上行者，在外带来货不准出售。如违将货充公，给巡查人钱四百文。

以上酌议各条，公私两便，各宜遵守，毋得参差，庶几无愧先人，抑亦有裨后学，是为议。

乾隆三十一年　月　日　公立①

本件为长沙京刀行行规，虽为道光年间修订，其尾部仍署"乾隆三十一年"，表明主要内容仍承继乾隆行规。而乾隆行规也是"以先辈著有条规"续议而定，反映了较早的行规特点。行规共列有十九条，可归纳为以下诸特点：首先，此行规由同行公众酌议而定，大家遵守，如"必通知同行凭众赔清"、"司务鸣众理处"，都是依靠众力来执行，体现了公约的性质。其次，

---

① 彭泽益：《中国工商业行会史料集》，第355—356页。

本行尊师祖为神，每年庆祝祭拜，作为团结行众的象征，反映出古代行会借助神灵保佑的色彩。第三，对官府差务，"奉宪承办，毋得违误"，呈现出行会对封建官府的依附性。第四，外来客师或新到帮作者，如在本城帮作，必须缴费登名上行方可营作。外来京刀，不得在本城发售，如违将货充公，显示出了不允许竞争的排他性，反映出行会在经营上的垄断性质。第五，行内本有店家与司务的劳资关系，本行规除了"店家工价拖欠，司务鸣众理处"一条外，大多属于限制司务、维护业主店家利益的条款，如司务与店家"账目未清，别家不得留请"的规定就有三条。司务如要新开店，要向行会交登名银、牌费钱、炉面钱，如外出后重回本处帮作，须交正上名银等，所维护的不是司务——即劳作者的利益，而是业主的利益，反映出本行规属于经营京刀业上行会的性质。

上述行会的这些特性，在其他各业行会的行规、会约中，也有体现，如乾隆五十八年（1793）《戥秤店条规》即是如此，现转录于下：

> 盖酌法度贵乎维新，章程宜于守旧。故凡各行技艺，无不议定规章，以垂永远，我等戥秤一行，贸易楚南，历有成规，彰明较著；犹恐日久弊生，章程多变，兹故复集同人，重申旧规，各宜恪守，毋轻此议。倘有故违，照议公罚。计开：
>
> 一新开店者，入会银二十两，演戏一台，备席请同行，先交入会之银，然后开张，违者倍罚。
>
> 一新带徒弟入会银五钱，如徒弟未满三年，恐有人诱出者，查出引诱之人，罚银二两四钱入会，其徒仍归本店。
>
> 一未经星沙学习，来此帮琢者，入会银二两，违者议罚。
>
> 一往来挑担上街，只贸易三日，要在此长贸者，入会扣银二两四钱，入会之后，仍只上街，毋许开店。
>
> 一带外路人为徒者，罚戏一部，徒弟仍然毋许留学，违者倍罚。
>
> 一与外处同行来此合伙开店者，罚银五两，戏一台，仍然毋许开店。
>
> 一新开店者，要隔十家之外，方许开设，违者公罚。
>
> 一每年九月十六日恭逢师祖瑞诞之期，值年首士上街捐资，演戏

庆祝。

乾隆五十八年　月　日　公立①

这是长沙戥秤行会同人公议的约定。行会除行首外，日常事务每年推举一人轮流担任，名之为"值年首士"。此会约也明显表现出各种排他性的特点：如对新开店者限制很严，如想入会，除交会银二十两外，还要请演戏一台，并宴请所有同行；如有外处同行来此合伙开店，是不允许的，带外路人为学徒者，也不允许；还有挑担上街贸易者，只准上街，即使交银入会了，也只能上街，毋许开店；对开店地点，每店至少要隔十家才方许开设。这些都明显体现出行人们为维护自身利益的垄断性质。这是由于害怕竞争而作的种种规定和限制，对本业劳动生产者的自主自由发展是一种束缚，很不利于生产技术的进步和和社会生产力的发展。

总的看，行会公约发展到清代，仍呈现出封建性和保守性的特点，它可以保护小生产者的某些传统利益，却阻碍了手工业生产向自由竞争方向的发展。在明清出现社会化大生产、资本主义萌芽的大趋势下，这类封建性的保守行规、会约就会束缚社会生产力的发展，妨害新生产关系的诞生，成为工商业经济发展的障碍，必然会被时代所抛弃。

三、明清传统"行规"的废弛与近代"行业公会章程"的出现

从前列两则乾隆间的行规看，对于技师、帮工的待遇是漠视的，这种状况，到了晚清，已有所改变。如同样是长沙的戥秤行会，其光绪二十七年（1901）的《戥秤重整条规》，出现了许多乾隆行规所没有的内容，摘记如下：

> 一议每年帮贸者，以正月二十日兴晚工，至五月初五日止晚工。歇晚工者，以八月二十日为止。于八月二十一日又起晚工，做至腊月二十四日止晚工。以二更收工。城厢内外，诸同一体，如有违规，公同议罚。

---

① 彭泽益：《中国工商业行会史料集》，第373页。

一议客师每月议定歇夜工三晚，如有不遵，私自滥规，议罚。

一议客商来定秤者，见字取钱八文归帮伙人公分，如违议罚。

一议在省城内外学习徒弟，已满三年者，议定出上会银三钱整，归值年收存入公。

一议外来客师，公议上会银五钱整，交值年收存。如有抗违，公议不准帮贸。

一每年九月十六日祖师瑞诞，值年首士，捐资演戏庆祝。

光绪二十七年辛丑岁冬月吉日　轩辕公会立①

以上六条规定中，除最后一条与乾隆行规相同外，其余五条均是轩辕公会会众所议的新规，对丁帮工进行晚工夜作的时间有了限定，二更为每晚9—11时，"以二更收工"即晚9时收工。客师每月可歇晚工三次。对客商来定秤者交付的酬劳费中，提取钱八文归帮伙人公分。这些新规对限制帮工劳作时间、休息及福利的规定，有所明确和改善，也是帮工通过各种形式的斗争争取得来的，如客师每月歇夜工三晚，也是经"议定"才有的。还有外来客师、外来学徒满三年，交少量银钱即可上会，这比起乾隆行规来，开放了许多。

明清时期的行会，有的称为"团行"、"公会"，也有称为"会所"、"会馆"，总的看，是在维护各行业的垄断地位，排斥竞争。然而，随着商品经济高度发展，资本主义萌芽的出现，市场不断扩大的需求，使得工业、商业中的自由竞争必然加剧，这就使得带有封建保守性的行规会约在这种竞争大潮中再也无法存在了，行会会员之间违犯行规的事经常出现。行会工人为改善自身待遇的不断抗争，也促使着行会上层在行规限制上不断作出让步。乾隆年间，苏州造纸业工匠为了生存，开展了反对在工资上"坊主折扣平色"银、对匠户"苛刻短扣"的斗争，行会害怕事态扩大，规定"纸匠每日刷纸六百张为一工"，每工工价银"九九平九五色银七钱二分"，以"平息争端"②。北京在光绪年间，"银价日涨，粮米昂贵"，糖饼行工人

---

① 彭泽益：《中国工商业行会史料集》，第374页。

② 江苏省博物馆编：《江苏省明清以来碑刻资料选集》，北京：生活·读书·新知三联书店，1959年，第41页。

"每月工价不敷糊口"，工人虽然"再四与各号掌案、东家、掌柜筹商"，却始终得不到合理解决。后经学徒力争，由行会出面，经二十二家外行的资方作为"中人"调停说合，决定从光绪三十三年十一月起调整工资。从光绪三十二年起，根据一年四季白天的长短和工作忙闲，规定工作时间和延长工时的额外工资①。全汉昇先生在论及帮工学徒斗争时，引用了湖南理发业学徒帮工要求增加工资、废除不平等陋习时的材料，由于学徒们罢工出走而开新店，师傅老板反对并导致官府封新店、捕职员，引发全体罢业，并议决了以下诸条：

一、收入以四六分配。

二、平分理发公所的财产。

三、不受头目调度的陋规束缚。

四、另行组织理发工会，以谋巩固的团结。

五、释放被捕职员，并规定救济法。

其后虽经调停了结，但徒弟之脱离旧制而自设新店者日益众多②。劳工们所有这些斗争，都呼唤着一种新的同业公约的诞生。而在清末民国初年，一些新型的同业公约终于出现了。为便于比较，现选其具有代表性的《川沙八业公所简章》，摘录于下：

　　八业公所，为水作、锯木、石工、雕花、桶作、板箱、小木、铅皮等业所立。其公所附设于北门外种德寺。中供鲁班先师像。光绪十四年订立行规，禀厅给示张挂，以昭信守。乃日久废弛，各业聚散无常，房屋失于修理。民国十四年，商会会董陆文信，提创重整行规，组织公所。八业深韪其言，各自集资，推举陆文信经理工程，将种德寺全部修理完竣。各业会议，重订简章，呈县核准，并请出示布告，俾众周知。

---

① 李华编：《明清以来北京工商会馆碑刻选编》，北京：文物出版社，1980年，第141—142页。参见李华：《中国行会的产生及其作用》，《文史知识》1986年第3期。

② 全汉昇：《中国行会制度史》，台北：食货出版社第3版，1986年，第207—208页。

第一章　总则

第一条　本公所以维持同业公共利益，矫正业务上之弊害为宗旨。

第二条　本公所以集合水木石雕圆方锯小木等八业为范围，定名曰八业公所。

第三条　本公所以川沙北门鲁班殿为所址。

第二章　职员及任期

第四条　本公所设总董一人，董事八人，干事二人，均为名誉职。会计一人，由总董聘任，酌给薪水。

第五条　本公所董事、干事，由八业公同推定。总董、副董由董事择富有经验者公举之。

第六条　总董、副董及董事，均以二年为一任期，干事以一年为一任期，连举得连任，但一次为限。经新举之职员就职，旧职员方得解职。

第七条　会员皆有选举权及被选举权，但被选举权之年龄，须在二十五岁以上。

第三章　会员

第八条　凡八业同人，皆得入所为会员。惟入所时，须开具姓名、年龄、籍贯、住址，俾凭登记备查。

第四章　会议

第九条　本公所每年开会二次，须由总董订期通告举行。特别会无定期，由总董或董事三人以上，认为必要时，得临时召集之。

第十条　会议事件，须得到会董事、或会员三分之二以上同意表决之。

第五章　职务

第十一条　本公所应行职务如左：

一关于八业工艺上之进步，以期精益求精，得以研究，并督促之。

一关于八业同人，受他人之非法侵害，应予以保护，并得声请官厅保护之。

一关于同业之争仇及其他纠纷事项，应以理处或调解之。

一凡同业对于业务上有不正当行为者，得以矫正或劝告之。

第十二条　总董总理所务，对外为八业代表。本公所函件，均由总董署名签字，如总董有事请假，或不能执行时，得由副董代行之。

第六章　经费

第十三条　本公所经费由八业同人募集，不得向业外征募。凡同人声称入所者，须领取同业规程，并纳常费四角，每年一度。如愿特别捐助，不在此例。

第十四条　本公所收费，以掣给两联收据，盖本所图章为凭。按月由会计列单报告，每年年终造具收支报告，俾众周知。

第七章　处分

第十五条　本公所职员及入所同人，有违背规章，经公认为情节重大者，得由会议公决除名，或令其出所。

第十六条　凡八业中已入所或未入所同业，有故意破坏本公所规章，及妨害公共业务之行为，情节重大，有确凿证据者，经同业或入所同人三分之二以上议决，呈请官厅处分之。

第八章　附则

第十七条　本公所同业业务规则另定之。

第十八条　本简章如有未尽事宜，应行修改时得召集会议，依第十条之规定公决修正，呈请官厅核准备案。[1]

以上是江苏川沙县为经营木、石、水等八种营建手工业联合组建公所的章程，由于旧有的行规"日久废弛，各业聚散无常"，所以才促使了此新章程的诞生。此简章比之于封建时代的行会行规来，不仅在形式上发生变化，而且在性质上也起了重大变化。首先，章程摆脱了对官府的依附性，八业公所的具体业务营运不屈从于官府，也不涉及官府差派业务，成为一种社会上独立自治的同业公会。其次，章程抛弃了以往行规中排他性的垄断，将本公所置于社会上平等竞争的地位，如第十六条中便提到了与"未入所同业"关系之处理办法。第三，章程没有因循守旧，而是鼓励技术进步和竞争，维护公所同人经营中的正当权益，调解内部矛盾或纠纷，这集中体现在第十一

---

① 本简章原刊于黄炎培撰江苏《川沙县志》第25卷，此处转引自彭泽益：《中国工商业行会史料集》，第618—620页。

条本公所应行的职务上，这些都有利于社会生产力的发展和进步。第四，章程屏弃了旧行规中师徒尊卑的等级差别，凡二十五岁以上的会员皆有选举权与被选举权，体现出公所会员间的平等精神。第五，章程突出体现了八业公所组建的自治性与民主性，如董事会由公举产生，"公所每年开会二次"，"到会董事、或会员三分之二以上同意表决"才能通过议案，总董、副董及董事，二年一任，只可连任一次，会费财务公开，等等，都遵循着民主原则。尽管新简章对劳工地位待遇等未列专条提及，总的看是以八业公所会员的利益为基础制定的，它不同于旧的以业主为主体的行规会约。

从上述比较中可以清楚地看到，原来各种封建性的行规会约，到了清末民国初年，已经发生了蜕变，除了前述的劳工争取自身权益的不断斗争导致这种蜕变而外，执政者对行会政策的改变，也加速了这种蜕变的实现。光绪二十九年（1904）十一月二十四日，清廷商部奏准仿照欧、美、日本各国商会组织颁行《商会简明章程》二十六条，通令各省城市旧有商业行会、公所、会馆等名目的组织，一律按新的章程模式，重订自己的章程，这"才逐步改变传统的行会性质，使其具有资产阶级组织的鲜明特色。"① 民国以后更加紧了这方面的立法，1915 年 12 月 14 日公布了《商会法》，次年 2 月 1 日又制定出《商会法施行细则》。随后又将商会改为工商同业公会，并于 1918 年 4 月 27 日颁布了《工商同业公会规则》及其《施行办法》。这些新立法，去除了陈旧的行规、会约中的封建性，催生出工商同业公会章程中的自治性与民主性，行规、会约从内容到形式上的这种蜕变，是资本主义生产关系发展的结果，也是历史发展的必然。

第三节　对本章的结语

本章所论是同行业经营运作中订立的契约。一种是从事同一业务经营行为的合作，共同出资，分清各自权利、义务和收益的契约，即工商业中合伙经营的合同，由于是谋利者个体的结合，大多时间不长；另一种是维护同业经营者经营秩序和利益而形成的行会规约，虽然都是以同业谋利为最终目

---

① 彭泽益：《中国工商业行会史研究的几个问题》，载氏编《中国工商业行会史料集》，第 23 页。

的，由于同业利益的始终存在，故其一旦产生，便一直被同业者们遵循着。两类契约，因其结合的性质和功能不同，其方式也不一样。

合伙经营的合同，很早就有，西汉的《中舨共侍约》，是较早的合伙经营中转商贸的契约，它不同于民间主、客间的券约，属于群体性谋利的合伙券约，这种民间搭伙求财的方式，发展到后来日趋完善，对于合作形式、投资方式、利益分配、风险承担等方面，都有明确的约定。在元代的合伙契中，已注意到将"人力"的支付与"元本"息利作出区分，发展到明清时，除资本入股外，劳力支付也可折股入伙，股本出现钱股和力股，又名之为"银股"和"身股"，这是元代以来合伙契中将劳力投入与资本投入作出区隔的一个新发展，反映出对劳力成本的重视和劳务者在合伙契中地位的提升，在收益分配上，劳力支付者与资本入股者已处于同等地位。这是商品生产经济充分发展带来的时代进步，它表明合资经营的合同精神，已经走向近代化。

行规会约是唐代以后，工商业经营中新出现的一种组织规约，同业者们为维护共同利益组成了各行各业的行会，出于同行人之间限制竞争和利益垄断的需要，要求同行同业间制订一些约定和行为规范，即行规会约。虽由同业者共同拟定，但由于行会最早胎生于官府市司管理控制下的行肆，天生具有对封建官府的依附性，故行规会约在维护利益垄断的同时，又规定有承接官府差派任务，贯彻官府律令，协助检查各行业中不法行为的内容，这是中国行规会约不同于具有独立自主性的西欧中世纪行会的地方。

直到明清时的行规会约，仍保持着封建依附性、垄断保守性的特点，在商品生产经济大发展的形势下，这种行规会约，必然会成为社会生产力发展的桎梏。它可以保护小生产者的某些传统利益，却阻碍了手工业生产向自由竞争方向的新发展。在明清出现社会大生产形势下，这类封建性的保守行规、会约就会阻断新生产关系的发展，成为工商业经济发展的障碍，从而被时代所抛弃。

行会工人为改善自身待遇的抗争，促使着行会上层在行规限制上作出一些让步。然而，劳工们持续不断争取各种权益的斗争，是在呼唤着新公约关系的诞生。清末民国初年，一些新型"同业公约"的出现，终于去除了陈旧行规、会约中的封建依附性和垄断保守性，催生出了工商同业公会章程中的自治性与民主性，中国传统的行规、会约，从内容到形式上发生了蜕变性的转化，而执政者对行会政策的改变，也加速了这种转化的实现，这是资本主义生产关系发展的要求，也是历史发展的必然结果。

第八章

各民族文字契约

　　中国自古以来就是一个以汉族为主体的多民族组合而成的国家，在长期相互依存的发展中，各个少数民族也吸收了汉族的契约文化，用本民族的语言文字，来规范本族的经济生活和人际交往关系。从地下出土契约实物来看，西北地区气候干燥。保存下来的古代民族契约较多，如丝绸之路上出土汉晋时期的佉卢文契；北朝至唐的粟特文契、于阗文契；唐代的吐蕃文契；唐至元代的回鹘文契、蒙古文契；西夏至元的西夏文契：明清时期的察合台文契。西南地区的少数民族，较长时期以来，由于通行汉文，故其契约多用汉文表述。

　　民族契约的特点是：在接受汉地契约格式和精神的同时，又结合本民族的社会制度和风俗习惯，形成一些适合本民族内习惯行用的契约模式。

第一节　佉卢文契约

　　佉卢文是公元 3—4 世纪流行于我国新疆塔里木盆地南沿鄯善等国的一种文字，出土的相关佉卢文文书至少有 1100 余件，而被斯坦因前后四次盗掘劫往英国的，就有 932 件。经英人 E. J. Rapson（拉普生）与法国学者波耶尔（A.M.Boyer）、塞纳（E.Senart）合作，对斯坦因一、二、三次盗掘所得开展研究，译释和拉丁文转写了 764 件，将其发表在三卷本的 *Kharosthi Inscriptions discovered by Sir Aurel Stein in Chinese Turkestan*（《奥莱尔·斯坦因爵士在中国突厥斯坦发现的佉卢文文书》）一书中。① 后来其弟子 T. Burrow（巴罗）又选出了其中较完整的 489 件（包括斯坦因第四次所获在内），作了英译，于 1940 年在伦敦出版了 *A Translation of the Kharosthi Documents from Chinese Turkestan*（《中国新疆出土佉卢文残卷》），② 新疆社科院王广智先生早年曾将其译成汉文，1988 年发表，但无图版，其中约有契约 47 件。③ 近数十年间，新疆文物考古研究所在尼雅等遗址又有一些契约的发现。对于佉卢文文献，上世纪 70 年代，马雍先生进行过研究。④ 继而有林梅村先生，对佉卢文文献作了全面的译释和解读。⑤ 对佉卢文契约文书的研究，主要有林梅村和段晴等先生的一系列成果。⑥

一、佉卢文契约是对汉契式的仿效

据目前所见资料统计，佉卢文契约现存已有 52 件，以买卖契为主，其中土地、葡萄园买卖文契 23 件；人口买卖契 9 件；买物买畜契 3 件；债务纠纷契 7 件；租赁契 2 件；赠地赠畜契 4 件；收养子女契 3 件；离婚契 1 件。由此看到，由汉末到西晋的鄯善国居民，已习惯于运用契约的手段来规定其

---

① A. M. Boyer, E. J. Rapson, E. Senart, *Kharosthi Inscriptions discovered by Sir Aurel Stein in Chinese Turkestan*, Oxford, 1920—1929. 以下凡以 Kh. 为代号者均指本文所编佉卢文书号。

② T. Burrow, *A Translation of the Kharosthi Documents from Chinese Turkestan*, The Royal Asiatic Society, London, 1940.

③ 王广智译：《新疆出土佉卢文残卷译文集》，载韩翔主编：《尼雅考古资料》，乌鲁木齐：新疆文化厅文物处编印，1988 年 7 月，第 183—267 页。

④ 马雍《新疆所出佉卢文书的断代问题——兼论楼兰遗址和魏晋时期的鄯善郡》，《文史》第 7 辑，北京：中华书局，1979 年，第 73—95 页；《古代鄯善、于阗地区佉卢文字资料综考》，中国民族古文字研究会编：《中国民族古文字研究》，北京：中国社会科学出版社，1984 年，第 6—49 页。二文收入氏著《西域史地文物丛考》，北京：文物出版社，1990 年，第 89—111 页；第 60—88 页。

⑤ 林梅村：《沙海古卷——中国所出佉卢文书（初集）》，北京：文物出版社，1988 年。

⑥ 林梅村《新疆尼雅发现的佉卢文契约考释》，《考古学报》1989 年第 1 期，第 121—139 页。又收入氏著《西域文明——考古、民族、语言和宗教新论》，北京：东方出版社，1995 年，第 164—188 页。林梅村《尼雅新发现的鄯善王童格罗迦纪年文书考》，《新疆文物》1998 年第 2 期，第 39—48 页。又收入氏著《汉唐西域与中国文明》，北京：文物出版社，1998 年，第 178—197 页。段晴：《中国国家图书馆藏 BH5-3 号佉卢文买卖土地契约》，《西域文史》第六辑 1—16 页，2011 年。后改订题作《元孟八年土地买卖楔印契约》，载入段晴、张志清编《中国国家图书馆藏西域文书》（梵文、佉卢文卷），上海：中西书局，2013 年，第 193—201 页。皮建军：《中国国家图书馆藏 BH5-4、5 号佉卢文信件和买卖契约释读与翻译》，《西域文史》第六辑，17—26 页，2011 年。后改订题作《元孟四年楔印契约：国图 BH5—4》，载入段晴、张志清编《中国国家图书馆藏西域文书》（梵文、佉卢文卷）183—186 页。

经济交往及各种人际关系。

从形式上看，佉卢文契约采用的是汉代以来的"封检题署"形制，即用两木牍相贴密封的矩形"封检"形式，契文写于底牍正面，如未了，再接写于封牍的背面，完成后两木牍文字相贴，在封牍正面开一便于填封泥的凹槽，并凿三道捆扎相贴之封牍和底牍的绳槽。封好后在封牍正面题署由谁保存本件。这种形制本是汉代官府传递文书普遍采用的形式，用此形制书写契约，反映出鄯善王国的文书体制对汉制的模仿。

对于现存最多的土地买卖契，此处引用一件安归迦王 15 年（271 左右）12 月 8 日《柯那耶卖地 3 弥里码及树给司书罗没索磋契》（Kh.571 号）来考察其内容，现将契文节译于下：

> 在伟大国王、天子、侍中安归迦在位之 15 年 12 月 8 日，男子柯那耶愿将 Misiya 地及地上之树一起卖给司书罗没索磋，以值 50 目厘之二岁驼一峰作价，柯那耶已收取该驼，另收到附加费酒 10 硒，柯那耶从罗没索磋处共收得地价 60 目厘。[①] 该地播种量为 3 弥里码 juthi。双方在此公平条件下达成协议。罗没索磋对该地有权耕种、播种、交换或以礼送人，为所欲为。今后，无论何人在司土和税吏面前提出此事，彼之翻案在皇廷均属无效。双方在执政官面前同意如此。此事证人有 kitsaitsa 伐钵（以下列 12 人名，此略——笔者），今后，无论何人再提出此事，将罚阉割之牲畜一头并责打七十大板。此收据由司书耽摩色钵之子、司书莫伽多奉执政官之命所写。其权限如生命一样，长达百年。此收据乃据柯那耶之请求所写。督军僧凯断绳。[②]

---

① 目厘，muli，意为"一种价值单位"。巴罗在对 kh.210 号文书注文中指出："12 目厘 = 5 目厘 + 140 硒，即 7 目厘 = 140 硒 = 7 弥里码，因为 20 硒 = 1 弥里码，因此，目厘是一个价值单位，其值等于 1 弥里码谷物之价值。"王广智译《新疆出土佉卢文残卷译文集》，载韩翔主编，《尼雅考古资料》，乌鲁木齐：新疆社会科学院，1988 年，第 207 页。对于目厘在契文中作为折价单位。林梅村在《沙海古卷》"籍帐"类中也予认同："1 弥里码（milima）= 1muli（目厘）= 20 硒（khi）"，第 157 页。据段晴考证："1 硒相当于晋代的一斗，用粟计算相当于 1 公斤。"（段晴：《中国国家图书馆藏 BH5-3 号佉卢文买卖土地契约》，《西域文史》第六辑，1—16 页，2011 年。后改订题作《元孟八年土地买卖楔印契约》，载入段晴、张志清编《中国国家图书馆藏西域文书》（梵文、佉卢文卷），第 193—201 页。）

② 佉卢文书 Kh.571 号，此译文据王广智译：《新疆出土佉卢文残卷译文集》（韩翔主编：《尼雅考古资料》，第 248 页）所载改写。

此契是一件用二岁驼买能播 3 弥里码 juth 种子地的契约，从正文分析，可以看到以下若干要点：

首先列立契文时间：以执政王在位时间标记年、月、日。

其次列双方姓名身份，买地数以播种量弥里码、硒计。

第三列交易价：以驼、马、酒、毯、谷物等计价，以"目厘"为折算单位。

第四对交易性质的申明：通常写作"双方在此公平条件下达成协议"。

第五对翻案无效的申明：如有"异议、翻案在皇廷均属无效"，并受罚。

第六列出证人名：少者 2—3 人；多则 10—12 人。

第七列书契人名：通常写作"司书×××奉执政官之命所写"[1]。

第八列契约时效："其权限长如生命"或"其权限为一千年"。

第九列"断绳"[2] 人姓名。

这些要点，在其他佉卢文契中，也基本如此，下面不妨看一件安归迦王 11 年（267 左右）的"迦钵吉耶还给苏笈多绵羊契"，（Kh.568 号）契文转如下：

> 在伟大国王、天子安归迦·迈利在位之 11 年 2 月 9 日，苏笈多与迦钵吉双方于（法庭）外达成协议，余、迦钵吉耶现给苏笈多绵羊 10 只，作为彼之财产。今后，苏笈多对该绵羊有所有权，可以为所欲为。今后，无论何人再提出这些绵羊之问题，均将无效，并将受到处罚。此事之证人为 tomga 布伽托，vasu 奥本吉耶。此文件系根据迦钵吉耶之请求所写，其权限长如生命。

---

① "司书"，在佉卢文契约中反映出是专门负责书写文字的地方官府专职人员，此职通常是世袭的。刘文锁对于古鄯善国之凯度多州的司书人，复原了两个司书家族的世系，一是耽摩色钵——莫伽多——莫耶——迦罗没磋世系；二是尸伽那耶——罗没索磋——苏伽莫多世系。见刘文锁：《沙海古卷释稿》，北京：中华书局，2007 年，第 300 页。

② "断绳"，是指契文写好后，将封牍与底牍封检时，需用三道绳索将两牍捆扎牢固、填上封泥，泥上押印后，将绳割断的行为。断绳人指订契约的主持者，通常是有职称的官吏，依据刘文锁对契约文书中断绳人身份的统计，有督军、元老、甲长、税吏、司税、司土、曹长、司书等。见刘文锁：《沙海古卷释稿》，第 300—301 页。这一点也凸显出契约在官员主持下订立的性质。

在此封牍面上写有"此一有关迦钵吉绵羊之文件，由苏笈多保存。"对封印也写有说明："此系 cozbo 索没阇迦之印"，即科者坡地方长官索没阇迦所押印。这是一件为绵羊所有权出现纠纷，在法庭外达成协议的契约，更具民间性，但也还是有地方官的介入。

从上引两契内容看，不论是土地买卖，还是债务纠纷，所立契都有相类似的规格，反映出了在鄯善王国存在着一种固定的契约模式。而这种模式，也是对汉地契式的一种仿效，如与汉晋时期中原地区的契约模式相比较，就会发现在内容上大同而小异。①

其小异之处主要表现为符合于鄯善社会制度和生活习惯方面，首先，汉地土地买卖契由民间自主交易，官府不干预；而佉卢文契则由官主交易，故采用了官文书的"封检题署"形制，契文由执政官指定的官府"司书"书写，立契后如有异议、反悔，"在皇廷均属无效"。其次，对于违约受罚，汉地契约仅止于交易人之间经济上的一罚二而已；而佉卢文契除经济上受罚而外，还要受官府的体罚，如上列 Kh.571 号契文中所列"今后，无论何人再提出此事，将罚阉割之牲畜一头并责打七十大板"。再次，汉地民间契通常是一式二份，双方各执一份为凭。而佉卢文契仅此一份，密封好经过官员"断绳"后，作为收据保存在买方之手，如上列 Kh.571 号契上题署写有："此一有关收到柯那耶之 misi 之收据，由司书罗没索礁妥为保存"；② Kh.568 号契上题署为"此一有关迦钵吉绵羊之文件，由苏笈多保存。"表示出财产权移交后收据的性质，即产权凭证。

二、鄯善王国采用汉地契式的历史背景及意义

鄯善王国采用汉地契式，用佉卢文来书写契文，反映出鄯善国的君臣和百姓对汉地契约文化的认同和接受，但同时又保持着本地区政治、经济制度的特点。这与鄯善王国臣属于汉地中央王朝，又保持王国独立自主的政治统治有关，也是鄯善地处于丝绸之路，长期与汉地官民保持密切经济往来的结果。

自西汉昭帝朝楼兰入侍于汉的尉屠耆被立为鄯善王以后，鄯善对中央朝

---

① 乜小红、陈国灿：《对丝绸之路上佉卢文买卖契约的探讨》（待刊）。

② 王广智译：《新疆出土佉卢文残卷译文集》，韩翔主编：《尼雅考古资料》，248 页。

廷的臣属贡使关系更稳定，朝廷在其国内的伊循城屯田置官。① 魏晋时，中央朝廷派出管理西域事务的"西域长史"移驻到鄯善国内的楼兰海头。海头出土的多件《西域长史李柏文书》也证实了这一点。② 这使得鄯善国的官民与汉族的吏士、屯田兵民之间有了经常的往来和接触，甚至交错而居。③ 西晋泰始年间，原被晋封为"鄯善郡尉"的安归伽王，又加封"守侍中、大都尉、奉晋大侯"的官号，再加上鄯善王国地处丝绸之路南道，东来西去的汉、胡商人有不少驻足于此，如佉卢文简 kh.35 号鄯善国王敕令中说："目前没有由中国来之商贾，因此丝债不必调查。……当商贾由中国到达时，再行调查丝债。"④ 说明经常有内地汉族丝绸商人到鄯善来贸贩，以致产生丝债问题。尼雅出土汉文简 687 号载："去三月一日，骑马诣元城收责，期行当还，不克期日，私行无过（所）……"元城，王国维考证为原精绝国都城，即鄯善国之尼壤（即今尼雅），这显示出是汉人或汉商到元城收债，逾期未还，因过所失效而作的报告说明。种种出土文献都表现出汉族官员、商人深入鄯善社会基层，说明在经济上、在族际之间有着经常密切的交往。

　　鄯善王国政治上对内地的臣属，经济上对内地的依赖与密切的交往，必然会为鄯善王国在社会经济生活中吸受汉地的契约文化和礼教文明，提供条件和帮助。这不仅对促进鄯善社会制度由奴隶制向封建制的转化，起了推动作用；而且对鄯善王国整个社会经济秩序的契约化建设，并在建设中不断完善其契约制度体系，起了重要作用，并为后世丝路上的各族、各国带来了"继承性"的影响。

第二节　吐蕃文契约

　　吐蕃是西南地区在唐代强大起来的民族，即今藏族的祖先。在其强大之

---

　　① 《汉书》卷 96 上《西域传》，第 3878 页。

　　② 楼兰、尼雅所出文书第 623、624、625 直至 629 号，均为李柏文书。见林梅村编：《楼兰尼雅出土文书》，第 80—81 页。其时间应在前凉张骏统治的公元 324 年以后不久。

　　③ 佉卢文 kh.686A 号简载："××之母牛一头跑至奥毕没多之汉人处"；"××之母牛一头跑至且末之汉人处"；"××之之母牛一头跑到尼壤之汉人处"。（《新疆出土佉卢文残卷译文集》，韩翔主编《尼雅考古资料》，第 262—263 页。）表明在鄯善国内的奥毕没多、且末、尼壤（即今尼雅）等地，都有汉民居住。

　　④ 王广智译：《新疆出土佉卢文残卷译文集》，韩翔编：《尼雅考古资料》，第 190 页。

初，在本族内部尚无契约的概念。到了不断对唐境侵扰、扩张时，才接触到唐的物质文明与精神文化，特别是中唐以后，吐蕃军事占领大片河西汉族聚居地区和西域安西四镇地区后，接触到当地居民经济生活中大量存在的契约关系，认同并接受了这种契约文化，并加以运用，从而出现了吐蕃文契约。对于吐蕃文，即古藏文文献，上世纪英、法、俄、美、日等国多有整理与研究，国内较早开展研究的有王尧、陈践先生，成果甚多，其中有些涉及到吐蕃文契约的译释和研究，如《民间借贷文书译释》、《书契杂件》、对 P.T. 1297 号卷中诸契约相关研究等。① 上世纪九十年代，日本藏文学者武内绍人先生出版了《敦煌西域出土的古藏文契约文书》，辑释了 58 件古藏文契约，是迄今搜集最多的一部古藏文契约研究成果，杨铭、杨公卫等先生将其译成汉文于 2016 年 3 月出版。②

一、早期的吐蕃文契约

目前能见到时间最早的吐蕃文契约，是现藏于瑞典斯德哥尔摩民族博物馆由斯文·赫定在新疆收集到的三件藏文契约，日本学者武内绍人将其与出土的于阗文本、汉文文本内容相比较后认为："赫定的藏文契约发现地点在老达马沟，是和田东部的一个区域。比较也表明，可以确定赫定的藏文契约写成于吐蕃统治于阗早期，最可能的是在 801 年。"③ 赫定 1 号是《蛇年夏波噶部落多芒斯售房契》，现将其汉译文要义转录于下：

> 蛇年夏双方约定，论甲多热拉英（的奴仆）、波噶部落的多芒斯返乡时，由帕萨索达买断多芒斯的房屋，……成为房主。立契见人：贡朗美东，……拉奴，李荣昆等签署印鉴，并附多芒斯私印。
>
> （三枚朱砂印记。其中一枚可辨认为：高路潘）④

---

① 王尧、陈践：《敦煌古藏文文献探索集》，上海：上海古籍出版社，2008 年。

② ［日］武内绍人著，杨铭、杨公卫译，赵晓意校：《敦煌西域出土的古藏文契约文书》，乌鲁木齐：新疆人民出版社，2016 年。

③ ［日］武内绍人著，杨铭、杨公卫译，赵晓意校：《敦煌西域出土的古藏文契约文书》，第 42—43 页。

④ ［日］武内绍人著，杨铭、杨公卫译，赵晓意校：《敦煌西域出土的古藏文契约文书》，第 43 页。

武内绍人指出：帕萨索达此人名"出现在另外几份于阗文与于阗汉文文书中，其中一些写成的时间应在吐蕃占领于阗以前。所以，帕萨索达在唐朝统治时期和吐蕃控制期间。一直担任地方官吏"①。由此推定本契之蛇年，应是刚占领于阗后的辛巳，即公元801年。买方帕萨索达既然是于阗当地的一名官吏，何以此售房契不用于阗文而是用吐蕃文书写？这是因为卖房者是吐蕃占领军波噶部落的多芒斯，波噶部落原本是西藏中部偏西的部落，约在801以前一些年，随着吐蕃军对安西四镇的西侵，多芒斯作为波噶部落的首领论甲多热拉英的随从，来到了于阗驻扎，801年，多芒斯要返回家乡，故将住房出卖给当地官吏帕萨索达，故此契自然由卖方用吐蕃文书写了。契文十分简要，甚至售价也缺载，此契主要在于证明房屋产权转让，故至少有三名证人证明这次房屋买卖交易。它反映了吐蕃人早期的契约观念和对契约运用的水平。

赫定2号是《某年冬李萨宗借绢布契》，现将其汉译文要义转录于下：

> □年冬，当论……在……
>
> 李萨宗从（安）科洛处借半……及半匹绢。归还时间，双方定于冬十月之十五日。如果借方届时未能归还，须双倍赔偿。下次归还的时间。双方定于冬十一月之十五日。（契约双方）的（保人）：坦章拉赞，萨波杨伯米，德麦沙等的（印章），李萨宗的指印附后。
>
> 提供给所有者这份……
>
> （颠倒:）李萨宗（签名）。（一枚私印和一枚于阗卜印）②

此借绢布契内容也比较简单，其规则乃是按汉地借契中"如违限不还，其物请倍"的传统制定的。从"提供给所有者这份……"意思看，本契似乎具有经官府而写立的特点，于阗卜印可能是其代表，另外，当事人颠倒用签名，也是内地契约常用的传统。

---

① ［日］武内绍人著，杨铭、杨公卫译，赵晓意校：《敦煌西域出土的古藏文契约文书》，第44页。

② ［日］武内绍人著，杨铭、杨公卫译，赵晓意校：《敦煌西域出土的古藏文契约文书》，第59页。

赫定 3 号是《蛇年秋李萨宗雇卓那墨多代服军差役契》，其汉译文转录于下：

> 蛇年秋，质逻的李萨宗雇卓那墨多（轮值执行军事差役），雇价是：墨多一旦返回，将付给六汉硕重的一桶美酒。如萨宗试图（不支付），帕萨索达将双倍赔偿。立（契）见人：拉折奴，贡朗美东，……春等，及帕萨索达（指印）附后。
>
> （颠倒：）帕萨索达（指印）。（两枚私印：一枚卐字符，一枚"阴拉奴"。）①

这是一件雇人代服军役契，类似于唐代西州所出的"雇人上烽契"。雇主李萨宗即上件借契中之借绢布人李萨宗，经武内绍人考证他是一名于阗萨波地方的一名于阗官吏。本契与唐"雇人上烽契"预先支付报酬的方式不同，而是在服役完成之后，不过，仍遵循汉地的"如违约，请倍偿"的传统规则。值得注意的是契文中的"帕萨索达将双倍赔偿"一语，帕萨索达在赫定 1 号《售房契》中是买房的于阗当地的一名官吏，何以在此雇契中承担起"双倍赔偿"责任来？武内绍人认为帕萨索达的"级别要低于雇主的萨波头衔"，② 在此雇契中就是保人，违约时承担支付"双倍赔偿"的责任。契文过于简略，以致费解。

以上三契反映出，早期的吐蕃文契约，即使是远离汉地的于阗，虽用吐蕃文字表述，其契约的格式及规则，却都是采用汉地传统的汉文契式来书写，表明了吐蕃对汉契约文化的认同和接受。早期吐蕃文契约行文，内容均较简单，不如后来九世纪契约内容丰满，反映出吐蕃接受汉契约文化的一个由浅到深的过程。最为典型的表现，是其对敦煌统治六十余年间，对契约的态度和政策上的变化。

---

① ［日］武内绍人著，杨铭、杨公卫译，赵晓意校：《敦煌西域出土的古藏文契约文书》，第 95 页。

② ［日］武内绍人著，杨铭、杨公卫译，赵晓意校：《敦煌西域出土的古藏文契约文书》，第 95 页。

二、吐蕃接受汉契式后的吐蕃化措施

敦煌是唐德宗贞元二年（786），经和平谈判后被吐蕃军事占领的。[①] 占领之初，民间经济交往，如买卖、借贷、租佃、雇佣等，仍按当地原民间故有传统使用汉文书写契约，试录一件吐蕃占领敦煌后汉文订立的《未年（803）尼明相卖牛契》即可看到这一点：

> 黑牸牛一头三岁，并无印记。
>
> 未年闰十月廿五日，尼明相为无粮食及有债负，今将前件牛出卖与张抱玉，准作汉斗麦壹拾贰硕，粟两硕，其牛及麦即日交相分付了，如后有人称是寒盗识认者，一仰本主买上好牛充替。立契后有人先悔者，罚麦三石，入不悔人，恐人无信，故立此契为记。
>
>
>
> 麦主
>
> 牛主尼僧明相年五十二 ｜｜｜
>
> 保人尼僧净情年十八 ｜｜｜
>
> 保人僧寅照
>
> 保人王忠敬年廿六
>
> 见人尼明香 ｜｜｜[②]
>
>

此契的"未年闰十月"，据《二十史朔闰表》，唐德宗贞元十九年为癸未年闰十月，即公元803年，[③] 已是吐蕃占领敦煌后的第十七年，而民间买卖交易仍然在使用传统的汉文契约，其形式和内容都比较规范，首列出卖物品名；次述何年月日及出卖牛的原因；再记卖给何人何价；还有若有人识认，原主要买上好牛充替的预防性文字以及悔约者罚麦三石入不悔人等，这些内容比之801年的吐蕃文契，要丰富多了。类似条款全面的汉文契约在此后的敦煌，继续维持了三十年。如敦煌所出 S.1475v 中有十七起从未年到卯

---

① 陈国灿：《唐朝吐蕃陷落沙州城的时间问题》，《敦煌学辑刊》1985 年第 7 辑，第 1—7 页。又载氏著《陈国灿吐鲁番敦煌出土文献史事论集》，上海：上海古籍出版社，2012 年，第 597—609 页。

② 沙知编：《敦煌契约文书辑校》，南京：江苏古籍出版社，1998 年，第 55—56 页。

③ 陈垣：《二十史朔闰表》，北京：古籍出版社，1956 年，第 102 页。

年的卖地契、卖牛契、便麦契，经陈国灿先生排比考订认为均在公元815—823年间①，都是用汉文书写的契约。表明在敦煌陷蕃三十多年后的当地居民，虽然被编为部落民，其经济活动及其各种约定，仍在按传统的汉契式书写、运作。

　　然而，到了公元832年，敦煌地区民间契约发生了一个重大的变化。陈国灿先生依据永寿寺所出契约文书中，在是年四月二日为止的契约，均用汉文书写，而以后的契约都用吐蕃文书写的事实指出，这"显然是基于某种规定才出现的变化，最有可能的解释是，在这一年的四月二日以后不久，吐蕃统治当局对民间订立契约下达过立契一律用吐蕃文书写的命令"。因此，在此时以后的永寿寺契约，"虽然都是汉人之间的交易，都不得不用吐蕃文来书写契约了"。② 例如《鼠年（？）夏孜孜于永寿寺便麦契》就是永寿寺第一起用吐蕃文书写的契约，其汉译文转引如下：

　　　　宁宗部落之夏孜孜因无种子及口粮，濒于贫困危殆，从永寿寺三宝及十方粮中，商借麦及青稞八汉硕，还时定为当年秋八月三十日，送至永寿寺之掌堂师与沙弥梁兴河所在之寺户库中。到时不还，或单独出走，借一还二，即或从孜孜家中牵走牲畜，抄去衣服用具，迳直从团头手中夺走也无辩解，更无讼词。若孜孜不在，着其子夏冲赛照前项所述交来。
　　　　中证人王悉道和周腊赛盖，同时孜孜自愿承担，印章加签字。
　　　　（下有圆形印章四枚。）③

　　此契虽用吐蕃文书写，在书式和内容上却是对此前汉文契的全面承袭，在内容上比801年借契丰富多了，唯一不同的是全用吐蕃文书写。不独借契

---

　　① S.1475《佛经疏释》是利用各汉文契纸的背面粘贴后作的再利用书写，共用16纸，包括《未年上部落百姓安环清卖地契》在内，共有18件契约，除1件卖地契、1件实牛契外，余均为便粮契，据陈国灿考订，其年代均在公元815—823年间，表明此时敦煌汉人写立契据均用汉文。参见陈国灿《敦煌所出诸借契年代考》，载《敦煌学史事新证》兰州：甘肃教育出版社，2002年，第331—333页。
　　② 陈国灿：《对敦煌吐蕃文契约文书断代的思考》，《西域研究》2016年第4期。
　　③ 本契借粮人"夏孜孜"（hva dze-dzes），《敦煌西域出土的古藏文契约文书》第67页作"华折折"。此处据王尧、陈践编著：《敦煌吐蕃文书论文集》，成都：四川民族出版社，1988年，第16页。后收入二氏《敦煌古藏文文献探索集》，上海：上海古籍出版社，2008年，第259—260页。

如此，其他的契约也都用吐蕃文书写，如《虎年僧人张海增雇谢比西割麦契》（P.T.1297-4）载：

> 虎年比丘张海增（cang he dz [e] ng）……雇悉董萨部落谢比西（shi pyi-shiv）收割十畦青稞地，定于秋七月收割。如到时不割，往后延期或比西违约，将立即支付僧人十畦地收获的同等的粮食。如比西因摊派王差不能完成出，仍按上述交付……担保人 [印章]，阴拉勒（im lha-legs），郭悉诺山（kvag stag-[stsa]n），王玉董（wang gyu-ston），张孜孜（cang tshe-tshe）等，及谢比西父子私章和签名均附后。
> （上下颠倒:）谢比西签名。
> （两枚私印；其中之一为汉字，不可辨认。）①

此契未见其雇价，或许在其缺文中。对受雇者的违约处罚，与汉文契中的规定基本相似。另外关于买卖契，吐蕃文契中也有一些，如 P.T.1086 号《猪年夏丝棉部落李天昌卖房基地契》即是其中的 件，现将王尧、陈践的译文转录于下：

> 猪年夏，丝棉部落李天昌兄弟二人之房基与王光英毗连；光英兄弟从天昌兄弟处，以青稞两汉硕和粟米两汉硕，共四汉硕（作为购买该房基之地价）。按照商谈的约定，已向天昌兄弟全数纳清；天昌一方在契约上盖印②。证明人为毕顺子、梁兴子、刘英诺、宋平诺等在契约上盖印。
> 购房之资财③，由幼弟谢国乃经手，国乃盖印④。

---

① 王尧、陈践:《敦煌古藏文文献探索集》，第 272 页有译文。[日] 武内绍人著，杨铭、杨公卫所译《敦煌西域出土的古藏文契约文书》第 96 页亦有译文，此处乃对二译文综合转录。

② 武内绍人作"天昌一方立契人和证明人为"。《敦煌西域出土的古藏文契约文书》，第 40—41 页，下同。

③ 武内绍人作"购房之粮食"。

④ 武内绍人作"随附国乃的收讫印"，谢国乃作"史国乃"。王尧、陈践释文，见《书契杂件》，载氏著《敦煌古藏文文献探索集》，第 265 页。

此宅地买卖契与汉文契式序列及要点基本相似，所不同的一点是，强调了盖印为信，不仅宅地出卖人李天昌及四名见证人盖了印，而且李天昌的幼弟谢国乃，作为买房地粮经手收领人，也盖了印。突显了印信在契约中的作用。

从上看到，吐蕃人来到河西和西域以后，在社会经济各种交易活动中，逐渐接受并适应于用契约方式来肯定这种关系的确立，并用印信加以保证，应该说这是吐蕃统治者在接受汉地契约文化上，向前跨进的一大步。所以到了 9 世纪时，他们才决定把汉式契约的格式、条款、规则全盘变为吐蕃自己的制度，而加以吐蕃文字化。这种内汉外藏式的发展，正是吐蕃处于统治地位时，体现出的汉藏文化融合的一种新形式。这种民族融合形式，即以汉族契约文化为内胎，用民族文字来表述的形式，不独吐蕃文契约如此，就是回鹘文契约、西夏文契约也是这样。这都是西域地区各族经济活动中，对佉卢文契约仿效汉契传统的一种继承。

第三节　回鹘文契约

回鹘文契约，是公元 9 世纪以后在丝绸之路沿线流行使用的契约。9 世纪上半叶，漠北的回纥人南迁到天山南北，比较集中于唐的西、伊、庭州和安西四镇一带，在助唐抗击吐蕃的斗争中，继承了唐在这一地区的统治地位，建立了西州回鹘王国，在社会经济生活中，回鹘王国在处理各种经济关系时，也接受了唐代在这一地区留存下来的契约文化。

到目前为止，已知的出土回鹘文契约，约 300 件，集中出土于吐鲁番等地，早年俄、德、英、日等国学者多有研究，其中有土地及葡萄园买卖契、人口买卖契、借贷契、租赁契、养子契、遗嘱等。我国较早的研究有冯家昇先生的《元代畏兀契约二种》、《回鹘文契约二种》。[①] 其后十余年耿世民先生对该契作了重行译释，[②] 到了 1986 年，李经纬先生将 W・W・Radloff 对

---

① 冯家昇：《元代畏兀儿文契约二种》，《历史研究》1954 年第 1 期；《回鹘文契约二种》，《文物》1960 年第 6 期。

② 耿世民：《两件回鹘文契约的考释》，《中央民族学院学报》1978 年第 2 期。

回鹘文经济文书研究的成果选择了一部分发表《回鹘文社会经济文书选注》，①其中大部分是契约文书，其后李先生在此基础上增补成《回鹘文社会经济文书研究》，②在此期间，日本大阪大学的一批回鹘文献研究学者，在山田信夫教授研究的基础上，于1993年完成了三卷本的《回鹘文契约文书集成》的出版，释读研究了121件契约。③这是上世纪末搜集最全、研究最细的巨著。在我国国内，刘戈先生于2001年出版了《回鹘文契约文书初探》，④后又对回鹘文买卖契约作了专门的研究，出版了《回鹘文买卖契约译注》。⑤最近刘戈先生专从语言文字的角度，发表了专著《回鹘文契约断代研究》，⑥针对日本学者的一些见解，展开了讨论。这是由于回鹘文契约均用十二年一个轮回的地支动物纪年，难以确定其时代。学术界流行着各种看法，需要从各种视角对其作出深入的探索和讨论。有些学者认为所见到的回鹘文契约都是13—14世纪之物。但是，如从契约的具体内容及其历史背景来观察，情况并非如此单一。

一、早期的回鹘文契约

从现存较完整的契约看，仍可分辨出其所属年代的早晚，即9—12世纪的西州回鹘王国时代的早期和13—14世纪的晚期。如多家均有译释的《某年腊月阿狄赫·达干卖地契》，⑦应属西州回鹘王国早期的一件契约，现将诸家录文，综录于下：

---

① 李经纬：《回鹘文社会经济文书选注》，《伊犁师范学院学报》1986年第4期。
② 李经纬：《回鹘文社会经济文书研究》，乌鲁木齐：新疆大学出版社，1996年。本书至2012年，又由作者扩充为《回鹘文社会经济文书辑解》上下册，由甘肃民族出版社出版。
③ ［日］山田信夫著，［日］小田寿典等编：《回鹘文契约文书集成》，大坂：大坂大学出版会出版，1993年。
④ 刘戈：《回鹘文契约文书初探》，台北：五南图书出版公司，2000年。
⑤ 刘戈：《回鹘文买卖契约译注》，北京：中华书局，2006年。
⑥ 刘戈：《回鹘文契约断代研究》，北京：中华书局，2016年。
⑦ 李经纬：《回鹘文社会经济文书辑解》上册，兰州：甘肃民族出版社，2012年，第136—140页。刘戈：《回鹘文买卖契约译注》，第53—54页。两书对于本契均有释文。此处取二书之所长作综合录文。

　　［□年戒］月①初一，我阿狄赫·达干需要通货用的（官布），把我位于奇姆胡克的（播）一石（种子）的田地，（公正合法地）卖给了艾勒甫·塔西将军，其售价我们是这样议定的：断为高昌市场上通行的、两边有条纹道、中间有官印的一百个官布。这一百个官布在立文书之日，我艾勒甫·塔西将军已全部付清，我阿狄赫·达干也全部收到了。该地的四至界是：北边以艾勒甫·塔西·僧库尔将军的地为界；西边以将军于伽的地为界；南边以库玛尔将军的地为界；东边以艾勒甫·塔西将军的地为界。该地将千年万日地归艾勒甫·塔西将军所有，我阿狄赫·达干这兄弟、亲友均不得过问，若想过问，其言无效，只有艾勒甫·塔西将军的话有效。若有人倚仗官吏之力制造纠纷，就要付出与该河渠上属于艾勒甫·塔西将军地相当的地。此言之证人：库……恩；证人：统喀剌将军；见证人：我弟弟哺吐尔。这个印章是我阿狄赫·达干的儿子喀喇木克的。在详细地讯问了买方和卖方之后，我卜萨尔图·新喀伊·喀亚写了（该文书）。

　　（背面）

　　该文书是阿狄赫·达干（所卖）土地的文书。

这件卖地契，首记立契时间、卖地人姓名、土地面积；次列买地人姓名、商定价格及交易；再列所卖地之四至及地权移交之确认及对纠纷的预防；最后列出见证者三人，卖地者以盖印章为信。整个契文的书写序列及内容，与吐鲁番所出唐代西州汉文契约基本相一致。有所不同的是，在土地面积的计算和计价单位上，具有当地民族的特色。

　　在计算土地面积上，唐西州时，田地均以亩、步为单位计算，回鹘文契则以播种谷种多少来计土地的大小，如本契"播一石种子的田地"，《依特·哺尔特卖地契》中所卖的是"可播三石种子的土地"；②《雅尔普·雅阿

----

　　① 刘戈引用森安孝夫的论证认为十二月为"戒月"，实为腊月。见《回鹘文买卖契约译注》第77—78 页。

　　② 李经纬：《回鹘文社会经济文书辑解》上册，第 127 页。刘戈：《回鹘文买卖契约译注》第54 页。

等人卖地契》中卖的是"播七石种子的地";① 《萨比卖地契》中所卖者为"秦渠河上可播一石八斗种子的水浇地"。② 从这里看到,在量制上,回鹘文契使用了汉地的石、斗、升重量计算单位,而在土地面积的度制上却没有使用汉地的亩、步制。用播种多少种子来计算耕地面积的方式,不独回鹘文契中存在,在其他民族文字契约中也存在着,如佉卢文书 Kh.648 号白毗耶王 8 年(256 前后)《耽米耶与派苏吉卖地契》中,所卖地为"播种量为 1 弥里码之地";③ Kh. 654 号安归迦王 8 年(264 前后)《迷科凯卖地契》中"将能种 3 弥里码之 agri 土地一块卖给莫伽多";④ Kh. 579 号安归迦王 9 年(265 前后)《探子莫伽多卖地契》中"愿将能种 1 弥里码 10 硒 adimai 籽种之 agri 地一块卖给司书罗没索磋"。⑤ 弥里码和硒都是鄯善国的计量单位,由此看,回鹘文契约中用播种谷种多少来计土地面积的大小,在西域当地居民中的传承具有一贯性,以致后来统治西夏王国的党项族也是用这种方式计算农田面积的。⑥ 何以会用如此方式计算土地面积?或许这与地广人稀,粗放经营的广种薄收习俗有关,特别是各时期、各地区土地单位面积计算大小不一致,故对农耕土地面积的认知,仍以投入种子多少来衡量其面积的大小最为可靠。

本契的计价单位,是以高昌市场上通行的官布为基础。"官布",山田信夫转写为 quanpu 或 qanpu,本是汉字"官布"的音译,有的契文迳称为"棉布"。刘戈对此词注释说:"官布是高昌回鹘王国地区流通过的一种货币,质地主要是棉布……从回鹘文契约中的官布特征——有强调货币流行地区的术语以及官布上有印章等现象来看,它与宋金元时期的钞币有着某种内在的联系。"⑦ 指出官布是高昌回鹘王国地区流通过的一种货币,是完全正

---

① 李经纬:《回鹘文社会经济文书辑解》上册,第 132 页。刘戈:《回鹘文买卖契约译注》第 55 页。

② 李经纬:《回鹘文社会经济文书辑解》上册,第 135 页。刘戈:《回鹘文买卖契约译注》第 56 页。

③ T. Burrow, *A Translation of the Kharosthi Documents from Chinese Turkestan*. The Royal Asiatic Society, London, 1940, 王广智译《新疆出土佉卢文残卷译文集》,载韩翔主编:《尼雅考古资料》,260 页。

④ 王广智译:《新疆出土佉卢文残卷译文集》,第 260 页。

⑤ 王广智译:《新疆出土佉卢文残卷译文集》,第 251 页。

⑥ 详见下节论说。

⑦ 刘戈:《回鹘文买卖契约译注》,第 101 页。

确的，至于说与宋金元时期的钞币有着某种内在的联系，倒不如说与唐代市间通行的"佣调布"有着承袭的渊源关系更为科学。唐代的西州，从出土文书看，市场交易中是钱币与绢练兼行，有时也行用朝廷调拨到此地的"租庸调布"，斯坦因在吐鲁番阿斯塔那九号墓区的氾延仕墓中就发现了两件麻布，一件上写有"婺州信安县显德乡梅山里祝伯元租布一端。光宅元年十一月 日"，在县名、年月处均钤有"婺州之印"。① 另一匹上写有"婺州兰溪县瑞山乡从善里姚君才庸调布一端。绚。神龙二年八月 日。绪"，在州名、县名、年月处均钤有"婺州之印"。② 类似的流落在当时民间的租庸调布实物还有很多，③ 可见唐西州在绢练不足时，这种由江南百姓向官府交纳的租庸调布，由朝廷调拨来到西州，流入西州市场，也起过暂时流通的作用。进到西州回鹘统治时期后，钱、绢、麻布少了，但棉布在当地生产旺盛，沿袭前代，将棉布制作成市场交易的流通手段"官布"也就很自然了。根据多件回鹘文契约提供的信息，每个官布可能有长、短规格的不同，每个布的特征是："两端有边儿的、中间有图章的"，④ 此图章应是"盖有六方皇印"为准。⑤ 所云的"皇印"，当是指高昌回鹘王的王印，这在《突厥语大词典》里已有表述："长四盖斯，幅宽一拃的一块布，上面盖有回鹘国王的印，在交易中当货币使用。如果布旧了，每七年可洗一次，再重新盖印。"⑥ 这已经很清楚地说明这些买卖契应是西州回鹘王国时期的契约。

西州回鹘王国时期的地方行政建制，对其核心统治地区——高昌盆地，仍保持着唐时的"四府五县"体制，⑦ 这在契约文书中也有直接的反映，如"以当今在高昌（qočo）市场上流通的"；⑧ 与"以柳中（lükčüng）市场上

---

① 陈国灿：《斯坦因所获吐鲁番文书研究》，武汉：武汉大学出版社，1994 年，第 348 页。

② 陈国灿：《斯坦因所获吐鲁番文书研究》，第 349 页。

③ 参见王炳华：《吐鲁番县出土唐代庸调布研究》，《文物》1981 年第 1 期。

④ 回鹘文《萨比卖地契》，李经纬：《回鹘文社会经济文书辑解》下册，第 135 页。

⑤ 回鹘文《喀林·喀喇·阿奇卖女奴契》，李经纬：《回鹘文社会经济文书辑解》上册，第 202 页。

⑥ 麻赫默德·喀什喀里：《突厥语大词典》卷 1，北京：民族出版社，2002 年，第 442 页。

⑦ 陈国灿、伊斯拉非尔·王苏甫：《西州回鹘时期汉文〈造佛塔记〉初探》，《历史研究》2009 年第 1 期。

⑧ 李经纬：《回鹘文社会经济文书辑解》上册，第 132 页《雅尔普·雅阿等人卖地契》，第 135 页《萨比卖地契》。

流通的"① 官布，有着不同地域的概念，对于 qočo，《突厥语大词典》作 ko-qu，其解释文为："高昌。回鹘人的一个城市名称，有时用这个名字。称呼那里的所有城市。"② 前一句说的是高昌城，后一句说的是高昌国。高昌作为西州回鹘王国直辖"四府五县"中的首县继续存在着，故才有"以当今在高昌市面上流通"的概念，所谓"当今"，应指 13 世纪以前的高昌县。山田信夫、李经纬等均将其译作"高昌"是对的，但有的学者将其译作"火州"，恐怕欠妥，因为"火州"一词的出现，与蒙古人的到来对"高昌"所作的音译有关，这已是 13 世纪的事。对于 lükčüng，山田信夫、李经纬等均译作"柳中"，符合于柳中县是西州回鹘王国直辖五县之一的实际。但有的学者将其译作"鲁（克）沁"，同样也欠妥，因为用"鲁克沁"三字取代柳中，已是近几百年的事，不能用近代之称取代古代仍然运动着的县城名。应该看到，回鹘文契约中用的地域概念，正是指的"四府五县"中的高昌县、柳中县。契约中说的"官布"，实际是指仅在高昌县或柳中县县境内流通的"官布"，这又进一步证实了这些买卖契是西州回鹘王国时期的契约。

还有一点值得注意的是，这份土地买卖契中的出卖方阿狄赫的身份是"达干"，买方的身份是"将军"，所卖土地的四周，从其"四至"所记看，都是一些将军人家的地块。上世纪初在高昌故城 X 遗址寺院废墟中出土的回鹘文木杵铭文，经研究判定为公元 948 年回鹘"公主殿下"和"沙州将军"二人的造寺祈福文，同时参与祈福者，列有公主和可敦者 15 人，都督、将军、达干等官员者约 25 人。③ 对于"达干"一词，张广达解释说："从实际例证来看，它是专统兵马的武职官称，回鹘文的原文作 Tarqan。"④，耿世民转写为"tarkan"，李经纬转写为"tarhan"。西州回鹘时期的达干，也存在着当人名使用的现象，但不排除成为一种勋号的可能性。"将军"一称也是如此，既然能获得达干、将军的勋号，表明他们属于西州回鹘的贵族。达干、将军们的土地阡陌联片，纵横皆是，应该是回鹘人来到西州进入农业种

① 李经纬：《回鹘文社会经济文书辑解》上册，第 119、124 页。

② 麻赫默德·喀什喀里：《突厥语大词典》卷 3，第 214 页。

③ 杨富学：《吐鲁番出土回鹘文木杵铭文初释》，载《西域敦煌宗教论稿》，兰州：甘肃文化出版社，1998 年，第 260—261 页。

④ 张广达、荣新江：《有关西州回鹘的一篇敦煌汉文文献——S6551 讲经文的历史学研究》，张广达：《西域史地丛稿初编》，上海：上海古籍出版社《中华学术丛书》，1995 年，第 229 页。

植经济生活后，处于农耕种植经济上升期，获取农耕地的反映。这也从一个侧面呈现出西州回鹘王国早期社会经济的特点。

类似的指明以高昌县或柳中县境流通"官布"作计价的契约还有多件,[①] 有的虽未言"官布"，也指明以若干棉布计价,[②] 当同属西州回鹘王国早期的契约特征，约在公元9—12世纪之间。

二、晚期的回鹘文契约

晚期的回鹘文契约，表现出了一些与早期契约不同的特点，试看一件《吐尔迷失·的斤卖地契》,[③] 现将其契文摘录于下：

> ……我吐尔迷失·的斤因需要大都通用的钞锭，把我与高昌的阔庆阿波共有的、与我女婿塔普迷失有份的耕地、水、土地……连同（我那一）份额的文书，以八十锭中统宝钞的价格合理合法地卖给了法藏都统，该钞在立文书之日，我法藏已全部数清支付了；我吐尔迷失·的斤也全部点清收到了。从今以后，塔普迷失的兄弟、甥侄、叔舅无论是谁，都不得制造纠纷，一旦谁倚仗有权势官吏的势力制造纠纷，就得向皇帝陛下缴纳一锭金子，向地方官们缴一匹供乘骑用的马，他们制造纠纷的话皆无效。从今以后，该葡萄园、土地、水、房屋将统归法藏都统所有，如果满意，他就自己管理；若不满意。任其转卖与他人。制造纠纷的人将受损失，法藏都统将不受损失。这个花押是我吐尔迷失·的斤的。
>
> （其下有吐普都、维普喀的签字，辛思于的盖章。六名证人的签字、盖章。）

---

① 在李经纬：《回鹘文社会经济文书辑解》上册，所收的契约中，以"官布"支付地价的有：《奥孜迷失·陀赫里勒等人卖地契》、《奥孜迷失等人卖地契》、《依格·哺尔特卖地契》、《雅尔晋·雅阿等人卖地契》、《萨比卖地契》等。

② 在李经纬：《回鹘文社会经济文书辑解》上册，所收的契约中，仅以"棉布"或"粗棉布"计价者，有《居赤·奥胡勃·伊纳勃卖地契》、《陀鲁·喀喇卖田契》、《森斯都卖地契》、《伊赤·喀喇卖地契》、《伯·铁木耳卖葡萄园契》、《萨达卖葡萄园契》、《铁特迷利格卖妇女契》、《库克塔木尼卖子契》等。

③ 李经纬：《回鹘文社会经济文书辑解》上册，第140—144页。

　　本件虽无年月，从"中统宝钞"一词便知是写立于元代的契约。《元史·食货志》载：元世祖中统元年（1260）"十月，又造中统元宝钞"，则本契当是元朝中统年以后之物。吐尔迷失·的斤卖地的目的是为了"需要大都通用的钞锭"，钞与锭在概念上是有区分的，史称："世祖中统元年十月行中统宝钞……乃诏行中书省造中统元宝交钞。是年冬，初行中统交钞，自十文至二贯文凡十等，不限年月，诸路通行，赋税并听收受，诸路领钞以金银为本，本至乃降新钞。"① 所谓"领钞以金银为本"，说的是纸钞以金银为本位，中间有一兑换比例，据《新元史》载："中统元年，始造交钞……以贯计者，曰：一贯文，二贯文，每一贯同交钞一两，二贯同白银一两。"② 至元三年，决定"请以五十两铸为锭，文以元宝"。十四年（1277），"大都所铸者重四十九两。"③ 这就是吐尔迷失·的斤所需要的"大都通用的钞锭"，卖地所得的八十锭中统宝钞实乃指此。可证此契订立在至元十四年（1277）以后。到了至元二十四年（1287），由于中统钞伪滥贬值，"物重钞轻，公私俱弊"，元世祖决定新造"至元宝钞"，规定一贯至元钞折中统钞五贯，中统宝钞由此不再受人们青睐，吐尔迷失如是这时卖地，肯定是不会要中统宝钞的。据此，大体可以推定吐尔迷失·的斤卖地契书写于公元1277—1287年间，很可能在至元十四年（1277）之后不久。同样，《虎年托列格·铁木耳典押土地契》中将一批土地典押了"二十锭中统宝钞"，④ 也应该大体同时。

　　透过这件晚期元代的卖地契，可以看到一些比之于早期回鹘文卖地契不同的特点。

　　首先是卖地计价不再以"官布"或棉布为单位，如前所列，而是以钞锭或金银为单位，除了上列的以"八十锭中统宝钞的价格"卖地外，还有多件契如此计价，如《猪年铁尔皮什卖葡萄园契》，将"需要十六个人丁耕

　　① 《钦定续文献通考》卷9《钱币考》，文渊阁四库全书本。

　　② 柯劭忞：《新元史》卷74《食货·钞法》，《元史二种》，上海：上海古籍出版社，上海书店，1989年，第53页。

　　③ 柯劭忞：《新元史》卷74《食货·钞法》，《元史二种》，第353页。

　　④ 李经纬：《回鹘文社会经济文书辑解》上册，第86页。此寅年很可能是至元戊寅，即公元1278年。

种的葡萄园"中的一半卖价为一百钞锭。① 又如《羊年尹赤·不花等二人补
还地价契》中记有"葡萄园的若干份儿土地的售价计六百锭钞，其中的一
百锭已付，所余的五百锭钞留下未付，这些钞锭我们将在夏秋季有人来时送
达"②。《龙年阿体都统卖奴隶斌通契》以"九钞锭"的价格将汉人奴隶斌
通卖给了薛赛大师。③《猪年雅尔普·陀赫里勒卖女奴契》中，"因需要通用
的银子，把我的名叫金孙的女奴，以五十两钱银合理合法地卖给了伊乃
奇"。④ 除买卖契以钞锭为交易手段外，甚至土地租佃也用钞锭支付，如
《兔年阿喇姆·喀喇等人出租土地契》中"亲手取十二两钞币的租金"。⑤ 这
些都表明，这一时期的社会经济生活中，不再以官布或棉布作为流通手段，
而是使用钞锭为计价单位，或兼之以金银。

其次是悔约罚贡，这是早期回鹘文契所没有的，如本契中"一旦谁倚仗
有权势官吏的势力制造纠纷，就得向皇帝陛下缴纳一锭金子，向地方官们缴
一匹供乘骑用的马"。此处所言的"皇帝陛下"，应是指元朝的皇帝。在
《铁尔皮什契》中写的是："他们必须向皇帝陛下缴纳一个金锭，向内库缴
纳一个银锭，向官员们各缴一匹供乘骑用的马的罚金。"所云"内库"，当
是指地方官府的财库。这种悔约罚贡的做法不同于以往"一罚二入不悔
人"，而是将所罚贡给统治者，这是元代才兴起的对违约惩罚的普遍性的规
定。例如薛赛大师买了奴隶斌通后，又立了一纸《薛赛大师解放奴隶斌通
书》，其中有保证词说："如果我们背离文书中的诺言。他就得向皇帝陛下
缴纳一锭金子，向诸亲王和王子各缴一锭银子，向亦都护缴一锭银子，
向经师（缴纳）一匹马的罚金"⑥ 从此词中也证实陛下是指元朝皇帝，亦都
护则是元朝给高昌王的封号。这些都表现出了蒙元统治的时代特征。

第三个不同是早期卖地契均写有土地的四至，即所卖地东、南、西、北
与谁家地接界，而这类表述在元代的契文中则不多见了。不过，也有个别以
锭银计价的卖地契里写有土地四至，如《奥孜迷失·陀赫里勒等人卖葡萄园

---

① 李经纬：《回鹘文社会经济文书辑解》上册，第 171 页。
② 李经纬：《回鹘文社会经济文书辑解》上册，第 100 页。
③ 李经纬：《回鹘文社会经济文书辑解》上册，第 217 页。
④ 李经纬：《回鹘文社会经济文书辑解》上册，第 206 页。
⑤ 李经纬：《回鹘文社会经济文书辑解》上册，第 60 页。
⑥ 李经纬：《回鹘文社会经济文书辑解》上册，第 223 页。

契》、《毛斯·艾德古等人卖牧草地契》等，但为数甚少。

由上看到，现存的回鹘文契约，并不都是公元 13—14 世纪的契约，应有早、晚期之分，早的可以早到西州回鹘王国兴盛期，晚的可以晚到元朝及其以后。根据内容的不同，区别其契约时段的不同，对于研究契约发展的演变过程十分必要，从中可以看到回鹘文契约在内容要素和表述模式上的演变，与内地汉契具有同步变化的特点，早期回鹘文契依旧保持唐西州汉契的模式，晚期回鹘文契则融入到元朝的全国大一统的契约文化之中。

第四节　西夏文契约

西夏文，是公元 11—13 世纪党项羌族在河西建立西夏王国时期行用的文字，笔画繁多，存世者甚少。上世纪初，在内蒙古西部黑水城遗址，发现了大批西夏文文献，人们始得见这种文字的真面目，近百年来，幸赖中外学者辛苦努力研究，得以释读其文意，其中用西夏文字书写的各类契约，据参与整理的史金波先生估计约有 500 余件，主要有买卖、借贷、租赁、典当、雇佣等多种契约，买卖契中以地宅买卖与牲畜买卖为多，均在 10 件以上，人口买卖契也有 3 件，各式的借贷契近 40 件。各类契约都遵循着一定的模式书写。

自上世纪初俄国探险家科兹洛夫在内蒙古西部黑城子发现大批西夏文文献后，引起了国内学人罗振玉、王静如等的关注和研究，1971 年苏联学者克恰诺夫发表《西夏文谷物借贷文书》、《西夏天盛二十二年卖地文契》等文后，更引起中国学者对西夏文契约文书的关注。20 世纪 90 年代我国学者史金波等参与对西夏文文献的全面整理，开创了我国学者独立自主地研究西夏文契约的道路。其中史金波先生对契约的一系列研究，是其突出的代表。[①] 还有杜建录、赵彦龙等先生也有众多对西夏出土汉文和西夏文契约的

---

① 史金波：《黑水城出土西夏文卖地契研究》，《历史研究》2012 年第 2 期；《西夏文卖畜契和雇畜契研究》，《中华文史论丛》2014 年第 3 期；《黑水城出土西夏文租地契研究》，《吴天墀教授百年诞辰纪念文集》，成都：四川人民出版社，2013 年；《西夏文粮食借贷契约研究》，《中国社会科学院学术委员会集刊》第一辑，2014 年；《黑水城出土西夏文卖人口契研究》，《中国社会科学院研究生院学报》2014 年第 4 期；《黑水城出土西夏文众会条约（社条）研究》，《西夏学》第 10 辑，2013 年。

研究成果。①

一、西夏文的各种类型契约

关于买卖契约，现转引一件史金波先生译释的 Инв.5124-9、10 号《天庆寅年（1194）二月一日梁势乐酉卖地契》的汉译文，来考察这类买卖契的格式：

> 寅年二月一日立状者梁势乐酉，今向普渡寺属寺粮食经手者梁那征茂及梁喇嘛等将撒十石种子生熟地一块，有房舍、墙等，自愿出卖，议定价二石麦、二石糜、四石谷。价、地两无悬欠。若其地上有官私二种转贷时，梁势乐酉管，梁那征茂等不管，不仅需依原有价数一石还二石，谁改口变更，不仅依《律令》承罪，还由官府罚一两金。本心服。
>
> 四至界处已明契约
>
> 东与嵬移江为界　　南与梁宝盛及官地为界
>
> 西与梁宝盛地为界　北与恶恶吉讹地为界
>
> 有税五斗，其中一斗麦　　细水
>
> 　　　　　　立契者梁势乐酉（押）
>
> 　　　　　　同立契妻子恶恶氏犬母宝（画指）
>
> 　　　　　　同立契子寿长盛（押）
>
> 　　　　　　同立契子势乐宝（押）
>
> 　　　　　　知人平尚讹山（画指）
>
> 　　　　　　知人梁老房酉（画指）②

---

① 杜建录：《西夏买卖借贷与扑买文书考释》、《西夏粮食借贷契约研究》、《中国国家图书馆藏西夏文社会文书残页考》等，均载杜建录、史金波：《西夏社会文书研究》（增订本），上海：上海古籍出版社，2012年。赵彦龙先生的研究有：《西夏时期的契约档案》（《西北民族研究》2001年第4期）；《西夏契约研究》（《青海民族研究》2007年第4期）；《论西夏契约及其制度》（《宁夏社会科学》2007年第4期）；《西夏契约再研究》（《宁夏社会科学》2008年第5期）。

② 史金波：《黑水城出土西夏文卖地契研究》。

梁势乐酉将自己可播种十石种子的生熟地一块，连同房屋和墙一起"自愿出卖"给普渡寺，强调了自愿出卖的精神。"议定价"为"二石麦、二石糜、四石谷。"表明此交易价是经双方平等商议的结果。

借贷契主要是对粮食的借贷，有直接的信用借贷，也有以畜作质押的借贷，约有数十件之多，这里选一件晚期的《光定卯年（1219 年）三月六日梁十月犬贷粮契》（Инв.6377-16〈1〉号）来见其格式：

> 光定卯年三月六日立契约者梁十月狗，今于兀尚般若山自本持者老房势处借一石五斗麦，每石有五斗利，共算为二石二斗五升，期限同年八月一日当聚集粮数来。日过时，一石还二石。本心服。入后边有之当还。
>
> 立契约者梁十月狗（押）
> 同借（者）兀尚老房狗（押）
> 同借（者）梁九月狗
> 同借（者）李满德（押）
> 证人杨老房狗（押）
> 证人杨神山（押）①

这是属于直接的信用借贷，春借秋还，历时近五个月加利 50%，平均月利 10%，与中原内地贷粮契基本相似。

租佃契主要是包租地契，约有近 10 件，现将史金波先生译释的《天庆寅年（1194）正月二十九日梁老房酉等包租地契》（Инв.5124-3〈3〉号）转录于下：

> 寅年正月二十九日立契人梁老房酉等，今将普渡寺中梁喇嘛属八石撒处地一块包租，地租二石八斗麦及三石六斗杂粮等议定，日限八月一

① 史金波：《西夏粮食借贷契约研究》，《中国社会科学院学术委员会集刊》第 1 辑，北京：社会科学文献出版社，2005 年 3 月。收入杜建录、史金波：《西夏社会文书研究》，第 142 页。此处录文又经原作者有所调整。

日当还。日过不还为时，一石还二石。本心服。

> 立契人梁老房酉（押）
>
> 同立契人梁老房茂（押）
>
> 知人平尚讹山（押）
>
> 知人梁老房？（押）①

此租地契仅写租地数量与交租时间，十分简略，这大概是由于耕作、用水、修渠、地税杂役等全由立契佃种人包揽负责的缘故，故才称之为"包租契"，地主普渡寺中梁喇嘛只是等到八月一日收租粮而已。

从以上卖地契、贷粮契、包租地契可以看到，这些在党项人中流行的契约，"与中原汉族地区的契约形式相同"，基本上"继承了中原王朝的形制，包含了传统契约的各种要素"。② 从行文格式观察，西夏文契确是对中原传统契式的承袭。

二、西夏文契约的特点

在继承并运用中原传统契式的过程中，党项人也结合本族的风俗习惯和本国的律令规定，在契文中表现出一些具有自身特点的方面。

特点之一是对土地面积的计量，没有按中原唐宋时期的段、畦、亩、步计算，而是以撒多少种子来计算土地面积的大小，如撒三石种子地、撒八石种子地、撒十石种子地、撒十五石种子地、二十石种子地、最多者达撒一百石种子地。这是一个不太明确的概念，用播种量计算土地面积，在中国历史上，中原内地汉代就有，③ 在民族地区，也不只有西夏，在古丝绸之路南道上的鄯善王国，其用佉卢文书写的土地买卖契约中，也是如此计地，如 Kh. 495 号卖地契载："该地由莱吉耶购买，该地能种 1 弥里码 10 硒籽种，给价

---

① 史金波编：《丝绸之路出土民族契约文献集成》（西夏文卷）（待刊）。

② 史金波：《黑水城出土西夏文卖地契研究》。

③ 邬文玲：《长沙东牌楼所出东汉简牍〈光和六年自相和从书〉研究》对东汉简牍中"一石田"的记载认为："'石'之所以被用作田地计量单位，当与耕种一定面积的田地所需种粮数量有关。一石田，很可能就是指按照通常的种植方式，需要耗用一石种粮的田地面积。"《南都学坛》2010 年第 3 期。可见用播种量计算土地面积，早在东汉时的长沙就已存在。

30目厘之三岁马一匹。"① 又如 Kh.654 号卖地契载: "彼将能种 3 弥里码之
土地一块卖给莫伽多。"② 弥里码,是鄯善人对谷物的量制,1 弥里码等于
20 硒。尽管目前对此计算看法不一致,但以播种计地的表述方式与西夏契
是一样的。另外藏族对土地面积的计算方法也是如此,史金波先生指出:
"藏族又以'克'为耕地面积,1 克地就是 1 克籽种所播的耕地,约合 1 市
亩。"③ 前论回鹘文契约中涉及土地面积时也是以播撒多少种子来计算的。
可见西夏以撒种多少石计算耕地面积,具有历史的传承性。由此看,以播种
计地法在古代多个民族中都使用过,特别是在由原来以畜牧经济为主转变为
农、牧经济并重的一些民族中,一直坚持这种方式来计算土地面积。

如将《天庆丙辰年六月十六日梁善因熊鸣卖地房契》(Инв. No.4199
号)④ 中的"撒十石种子熟生地七十亩"数缩小 10 倍,即撒 1 石种子的地,
相当于熟生地七亩,平均每亩须种子 1.43 斗,这是一个可供比对的标竿。
史金波先生依据《文海》所记确定"西夏每亩为 25 平方丈,100 方
步。……唐宋亩制以 240 方步为 1 亩……因此宋朝一亩为西夏 2.4 亩,是知
西夏亩小。"⑤ 可是,史先生接下来的推算:"撒 1 斛种子的地,约合 10 西
夏亩",⑥ 这与《梁善因熊鸣契》中比例有点不合,或许是由于熟生地中的
生地可能要求的播种量要大的缘故。即使按 1 石种子为 10 西夏亩播种量计
算,比之于《齐民要术》对五谷种子"耧沟掩种,一斗可种一亩"⑦,要多
一倍半,因为中原 1 亩相当于西夏 2.4 亩。

耧沟掩种,就是开沟、点种、再覆土,属精耕细作型的下种,而撒播显
然是一种粗放的耕作,既费种籽,收获量也不高,这正是民族地区与中原地
区生产力水平差别之处。

特点之二是违约受罚的预防性条款,总的看是对中原传统契约模式的继
承,如违约一罚二的原则。但在卖地契上的违约受罚,与中原传统契约有所

---

① 王广智译:《新疆出土佉卢文残卷译文集》,载韩翔编:《尼雅考古资料》,第 238 页。
② 王广智译:《新疆出土佉卢文残卷译文集》,载韩翔编《尼雅考古资料》,第 260 页。
③ 史金波:《西夏度量衡刍议》,《固原师专学报》2002 年第 2 期。
④ 史金波:《黑水城出土西夏文卖地契研究》。
⑤ 史金波:《西夏度量衡刍议》。
⑥ 史金波:《西夏度量衡刍议》。
⑦ [北齐] 贾思勰著,缪启愉校释:《齐民要术校释》,第 54 页。

不同，如"何方违约时，不仅依《律令》承罪，还应罚交一两金，本心服。"这种条款贯穿于其他卖地契中，如Инв.No.5124〈1〉号《天庆寅年正月二十九日梁老房西等卖地房契》中所云："不仅要依原何价数一石付二石，还要依官府规定罚交三两金，本心服。"① 显示出违约行为在西夏要受官府的惩罚，一是在法律上要"承罪"，② 二是依官府规定罚交黄金。此黄金罚交给谁？不太明确，从《梁势乐西卖地契》中所云："不仅需依原价数一石还二石。谁改口变更，不仅依《律令》承罪，还由官府罚一两金"看，针对有争讼而言的"一石还二石"是还给买主的，对"改口变更"是由官府来罚的，按交易额大小罚金给官府。而中原唐宋契约，即使违约或悔约，也由订约双方自行约定受罚内容，如敦煌所出S.3877v号《天复九年己巳（909）洪闰乡百姓安力子卖地契》中载："准法不许休悔，如若先悔者，罚上耕牛一头，充入不悔人，恐人无信，故立私契，用为后验。"③ 又P.3649v《后周显德四年（957）敦煌乡百姓吴盈顺卖地契》中作"如若先悔者，罚上马一匹，充入不悔人。"④ 在这些百姓私契中，官方并不介入，既无依《律令》承罪之说，也无向官府交罚黄金的规定。这是西夏卖地契与中原契又一不同之处。这比之于汉地的违约受罚规定要重，重在既要罚金交官，还要受徒刑之罪，表明西夏官权力对民契的干预，还没有摆脱以刑治罪调整买卖关系的模式。

特点之三是，西夏卖地契中均列有该地的税额数及用水标准，而中原传统契则无。如《梁势乐西卖地契》中，在契文尾写有"有税五斗，其中一斗麦。细水"。又如《邱娱犬卖地契》中在土地四至之后所列的"税五斗中，有麦一斗。日水。"⑤ 这是载明梁势乐西、邱娱犬等所卖的这块地固定税额是五斗粮，其中一斗为小麦。史金波先生对西夏农业用水标准，经对各卖地契研究后，归纳为"日水"、"细水"、"半细水"三种，他说："从上

---

① 史金波：《黑水城出土西夏文卖地契研究》，《历史研究》2012年第2期。

② 西夏《天盛改旧新定律令》第十一卷"分用私地宅门"载："一诸人先已分卖畜、人、物、田地、帐舍等，尔后不许属者改口追告及节亲子弟追告，倘若违律时徒六个月，畜物为依先所分卖者。"（史金波、聂鸿音、白滨译注：《天盛改旧新定律令》，北京：法律出版社，2000年，第413页。）此即反悔承罪之律。

③ 沙知编：《敦煌契约文书辑校》，第18—19页。

④ 沙知编：《敦煌契约文书辑校》，第30页。

⑤ 史金波：《黑水城出土西夏文卖地契研究》。

述数字可以发现一个规律，土地数量大，约撒 10 石种子以上的地给'日水'；土地数量中等，撒 5 石至 10 石种子之间的地给'细水'；土地数量小，约撒 5 石种子以下的地给'半细水'。"① 这应是官府对民田给以用水的标准，也是西夏卖地契特有的新内容。

特点之四是，西夏卖地契往往连同房舍、树园一起出卖，12 件卖地契中，有 9 件是将土地和房舍一起出卖的。据史金波先生分析，这与党项人原有的生活习俗有关，党项原是游牧民族，长期依草场一家一户设帐而居，改营农业后，仍延续着分散居住的习俗，在大片耕地中建房舍居住。便于耕作，既然这片土地出卖了，便于耕作这片土地的房舍再保留也就无价值了，还不如连同土地一起出卖。这样，"一方面厘清了原土地所有者和这块土地的关系，另一方面也便于新的土地所有者全权处置管理，包括出租土地时连同住房一并出租"。② 这与中原卖地契有很大的不同。在唐宋的卖地契中，基本上不连带房舍出卖，至多连同地中的树木而已，因为在内地，农耕地与生产者居屋房宅是分隔开的。生活习俗的不同，带来了卖地契约上的不同特点。

特点之五是，"本心服"一词是西夏契约中独有的个性特点，史金波先生指出："多数契约的末尾写上'本心服'，表示立契约的卖主对契约内容的认可，对违约处罚心服的承诺。"③ 除卖地契外，贷粮契、包租地契中都有"本心服"的承诺，它与汉地契约中"不许休悔"，具有同样的意境，只是表述特殊而已。

总上所析，西夏契约既承袭了中原汉式契约的传统格式，又呈现出西夏王国自身的习俗和政治经济生活现实的特点。

西夏国是以党项族为主体建立的国家，党项族在历史上属"西羌别种"④，居于四川至青海一带，大小部落互不相统，至唐代，党项受到吐蕃的挤压，其主体迁至今陕、甘一带。唐后期其部落散处于盐州（今陕西定边）、庆州（今宁夏庆阳）、夏（今内蒙古乌审旗）、宥（今内蒙鄂托克

---

① 史金波：《黑水城出土西夏文卖地契研究》。
② 史金波：《黑水城出土西夏文卖地契研究》。
③ 史金波：《黑水城出土西夏文卖地契研究》。
④ 《新唐书》卷 221 上《党项传》，第 6214 页。

旗）、绥（今陕西绥德）、延（今陕西延安）、银（今陕西榆林）、灵（今宁夏灵武）诸州。黄巢起义军攻入长安时，夏州党项首领拓拔思恭助唐讨伐义军有功，"中和二年（882），诏为京城西面都统、检校司空、同中书门下平章事。俄进四面都统、权知京兆尹。贼平，兼太子太傅，封夏国公、赐姓李。"① 成为唐朝廷的有功重臣，其后弟侄子孙世为唐"定难军节度使"及边镇军将或长官，据有夏、宥、绥、银、静等州，历五代直至宋初，隶属于中原朝廷的关系始终未变，这给党项族接受汉文化提供了十分有利的条件，党项族的首领及上层听命于唐宋朝廷，带动着下层百姓与汉民的亲近和交往，在长期的交往中，对于汉地传统的典章制度、礼仪服饰、经济交往关系规则等都加以吸收仿效，或"渐行中国之风"，或"一如中国之制"。唐宋经济生活中的契约制度也自然成了党项人规范各种经济关系的工具。

党项人原无文字，只是到了李元昊称帝建夏国后，才"自制蕃书，命野利仁荣演绎之，成十二卷，字形体方整类八分，而画颇重复。教国人纪事用蕃书，而译《孝经》、《尔雅》、《四言杂字》为蕃语"。② 这是党项人始有新创夏国文字的开始。可以肯定，在夏国文字出现之前，汉地的契约格式已在汉、羌人之间，或党项人之间流行使用着，且用汉字加以表述。只是到了公元 11 世纪，元昊自制蕃书，教国人纪事用蕃书以后，民间订立契约才改用西夏文来表述，但契约要素、行文模式和规格，一依汉文契旧式。这就是西夏文契约格式来源的背景。

西夏文契约格式是在汉、羌人之间长期经济交往中自然形成的，并不存在强制性的因素，这是多民族中国历史上常见的现象。一个民族中行用且被实践证明行之有效的规章、习惯法则及制度，往往被邻近的民族所模仿、吸收和运用，变为本民族的东西，历史上各少数民族对汉族的文化即是如此，这在西夏与中原王朝的关系中表现得尤为显著，而契约文化上的一体性，只是其表象之一。

契约文化共性特点的存在，并不排斥对本族个性实际的表达。如西夏文卖地契、借贷契、包租契等契文中，对本族经济生活实际的表述方式以及违约受罚的特殊规定等。这种现象，不论是用西夏文字表述、还是用汉文字表

---

① 《新唐书》卷 221 上《党项传》，第 6218 页。
② 《宋史》卷 485《夏国传》，第 13995 页。

述的同时同地契约，都同样存在着。正是由于既有共性、又有党项本族个性特点的存在，才表现出西夏文契约的特点来。这种大同而小异的现象不仅出现在西夏文契约中，而且也存在于其他周边的少数民族生活及其契约经济中。

第五节　察合台文契约

察合台文又名老维吾尔文，是用阿拉伯字母拼写原突厥语系语言的一种书面文字，形成于 14 世纪察合台汗国都哇时期（1274—1306），故称其为察合台文，此后成为维吾尔、乌孜别克、哈萨克、柯尔克孜、塔塔尔等民族的共同书面文字，直到 20 世纪前半期。在今新疆维吾尔自治区内，留存有大量清朝至民国时期察合台文的契约文书，遍及各地，其中以买卖契约为多，随着政治生态的变化，察合台文契约也经历了一个由宗教教廷教规支配订立契约转变为由地方政府为主导按国家法令订立契约的过程。这一过程与多民族中国统一体制进一步一体化的进程是同步的。

对察合台文契约的整理和研究起步较晚，上世纪六十年代初，新疆民族研究所宗教室在喀什、疏附、莎车、叶城、和田、于田、且末等县市收集到的清代至民国时期各类察合台文契约 500 余件。经过多次译写校核，1994 年由新疆社会科学院宗教研究所王守礼、李进新先生将其再整理，编印成《新疆维吾尔族契约文书资料选编》，[1] 收录了 314 件清乾隆至民国察合台文契约文书的汉文译文。这是我国首次对察合台文契约大规模的整理和研究，为对古维吾尔族契约文书开展研究奠定了基础。新疆博物馆收藏的察合台文契约，经整理已刊布于《新疆博物馆新获文书研究》中。[2] 2005 年吐鲁番吐峪沟收集到的一批察合台文尼牙子家族买地契，经艾尔肯·伊明尼牙孜和吾买尔·卡德尔翻译，已由乜小红、刘丽编为《吐峪沟所出清至民国尼牙子家族

---

[1]　王守礼、李建新编：《新疆维吾尔族契约文书资料选编》，乌鲁木齐：新疆社会科学院宗教研究所印，1994 年。

[2]　中国文化遗产研究院、新疆维吾尔自治区博物馆编：《新疆博物馆新获文书研究》，民国时期图版，北京：中华书局，2013 年。

土地买卖契约研究》（待刊）。① 值得特别提到的是，新疆大学陈世明教授从事察合台文契约文书研究多年，目前正领导着对察合台文契约大规模的整理与研究，他们指导的研究生已取得了一批可喜的研究成果。②

一、由宗教教廷主导下的察合台文契

目前见到的察合台文契约文书，以清乾隆年间为最早，在乾隆以前的维吾尔族地区经济生活中，照理也应有契约的运用，在准噶尔对维吾尔族统治时期，契约以何种形态出现？目前尚属盲区。目前能见到的《清乾隆三十六年（1771）米尔阿迪力苏菲卖田宅给亚克甫巴依契》，应是年代较早的一件，现将此契汉译文转录于下：

> 我们要忠实地公开宣布：伊斯兰教历 1185 鼠年（1771），1 月 11 日星期六。我是米尔阿迪力苏菲，愿将从父亲遗留的大概五十亩土地、十间没盖顶的房子以一千银币卖给亚克甫巴依，钱已全部收到。该房屋已与我无关，该地不是瓦合甫地、也不是恩赐地。关于这块地，今后我或者我的后代无论以什么样的理由起诉，按宗教法，起诉是无效的。
> 该土地四周界线为：东边以坟墓为界，南边以房屋为界，西边以卖方留给自己的房子的屋墙为界，北边以亚克甫巴依以前的房子为界。
> 证明人：毛拉·阿卜杜拉伊玛目、都拉提·苏菲、图合提·苏菲。
> （印　章）③

这是一件很有价值的察合台文契约，此契写立于清乾隆三十六年（1771），时值乾隆二十年清廷平定准噶尔，将维吾尔族百姓从准噶尔残酷剥削压榨下解救出来不久。反映出和田地区百姓正常、公平买卖契约关系的恢复。

---

① 乜小红、刘丽主编：《吐峪沟所出清至民国尼牙子家族土地买卖契约研究》，新疆吐鲁番学研究院研究项目。（待刊）文书现藏鄯善县文菅所。
② 有金玉萍《清代天山南路察合台文契约文书研究——试论清代文维吾尔族的法律体系》，艾尔肯·依德力斯《清代天山南路察合台文契约文书研究》，叶金凤《从察合台文契约文书看清代南疆的民间经济往来》，娄晓瑞《清代南疆察合台文契约文书研究》等。
③ 这件契约是 2010 年新疆大学硕士研究生娄晓端，在和田调查访问中搜集到的。本件转录自娄晓端：《清代南疆察合台文契约文书研究》（新疆大学 2011 年硕士毕业论文），第 19 页。

契文中申明："该地不是瓦合甫地、也不是恩赐地"。察合台文契约多是依据伊斯兰教教规订立，瓦合甫"是指按伊斯兰教教法的规定建立起来的宗教公产和基金。在南疆，瓦合甫的名目很多……其中礼拜寺等占有的不动产是这种瓦合甫制度的基础。这种不动产除以土地为主要项目以外，还包括房院、果园、水磨、店铺、作坊、城市地皮等等。瓦合甫一般来源于教徒们自愿的捐赠（萨达卡）……用于宗教慈善目的"。① 这类基金运用于礼拜寺、经文学校、麻扎、桥梁、涝坝等的建设和支出，神职人员的薪俸支出等。对属于瓦合甫的土地和财产，"不得买卖、典当、继承、抵押、转让，表明这种土地的性质已经成为宗教的永久性公产，受到教法的保护"。② 因此，在民间私人买卖契约中，都要申明所卖之地"不是瓦合甫地"。关于恩赐地，乃指朝廷因功勋和封爵赐给某人的土地，这也是不能进入私人买卖交易范围的。

契文中还申明："关于这块地，今后我或者我的后代无论以什么样的理由起诉，按照宗教法，起诉是无效的。"表明土地买卖是经过伊斯兰教廷，按宗教法的规定进行的，教规规定："售出之物必须是卖方拥有完全所有权的或处分权之物。"③ 既然如此，且经教廷同意有效，若再起诉当然无效。即使如此，还是由当事人作了保证性的申明。

另一件在库车一带出的《清嘉庆十二年（1807）纳斯尔和加家族卖土地园宅给优奴斯王契》，与上件契具有不同的风格，转录其译文如下：

> 谨以主宰万物的真主的名义！
> 伊斯兰教历 1222 年 5 月 27 日
> 我们站在和加纳斯尔和加的遗族库奇妣妣阿依夏姆、其女古丽苏木妣妣·哈吉尔和加、沙拉和加、其妹达吾来提、女婿托乎提海里排等人一方，代表其库车的女儿帕蒂玛和加、其母阿依夏姆和加、托乎提海里排等具结如下：
> 愿将少尔县都克渠两岸的 8 帕特曼土地、28 间房屋连同园子树木

---

① 王守礼、李进新：《新疆维吾尔族契约文书资料选编》，第4—5页。
② 王守礼、李进新：《新疆维吾尔族契约文书资料选编》，第6页。
③ 吴云贵：《伊斯兰教法概略》，北京：中国社会科学出版社，1993年。第175页。

卖给优奴斯王为业，价为 16 个元宝。这些地不是典当之地。今后我们任何人的后代均无权干涉。

地界：东边是苏皮尔东干的土地，地边有坑和荆棘；南边是毛拉吐尔地和毛拉海里排的土地，另有玉素甫的一块地，另与提来克巴柯古孜尔礼拜寺的瓦合甫地接壤，中间有加罕巴克渠；西边与阿布艾里木·克白克苏皮·托克逊木匠的土地接壤，界为坑和荆棘。

证明人：艾则孜海里排

克白克海里排

阿布杜纳斯尔

毛拉哈来什等人

（印章十一枚）①

本契与前件不同，开头是以向真主誓言的形式"谨以主宰万物的真主的名义"，意思是在真主面前发誓订立此契。本契与前件卖地者为个人也不同，它是以整个家族的多位成员出面立下的卖契，买地者也不是一般人，而是优奴斯王，表明即使是某地的王爷，需要土地园林，也需出资立契购买。

帕特曼是南疆维族计算土地面积的单位，据记载，1 帕特曼为 64 恰勒克，而 1 恰勒克相当于内地 20 市斤，或称其为 1 "称子"。如用于计算土地面积，相当于播种 1 亩地所需的种子量。② 按此计算 1 帕特曼为 64 亩，而 8 帕特曼则是 512 亩土地。再加上有 28 间房屋及园林，这是一笔相当可观的财产，以 16 个银元宝的价格出卖。

本契没有提到"该地不是瓦合甫地、也不是恩赐地"，只是申明"这些地不是典当之地"，从"我们站在和加纳斯尔和加的遗族"一语考察，应属于祖辈留下的遗产。

本契下列写证明人有四人名，其下盖的印章有十一枚，表明证人有十一人之多。这比之于前一契来，证明人多了很多。证明人越多，表示其公证性越强。

还有一类土地买卖后又起纠纷订立的契约，如《道光十四年（1834）

---

① 王守礼、李进新：《新疆维吾尔族契约文书资料选编》，第 2—3 页。

② 王守礼、李进新：《新疆维吾尔族契约文书资料选编》，第 11 页。

买田主阿卜拉海里排补偿契》，契文如下：

> 毛拉大师县长伯克阁下：
>
> 　　我们是巧尔旁姓姓、阿色亚姓姓、毛拉托乎提苏皮。在热巴其有我们母亲遗留下来的12亩土地。我们的兄长毛拉纳斯尔背着我们，把土地连同15棵树卖给了别人。我们问他为什么要卖？他拒不回答，为此我们曾上诉，要求处理。在经卷教规面前询问他时，他还说在他那里没有我们的地。后来在迫不得已的情况下，经一些好中人出来调解，结果田买主阿卜拉海里排出银元13块，吐尔地海里排出银元2块，共出银元15块交给了我们。我们得到了钱，土地纠纷也就此了结。今后，对那里的土地和树木，我们再无过问权，倘有反悔，一概无效。空口无凭，立约为证。
>
> 　　证明人：沙木沙克苏皮
> 　　　　　　伊斯玛依尔
> 　　　　　　热依木巴依等
> 　　　　　　伊斯兰教历1249年12月20日，星期四
> 　　　　　（印章一枚）
>
> 　　地界：东头是旱田；南头是道路，有埂；西头是尧尔达西巴依的地，有杏树为界；北头是我们自己的地，有杏树为界。
>
> 　　证明人：尼牙孜
> 　　　　　　沙里等
> 　　　　　（印章二枚）①

　　这件契约是为解决地权权益的补偿契，由于上诉于"毛拉大师县长伯克阁下"，似乎是在县行政干预下，由民间调解后写立的契文。原来母亲遗留下来的12亩地，由长兄毛拉纳斯尔未与姊妹兄弟商量，私自作主出卖与人，所得价独自占有，这不符合伊斯兰教法规定。"姓姓"是对苏菲派女修道者的称呼；"苏皮"是对苏菲派男修道者的称呼，上诉者中的两位姓姓和一位

---

① 王守礼、李进新：《新疆维吾尔族契约文书资料选编》，第8—9页。

苏皮，应是卖田者毛拉纳斯尔的姊妹兄弟，他们提出上诉是有伊斯兰教法作依据的，因为教法规定女子对遗产享有继承权。在《古兰经》第4章第七节经文明确规定"男子得享受父母和至亲所遗财产的一部分，女子得享受父母和至亲所遗财产的一部分，无论他们所遗财产多寡，各人应得法定的部分"。对于女子继承的法定份额，《古兰经》第4章第11节经文说："一个男子，得两个女子的分子。"据此，姊妹兄弟为维护自身的权益而上诉，最后经调解得到了15个银元的补偿，保证以后不再过问此事，并立约为证。

本契补偿数额虽然不多，却体现出察合台文买卖契约对待权益的一种公平精神，而这种公平精神，来源于《古兰经》的教义。

以上所举清代乾、嘉、道三朝卖地契，从契约学的观点来认识，都是未经地方官府盖印的白契，或称之为民间私契。按清朝规定，民间田宅土地买卖，订契以后，需报官府交纳买卖交易税、经官府盖上红印，将白契变为红契才算合法有效。南疆此时由于平准之后不久，红契制度尚未推行，民间交易仍以私契为主，契文中也无交纳买卖交易税一类的文字，表明此时也未推行买卖交易税。这也反映出清廷对重新入治的南疆在经济政策上的宽松优待。

察合台文契约在买卖契约的诸要点，如订约的日期、买卖双方姓名及身份、田宅数额、成交价、田宅方位及四至、悔约及纠纷处理、见证人名等，以及契约程序，与内地传统的汉式契以及其他各族的买卖契约，基本一致。然而，由于察合台文契，特别是早期的契约，受伊斯兰教《古兰经》思想的指导和教庭规定的约束，在具体的表述上，又呈现出许多与其他族契约不同的特点。

在订约的日期上，用的既不是王朝纪年，也不是干支纪年，而是用伊斯兰教的教历纪年，通常还标明星期几，因为星期五是伊斯兰教的礼拜日，是不进行交易买卖的。这是维族群众长期信仰伊斯兰教养成的习俗。

在买卖双方姓名及身份上，除写上双方本人名字外，还标明是谁之子，在身份上有"伯克"、"毛拉"、"伊玛目"、"阿洪"、"依禅"、"海里排"、"苏皮"、"姚姚"等。"伯克"是指伯克制度下政府的官员。"毛拉"是对宗教有学问者的尊称。"伊玛目"是寺院里作礼拜的主持者。"阿洪"指从事寺院职业者，也可以是一般性的尊称。"依禅"是南疆伊斯兰教苏菲派

（依禅派）教团组织的首领和导师。“海里排”是仅次于依禅的苏菲派组织的首领，也是依禅的代理人。“苏皮”为苏菲派的男性修道者。“妣妣”为苏菲派的女性修道者。[①] 这些身份性的称呼往往写在姓名尾部。

在土地房屋数额上，房屋以间计算，土地则以撒播多少种子计算面积的大小，通常以计量的“恰勒克”为单位，1 恰勒克相当于 8.96—10 公斤，即 20 市斤，有时称为 1“称子”，这与内地明朝量制“一秤为二十斤”相一致。20 市斤谷物，正好相当于播种 1 亩地所需的种子，故 1 恰勒克相当于 1 亩。另一种大的计量为“帕特曼”，1 帕特曼等于 64 恰勒克，相当于 64 亩。有的契约直接书写播多少种子的地，如《道光十八年（1839）毛拉肉孜卖地契》中写有“我把热巴其合洁渠能播 200 斤籽种的遗产田，用 10 块银元卖给了哈法尔阿依拉”。[②] 这种以撒播种子多少来计算土地面积，有可能是西北地区民族留下来的习惯性做法，前论较早的佉卢文土地买卖契、回鹘文土地买卖契、西夏文土地买卖契，都是如此计算土地面积的，在这一点上，这些契约具有相通之处。

对于悔约及纠纷处理，契文常有如下表述：“今后我或者我的后代无论以什么样的理由起诉，按照宗教法，起诉是无效的。”这是基于对宗教信仰的个人保证。然而在实际经济利益面前，这种保证由于缺乏经济制裁的手段，也难免于引起诉讼。前列的《道光十四年（1834）买田主阿卜拉海里排补偿契》中，“在经卷教规面前询问他时，他（兄长毛拉纳斯尔）还说在他那里没有我们的地”，可见经卷教规对毛拉纳斯尔并未起到制约的作用，最后还是请“毛拉大师县长伯克”来裁决了断。相比较而言，内地或一些民族契约，如西夏文契中违约受罚，甚至重罚，才是制裁违约或纠纷的有效手段。

关于见证人，察合台文契中，都只是由书写人列写一些证明人的名字，没有采用内地或其他民族证明人到场签字画押，或“获指为信”或押印为信的做法。在这里，证人并不承担连带的责任。

总的来看，察合台文契的特点是基于伊斯兰教《古兰经》的教义与宗教教规而出现的，而中原内地的契约是基于儒家伦理道德思想产生的，两者

---

① 参见王守礼、李进新：《新疆维吾尔族契约文书资料选编》第 10—12 页。

② 王守礼、李进新：《新疆维吾尔族契约文书资料选编》，第 12—13 页。

看似渊源不同，其实在古代哲理思想上有许多相通之处。例如承认财产私有的观念，拒绝损人而利己的思想，在买卖交易中对公平、诚信的主张，对遗产继承平均分配的习惯，等等，在二者之间都是相同的。正由于有这些相同点，才构成了相似的民间契约习惯法则，在这种基础上，不经太大的改变，到了清代，察合台文契也就自然而然地汇入于全国的约契规范之中。

二、在国家法令指导下的察合台文契

清代后期，直到民国期间，新疆推行了红契制，即全国统一的契格契尾制度，随着光绪十年（1884）新疆建省，此制也在全疆各地推行开来，原交易本契虽然还是依教规在伊斯兰教寺院用察合台文书写的契文，但需持此契文报县一级官府，填写县府印制的契格，即"执照"，并完纳交易契税，发给完税的凭证"契尾"，贴于契本文之后，这才形成为一件完整的田宅买卖契约，下面拟从各地所出的卖地契拿来作一些比较性的探讨。

第一件是吐鲁番鄯善县吐峪沟出的《清光绪三十三年（1907）一月尼牙子买卖买色令伍墩葡萄地契》，[1] 先将察合台文契译文转录于下：

> 伊斯兰教历 1326 年 1 月 29 日（星期三），本人穆罕迈德·赛里木哈里帕提。在公平、公开的教规面前、遵照宗教法规庄重立契如下：今将坐落麻扎阿里地托努尔苏依艾热克边的父遗葡萄墩中的五棵葡萄墩，在不受任何外力影响下，出于本人自愿以四十四两银价卖给尼牙子，买方享有永久权，利亏买方自理，不干卖方之事。按教规卖方领到白银四十四两无欠，该五墩葡萄树今后与我本人再无所属关系。如后有本人或亲房人、亲属或者他人等言词争竞或争夺份子，在宗教法庭上永不接纳，永不存照，本人特此盖章言明。地主四至边界：东与托乎提阿訇的葡萄园接壤，北至色提尼牙子葡萄园中间以路为界，西至自留地葡萄园，南至部分与扎乎提阿訇葡萄园、部分与巴依赫阿訇葡萄园半相邻。立契中见证人：管水人努尔买买提·谢赫、清洁工人艾提乌拉、马伊丁阿訇卡马尔谢赫。[2]

---

① 本件录自乜小红、刘丽主编：《吐峪沟所出清至民国尼牙子家族土地买卖契约研究》（待刊）。

② 此察合台文契由新疆民委古籍办艾尔肯·伊明尼牙孜先生译成汉文。

尼牙子在光绪三十三年一月十三日用察合台文订立土地买卖契后，于二月廿七日向鄯善县政府领取了"执照"，现将县府颁发给他的执照文转录于下，原文直书，现改作横书（黑体为木版印刷文）：

署理鄯善县正堂　陈　　　　为
　　给发执照事，兹据　户　民　尼牙子　　承买
吐峪沟买买色令葡萄伍墩地
　　东抵　　　　　　南抵
　　西抵　　　　　　北抵　　　　　四抵分
　　明，当交价银　肆拾肆两　合行填给执
　　照为据，须至执照者。
　　　　　右照给　尼牙子　收执
光绪　三十三　年　二　月　廿七　日

在此执照的右上角，写有"｜百一十二号"，即 117 号。在执照中填写的"肆拾肆两"及光绪"三十三"位置上，均钤有官府朱印，印文为汉、满文并列的"鄯善县印"，这是官方认可的依据。由官方将其私契粘贴在执照的左侧，并在粘贴缝上又加盖了一方"鄯善县印"。

本契所附契尾为"甘肃新疆等处承宣布政使司"颁布，应即"司颁契尾"，顶头有特号大字"契尾"二字，中间有一行小字："布字三δ十号"，即布政使司颁发的第 856 号，其下有多行文字，现横排转录于后：

　　　　　契　　　　　尾
甘肃新疆等处承宣布政使司　　　　为
遵例给发契尾事，照得
度支部奏定章程，民间买典田房，每买契壹两收税银玖分，典契壹两收税银陆分，先典后买者加收银叁分，均系库平银足色。契尾壹张，无论买典价值多寡收库平银伍钱。从前买典田房已税契者不再重收，惟须粘连契尾，以凭派员查验。为此将契尾先发各厅州、县，县丞收执，饬令各业户遵照，凡有买典田房文契，呈请纳税，将契尾粘连文契后幅，编

立号数按月造报，须至契尾者。

　　计开

　　业户　尼牙子　买　卖买色令　田房　坐落　葡萄伍墩　亩间

　　用价银　△千△百肆拾肆两　钱　分纳税

　　银　△拾△两伍钱　分　厘

　　右给　吐峪沟　业户　尼牙子　准此

　　宣统　三　年　　　　月　　　　日

最后左边押缝存"布字捌佰伍陆号"等字的右半，其上钤有汉、满合壁篆字"甘肃新疆布政使司之印"一方。表明此契尾原为两联，前面即本契尾部分，又称之为"大尾"，后面部分为官府留的存根，又名"坐尾"。光绪三十三年（1907）的执照，到宣统三年（1911），事隔四年才办理契尾，或许受到某种因素影响。这涉及到契尾中税率的变化。至此，尼牙子买五墩葡萄立契约的程序才算完成。

第二件是疏附县出的《清宣统三年（1911）疏附县哎沙买房契》，此契由本契文、汉文红契、契尾三纸粘贴在一起，粘贴处盖有"疏附县印"。先将本契译文转录于下：

伊斯兰历 1329 年 10 月 12 日（公元 1911 年 10 月 7 日），夏巴兹阿洪之子他石阿洪，作为夏巴兹亲弟毛拉阿洪一方的代言人，在此陈述：布拉克贝西街区有三扇门之房屋，附带道路设施等一次性折合成麦草税，向伊萨阿洪之子穆萨哈吉以 880 天罡（银币）出售，领取钱款。（此屋）东北为买主，西南为道路。见证代表有：图尔地阿吉之子谢里夫阿吉，热西德伯克之子库尔班阿洪毛拉（和）伊玛目阿里阿洪，喀斯穆阿洪，阿里阿洪，库尔班阿古，哈桑阿洪，阿布都拉阿洪等。[1]

在此察合台契文的前面粘贴有印板的汉文契一纸，原为直排，此处横排

---

① 中国文化遗产研究院、新疆维吾尔自治区博物馆编：《新疆博物馆新获文书研究》，非汉语文书部分，北京：中华书局，2013 年，第 107 页。

录于下：

立卖契人 他石二人，今愿将 本城 庄属

北街 **村地** 房三间，**系本庄渠水注荫，东**

抵 买主， **西抵** 路，**南抵** 路，**北抵** 买主，**凭中**

人 依麻木乡约 于孜巴什 **说合，卖与**哎 沙 **承受为业，当面拟**

定时值价银 伍拾伍两 **如数领讫，此地实系**

己业，与别房伯叔兄弟无干。自卖之后，任买主管

业，所有应纳钱粮草米，均归管业人承缴，不与出

卖人相干。恐口无凭，立此为据。

　　本管四同

　　在场乡约 （此处有 3 行维文写有房三间银五十四两等）

　　代笔毛拉

宣统三年八月　日立①

　　以上非黑体字表示填写字，余为印版文。汉文契中所填数据与察文原契微有出入，原契言所卖为"三扇门之房屋"，汉文契作"房三间"；买主原译作"穆萨哈吉"，汉文契作"哎沙"；原契价作"880 天罡（银币）"，汉文契作"银伍拾伍两"，应是 880 个地方银币折算银在 54—55 两之间。故在汉文契中汉字填写"伍拾伍两"，其下维文又写作"三间房由伊萨阿洪用五十四两收购"。②

　　此汉文印制件纯为汉文契据，虽然其上盖了"疏附县印"朱印，变为红契，但与前列鄯善县的"执照"有所不同，执照由官府署名签发，鄯善县给尼牙子的执照，开头写"署理鄯善县正堂陈　为给发执照事"，结尾有"合行填给执照为据，须至执照者。右照给　尼牙子　收执。"这是官府颁发的正规执照，而这些内容在疏附契里都没有，相比较而言，疏附契只能说

---

　　① 中国文化遗产研究院、新疆维吾尔自治区博物馆编：《新疆博物馆新获文书研究》，汉语文书部分，第 302 页。

　　② 中国文化遗产研究院、新疆维吾尔自治区博物馆编：《新疆博物馆新获文书研究》，非汉语文书部分，第 107 页。

是官府盖印认可的红契。从其功能看，实际起着执照的作用。

在汉文红契之前，粘贴有"甘肃新疆等处承宣布政使司"颁布印制的"契尾"，其格式及内容与前列鄯善县发给尼牙子的契尾完全一样。

第三件是库车出的《民国四年（1915）库车买克素土卖地契》，本件只存察合台契文和"契格"二纸粘贴在一起，粘贴处盖"库车县印"。先将察合台契译文转录于下：

> 伊斯兰历1333猴年节月2日（公元1915年×月×日），我是英尔土拉的买克素土阿洪。我在此供述：我以50两银钱自由收购英尔土拉的伊萨管水人之子以不拉引阿洪的一片含水土地。对该地有先买权的合加阿洪（为此地）上诉，今我等对质，此地判归有先买权的合加阿洪。以不拉引阿洪的50两银钱，我已全额收讫，从此这片土地再无纠纷。此地边界东接郭勒水渠，北邻合加阿洪之地，西边亦与合加阿洪地相接，南临兹比旦伯克之地，又部分与合加阿洪所购之地相连。在上述土地中，我买克素土阿洪已完全没有权利，从今往后，若有向买主索要钱款，或有人滋生言论提起申诉，均为无效，特此供认，签订字据并加盖印章。民国4年7月20日。此地所有庄稼、麦草（税）由合加阿洪支付。我合加供词，买克素土阿洪名下的卖契税据中的税钱，我自行缴付，不妨买克素土之事。①

本契是因买克素土刚买到手的土地，由于具有先买权的合加上诉，因纠纷经官判转卖与合加后的双方"供认"约定，故后未列证人。即使是转卖，仍需经官办理红契手续，这就是紧贴相连的"契格"，民国4年7月写立的察文契，到民国十年才办理"契格"，契格为木版印制纸，现将其内容改为横排转录于下：

契　　　　格

立卖约字人　买克素土，**今将**　中南乡　阴尔土拉　**庄**

---

①　中国文化遗产研究院、新疆维吾尔自治区博物馆编：《新疆博物馆新获文书研究》，非汉语文书部分，第111页。

第　　户　房产　壹段，东抵　渠，　　西抵　合加，　　南抵
　　　　　　田亩

再丁，　北抵　合加，　凭中　　　　　等说合，卖与

合加名下　为业，议定时价银　伍拾两　△钱△分，

当日凭中三面，契价均交清楚。水渠、道路照

旧管业，自卖之后，业听领主耕佃，粮听拨

户完纳。两无翻悔异言，今恐无凭，立此为据。

中华民国　十　年　七　月　廿　日　字　　　号①

　　本件在"民国十年"部位以及尾部与察文本契粘贴处，都盖上了"库车县印"。这种"契格"，就是将民间契约内容纳入官府固定的规格，即将察合台契文中的要点用汉文填写入规格契式中，在功能和作用上，它与前列疏附县的红契是一样的，将私契变成了官府的红契。

　　在察合台文本契上，除右侧与契格相粘贴处盖"库车县印"朱印外，在其左侧上也留存有"库车县印"的右半，朱印的左半应在已遗失的"契尾"上。

　　第四件是乌什出的《民国三十年（1941）乌什祖木日汗卖地给以明哈日契》，这已是民国晚期，契约由察合台文本契、"约契"、"契纸"三部分粘贴为一体，粘贴处均盖有"乌什县印"。先将察合台文本契译文转录于下：

　　伊斯兰历1360鼠年5月5日（公元1941年6月2日），卑女系上艾玛克已故伯克伊斯玛仪之女祖木日汗，在教庭陈述：我夫司迪克伯克在亚满亚上游留给我的遗地有10恰热克，其中的6恰热克以无任何欺诈的形式，被以明哈日用200块钱连同附属树木无条件收购，钱款全额收讫。该地之界东部与留在我手中的土地相邻，以鬼树为界；北接德乃沙汗的库克水渠；西以不拉引伊玛目阿洪的洼地为邻，南边又有以不拉引伊玛目阿洪的洼地。我是卖主祖木日汗，我在此售出的土地或钱款方

　　① 中国文化遗产研究院、新疆维吾尔自治区博物馆编：《新疆博物馆新获文书研究》，汉语文书部分，第303页。

面，若滋生言论与以明哈日或其子孙发生财产纠纷，我承认所言无效，特此立据盖章。从今往后，各种赋税由毛拉以明哈日本人亲自承担，特此立据。伯克之子托乎提百夫长、以不拉引伊玛目、阿布拉管水人等见证，村长托乎提，民国 30 年 6 月 1 日，买主以明哈日，绝不侵犯祖木日汗地界的权利。①

祖木日汗将遗产田 10 亩中的 6 亩卖给以明哈日，得价 200 块钱及树木，在标明所卖地四至后，双方作了保证，卖主保证不悔约，不发生财产纠纷，买主保证承担各种赋税，绝不侵犯祖木日汗地界以内的权利。本契没有套用流行的契约套语，而是根据本身实情而书。

贴于察文契后的是"约契"，即原称的"契格"，此时的"约契"，为双面石印纸，一面为汉文，一面为维吾尔文，乃是对察文契内容要点的填写，本件是用维吾尔文这一面作的填写。最后列有固定的"担保人：区长：哈米德·穆罕默德。村长：毛拉何大拜德。邻居：以明托乎提"。

"约契"之后粘贴的一纸名"契纸"，即传统所称的"契尾"，实为收纳交易税的收据，此时的"契尾"由新疆省财政厅颁发，不再是"甘肃新疆等处承宣布政使司"了，在内容上也有一些变化：

新疆省政府财政厅为颁发契纸事，照得民间典买田房，遵照部章，应纳契税，每买价大洋每元纳税洋玖分，典契价大洋每元纳税洋陆分，先典后买纳税洋叁分。每契纸壹张，无论典买价值多寡，收纸价洋壹元伍角。其有逾期三月延不报税，或减写契价等，查出照章究罚。契纸先发各县政府查收，俟有典买田房，照章纳税注册，粘用契格，于各项大洋数上，盖用县政府印信，并编立号数，以资查考，须至契纸者。

乌什 县业户 以明哈日 新买 祖日木汗 名下坐落 上阿 乡 和田阿里村

中 地（六亩）房间 价，洋 式 百 元；纳 九 分税，洋

———

① 中国文化遗产研究院、新疆维吾尔自治区博物馆编：《新疆博物馆新获文书研究》，非汉语文书部分，第 113 页。

△百　壹十捌　元　　角　分

四至：东抵　自地埂　　　南抵　一不拉引渠

西抵　一不拉引渠　　　北抵　德乃沙汗渠

右给业户　以明哈日　　　执此

中华民国 32 年 4 月 21 日 字第　　　号①

此"契尾"上盖有"乌什县政府印"两方，一方在填写钱数位置上；一方盖在与"约契"相粘贴处。本件土地买卖交易的时间是民国 30 年 6 月 1 日，可是交纳契税，办理契尾却在民国 32 年 4 月 21 日，延迟了近两年，按"逾期三月延不报税，查出照章究罚"规定，应该受罚，可是从契尾看，也未见受罚。

清代乾、嘉、道时期的察合台文契约，发展到清末、民国时期是有一些变化的，其中最主要的变化是由原来单一的察合台文白文私契，变而为经官认可的三纸一体的红契。这与全国政治经济形势发展变化密切相关。

从契约的合法性上看，维吾尔族群众自东察合台汗国以来，在经济生活中都是以伊斯兰教规为指导，如有纠纷，由伊斯兰教教廷裁判解决，民间订立契约，也需经教廷认可、盖教廷印章方为合法。日久成为一种习惯法则，直至乾隆二十年（1755）平定准噶尔叛乱之后。南疆重新回归中央朝廷治理，但对涉及宗教事务仍持审慎态度，因为"回疆人民，皆崇奉回教，昔准部征服回疆，干涉其宗教上之纷争，激起回人之反感。清廷平定其地，对其宗教纯取放任，不加干涉，教民仍诵经礼拜；沿用回教历书，判断诉讼，引用教规，不从国家法律"。② 这从乾、嘉朝的察文契约上也能反映出这一特点，如《乾隆契》中写的"按照宗教法，起诉是无效的"；《嘉庆契》一开头就有"谨以主宰万物的真主的名义"；《道光契》中"我们曾上诉，要求处理。在经卷教规面前询问他时"等，都体现出宗教教规对契约及契约关系的主宰。另外，从早期察合台文捐赠契约中，也能看到人们对伊斯兰寺院的崇敬和捐产的热诚，如《乾隆三十八年（1773）阿里胡孜捐赠房地与礼拜

① 中国文化遗产研究院、新疆维吾尔自治区博物馆编：《新疆博物馆新获文书研究》，汉语文书部分，第 306 页。

② 曾问吾：《中国经营西域史》，上海：商务印书馆，1936 年。

寺契》中，开头的部分写道：

> 感赞真主！为先知祈祷！
> 伊斯兰教历 1187 猴年 8 月 22 日
> 我阿里胡孜伯克遵照真主"谁做善事，赐他十倍恩惠"之言，向真主恩海乞求，现在百什村奇里克修建礼拜寺一所，并将我在奇里克的一处院房连同家俱等和 15 帕特曼土地，一座磨房捐献给寺院作为瓦合甫，对这些财产任何人无权干涉。①

在这种情况下，朝廷虽然在政治上统一了新疆，为了安定民心，稳定社会秩序，恢复经济，仍遵重当地的民风民俗和宗教信仰，在民间契约关系上，也一仍其旧。然而，在统一国家统一政权管理之下，国法与宗教法规之间，究竟用何法来主宰？始终是一个需要解决的问题。

清廷在左宗棠击败阿古柏外来侵略军后，于光绪十年（1884）决定新疆建省，用州县制取代了原来的地方双轨制（军政制与"札萨克"制），随着伯克制度的废除，朝廷也将宗教法规与国家权力作了明确的区分，伊斯兰教及教规只管理宗教内部的事务，不得管理和干预国家法令权限内的事务。在这一原则的指导下，察合台文契约的合法性标准也随之发生了重要的改变，即由原教廷认可合法转而为国法认可才合法。由此才出现清末、民国察合台文契必需与国家规定的"契格"与"契尾"联成一体才算合法的规定。

在清末、民国的察合台文契也出现了一些变化，如《光绪三十三年尼牙子买葡萄地契》中，虽然依传统写有"在公平、公开的教规面前、遵照宗教法规庄重立契如下"和"如后有本人或亲房人、亲属或者他人等言词争竞或争夺份子，在宗教法庭上永不接纳，永不存照"。但这只是民间的自行认定。对于国家政权来说，仍需在地方官府面前作出重新的认可，所以尼牙子在光绪三十三年一月十三日用察合台文将土地买卖契写就之后，又向鄯善县政府申请官府认可的"执照"，到二月廿七日由鄯善县政府陈县长签发了盖有"鄯善县印"朱印的"执照"，由此，原来的察合台文白契才换成了官

---

① 王守礼、李进新：《新疆维吾尔族契约文书资料选编》，第 1 页。

府的红契。若要使买卖契取得完全的合法地位，还应有交纳买卖交易税的凭据——"契尾"附在其后，故尼牙子在四年之后又补办了"契尾"手续。在这一套田宅买卖契约程序过程中，察合台文契与内地民间私契一样，并不起主宰作用，只是买卖交易的一种基础资料。起主宰决定作用的是"红契"，即官府的"执照"或"契格"，对于地方官府来说，察合台文契是否依宗教法规订立，宗教法庭是否接纳诉讼，都是无效的，也一概不予过问。对国家政权而言，任何一个民族都不能将本民族的习俗和宗教信仰凌驾于国家律令之上。

在《宣统三年（1911）疏附县哎沙买房契》和《民国四年（1915）库车买克素土卖地契》察合台契文中，已不见涉及教规和教廷的文字，但在察文契上，还盖有一枚黑色圆形察文印，这是寺院教廷认可的标记。① 民国四年买克素土将地卖给合加，直到民国十年（1921）合加才办理契格，此时官府印制的"契格"上，还用汉、维两种文字印有说明：

> 民间典卖田房，均用此格缮写，契据呈县纳税，粘给契纸。不依此格作为无效。所需工本，由本厅开支，不取分文，附此布告。②

这是对只有填写此"契格"民间典卖田房方始有效，否则无效的重申。《民国三十年（1941）乌什祖木日汗卖地契》的察文本契文，不仅未见涉及教规和教廷的文字，而且也不见寺院教廷的印章，这是由于新疆省政府明令不准寺院教廷盖摹约据，并印制在所颁的"约契"上：

> 民间典买田房，均得用此格，呈县税契。否则无效。此项约据，不准阿洪盖摹。并不准盗卖与外国人。特注。③

这段官府两"不准"文字，早在民国十一年就已出现，在鄯善县出的《民

---

① 中国文化遗产研究院、新疆维吾尔自治区博物馆编：《新疆博物馆新获文书研究》，民国时期图版，第185页。
② 中国文化遗产研究院、新疆维吾尔自治区博物馆编：《新疆博物馆新获文书研究》，汉语文书部分，第303页。
③ 中国文化遗产研究院、新疆维吾尔自治区博物馆编：《新疆博物馆新获文书研究》，汉语文书部分，第307页。

国十一年（1922）尼牙子买梅木你沙葡萄地契》的"契格"上的布告文是：

> 民间典买田房，均用此格缮写契据，呈县纳税粘给契纸。不依此格作为无效。又契内地亩房屋，任凭买主管业，不得盗卖外国人，亦不准该县阿洪盖摹。所需工本，由本厅开支，不取分文，附此布告。①

新的布告增加了两个不准，一是不准将田宅卖给外国人，为的是维护中国民族资产的权益；二是不准阿洪盖摹，就是不准寺院教廷阿洪盖印摹仿官府文书，为的是制止宗教势力超越政府行政权力。这应是进入民国时期体现国家主权和统一权力的一个重大进步。

第六节　对本章的结语

中国自古以来就是一个多民族的国家，在占多数的汉族周围，生活着数十个大大小小的少数民族，处于社会发展的不同阶段，他们有些只有本族的语言，并无文字；有的则有本民族的文字。在有本族文字的民族中，进行各种社会经济活动时，也常运用契约作为确定彼此经济关系的手段，较早的如汉晋时期在鄯善王国流行的佉卢文契；北朝至唐在丝绸之路上流行的粟特文契、于阗文契；唐代在河西至西域流行的吐蕃文契；唐至元代在西州回鹘王国使用的回鹘文契；西夏至元在西夏王国统治境域内使用的西夏文契以及蒙古文契；明清时期在新疆地区使用的察合台文契，一直使用到 20 世纪前半叶。这些民族文字契约，反映了各族的社会经济生活和各种社会经济关系，都属于中华民族宝贵的历史文化遗产，也是中国古代契约发展史中不可缺少的一部分，

本章选取了其中现存契约数量较多的佉卢文契、吐蕃文契、回鹘文契、西夏文契和察合台文契作为考察对象。通过对各文种契约内容和形式的具体考察，我们发现在各文种契约之间，尽管在语言文字表述上各不相同，而在契约的基本要素和表达的序列上却基本是一致的。比如：首先列立契文时

---

① 乜小红、刘丽主编：《吐峪沟所出清至民国尼牙子家族土地买卖契约研究》（待刊）。

间；其次列立契双方姓名身份；第三列交易物品数量及价格；第四列信用承诺及交易性质的申明；第五违契悔约要受处罚；第六列出证人名和书契人名。这些契约的基本要素和表达的序列，与中原地区汉族的传统契式完合吻合的现象，表明了各民族文种契约与汉文契约存在着一种相通性，而这种相通性正是各少数民族在政治上、经济上与汉族长期密切交往、互通有无、相互学习的结果。

在中国这一多民族大家庭的历史发展过程中，汉族的社会经济发展，无论是社会生产力，还是社会生产关系，都一直走在各民族的前列，处于领先地位。汉地的人们在处理各种经济关系或人际关系中，在儒家伦理道德思想的基础上，形成了一整套的契约文化，来规范各种关系，约束彼此的行为。各族在与汉族的密切交往中，对于这种能够稳定社会秩序的先进意识形态，自然是仰慕的：由观察到学习，然后加以引进。从佉卢文契采用"封检题署"模式，土地买卖契约中，土地四至条款、违约受罚条款的从无到有，足见其对汉契学习引进的轨迹。在回鹘文契中，甚至"四至"一词，直接照搬写为 sičï。吐蕃统治者在占领河西后，经过长期观察，到了 9 世纪时，便将汉契文格式全盘接受，并加以一律吐蕃文字化，力图变为本族自己的东西。所以，在各民族文字契约与汉文契约的比较中，常常可以看到你中有我，我中有你的现象，这正是各族相互交流学习，特别是向汉族学习的结果，体现出了历史上的一种民族融合，而这种融合是各族在长时期的政治、经济、文化密切交流中潜移默化、自然形成的结果。

值得注意的是这些民族文字契约都诞生在中国古代通向西方的丝绸之路上，中国丝绸的西输，依赖沿线各族的转口贸易，而这种贸易必然是在契约约束机制下的商业交易，中原的契约精神及汉族的契约文化也随之影响到丝路上的各族各国，只有契约规制下的丝绸贸易才会长盛不衰。应该看到，古丝绸之路经济带的长期繁荣，是靠中国物质上的丝绸和精神上的契约文化这两个方面来共同维系的。

各民族文字契约虽然在契约要素、格式及序列上学习了汉契，但在运用中也根据本族的社会实际，表现出本族的一些特点。如在纪年上，有的用本国王在位纪年，有的用十二生肖纪年，有的用宗教历法纪年；在度量衡制上，各族都有本族的传统的标准；在价值尺度上也各各不一，佉卢文契用牲畜、粮食、酒、毯等计价，以"目厘"为折算单位；回鹘文契前期多用"官布"、棉布计价，后期用元钞锭或金银计价，西夏文契用粮食计价；在土地面积大小计算上，多以本族传统方式，以播撒种子多少来计算；在违约受罚上，一方面接受汉地民间"一罚二"的处罚模式，同时还要受官府的处罚，如佉卢文契有"责打七十大板"，西夏文契则有"由官府罚一两金"。所有这些特点的存在，并不妨碍各族契约与汉契具有共同契约文化基础的存在。

各族共同契约文化基础的存在及发展，实际是对中华文化的一种认同，它正是中华民族大家庭中、各族成员之间相互依存关系得以长期维系和巩固，各族之间得以长期和睦相处、平等相待的重要根基。

第九章

对中国古代契约发展史规律性的认识

对于中国古代民间契约的发展和演变，以上作了分门别类的考察，从众多的考察中，也能看到一些共性和规律。这些规律，贯穿于所有的契约之中，对它进行系统的认识，总结诸种契约发展中的利弊，可以获得更深的认识；也可为当今生活中种种契约关系的发展提供借鉴，使其走向更健康的方向，具有现实的意义。

第一节　诚信原则始终是契约的灵魂

契约，是人们在交往中经自愿、平等协商后订立的对双方有约束力的约定。既然它是自愿、平等协商达成的一种约定，也自然要求双方信守约定中的各种承诺，否则，就不能成其为契约，所以，契约依靠诚信精神而存在。中国是世界上运用契约规范社会交往关系最早的国家，几千年来，契约一直是人们在社会生活各个方面建立关系的重要纽带。直到今天，条约、协议、契约、合同等，仍然是维护人们正常社会秩序的一种手段。契约，作为完成社会功能的一种方式，应该有其固定的法理基础，那就是民间的习惯法则与在此基础上建立的相关国家法令。不论是民间的习惯法，还是国家法令，都受一种主体精神所支配，这就是诚信原则。

在我国，诚信历来是人们处理人际关系的基本准则，1986 年颁布的《中华人民共和国民法通则》第 4 条规定："民事活动应当遵循自愿、公平、等价有偿、诚实信用的原则。"① 1999 年颁布的《中华人民共和国合同法》第 6 条针对契约合同则明确规定："当事人行使权利，履行义务应当遵循诚实信用原则"；第 60 条又规定："当事人应当遵循诚实信用原则，根据合同的性质、目的和交易习惯履行通知、协助、保密等义务。"② 诚实信用原则一再被国家法律所规定、所强调，可见诚信原则之重要，它是所有契约、盟誓、协议、合同的基石。

诚信，是我国所固有的一种优良传统，也是延续了几千年的一种民族美德，在中国儒家的思想体系里，是伦理道德内容中的一部分。《礼记》载："诚者，天之道也；思诚者，人之道也。"③ 这是说"诚"是天地间运行的一种法则，而追求诚是人的法则，是人对天地间这一法则的尊崇、追求和效仿，它要求人们都应具有真实、毋欺的品性。"信"也是儒家的一种道德规范，即言出要兑现，孔子曾说："道千乘之国，敬事而信，节用而爱人，使民以时。"④ 说的是，治理千乘之国，即治理有兵车千辆的国家，应该谨慎的处理国家的事务，对百姓凡事要讲诚信，要取信于民；还要爱惜民力。他要求做人要"言必信，行必果"⑤，即要求凡事都应说到做到。"信"就是指遵守承诺、诚实不妄的品格，是儒家列为"五常"伦理道德"仁、义、礼、智、信"中的一种。"诚"和"信"具有相同的涵意，因此，古人常说："诚则信矣，信则诚矣。"⑥

由上看到，早在先秦时，人们就已将"诚"和"信"联在一起教化人，律于己了。在纲常伦教思想的支配下，人们对自己习惯于要求事事遵守诚信的原则，对他人也常用诚信来衡量其人品。诚信成了人们待人接物、处事的准则，也成了人与人之间日常交往中不言而喻的信条。中国古代的各种契约关系，正是建立在这种道德规范和思想基础之上、靠诚信来维系的各种人际

---

① 《中华人民共和国民法通则》，1986 年 4 月 12 日第六届全国人民代表大会第四次会议通过，北京：法律出版社，1986 年。

② 《中华人民共和国合同法》，1999 年 3 月 15 日第九届全国人民代表大会第二次会议通过，北京：中国法制出版社，1999 年。

③ 《礼记正义》卷 53《中庸》，《十三经注疏》，第 1632 页。

④ 《论语注疏》卷 1《学而》，《十三经注疏》，第 2457 页。

⑤ 《论语注疏》卷 13《子路》，《十三经注疏》，第 2508 页。

⑥ ［宋］朱熹编：《二程遗书》卷 25《畅潜道本》中有云："学贵信，信在诚，诚则信矣，信则诚矣，不信不立，不诚不行。"文渊阁四库全书本。

之间约定的关系。

契约本身具有信守承诺的特点，在古代人们的各种交往关系中，都有广泛的应用，在政治交往关系中，有大自国与国之间、民族与民族之间的盟誓、协定或条约，君臣之间的"丹书铁券"等；在经济交往关系中，有买卖契、借贷契、租佃契、雇佣契、家产分书契等；在民间的人际交往关系中，有小至民间收养继承人的养子契，夫妻结婚的婚约、离婚的离婚书、放妻书，解放奴婢的放僮书、放婢书，家长临终前的遗嘱等；还有民间群体所订的公约，如乡规、民约、僤约、社条，行规、会约等，使社会各级人等都生活在一种契约秩序之中，使人与人之间、群体与群体之间，都形成一种契约关系。各级人等在这些契约文字约定中，都有其应该履行的权利和义务，也包含着承诺和信守。契约基于对诚信的需要才订立，契约关系虽然是靠民间习惯法和国家法令来指导贯彻，实质上还是在靠诚信来维系和运转。诚信是契约关系的基础，也是契约社会的一种道德要求。

在探讨契约与契约关系的社会地位和作用时，人们往往比较多地注意到西方《圣经》中的新旧约法，古罗马的《十二铜表法》，法国的《拿破仑法典》等，并从中找到一些对契约的解释和规定。其实东方的中国是世界上契约关系发达最早的国家，对于契约的认知与运用，远比《圣经》新旧约、罗马《十二铜表法》中第六表法的规定要早得多。早在三千年前的西周时，中国的国家政权就有了一些对契约的界定，如《周礼·小宰》中就规定"以官府之八成，经邦治"，在这"经邦治"的八成中，就有三成属于经济契约的规定，即"四曰听称责以傅别"、"六曰听取予以书契"、"七曰听卖买以质剂"。① 取予，是指财物所有权由一方给予、一方取入的转移，在这种转换过程中，则应以书契为凭，宋人王昭禹解释说："载于简牍谓之书，合而验之谓之契。"② 书契在卖买交易中又称为"质剂"，在古代使用简牍书写的时代里，总是将交易内容和双方的约定一式二份同时写在简牍两边，中间也大写一些文字，然后从中间破别开来，两家各得其一，检验时合两片而验之，两半文字中间相合称为契合。这种书契长形者称为质，多用于大型的交易；短形者称为剂，多用于小规模的交易。像这类当事人在契书上手书文

---

① 《周礼注疏》卷3《小宰》，《十三经注疏》，第654页。
② ［宋］王昭禹：《周礼详解》卷3，文渊阁四库全书本。

字，或刻画印痕以为鉴证者，又称之为"傅别"、"符别"，或称之为"莂"。傅别与质剂，在实际的功能上，都是一样的，都起着防伪凭证的作用。所以汉代的郑玄说："傅别、质剂，皆今之券书也。"① 从西周人们对契约书的细密分类及其称呼已不难看出，中国早在商周时期的社会生活中，已有契约制度的建立，并在人们的经济生活中起着约束、调节的作用，以推动其社会生活秩序的正常运转。

目前已知我国现存最早的契约，是近三千年前镌刻在青铜器皿上的一批有关田地的契约文字，这就是 1975 年在陕西岐山县出土的《卫盉铭文》，即西周《恭王三年（前 917）裘卫典田契》；《五祀卫鼎铭文》，即西周《恭王五年（前 919）裘卫租田契》；《九年卫鼎铭文》，即西周《恭王九年（前 913）裘卫易地契》②。这些土地交易在完成之后，契约主人方裘卫便将契约文字刻写在盉、鼎等铜器皿上，就是为了使契文中规定的内容得到多方承认、信守，按照三件契文通用的语言，就是要使契约的主人裘"卫其万年永宝用"。所以订立契约的本身，正是为了对约定内容的长期信守。《左传》文公六年载，晋之赵宣子为国政，实行九项"新政"，其一就是"由质要"。杜预指出："质、要，券契也。"表明春秋各国继续将"质要"当作国策来贯彻。《荀子·君道》曰："合符节、别契券者，所以为信也。"汉刘熙《释名·释书契》曰："莂，别也，大书中央，中破别之也。"③ 反映出以符莂、契券为信，是社会上的一种普遍共识。

中国古代的契约发展史，也是一部坚持诚信与违背诚信之间的斗争史。我们之所以作这样的认识，乃在于契约在贯彻执行过程中，经常会发生违约、悔约或不执行契约约定等践踏契约的行为，实际是对契约精神的背离。为了制止违背诚信行为的发生，契约在其自身发展过程中，一方面不断加强对背离契约行为的预防，将一些预防性条款写进契约，如"如违限不纳，其

---

① 《周礼注疏》卷 3《小宰》，《十三经注疏》，第 654 页。

② 岐山县文化馆、陕西省文管会：《陕西省岐山县董家村西周铜器窖穴发掘简报》，《文物》1976 年第 5 期。参见张传玺主编：《中国历代契约粹编》上册，第 10—15 页。

③ ［汉］刘熙撰，［清］毕沅疏证，［清］王先谦补：《释名疏证补》，上海：上海古籍出版社，1984 年，第 8 页。

车请不著令律，任寺收将。……如身东西，一仰保人男五娘等代还"① 之类；另一方面，依据民俗惯例，对违约行为进行处罚，如"券成之后，各不得反悔，若有先悔者，一罚二入不悔人。"如果这两个方面都不能对诚信原则进行贯彻时，对于践踏契约的非诚信行为者，就只有求助于国家权力，即依靠国家法律施行对"契约"的强制执行，或将违约人诉诸于官府，请求官断，如"以后倘有无籍者，不依条约，照例惩罚，如有抗拒不遵，定行呈首官府，众共攻之，以一科十，纵律无正条，其情可恶，必儆必戒"②；又如"如有恃顽不服者，呈官理治"③ 等，而各级官府和国家法律对于民间各类契约履行中出现的矛盾和纷争，总是站在契约一边，给予刑事法上的全面支持。借助官法既是推动民契的执行，也是为了保证诚信精神的健康发展。契约为确保诚信而立，诚信既是契约的基础，也是契约的灵魂。

第二节　中国契约发展存在
由简单—完善—简约的过程

官方的契约制度，最初还是源于民间约定俗成的一些习惯，民间的这些习惯逐渐形成了一套世代延续的乡法民约，在吐鲁番出土的一件《唐咸亨五年（674）王文欢诉酒泉城人张尾仁贷钱不还辞》中，就曾写有"准乡法和立私契"，④ 反映出古代民间订立私契，都是遵循的"乡法"。所谓"乡法"，就是指的民间世代承袭的习惯法，亦即全民所谓的"万民法"、"民法"。其中最核心的思想就是以诚信待人，以诚信处事。为了保证契约能始终在诚信状态下正常运行，中国古代的先民们也想出了各种方式或办法，来防止不诚信或欺诈虚假事情的发生，这应该就是民间乡法、亦即中国古代民法的重要内容之一。

---

① 《吐蕃卯年（823?）正月十九日曷骨萨部落百姓武光儿典车便麦契》，唐耕耦，陆宏基编：《敦煌社会经济文献真迹释录》第二辑，第 93 页。

② 《禁六畜作践禾苗约》，《新刻天下四民便览三台万用正宗》卷 17《民用门·文契类》，转引自陈学文：《明代契约文书考释选辑》，载《明史论丛》1997 年第 10 辑。

③ 《明嘉靖三十年（1551 年）祁门县洪氏祖产规约》，转引自张传玺主编：《中国历代契约粹编》中册，第 947—949 页。

④ 《吐鲁番出土文书》录文本第六册，第 527 页；图版本第三卷，第 269 页。

　　民间的契约，经历了一个由口头约定到文字约定的漫长过程。口头约定具有很大的灵活性，而文字约定却具有固定性。由口头约定变化为文字的约定，是一个历史的进步。文字约定的契约，大体上是伴随着私有制的出现而产生的。当其产生以后，又经历了一个由简单到复杂的发展过程。

　　从两千多年来的中国民间各类契约看，其维护诚信的方式，多种多样，也可以说是步步为营、层层设防。

　　最早使用的方式就是防伪：较大型重要的契约，常铸于青铜器皿上，或镌刻于石，一旦成立，便难于作伪。在用简牍作书写材料时，人们想出将契约内容一式二份写在同一简上，还写上"同"字，并从中剖开，交易双方各执一半，当两份合在一起时，"同"字的左半与右半是否完全相合，就成了验证契书真伪的标志。前论吐鲁番所出《西晋泰始九年（273）高昌翟姜女买棺约》，契文一开头，就写有"同"字的右半①。如果不写"同"字，由当事人立契时另写其他字，或在简契上刻画一些齿记，然后一分为二，验证时将二契合在一起，符契相合了就是真契，其防伪的功能和作用也是一样的。

　　当纸被用作书写材质后，契约书仍采取一式二份的做法，将二契各折叠一半，用两契的背面相对接后，在其上写上"合同"，如此，"合同"二字的右半在一契纸的背面，其左半便在另一契纸的背面，只有当两契背面的"合同"字完全吻合，才证明都是真契。近年在吐鲁番新出土的《高昌永康十二年（477）张祖买胡奴券》券背，留有"合同文"三字的左半②，就是这类实物的证明，表明一式二份书写的契约又称为"合同文"或合同书。这种方式一直到明清时期仍在继续沿用，如《明景泰元年（1450）祁门县方茂广出伙山地合同》，由同县同都的朱忠"承伙"，同时写有《明景泰元年（1450）祁门县朱忠承伙山地合同》，这一出、一承的合同，虽在契文内容上有所不同，但在两契尾的款缝上，却大字合写有"今立合同贰本，各收

　　① 《文物》1972年第1期第22页图28即是该简约的图版。吐鲁番阿斯塔那153号墓所出。
　　② 柳方：《吐鲁番新出的一件奴隶买卖文书》，载《吐鲁番学研究》2005年，第1期，第122—126页。

壹本，日后为照"诸字的各一半，① 表明其右半的那一份合同书在承伙方手中，其左半的那一份合同书在出伙方手中，如此做都是为了"日后为照"，即经得起真实的检验。

其次一种立信方式是：当事人在契文上亲自写上本人姓名，即契文中常说的"各自署名为信"，吐鲁番哈拉和卓 88 号墓所出《北凉承平五年（447）道人法安弟阿奴举锦券》中，有锦主翟绍远本人亲笔署名；② 哈拉和卓 99 号墓所出《北凉承平八年（450）翟绍远买婢券》中买主翟绍远、《义熙五年道人弘度举锦券》中的锦主翟绍远，都有本人的亲笔署名。③ 吐鲁番阿斯塔那 153 号墓出有高昌国延昌年间的券契 9 件，几乎每件券契的尾部均写有"民有私要，要行二主，各自署名为信"，④ 这一习惯，在前述几件十六国券契中已是如此，说明至少在十六国以前就已形成。

"署名为信"，就是以自己亲自签名作为凭信，如果当事人是文盲时就会出现困难，于是便出现了"画指为信"或"画指为验"：即在券契文书中自己姓名位下亲自画上签押，或画上自己中指节印痕，有时还注明"手不解书，以指节为明"，⑤ 这是说，自己不会书写，以画本人指节作为证明。这些都是为了证明此契的真实性和诚信度。

在西域一些民族的经济契约中，也同样使用这种表示承诺与诚信的方式，有的甚至用刻好的个人印章替代，如阿斯塔那 135 号墓所出粟特文《高昌延寿十六年买女奴契》中，就有"高昌书记长 Pt'wr 的印"⑥。在回鹘文的契约中，当事人也常用印章来表明自己的诚实信守，如《拔洽赫卖奴婢契》，是拔洽赫以 52 束棉布的价格将自己原有的一名奴隶艾山的斤卖给彼得

---

① 张传玺主编：《中国历代契约粹编》中册，第 938—939 页。对此二件合同款缝文的位置，张编均注成"存左半字"，有误。应是二份左、右各一半。此类出伙契，通常是出方契写右半，交给承方为据，承方契写左半，交给出方为据。

② 唐长孺主编：《吐鲁番出土文书》录文本第一册，第 181 页；图版本第一卷，第 88—89 页。

③ 唐长孺主编：《吐鲁番出土文书》录文本第一册，第 187 页；图版本第一卷，第 92—95 页。

④ 唐长孺主编：《吐鲁番出土文书》录文本第二册，第 326—344 页；图版本第一卷，第 279—285 页。

⑤ 《唐西州高昌县赵怀愿买舍券》，《吐鲁番出土文书》录文本第四册，第 145 页；图版本第二卷，第 84 页。

⑥ ［日］吉田丰、森安孝夫著，柳洪亮译《麹氏高昌国时代粟特文买卖女奴隶文书》，《新疆文物》1993 年第 4 期。

律孜的契约，在契文第 22 行上有印章，并注明"这个印章是我拔洽赫的"①。在土地买卖契中也如此，如《拖鲁喀喇等人卖田契》是拖鲁·喀喇等十人将一块莊子地卖给库什·铁木耳法师的契约，在契文 22—23 行钤有图章，并写有"图章是我们拖鲁·喀喇、米四儿（乌鲁合）、尹奇·喀喇和米四儿等十人的"②。图章在这里都表示着对所有权出卖的信守。

　　除了用印章外，也有用手印纹，即捺上自己的中指指纹印为凭者，如回鹘文《伯铁木耳卖葡萄园契》中，当事人伯·铁木耳及证人都是用的手印，第 18 行印纹后写有"这个手印是我伯·铁木耳的"③，回鹘文《玛尔兰借棉布契》中，第 13 行写有"这个手印是我玛尔兰的"④；回鹘文《米四儿借谷子契》中，第 11—12 行写有"该手印是我米四儿的"⑤，这种方式正是对古代传统诚信方式的一种继承和发展。早在高昌王国的汉文券约中，就有过朱色印纹文书的出现，即《高昌延寿四年（627）参军氾显祐遗言文书》，在遗言文的中部上方空白处，有一"朱色倒手掌印纹（右手）"，其下写有"是氾显祐存在时手□券"，在后部上方"有朱色手掌印纹（右手）的左半部"。⑥ 遗言文书，是临终者对继承人等的一种约定，在其上印上本人的手掌印纹，表示遗言者对所言内容的诚实信守和坚定不变性，这种表示诚信的方式一直延续到几百年后蒙元时期的回鹘人的经济生活中。⑦

　　第三种立信方式是订立契约时，除契约双方外，还有第三方人士在场作证，而且必须在契约上写明备案，如《西汉神爵二年（前 60）广汉县节宽德卖布袍券》，在券简尾就写有"时在旁候史张子卿、戍卒杜忠知卷约，沽旁二斗"。⑧ 这是说，节宽德在订立卖布袍券时，候史张子卿、杜忠都在场

---

① 李经纬：《回鹘文社会经济文书研究》，第 3—7 页。

② 李经纬：《回鹘文社会经济文书研究》，第 31—36 页。

③ 李经纬：《回鹘文社会经济文书研究》，第 72 页。

④ 李经纬：《回鹘文社会经济文书研究》，第 111 页。

⑤ 李经纬：《回鹘文社会经济文书研究》，第 114 页。

⑥ 《吐鲁番出土文书》录文本第五册，第 70 页；图版本第二卷，第 204 页《高昌延寿四年（627）参军氾显祐遗言文书》。

⑦ 在回鹘文《拖鲁喀喇等人卖田契》中，写有"窝克台差官所需猪年留下的一罐子官酒我们也缴不起"等语，"窝克台差官"只在蒙元时期才出现，由此可证这些回鹘文契约的时代属于蒙元时期者不少。

⑧ 张传玺主编：《中国历代契约粹编》上册，第 29 页。

见证此事。"沽旁二斗"在有的券契上写作"古酒旁二斗皆饮之"、"沽酒各半"、"沽各半"等,这是在契券订立完成,沽酒酬谢在场者,交易双方各承担一半沽酒钱的意思,其目的在于要求在旁者充当订立契约时的证人,一旦出现争议,还须请证人到场来评断。

这些订契约时"在旁者",到魏晋以后,都有了专门的称呼,如"时人"、"书券"等。高昌王国时,券尾通常都列有"倩书"(书写券契者)、"时见"(当时亲见者)、"临座"(面临在座者)。在前述粟特文的卖奴契中,列的是五名"在场"者,即汉文文书中的"临座"。到了唐代又有一些新变化,在契尾除了契约双方主人签名押署外,还有"知见人"或"见人",也就是订契约时的见证人,少则一、二人,多则六、七人。而在回鹘文的契约中,这些请来的在场者,多直白写成为"证人",通常与汉文契券一样,都在契尾,写卜姓名,并在名下画押,并注明:"该花押是我证人××××的。"

在券契中也有称为"保人"者,少则一、二人,多则五、六人;如是奴婢买卖契,保人必须在五人以上。"保人"的作用不同于"知见人",他不仅知见了券契的订立,而且要担保契约义务人完成其本身的义务,否则,就要承担契约义务的连带责任。这类保人,到了清代,常称为"中保人",除了担保责任外,还起着从中介绍的作用,故有时又称"中保说合人"。从以上种种情况看到,无论订立何种契约,除当事者双方外,总是要邀请第三方到场,以起到一种人证的作用,来证明契约的诚信及有效性。

第四种方式是:对契约事先作出预防性的规定,如对违约行为的预防,这在汉代简牍式的券契中,尚未见记载,但在魏晋以后的纸质契约文书时代后,便有了违约加倍受罚的记载,如《前秦建元十三年(377)七月廿五日赵伯龙买婢券》中以中毡七张买一名八岁幼婢,券文说:"有人认名及反悔者,罚中毡十四张,入不悔者。"① 从这一时期起,这一模式便成为了订契约时的一种惯例,常常在券契中写有"二主和同立券,券成之后,各不得返悔,悔者一罚二入不悔人"一类的话,虽然这是预防性条款,却是对契约执行中出现非诚信行为的一种警示。

---

① 俄罗斯科学院东方研究所圣彼得堡分所、俄罗斯科学出版社东方文学部、上海古籍出版社编:《俄藏敦煌文献》第15册,第212页。

到了唐代，对于涉及钱财交易一类的契约关系，其违约惩罚性的追讨十分严厉。如《唐乾封三年（668）张善憙于左憧熹边举钱契》，张向左借了银钱二十文，契文规定："月别生利银钱二文，到月满，张即须送利。到左须钱之日，张并须本利酬还。若延引不还，听左拽取张家财杂物，平为本钱直。身东西不在，一仰妻儿、保人偿钱使了。若延引不与左钱者，将中渠菜园半亩，与作钱质，要须得好菜处。"① 这里，债权人实际得到了举债者家属和财物的双重保证，一种是由妻儿、保人还贷，一种是以家财、菜园抵债。

以上所列的四种方式，都是为了保证契约关系能在诚信的基础上正常运行的措施和办法。应该指出的是，上列四种方式，并不是文字契约行用之初就已具备，而是随着历史的发展而不断丰富，走向完善。先秦两汉写在简牍上的文字，比较简单，只写立契时间、双方姓名及权利、义务，以及旁人姓名、沽各半等。进入魏晋，契约开始用纸质材料书写，增加了悔约受罚条款，且强调了"署名为信"，到南北朝时改为"获指为信"，隋唐时对违约的预防性条款显著增加，还出现一些附加的条件，立契者不仅要署名画指节，证人或知见人也在契上署名画指节。体现出契约已经日益完善，发展到成熟的地步，而且在国家的律令中也给予了认定和明确的地位。

唐代是封建社会各类契约发展到完备的时期，而在此后的宋、元、明、清契约，则又由具备丰富条款的内容，向简约化的方向发展，原来契约中的繁琐条款及附加条件大多被省去了。如雇佣契，契约只写明雇某人劳作何事，酬金若干等；租佃契仅写明某人何时租种某块地，何时交租金多少等；借贷契、田宅买卖契也大体如此。古代契约由完善化、向简约化的发展，它是由两个方面的因素所导致。

一是封建商品经济的发展，促使了社会经济生活的各个方面，都受到商品经济的影响，货币的市场经济化，借贷成为社会性的行业，如质库的广泛出现，使得借贷随时可行。劳动力的商品化，也使雇佣经常发生，劳力出买者，可选择能够有优厚酬金的雇主，雇主也可随时选用合意的劳动者。在此形势下，甚至田亩土地，也受到市场化的影响，这使得地权的流动加速，租

---

① 《吐鲁番出土文书》录文本第六册，第422页；图版本第三卷，219页。

佃关系的变换也加快，所有这些变化，都促使着契约在形式上更加简约化，在契约关系上，主客双方多处于没有依附关系的平等地位。成为一种比较单纯的经济关系。

另一方面是，宋代以来，封建国家政权，加大了对民间契约的干预，实际上改变了唐代"任依私契，官不为理"的传统。对于田宅的买卖，宋代规定立契要收"印契钱"，即田宅买卖交易后订立的契约，必须报官，经官验证，纳钱盖上官府红印后，称之为"红契"方始合法，否则，无红印的"白契"无效。这就将民间的田宅买卖契约，完全纳入官府管控的轨道。对于遗产继承的"遗嘱"，宋朝官府也采取了相类似的对策，遗嘱必须经官府勘验押印，给以公凭，方始有效。到南宋继而发展到征收遗嘱税，将民间财产的转移或再分配完全掌控在官府手中。雇佣中的劳动者，往往通过"牙行"来出卖自己的劳动，接受雇请；而"牙行"又是由地方官府支持开办的。由此，封建官府通过牙行来控制雇佣契的订立，被雇者由过去对雇主的依附，转为对牙行的依附。既然封建官府参与了对各类契约的积极管控，那么由契约而产生的各种矛盾和纠纷，也就自然由官府来处理了。在宋元以后的契约中，再也见不到"官有政法，人从私契"之类的语言，即是这一时代性变化的写照。所以民间私契中的各种附加条款，违约受罚等预防性内容，甚至契文后尾的若干知见人、保人等，都显得多余而无重要作用。这些都使契约内容自然而然地走向简明化。

作为专制主义集权的封建国家，自宋元开始施行对民间契约的积极管控政策，目的在于增加国家财税收入。然而，这项政策却阻碍了民间各种契约关系向自由化方向的发展，因为封建官府征收各种契税，必然会增加经济关系发生过程中的经济负担；同时，官府还会经常对契约中的各种经济交往提出质疑，进行干预乃至处罚。在这种封建统治专制政策的控制下，各种经济活动中的契约关系，无法走上自由化。作为完全独立的、自主自决的经济个体，也难以在契约中大量产生，这正是中国契约及契约关系的发展，直到明清也未能导致社会经济结构的大变动，迈向资本主义社会的原因。

第三节　契约是维护社会秩序的手段

中国古代契约发展史，就其实质而言，就是一部社会经济秩序的发展史。人类在进入私有制社会以后，人们都是以私有者的身份在社会上生活着，在发生彼此交往或涉及彼此经济利益时，都须承认彼此都是有自身利益的私有者，在为其各自利益时，也须保证对方的利益，只有在这种前提下，为实现彼此的需求才能达成共识，缔结协议或契约。将彼此的权利、责任、义务用文字加以确定，以便双方执行或信守，这就是一种秩序的建立。例如买卖契，由买卖活动主体将标的物，通过货币职能的交换手段，一方卖出，一方买进，在符合各自利益需求时，双方达成合意，在平等的基础上制订契约文字，以之作为所有权转移的凭据。诸多类型买卖契的订立，也就为整个社会的买卖交易建立起一种社会买卖交易秩序。同样的，如果在人们的借贷关系、租佃关系、雇佣关系以及其他各种经济关系和社会关系中都能订立各种契约，规定彼此的责、权、利，那么，整个社会也就会建立起一套完整的经济秩序。只有这样，人们才会有正常的经济生活，社会才会趋于稳定。所以，伟大的思想家卢梭说："社会秩序乃是为其他一切权利提供了基础的一项神圣权利。然而这项权利决不是出于自然，而是建立在约定基础之上的。"①

　　然而，仅仅有约定是不够的，还须靠一种精神来支撑，这就是民间长期约定俗成的诚信精神，契约基于相互诚信而订立，同样也需要依靠诚信精神来维系和运转，如前所论，诚信是契约关系的基础。可以说，中国古代契约发展史也是一部维护诚信与损坏诚信之间矛盾斗争的历史。历代契约中，各种契约防伪手段的出现，违约受罚条款的产生和不断加强，各类预防性内容的具体规范化，而为维护契约诚信度及对违约风险作出的各种应对措施的日益完善，都在于要保障契约的诚信执行，也在于维护着一种正常的运转秩序。

　　契约的前提是平等、自愿，即契约的订立都是在平等、自愿基础上进行的。然而，在中国古代，由于长期处于封建等级制社会中，社会贫富的阶级对立十分严重，因此在各类契约中存在的各种契约关系有些不是完全平等、自由的，双方往往处于剥削者与被剥削者的经济地位上，如雇佣契中雇主与被雇者的关系，租佃契中田主与佃田者的关系，借贷契中债权人与债务人的

───────────────

① ［法］卢梭著，何兆武译：《社会契约论》，第4—5页。

关系，等等，都带有经济地位和身份上的不平等因素，甚至存在着人身上的依附。这些在契约上都有明显的反映，如唐代许多的举钱契上，虽然写有"两共平章，画指为记"，但在契约上"钱主"并没有署名画指，而举钱人连同家庭成员却一一在契上署上名、年并画指节，显示出双方不平等的地位。在白怀洛向左憧憙的举钱契中，写有"到月满日，白即须送利，左须还钱之日，白即须子本酬还，若延引不还，听牵取白家财及口分平为钱直，仍将口分蒲萄用作钱直。身东西不在，一仰妻儿酬还钱直"。在这里，举钱人白怀洛对钱主左憧憙已处于一种屈从的依附地位。又如五代时敦煌的吴庆顺典身契，由于"家中贫乏，欠负深广"，只有将自身典到索僧政家，换取一批粮食，规定"人无雇价，物无利头，便任索家驱弛，比至还得物日，不许左右"，不仅反映出索僧政对吴庆顺的剥削，还反映出索家对吴庆顺人身的奴役，表现出明显的人身依附性和不自由。尽管是不平等、不自由的条件和待遇，由于实际生活所迫，在告贷无门的情况下，也只有签订这种不平等的契约。这是阶级社会中，在贫富对立状况下、存在着的一种经济生活中的平衡，正是这种实质上是不平等的平衡，维系着封建社会秩序。

封建社会的秩序，是一种具有贵贱尊卑等级制度的秩序，它是由封建社会制度的体制及其律令所规定的。古代契约建立的秩序，尽管出自民间，也只能从属于封建等级制度秩序，并在这种秩序范畴之内运转。在不损害封建等级秩序的情况下，国家政权可以"任从私契"，不加干涉。一旦契约有损于封建秩序或封建国家利益时，国家及其律令就会给以制裁或干预。例如北宋的土地买卖契，有白契、红契之分。民间土地买卖，相互之间所立契，称为"白契"，并不具有法律效力，只有申报官府，经缴费后在契上加盖官方红印，变为"红契"后，方才合法。北宋官员范西堂判高七一诈占田案时写道："（高七一）又于（契）内即无号数亩步，别具单帐于前，且无缝印。乡原体例：凡立契交易，必书号数亩步于契内，以凭投印。今只作空头契书，却以白纸写单帐施前，非惟税苗出入可以隐寄，产业多寡皆可更易，显是诈欺，勘杖六十。"[1] 判文所云的"乡原体例"，实际是北宋政府的规定，即凡土地立契交易，必须写明土地的编号数与亩步数，以此为凭，投报官府

---

[1]　中国社会科学院历史研究所宋辽金元史研究室点校：《名公书判清明集》卷 4 "高七一状诉陈庆占田"案判文，第 103 页。

给印，才算合法。可是高七一拿出的是空头契书，即白纸书写的单帐文字，显是诈欺非法，故判勘杖六十。此判可以看作是宋代官府对土地买卖契约秩序的维护。

契约作为维护社会秩序的手段，还突出的表现在乡规、民约上，前论中列陈的《禁六畜作践禾苗约》、《禁田园山泽约》、《禁盗鸡犬约》、《禁盗田园瓜果菜蔬约》、《禁偷盗笋竹约》、《禁赌博约》、《禁坟山约》、《禁夜行约》等对于维护基层乡民正常的生产秩序、生活秩序都是有利的。然而，也应看到在封建制度统治下的乡规、民约，所维护的仍然是封建社会的秩序，如影响最大的北宋吕大钧《蓝田乡约》，所列四个部分中，就有三个如"德业相励"、"过失相规"、"礼俗相交"等，属于封建礼制建设的内容，其目的在于对乡民施以教化，将民俗纳入封建礼制的轨道。

封建的社会生活秩序，随着社会生产力的发展，社会生产关系的进步，也在不断变化着。反映在契约关系上，不平等的带人身依附性的因素越来越削弱，而比较平等或完全平等型的契约关系越来越占主导地位。契约经济学者梅因认为：这种变化是在不断地"向一种新的社会秩序状态移动，在这种新的社会秩序中，所有这些关系都是因'个人'的自由合意而产生的"。①的确，中国古代契约带来的社会秩序的变动，是一种逐步向新的社会秩序状态移动的过程，这只是一个量变进程，并未完成质变而产生"新的社会秩序"。即使是逐渐的量变，也不是由于"个人"的自由合意而产生，而是基于整个社会经济发展，即社会生产力的提高所带来的生产关系进步而引发的变动。

第四节　国家法令对民间契约监护的强化

民间契约与国家法令之间，存在着既"不相干"又相互依存的关系。在魏晋以来的契约中，常写有"官有政法，人从私契，两和立契，画指为信"一类的套语，这意思是说，官府有其政治法律的规定，而民间的经济交往则以私家订立的契约为准，经双方协商所订立之契约，以双方所画指节为

① ［英］梅因著，沈景一译：《古代法》，第96页。

信守的标记，强调的是契约双方的诚实和信守，是崇尚道德性的乡法，似乎与官方不相干。应该说，在大多数情况下，民间契约在乡法民约的制约下，在上列多重防范不诚信的措施下，都能遵循诚信的原则，使契约能正常地运转进行。但是，也不排除在现实生活中仍然存在着不诚信或欺诈、赖骗的情况。因此，单纯靠道德性的乡法来贯彻诚信原则，有时就显得苍白无力，这反映出了乡法的局限性。

国家政权为了稳定契约经济秩序，面对这种局限性，必然会用律令来作出补充，为了维护诚信的原则，需要用法律手段来制裁、惩罚违背诚信原则者。例如法制比较完备的唐王朝，就对"负债违契不偿"者有刑律的惩治，其律文规定是："诸负债违契不偿，一匹以上，违二十日笞二十，二十日加一等，罪止杖六十；三十匹，加二等；百匹，又加三等。各令备偿。"① 对于"负债违契不偿"一语，《疏议》文解释说："欠负公私财物，乃违约乖期不偿者。"若是"负百匹之物，违契满二十日，杖七十；百日不偿，合徒一年。"刑责之后，仍然责令要偿还。

在民间契券中对于欠负债务，逾期不还，常写有："若前却不偿，听拽家财，平为钱直"；前引唐张善熹举钱契中，写的是"若延引不还，听左拽取张家财杂物，平为本钱直"②。对于这种民间掣夺家资抵债的行为，不是可以随便进行的，国家对于这类拽取家财有严格界定："诸负债不告官司，而强牵财物过本契者，坐赃论。"针对此律，《疏议》解释说："公私债负，违契不偿，应牵掣者，皆告官司听断。若不告官司而强牵掣财物，若奴婢、畜产过本契者，坐赃论。"③ 这是针对前面所列维护诚信原则的第四种，即违约惩罚性追讨的国家法律干预。对于违契不偿，用掣夺家资的办法来抵债，官府并不反对，但必须报告官府，经官府判断并加以监管后才可进行，否则超过了契约中的财物数，就要对掣夺者以强盗受赃罪论处。这是对债权者掣夺家资抵债权限的一种严格限制，法律作如此规定，既是对负债者正当权益的保护，也是对诚信原则的一种维护，说明了国家法律在维护债权人权益的同时，也考虑着维护债务者的正当利益。

---

① 《唐律疏议》卷26《杂律》，第485页。
② 《吐鲁番出土文书》录文本第六册，第422页；图版本第3卷，第219页。
③ 《唐律疏议》卷26《杂律》，第485—486页。

吐鲁番阿斯塔那 19 号墓出有《唐咸亨四年（673）张尾仁于王文欢边举钱契》，契文有残缺，据上下文意知：张尾仁于咸亨四年正月二十五日于王文欢边举取银钱贰拾文，月别生利钱贰文，至×月×日本利具还……同墓又出有《唐咸亨五年（674）王文欢诉酒泉城人张尾仁贷钱不还辞》，其中王文欢提出张尾仁于"咸亨四年正月内立契，（贷取）银钱贰拾文，准乡法和立私契；其（银钱贰）拾文后（生利）钱贰文，其人从取钱已来，（多次往酒泉城从）索，延引不还"①，不得已，只有诉官，请求依法官断。这起事件正属于"负债违契不偿"的案例，官府如何判案，由于文缺，无法得知。推测有两种可能：一种是官府出面协调仲裁，令张尾仁立即还钱或者限日令张尾仁本利具还了事；另一种是依"负债违契不偿"律来治罪。

官府不论使用哪种手段来维护契约的诚信，都具有国家权力的强制性。吐鲁番阿斯塔那 19 号墓出的《唐乾元二年（759）赵小相立限纳负浆钱牒》就是体现国家权力强制性的文书，全文转引如下：

1　赵小相并妻左负阎庭浆六石，今平章取壹仟伍佰文。

2　陆伯文限今月十八日纳，叁伯文限二月十五日纳，

3　陆伯文限伍月十日纳　　右缘家细累，请立限，请于此输纳，不向交河县。

4　　右件通三件如前，如违一限，请夫妇

5　　各决十下。如东西逃避，一仰妻翁代纳。

6　牒　件　状　如　前。谨牒。

7　　　　　乾元贰年　正月　日负｜浆人赵｜小相｜牒

8　　　　　　　妻左年｜卅｜　　｜

9　　　　保人妻翁｜左义｜琛年｜六十②

从此牒文得知，赵小相夫妇欠负阎庭的浆六石，"今平章"，具有现调解商议确定之意，显然是经官府基层协调之后，才有了一千五百文钱，分三次立限还清的约定。"如违一限，请夫妇各决十下"，实即各笞十下，这已

①　《吐鲁番出土文书》录文本第六册，第 527 页；图版本第三卷，第 269 页。
②　《吐鲁番出土文书》录文本第十册，第 243 页；图版本第四卷，第 550 页。

与刑律所罚相差无几。如当事人逃走,则找保人妻翁左义琛代为还钱。从"请于此输纳,不向交河县"知,此牒是欠浆人赵小相基于交河县府的干预和法律的威严作出的保证。

国家政权及其法律在民间契约关系发展中,总是起着监督和辅助契约各方正常发展的作用,如果一旦违约,又不遵守法理习惯,国家就会出面加以干预。这种干预不仅限于"负债违契不偿"问题上,在维护契约正常秩序上,对于诈骗、伪造契约文书的行为,也都是给以法律制裁和打击的。

在宋代的《名公书判清明集》中,许多的判案都显示出国家权力的作用,如《买主伪契包并》一案,说的是寡妇阿宋有三子:黄宗显、黄宗球、黄宗辉,家产田业三分均分。嘉定十六年,黄宗球将东丘谷田三分中抽取一分,典卖与黄宗智,所立契上有母阿宋及牙人知押。但宗显、宗辉的二分并未出卖,而黄宗智则谎称三分全部买到为己业,凭官断时黄宗智拿出嘉熙元年契一纸,其上有宗显、宗辉的押字,却无牙人及母阿宋知押。可是宗显字画与本人绝不同,而宗辉在嘉熙之前两年已身死,经州官翁浩堂审查后,指出嘉熙元年契"弊病百出,不容遮掩。此皆是黄宗智用心不仁,欺阿宋一房孤寡,因得黄宗球一分之业,遂假立弊契,欲包占三分"。于是翁浩堂判"黄宗智立伪契占田,勘杖一百,真契给还,伪契毁抹附案。仍给据与阿宋照应"。[①] 此案反映出,在契约真伪发生纠纷时,官府出面做了去伪存真的处理,而且对作伪契者给以了严厉的刑杖一百的处罚。

又在《揩改契书占据不肯还赎》一案中,有吴师渊于南宋嘉熙间向叶云甫典田,年限满期,吴却不退赎,还将原合同典契揩改,将叶云甫"置到"改为"置典"之田,妄想执占为业。纠纷到县,知县断吴师渊篡改契书,用心不良。吴师渊又以叶云甫之田"无上手赤契",且原也典自他人,"今业主已亡,不应取赎"等为由辩解,针对无上手赤契问题,官府判:"况既有经官印押,分书登载,此田又何必赤契而后可证其为己业。"最后府官判定:"稽之令甲,诸理诉田地,而契要不明,过二十年,钱主或业主死者,不得受理。叶见系出典田主,即非亡殁,合同契要即无不明,纵是叶先典他人者,亦只合听叶取赎,况所立合同契内但曰'置到',且系分受之

---

① 中国社会科学院历史研究所宋辽金元史研究室点校:《名公书判清明集》卷9《买主伪契包并》,第305—306页。

产，又何疑乎？揆之理法，无一而可。迁延占据、揩改文书二罪论之，吴师渊合照条勘断，但勘下杖一百，押下县，交领寄库钱、会退赎。如能悔过，却与免决，合同文约给还叶云甫管业。"① 这是官府对典田纠纷依据"典赎之法"的原则作出的判决，维护了合同文约持有者叶云甫的权益。

历史实践证明，契约关系中的诚信原则，单纯靠道德的乡法传统来维系是不够的，还必须有政权的法律作后盾，让传统的乡法习惯与国家法律手段双管齐下，形成一种合力，才能使诚信得到有效的贯彻，这正是我国古代契约法理基础之所在。只有用德、法共治的办法，才能带来在诚信基础上出现的社会安定秩序，才能保证社会各类人群在诚信基础上的和谐相处，这是一条十分重要的历史经验，需要我们今天认真地加以继承和发扬。本章开始提到的国家《民法》及《合同法》中，将诚实信用原则用法律形式固定下来，就是一种最好的继承。

---

① 中国社会科学院历史研究所宋辽金元史研究室点校：《名公书判清明集》卷9《揩改契书占据不肯还赎》，第314—315页。

参考文献

一、传世文献类

［1］《十三经注疏》（上、下），北京：中华书局，1980 年。

［2］［宋］王与之：《周礼订义》，文渊阁四库全书本。（上海：上海古籍出版社，2003 年。下同。）

［3］［宋］王昭禹：《周礼详解》，文渊阁四库全书本。

［4］《管子》：文渊阁四库全书本。

［5］《荀子》：文渊阁四库全书本。

［6］《韩非子》：义渊阁四库全书本。

［7］《商君书》：文渊阁四库全书本。

［8］《吕氏春秋》：文渊阁四库全书本。

［9］《国语》：文渊阁四库全书本。

［10］《战国策》：文渊阁四库全书本。

［11］［宋］鲍彪校注：《战国策校注》，文渊阁四库全书本。

［12］［汉］许慎著，［清］段玉裁注：《说文解字注》，成都古籍书店据上海世界书局 1936 年影印本翻印。

［13］［汉］刘熙撰，［清］毕沅疏证，［清］王先谦补：《释名疏证补》，上海：上海古籍出版社，1984 年。

［14］［汉］司马迁：《史记》，北京：中华书局，1959 年。

［15］［汉］班固：《汉书》，北京：中华书局，1962 年。

［16］［南朝宋］范晔：《后汉书》，北京：中华书局，1965 年。

［17］［清］王先谦集解：《后汉书集解》，北京：中华书局，1984 年。

［18］［晋］陈寿著，［南朝宋］裴松之注：《三国志》，北京：中华书

局，1959 年。

［19］［晋］葛洪：《抱朴子内外篇》，文渊阁四库全书本。

［20］［梁］刘勰著，刘永济校释：《文心雕龙校释》，北京：中华书局，2007 年。

［21］［梁］沈约：《宋书》，北京：中华书局，1974 年。

［22］［梁］萧子显：《南齐书》，北京：中华书局，1972 年。

［23］［梁］释慧皎：《高僧传》，北京：中华书局，1992 年。

［24］［北魏］郦道元：《水经注》（王国维校本），上海：上海人民出版社，1984 年。

［25］［北魏］崔鸿：《十六国春秋》，丛书集成本，上海：商务印书馆，1936 年。

［26］［北齐］贾思勰著，缪启愉校释：《齐民要术校释》，北京：中国农业出版社，1998 年。

［27］［北齐］魏收：《魏书》，北京：中华书局，1974 年。

［28］［唐］房玄龄等：《晋书》，北京：中华书局，1974 年。

［29］［唐］姚思廉：《梁书》，北京：中华书局，1973 年。

［30］［唐］姚思廉：《陈书》，北京：中华书局，1972 年。

［31］［唐］李百药：《北齐书》，北京：中华书局，1972 年。

［32］［唐］令狐德棻等：《周书》，北京：中华书局，1971 年。

［33］［唐］李延寿：《南史》，北京：中华书局，1975 年。

［34］［唐］李延寿：《北史》，北京：中华书局，1974 年。

［35］［唐］魏征等：《隋书》，北京：中华书局，1975 年。

［36］［唐］韦述：《两京新记》，丛书集成初编本，上海：商务印书馆，1936 年。

［37］［唐］吴兢：《贞观政要》，上海：上海古籍出版社，1978 年。

［38］［唐］李林甫等：《唐六典》，北京：中华书局。1992 年。

［39］［唐］长孙无忌等：《唐律疏议》，北京：中华书局，1983 年。

［40］［日］仁井田陞辑：《唐令拾遗》，粟劲等编译，长春：长春出版社，1989 年。

［41］［唐］杜佑：《通典》，北京：中华书局，1988 年。

［42］［唐］虞世南：《北堂书钞》，北京：中国书店，1989年。

［43］［唐］欧阳询：《艺文类聚》，上海：上海古籍出版社，1965年。

［44］［唐］释道世：《法苑珠林》，四部丛刊本，上海：商务印书馆，1936年。

［45］［唐］白居易：《白居易集》，北京：中华书局，1979年。

［46］［唐］柳宗元：《柳宗元集》，北京：中华书局，1979年。

［47］［唐］李吉甫：《元和郡县图志》，北京：中华书局，1983年。

［48］［唐］陆贽：《陆贽集》，北京：中华书局，2006年。

［49］［唐］李筌：《太白阴经》，武汉：湖北人民出版社，1991年。

［50］［清］曹寅、彭定求等编：《全唐诗》，中华书局，1999年。

［51］［清］徐松等编：《全唐文》，北京：中华书局，1983年。

［52］［后晋］刘昫等：《旧唐书》，北京：中华书局，1975年。

［53］［宋］窦仪等：《宋刑统》，北京：中华书局，1984年。

［54］［宋］欧阳修、宋祁等：《新唐书》，北京：中华书局，1975年。

［55］［宋］宋敏求编：《唐大诏令集》，1959年。

［56］［宋］王溥：《唐会要》，北京：中华书局，1955年。

［57］［宋］薛居正等：《旧五代史》，北京：中华书局，1976年。

［58］［宋］欧阳修：《新五代史》，北京：中华书局，1974年。

［59］［宋］王溥：《五代会要》，北京：中华书局，1985年。

［60］［宋］司马光等：《资治通鉴》，北京：中华书局，1955年。

［61］［宋］李焘：《续资治通鉴长编》，北京：中华书局，2004年。

［62］［宋］王钦若、杨亿等编：《册府元龟》，北京：中华书局，1955年。

［63］［宋］李昉等编：《太平御览》，北京：中华书局，1960年。

［64］［宋］李昉等编：《太平广记》，北京：人民文学出版社，1959年。

［65］［宋］李昉等编：《文苑英华》，北京：中华书局，1966年。

［66］《天一阁藏明钞本天圣令校证》：天一阁博物馆、中国社会科学院历史研究所天圣令整理课题组校订，北京：中华书局，2006年。

［67］［宋］乐史：《太平寰宇记》，北京：中华书局，2007年。

［68］［宋］彭百川：《太平治迹统类》，文渊阁四库全书。

［69］［宋］朱熹编：《二程遗书》，文渊阁四库全书本。

［70］［宋］周密：《癸辛杂识》，北京：中华书局，1988 年。

［71］［宋］黄震：《黄氏日抄》，文渊阁四库全书本。

［72］［宋］方仁荣、郑瑶：《景定严州续志》，文渊阁四库全书本。

［73］［宋］吴自牧：《梦粱录》，文渊阁四库全书本。

［74］［宋］宋祁：《景平集》，文渊阁四库全书本。

［75］［宋］张方平：《乐全集》，文渊阁四库全书。

［76］［宋］李心传：《建炎以来朝野杂记》，文渊阁四库全书本。

［77］［宋］陈舜俞：《都官集》，文渊阁四库全书本。

［78］［宋］马端临：《文献通考》，北京：中华书局，1986 年。

［79］中国社会科学院历史研究所宋辽金元史研究室点校：《名公书判清明集》，北京：中华书局，1987 年。

［80］《元典章》，北京：中国书店，1990 年。

［81］《通制条格》，杭州：浙江古籍出版社，1986 年。

［82］《大元圣政国朝典章》，北京：中国书店，1990 年。

［83］［元］脱脱等：《宋史》，北京：中华书局，1977 年。

［84］［元］脱脱等：《金史》，北京：中华书局，1975 年。

［85］［明］宋濂等：《元史》，北京：中华书局，1976 年。

［86］黄时鉴辑：《元代法律资料辑存》，杭州：浙江古籍出版社，1988 年。

［87］［元］《新编事文类要启札青钱》，东京古籍研究会据德山毛利氏藏"元泰定元年建安刘氏日新书堂刻本"影印本，1963 年。

［88］［元］陶宗仪：《辍耕录》，文渊阁四库全书本。

［89］［明］李东阳等：《明会典》，文渊阁四库全书本。

［90］［明］戴金编：《皇明条法事类纂》，台北：文海出版社，1985 年。

［91］［明］黄淮、杨士奇等编：《历代名臣奏议》，文渊阁四库全书本。

［92］［明］李时珍：《本草纲目》，北京：人民卫生出版社，1982。

［93］［明］唐顺之：《稗编》，文渊阁四库全书本。

［94］［清］《大清律例·户律》，文渊阁四库全书本。

［95］［清］《世宗宪皇帝硃批谕旨》，文渊阁四库全书本。

［96］［清］张玉书、陈廷敬等：《佩文韵府》，文渊阁四库全书本。

［97］［清］张玉书、陈廷敬等：《御定骈字类编》，文渊阁四库全书本。

［98］［清］秦蕙田：《五礼通考》，文渊阁四库全书本。

［99］［清］徐松辑：《宋会要辑稿》，北京：中华书局，1957 年。

［100］［清］叶昌炽：《语石》，上海：上海书店，1986 年。

［101］《钦定续文献通考》，文渊阁四库全书本。

［102］柯劭忞：《新元史》，《元史二种》，上海：上海古籍出版社、上海书店，1989 年。

［103］张鹏一编，徐清廉校补：《晋令辑存》，西安：三秦出版社，1989 年。

［104］［日］《令集解》新订增补本，《日本国史大系》，东京：吉川弘文馆，1978 年。

［105］牟发松：《〈大业杂记〉遗文校录》，《魏晋南北朝隋唐史资料》，1997 年。

［106］《大正新修大藏经》，台北：新文丰出版有限公司，1983 年。

［107］季羡林主编：《敦煌学大词典》，上海：上海辞书出版社，1998 年。

［108］1986 年 4 月 12 日第六届全国人民代表大会第四次会议通过：《中华人民共和国民法通则》，北京：中国法律出版社，1986 年。

［109］1999 年 3 月 15 日第九届全国人民代表大会第二次会议通过：《中华人民共和国合同法》，北京：中国法制出版社，1999 年。

二、出土文献类

［1］［宋］洪迈：《隶释》，北京：中华书局，1985 年。

［2］罗振玉：《地券征存》，《罗雪堂先生全集》第七编，台北：新文丰出版公司，1967 年。

［3］罗振玉、王国维编：《流沙坠简》，北京：中华书局，1993 年。

［4］云梦睡虎地秦墓竹简整理小组：《云梦睡虎地秦墓竹简》，北京：文物出版社，1981 年。

［5］谢桂华、李均明、朱国炤：《居延汉简释文合校》，北京：文物出版社，1987 年。

［6］甘肃省文物考古研究所等编：《居延新简》，北京：文物出版社，1990 年。

［7］甘肃省文物考古研究所编：《居延新简释粹》，兰州：兰州大学出版社，1988 年。

［8］甘肃省文物考古研究所编：《敦煌汉简》，北京：中华书局，1991 年。

［9］吴礽骧、李永良、马建华释校：《敦煌汉简释文》，兰州：甘肃人民出版社，1991 年。

［10］饶宗颐、李均明：《敦煌汉简编年考证》，台北：新文丰出版社，1995 年。

［11］饶宗颐、李均明：《新莽简辑证》，台北：新文丰出版社，1995 年。

［12］胡平生、张德芳编：《敦煌悬泉汉简释粹》，上海：上海古籍出版社，2001 年。

［13］走马楼简牍整理组编：《长沙走马楼三国吴简·嘉禾吏民田家莂》，北京：文物出版社，1999 年。

［14］黄永武编：《敦煌宝藏》，台北：新文丰出版社，1981 年。

［15］罗振玉辑：《敦煌石室遗书》，台北：新文丰出版社，《敦煌丛刊初集》第 6 册，1985 年。

［16］罗振玉辑：《敦煌石室碎金》，台北：新文丰出版社，《敦煌丛刊初集》第 7 册，1985 年。

［17］刘复编：《敦煌掇琐》，台北：新文丰出版社，《敦煌丛刊初集》第 15 册，1985 年。

［18］许国霖编：《敦煌写经题记与敦煌杂录》，台北：新文丰出版社，《敦煌丛刊初集》第 10 册，1985 年。

［19］王重民、向达、周一良、启功编：《敦煌变文集》，北京：人民文学出版社，1957 年。

［20］中国科学院历史研究所资料室编：《敦煌资料》第一辑，北京：中华书局，1961 年。

［21］国家文物局古文献研究室、新疆维吾尔自治区博物馆、武汉大学历史系编：《吐鲁番出土文书》，北京：文物出版社，录文本 1—10 册，1981—1991 年；图版本 1—4 卷，1992—1996 年。

［22］唐耕耦、陆宏基编：《敦煌社会经济文献真迹释录》1—5辑，北京：书目文献出版社，1982—1990年。

［23］俄罗斯科学院东方研究所彼得堡分所、俄罗斯科学出版社东方文学部、上海古籍出版社编：《俄藏敦煌文献》1—17册，上海：上海古籍出版社，2001—2004年。

［24］俄罗斯科学院东方研究所彼得堡分所、中国科学院民族研究所、上海古籍出版社编：《俄藏黑水城文献》，上海：上海古籍出版社，2007年。

［25］Л·Н·缅希科夫主编：《俄藏敦煌汉文写卷叙录》（上册，1963年；下册，1967年），上海：上海古籍出版社，1999年。

［26］［日］池田温：《中国古代籍帐研究》，东京：东京大学东洋文化研究所，1979年。

［27］［日］山本达郎、池田温：*TUN-HUANG AND TURFAN DOCUMENTS, CONCERNING SOCIAL AND ECONOMIC HISTORY* Ⅲ, *contracts.*《敦煌吐鲁番社会经济史文献Ⅲ——契券篇》，东京：东洋文库，1986—1987年。

［28］［日］小田义久：《大谷文书集成》一至三，京都：法藏馆，1984、1990、2003年。

［29］《唐大历十六年借钱文书断片》，《谈书会集帖》第67号，1920年。

［30］［清］陆增祥：《八琼室金石补正》，北京：文物出版社，1985年。

［31］江苏通志局编，缪荃孙辑：《江苏金石志》，江苏通志局。

［32］北京图书馆金石组编：《房山石经题记汇编》，北京：书目文献出版社，1987年。

［33］江苏省博物馆编：《江苏省明清以来碑刻资料选集》，北京：生活·读书·新知三联书店，1959年。

［34］李华编：《明清以来北京工商会馆碑刻选编》，北京：文物出版社，1980年。

［35］《新疆博物馆新集出土文献》，北京：中华书局，2013年。

［36］［日］玉井是博：《支那西陲出土の契》，《京城帝国大学创立十周年纪念论文集·史学篇》，1936年。后收入同氏著《支那社会经济史研究》，东京：岩波书店，1942年。

［37］［日］关尾史郎：《トウルファン将来'五胡'時代契約文書簡

介》，《西北出土文献》创刊号，新潟大学出土文献研究会，2004 年 3 月。

　　［38］李逸友编：《黑城出土文书（汉文文书卷）》，北京：科学出版社，1991 年。

　　［39］陈国灿：《斯坦因所获吐鲁番文书研究》，武汉：武汉大学出版社，1994 年。

　　［40］荣新江编：《英国图书馆藏敦煌汉文非佛教文献残卷目录》，台北：新文丰出版公司，1994 年。

　　［41］宁可、郝春文编：《敦煌社邑文书辑校》，南京：江苏古籍出版社，1997 年。

　　［42］沙知编：《敦煌契约文书辑校》，南京：江苏古籍出版社，1998 年。

　　［43］柳洪亮：《新出吐鲁番文书及其研究》，乌鲁木齐：新疆人民出版社，1997 年。

　　［44］王辉：《秦出土文献编年》，台北：新文丰出版公司，2000 年。

　　［45］王素：《吐鲁番出土高昌文献编年》，台北：新文丰出版公司，1997 年。

　　［46］李方、王素编：《吐鲁番出土文书人名地名索引》，北京：文物出版社，1996 年。

　　［47］施萍婷主编：《敦煌遗书总目索引新编》，北京：中华书局，2000 年。

　　［48］陈国灿：《吐鲁番出土唐代文献编年》，台北：新文丰出版公司，2002 年。

　　［49］侯灿、吴美琳：《吐鲁番出土砖志集注》，成都：巴蜀书社，2003 年。

　　［50］新疆维吾尔自治区博物馆编：《新疆出土文物》，北京：文物出版社，1978 年。

　　［51］李经纬：《回鹘文社会经济文书研究》，乌鲁木齐：新疆大学出版社，1996 年。

　　［52］荣新江、李肖、孟宪实主编：《新获吐鲁番出土文献》，北京：中华书局，2008 年。

　　［53］乜小红：《俄藏敦煌契约文书研究》，上海：上海古籍出版社，2009 年。

　　［54］连云港市博物馆等编：《尹湾汉墓简牍》，北京：中华书局，

1997 年。

　　[55] 扬州博物馆：《江苏仪征胥浦 101 号西汉墓》，《文物》1987 年第 1 期。

　　[56] 蒋华：《扬州甘泉山出土东汉刘元台买地砖券》，《文物》1980 年第 6 期。

　　[57] 张传玺主编：《中国历代契约粹编》（上、中、下册），北京：北京大学出版社，2014 年。

　　[58] 张家山二四七号汉墓竹简整理小组：《张家山汉墓竹简（二四七号墓）》（释文修订本），北京：文物出版社，2006 年。

　　[59] 王玉欣、周绍泉主编：《徽州千年契约文书》，石家庄：花山文艺出版社，1993 年。

　　[60] 刘伯山主编：《徽州文书》（第一辑），南宁：广西师范大学出版社，2004 年。

　　[61] 杨国桢等编：《清代闽北土地文书选编》，《中国社会经济史研究》，1982 年。

　　[62] 杨国桢等编：《闽南契约文书综录》，《中国社会经济史研究》，1990 年增刊专号。

　　[63] 唐立、杨有赓、[日] 武内房司主编：《贵州苗族林业契约文书汇编（1736—1950）》第一卷《史料编》，东京：东京外国语大学国立亚非语言文化研究所，2001 年。

　　[64] 李均明：《秦汉简牍文书分类辑解》，北京：文物出版社，2009 年。

　　[65] [日] 武田科学振兴财团编：《杏雨书屋藏敦煌秘笈影片册一》，2009 年。

三、经典著作类

　　[1]《马克思恩格斯选集》第 2 卷，北京：人民出版社，1972 年。

　　[2]《马克思恩格斯选集》第 3 卷，北京：人民出版社，1972 年。

　　[3]《马克思恩格斯选集》第 4 卷，北京：人民出版社，1972 年。

　　[4]《马克思恩格斯全集》第 3 卷，北京：人民出版社，1960 年。

　　[5]《马克思恩格斯全集》第 19 卷，北京：人民出版社，1963 年。

［6］《马克思恩格斯全集》第23卷，北京：人民出版社，1979年。

［7］《马克思恩格斯全集》第46卷，北京：人民出版社，1979年。

［8］《马克思恩格斯全集》第47卷，北京：人民出版社，1979年。

［9］马克思：《资本论》，北京：人民出版社，1975年。

［10］马克思：《1844年经济学哲学手稿》，北京：人民出版社，1979年。

四、经济学理论、法律文献类

［1］［美］曼昆著，梁小民译：《经济学原理》，北京：机械工业出版社，2006年。

［2］［美］科斯、哈特、斯蒂格利茨等著，李风圣译：《契约经济学》，北京：经济科学出版社，2003年。

［3］［美］Y·巴泽尔著，费方域等译：《产权的经济分析》，上海：上海三联书店、上海人民出版社，1997年。

［4］［法］卢梭著，何兆武译：《社会契约论》，北京：商务出版社，2008年。

［5］［英］约翰·希克斯著，厉以平译：《经济史理论》，北京：商务印书馆，2010年。

［6］［英］梅因著，沈景一译：《古代法》，北京：商务印书馆，1984年。

［7］［意］朱塞佩·格罗索著，黄风译：《罗马法史》，北京：中国政法大学出版社，2009年。

［8］［罗马］查士丁尼著，张企泰译：《法学总论》，北京：商务印书馆，1989年。

四、论文类

［1］马克思：《给维·伊·查苏利奇的复信草稿》，《马克思恩格斯全集》第19卷，北京：人民出版社，1963年。

［2］［日］那波利贞：《梁户考》，《支那佛教史学》第2卷第1号。

［3］［日］仁井田陞：《唐宋时代に於ける债权の担保》，《史学杂志》第42卷第10期，1931年。

［4］［日］仁井田陞：《唐宋时代の家族共产と遗言法》，载《市井博

士古稀纪念东洋史论丛》，1933 年。

[5]［日］仁井田陞：《漢魏六朝の土地売買文書》，《东方学报》第 8 册，1938 年。

[6]［日］仁井田陞：《吐鲁番发现唐代租佃文书的二种形态》，《东洋文化研究所纪要》第 23 号。

[7]［日］仁井田陞：《对于汉魏六朝的时期土地买卖文书的素描》，《史学杂志》第 46 卷第 7 期，1935 年。

[8]［日］横山裕男：《唐代の捉錢戶について》，《东洋史研究》第 17 卷第 2 期，1958 年。

[9]［日］池田温：《敦煌便穀曆》，《日野开三郎博士颂寿纪念论集》，1987 年。

[10]［日］池田温：《吐鲁番敦煌契券概观》，台北：《汉学研究》第 4 卷第 2 期，1986 年。

[11]［日］池田温：《中國古代の租佃契》（上、中、下），《东洋文化研究所纪要》第 60 号（1973 年）、第 65 号（1975 年）、第 117 册（1992 年）。

[12]［日］池田温：《中國古代券、契の諸相——トウルフアン出土文書を中心として》，《东洋文库学报》第 4 辑，1973 年 3 月。

[13]［日］冢本善隆：《北魏之僧祇戶与佛图戶》，《东洋史研究》1937 年 3 月号。

[14]［日］池田温：《中国古代物价初探——关于天宝二年交河郡市估案断片》，译文载同氏《唐研究论文选集》，北京：中国社会科学出版社，1999 年。

[15]［日］周藤吉之：《吐鲁番出土佃人文书研究——唐代前期的佃人制度》，译文载《敦煌学译文集》，兰州：甘肃人民出版社，1985 年。

[16]［日］吉田丰、森安孝夫著，柳洪亮译：《麴氏高昌国时代粟特文买卖女奴隶文书》，《新疆文物》1993 年第 4 期。

[17]［日］堀敏一：《唐宋间消费贷借文书私见》，《铃木俊先生古稀纪念东洋史论丛》，1975 年。

[18]［日］谷川道雄：《六朝时代的名望家支配》，《日本学者研究中国史论著选译》第 2 卷，北京：中华书局，1993 年。

［19］［法］童丕著，耿昇译：《十世纪敦煌的借贷》，《法国汉学》第3辑，北京：清华大学出版社，1998年。

［20］朱德熙、裘锡圭：《战国时代的"半斗"和秦汉时代的"半"》，《文史》第8辑，北京：中华书局，1980年。

［21］杨莲生：《唐代高利贷及债务人的家族连带责任》，《食货半月刊》第1卷第5期，1935年。

［22］刘兴唐：《唐代之高利贷事业》，《食货半月刊》第1卷第10期，1935年。

［23］陶希圣：《唐代官私贷借与利息限制法》，《社会科学》第2卷第1期，1936年。

［24］陶希圣：《元代西域及犹太人的高利贷与头口搜索》，《食货半月刊》第1卷第7期，1935年。

［25］陶希圣：《唐代寺院经济概说》，《食货半月刊》第5卷第4期，1937年。

［26］施萍婷：《从一件奴婢买卖文书看唐代的阶级压迫》，《文物》1972年第12期。

［27］李埏：《试论中国古代农村公社的延续和解体》，《思想战线》1973年第3期。

［28］庞怀清、镇烽、忠如、志儒：《陕西省岐山县董家村西周铜器窖穴发掘简报》，《文物》1976年第5期。

［29］韩国磐：《从均田制到庄园经济的变化》，《历史研究》1959年第5期。

［30］唐兰：《陕西省岐山县董家村西周重要铜器铭辞的译文和注释》，《文物》1976年第5期。

［31］黄清连：《唐代的雇佣劳动》，《"中研院"历史语言研究所集刊》第49本第3册，1978年。

［32］胡如雷：《几件新疆出土文书中反映的十六国时期租佃契约关系》，《文物》1978年第6期。

［33］薛英群：《略谈敦煌地志文书中的公廨本钱》，《敦煌学辑刊》1980年第1期。

［34］陈国灿：《西夏天庆间典当残契的复原》，《中国史研究》1980 年第 1 期。

［35］金景芳：《论井田制度》，《吉林大学社会科学学报》，1981 年第 1 期。

［36］马世长：《地志中的"本"和唐代公廨本钱》，《敦煌吐鲁番文献研究论集》，北京：中华书局，1982 年。

［37］李春润：《唐代的捉钱制》，《中南民族学院学报（哲学社会科学版）》1982 年第 4 期。

［38］程喜霖：《试析吐鲁番出土的高昌唐代雇佣契券的性质》，《中国古代史论丛》第 3 辑，1982 年。

［39］吴震：《近年出土高昌租佃契约研究》，载《新疆历史论文续集》，乌鲁木齐：新疆人民出版社，1982 年。

［40］朱雷：《敦煌所出"唐沙州某市时价簿口马行时沽"考》，《敦煌吐鲁番文书初探》，武汉：武汉大学出版社，1983 年。

［41］孙晓林：《唐西州高昌县的水渠及其使用、管理》，唐长孺主编：《敦煌吐鲁番文书初探》，武汉：武汉大学出版社，1983 年。

［42］陈国灿：《对未刊敦煌借契的考察》，《魏晋南北朝隋唐史资料》第 5 辑，1983 年。

［43］张金光：《秦自商鞅变法后的租赋徭役制度》，《文史哲》1983 年第 1 期。

［44］杨际平：《吐蕃时期敦煌计口授田考——兼及其时的税制和户口制度》，《社会科学》1983 年第 2 期。

［45］陈国灿：《敦煌所出诸借契年代考》，《敦煌学辑刊》第 5 辑，1984 年。

［46］沙知：《吐鲁番佃人文书里的唐代租佃关系》，《敦煌吐鲁番文书研究》，兰州：甘肃人民出版社，1984 年。

［47］孙达人：《对唐至五代租佃契约经济内容的分析》，《敦煌吐鲁番文书研究》，兰州：甘肃人民出版社，1984 年。

［48］宁可：《述"社邑"》，《北京师院学报（社会科学版）》1985 年第 1 期。

［49］唐耕耦：《唐五代时期的高利贷——敦煌吐鲁番出土借贷文书初探》，《敦煌学辑刊》第 8、9 辑，1985、1986 年。

［50］吴震：《麹氏高昌国土地形态所有制试探》，《新疆文物》1986 年第 1 期。

［51］陈平、王勤金：《仪征胥浦 101 号西汉墓〈先令券书〉初考》，《文物》1987 年第 1 期。

［52］吴震：《吐鲁番出土"租酒帐"中"姓"字名实辨》，《文物》1988 年第 3 期。

［53］杨剑虹：《从〈先令券书〉看汉代有关遗产继承问题》，《武汉大学学报（社会科学版）》1988 年第 3 期。

［54］谢桂华：《汉简和汉代的取庸代戍制度》，甘肃文物考古研究所编：《秦汉简牍论文集》，兰州：甘肃人民出版社，1989 年。

［55］林立平：《试论唐代的私人雇佣关系》，《中国唐史学会论文集》，西安：三秦出版社，1989 年。

［56］唐耕耦：《敦煌写本便物历初探》，《敦煌寺院会计文书研究》，台北：新文丰出版公司，1997 年。

［57］唐长孺：《唐先天二年西州军事文书跋》，《敦煌吐鲁番文书初探二编》，武汉：武汉大学出版社，1990 年。

［58］孙振玉：《试析麹氏高昌王国对葡萄种植经济以及租酒的经营管理》，敦煌吐鲁番学新疆研究资料中心编：《吐鲁番学研究专辑》，1990 年。

［59］李锦绣：《唐前期公廨本钱的管理制度》，《文献》1991 年第 4 期。

［60］陈国灿：《高昌国的占田制度》，《魏晋南北朝隋唐史资料》第 11 辑，武汉：武汉大学出版社，1991 年。

［61］刘秋根：《唐宋高利贷资本的发展》，《史学月刊》1992 年第 4 期。

［62］邢铁：《宋代的财产遗嘱继承问题》，《历史研究》1992 年第 6 期。

［63］［法］谢和耐：《敦煌卖契与专卖制度》，原载法国《通报》第 45 卷，第 4—5 期，1957 年。收入耿昇译《法国学者敦煌学论文选萃》，中华

书局，1993 年。

　　[64] 张南：《古代新疆的葡萄种植与酿造业的发展》，《新疆大学学报（哲学人文社会科学版）》1993 年第 3 期。

　　[65] 邢铁：《唐代的遗嘱继产问题》，《人文杂志》1994 年第 5 期。

　　[66] 李清凌：《战国秦汉西北地区的土地所有制与经营方式》，西北大学历史系、甘肃省文物考古研究所编：《简牍学研究》第一辑，兰州：甘肃人民出版社，1997 年。

　　[67] 滕昭宗：《尹湾汉墓简牍概述》，《文物》1996 年第 8 期。

　　[68] 李埏：《夏、商、周——中国古代的一个历史发展阶段》，《思想战线》1997 年第 6 期。

　　[69] 乔幼梅：《宋元时期高利贷资本的发展》，《中国社会科学》1998 年第 3 期。

　　[70] 宋家钰：《唐开元田令的复原研究》，天一阁博物馆、中国社会科学院历史研究所天圣令整理课题组《天一阁藏明钞本天圣令校证》，北京：中华书局，2006 年。

　　[71] 刘瑞明：《吐鲁番出土文书释词》，《西域研究》1999 年第 4 期。

　　[72] 刘戈：《从格式与套语看回鹘文买卖文书的年代》，《西域研究》1998 年第 2 期。

　　[73] 高启安：《唐五代至宋敦煌的量器及量制》，《敦煌学辑刊》1999 年第 1 期。

　　[74] 李天石：《从判文看唐代的良贱制度》，《中国史研究》1999 年第 4 期。

　　[75] 郑显文：《从中国古代的民间结社看民众的法律意识》，《中华法系国际学术研讨会文集》，北京：中国政法大学出版社，2007 年。

　　[76] 柳春藩：《论汉代"公田"的"假税"》，《中国史研究》1983 年第 2 期。

　　[77] 杨际平：《麴氏高昌与唐代西州、沙洲租佃制研究》，收入韩国磐主编：《敦煌吐鲁番出土经济文书研究》，厦门：厦门大学出版社，1986 年。

　　[78] 高敏：《论〈吏民田家莂〉的契约与凭证二重性及其意义》，《郑州大学学报（哲学社会科学版）》，2000 年第 4 期。

［79］蒋福亚：《略谈汉唐间的租佃关系》，《中国经济史研究》1999 年增刊。

［80］戴建国：《唐〈开元二十五年令·田令〉研究》，《历史研究》2000 年第 2 期。

［81］王艳明：《从出土文书看中古时期吐鲁番的葡萄种植业》，《敦煌学辑刊》2000 年第 1 期。

［82］刘晓：《元代收养制度研究》，《中国史研究》2000 年第 3 期。

［83］魏道明：《中国古代遗嘱继承制度质疑》，《历史研究》2000 年第 6 期。

［84］杨际平：《唐末五代宋初敦煌社邑的几个问题》，《中国史研究》2001 年第 4 期。

［85］罗彤华：《从便物历论敦煌寺院的放贷》，郝春文主编：《敦煌文献论集——纪念敦煌藏经洞发现一百周年国际学术研讨会论文集》，沈阳：辽宁人民出版社，2001 年。

［86］张广达、荣新江：《圣彼得堡藏和田出土汉文文书考释》，《敦煌吐鲁番研究》第 6 卷，北京：北京大学出版社，2002 年。

［87］徐俊：《俄藏 Дх.11414、02947 前秦拟古诗残本研究——兼论背面券契文书的地域和时代》，《敦煌吐鲁番研究》第 6 卷，北京：北京大学出版社，2002 年。

［88］卢向前：《麹氏高昌和唐代西州的葡萄、葡萄酒及葡萄酒税》，《中国经济史研究》2002 年第 4 期。

［89］姜密：《中国古代非"户绝"条件下的遗嘱继承制度》，《历史研究》2002 年第 2 期。

［90］王素：《略谈香港新见吐鲁番契券的意义——〈高昌史稿·统治编〉续论之一》，《文物》2003 年第 10 期。

［91］乜小红：《从吐鲁番敦煌雇人放羊契看中国 7—10 世纪的雇佣关系》，《中国社会经济史研究》，第 1 期，2003 年。

［92］陈明光：《唐朝的食堂与"食本"》，《略论唐代官私借贷的不同特点》，收入其《汉唐财政史论》，长沙：岳麓书社，2003 年。

［93］陈国灿：《从吐鲁番出土文书看高昌王国》，《兰州大学学报（社

会科学版）》2003 年第 4 期。

［94］李卿：《〈长沙走马楼三国吴简·嘉禾吏民田家莂〉性质与内容分析》，《中国经济史研究》2001 年第 1 期。

［95］赵冈：《简论中国历史上地主经营方式的演变》，《中国经济史研究》2000 年第 3 期。

［96］林文勋：《中国古代专卖制度的源起与历史作用——立足于盐专卖制的考察》，《盐业史研究》2003 年第 3 期。

［97］戴建国：《"主仆名分"与宋代奴婢的法律地位——唐宋变革时期阶级结构研究之一》，《历史研究》2004 年第 4 期。

［98］魏悦：《先秦借贷活动探析》，《中国社会经济史研究》2004 年第 2 期。

［99］陈国灿：《鄯善县新发现的一批唐代文书》，《吐鲁番学研究》2005 年第 2 期。

［100］柳方：《吐鲁番新出的一件奴隶买卖文书》，《吐鲁番学研究》2005 年第 1 期。

［101］岳纯之：《后论隋唐五代买卖活动及其法律控制》，《中国社会经济史研究》2005 年第 2 期。

［102］孟宪实：《唐宋之际敦煌的民间结社与社会秩序》，《唐研究》第 11 卷，2005 年。

［103］冻国栋：《读姚崇〈遗令〉论唐代的"财产预分"与家族形态》，朱雷主编：《唐代的历史与社会》，武汉：武汉大学出版社，1997 年 4 月。后收入同氏著《中国中古经济与社会史论稿》，武汉：湖北教育出版社，2005 年。

［104］程民生：《宋代的"公债"》，《中国史研究》2006 年第 3 期。

［105］马燕云：《吐鲁番出土租佃与买卖葡萄园券契考析》，《许昌学院学报》2006 年第 6 期。

［106］孙瑞、陈兰兰：《汉代简牍中所见私人契约》，《学习与探索》2006 年第 4 期。

［107］何兹全：《由部落到国家》，《何兹全文集》第三卷，北京：中华书局，2006 年。

［108］孟彦弘：《唐关市令复原研究》，《天一阁藏明钞本天圣令校证》下册，北京：中华书局，2006 年。

［109］张锦鹏：《宋朝租佃经济效率研究》，《中国经济史研究》2006 年第 1 期。

［110］冻国栋：《麹氏高昌"遗言文书"试析》，《魏晋南北朝隋唐史资料》第 23 辑，武汉：武汉大学文科学报编辑部，2006 年。

［111］黄启昌、赵东明：《从〈名公书判清明集〉看宋代的遗嘱继承》，《湘潭大学学报（哲学社会科学版）》2007 年第 3 期。

［112］吴桂美：《从东汉士人的遗令和敕子书看东汉士风》，《西华师范大学学报（哲学社会科学版）》2007 年第 3 期。

［113］荣新江：《新获吐鲁番文书所见的粟特》，《吐鲁番学研究》2007 年第 1 期。

［114］魏天安：《宋代市易法的经营模式》，《中国社会经济史研究》2007 年第 2 期。

［115］赵彦龙：《论西夏契约及其制度》，《宁夏社会科学》2007 年第 4 期。

［116］乜小红：《略论〈俄藏敦煌文献〉中的两件十六国买卖券》，《中国经济史研究》2008 年第 2 期。

［117］曹旅宁：《〈二年律令〉与秦汉继承法》，《陕西师范大学学报（哲学社会科学版）》2008 年第 1 期。

［118］刘小涛：《试论唐代家庭财产和继承制度》，《中国法院网》2008 年 6 月 2 日发布。

［119］杜文玉：《论唐代雇佣劳动》，《渭南师专学报》1986 年第 1 期。

［120］陈国灿：《〈俄藏敦煌文献〉中吐鲁番出土的唐代文书》，《敦煌吐鲁番研究》第 8 辑，北京：中华书局，2005 年。

［121］杨际平：《敦煌吐鲁番出土雇工契研究》，《敦煌吐鲁番研究》第 2 卷，北京：北京大学出版社，1997 年。

［122］王斐：《大小传统视野下的民间法与习惯法》，谢晖、陈金钊主编：《民间法》第 7 卷，济南：山东人民出版社，2008 年。

［123］李显冬：《"民有私约如律令"考》，《政法论坛》2007 年第

3 期。

[124] 霍存福、武航宇：《敦煌租佃契约与古罗马租契的比较研究》，《法学家》2005 年第 1 期。

[125] 于语和、戚阳阳：《国家法与民间法互动之反思》，《山东大学学报（哲学社会科学版）》2005 年第 1 期。

[126] 孔祥星：《唐代前期的土地租佃关系——吐鲁番文书研究》，《中国历史博物馆馆刊》1982 年。收入《敦煌吐鲁番文书研究》，兰州：甘肃人民出版社，1984 年。

[127] 鲁西奇：《汉代买地券的实质、渊源与意义》，《中国史研究》2006 年第 1 期。

[128] 姜伯勤：《敦煌文书中的唐五代"行人"》，《中国史研究》1979 年第 2 期。

[129] 陈国灿：《唐代的民间借贷——吐鲁番敦煌等地所出唐代借贷契券初探》，唐长孺主编：《敦煌吐鲁番文书初探》，武汉：武汉大学出版社，1983 年。

[130] 陈国灿：《从吐鲁番出土的"质库帐"看唐代的质库制度》，唐长孺主编：《敦煌吐鲁番文书初探》，武汉：武汉大学出版社，1983 年。

[131] 刘秋根：《试论中国古代高利贷的起源和发展》，《河北学刊》1992 年第 2 期。

[132] 徐祗朋：《周代借贷性质的演变》，《松辽学刊（哲学社会科学版）》2000 年第 2 期。

[133] 陈国灿：《从敦煌吐鲁番文书看唐五代地子的演变》，《敦煌学史事新证》，兰州：甘肃教育出版社，2002 年。

[134] 魏悦：《关于高利贷资本的界定》，《探求》2005 年第 4 期。

[135] 张传玺：《论中国历代契约资料的蕴藏及其史料价值》，《北京大学学报（哲学社会科学版）》1991 年第 3 期。

[136] 陈国灿：《唐代的租佃契与租佃关系》，见《唐代的经济社会》，台北：文津出版社，1999 年。

[137] 杨际平：《宋代民田出租的地租形态研究》，《中国经济史研究》1992 年第 1 期。

［138］宁红丽：《雇佣契约研究（上）》，《合同法分则制度研究》，北京：人民法院出版社，2003 年。

［139］宁可、郝春文：《敦煌社邑的丧葬互助》，《首都师范大学学报（社会科学版）》1995 年第 6 期。

［140］刘广安：《论明清的家法族规》，《中国法学》1988 年第 1 期。

［141］刘华：《论家法族规的法律整合作用》，《社会科学》1994 年第 6 期。

［142］李寒、李建斌、胡宜：《国家与乡村社会揉合下的宗族：一种历史的反思》，《社会主义研究》2008 年第 1 期。

［143］曹天生：《安徽泾县丁家桥丁姓宗祠碑记》，《历史档案》2000 年第 2 期。

［144］许敬参：《鲁山县新出二石记》，《考古》1936 年第 1 期。

［145］宁可：《记〈晋当利里社碑〉》，《文物》1979 年第 12 期。

［146］邓文宽：《吐鲁番出土〈高昌立课诵经兄弟社社约〉初探》，《新疆博物馆新获文书研究》，北京：中华书局，2013 年。

［147］张广修：《村规民约的历史演变》，《洛阳工学院学报（社会科学版）》2000 年第 2 期。

［148］安广禄：《我国最早的乡规民约》，《今日农村》1998 年第 4 期。

［149］陈国灿、伊斯拉非尔·王苏甫：《西州回鹘时期汉文〈造佛塔记〉初探》，《历史研究》2009 年第 1 期。

［150］张中秋：《乡约的诸属性及文化原理认识》，载《南京大学学报（哲学·人文科学·社会科学版）》2004 年第 5 期。

［151］张明新：《从乡规民约到村民自治章程——乡规民约的嬗变》，《江苏社会科学》2006 年第 4 期。

［152］［日］寺田浩明著，王亚新译：《明清时期法秩序中"约"的性质》，［日］滋贺秀三等著：《明清时期的民事审判与民间契约》，北京：法律出版社，1998 年。

［153］黄盛璋：《江陵凤凰山汉墓简牍及其在历史地理研究上的价值》，《文物》1974 年第 6 期。

［154］王炳华：《吐鲁番县出土唐代庸调布研究》，《文物》1981 年第

1 期。

　　[155] 史金波：《黑水城出土西夏文卖地契研究》，《历史研究》2012年第 2 期。

　　[156] 史金波：《西夏度量衡制刍议》，《固阳师专学报》2002 年第2 期。

　　[157] 乜小红、刘丽主编：《吐峪沟所出清至民国尼牙子家族土地买卖契约研究》（待刊）。

　　[158] 史金波编：《丝绸之路出土民族契约文献集成（西夏文卷）》（待刊）。

图书在版编目(CIP)数据

中国古代契约发展简史/乜小红著. —北京:中华书局,
2017.3
(国家哲学社会科学成果文库)
ISBN 978-7-101-12452-1

Ⅰ.中…　Ⅱ.乜…　Ⅲ.契约法-研究-中国-古代
Ⅳ.D923.62

中国版本图书馆 CIP 数据核字(2017)第 035607 号

书　　名　中国古代契约发展简史
著　　者　乜小红
丛 书 名　国家哲学社会科学成果文库
责任编辑　刘　明
出版发行　中华书局
　　　　　(北京市丰台区太平桥西里 38 号　100073)
　　　　　http://www.zhbc.com.cn
　　　　　E-mail:zhbc@ zhbc.com.cn
印　　刷　北京瑞古冠中印刷厂
版　　次　2017 年 3 月北京第 1 版
　　　　　2017 年 3 月北京第 1 次印刷
规　　格　开本/710×1000 毫米　1/16
　　　　　印张 28　插页 3　字数 350 千字
国际书号　ISBN 978-7-101-12452-1
定　　价　108.00 元